古典文獻研究輯刊

三七編

潘美月・杜潔祥 主編

第 52 冊

《四分律刪繁補闕行事鈔》集釋
（第十冊）

王 建 光 著

國家圖書館出版品預行編目資料

《四分律刪繁補闕行事鈔》集釋（第十冊）／王建光 著 -- 初
版 -- 新北市：花木蘭文化事業有限公司，2023〔民 112〕
目 4+310 面；19×26 公分
（古典文獻研究輯刊 三七編；第 52 冊）
ISBN 978-626-344-515-4（精裝）
1.CST：四分律 2.CST：律宗 3.CST：注釋
011.08   112010540

ISBN-978-626-344-515-4

9 786263 445154

古典文獻研究輯刊
三七編　第五二冊　　　　　　　ISBN：978-626-344-515-4

《四分律刪繁補闕行事鈔》集釋（第十冊）

作　　者　王建光
主　　編　潘美月、杜潔祥
總 編 輯　杜潔祥
副總編輯　楊嘉樂
編輯主任　許郁翎
編　　輯　張雅淋、潘玟靜　美術編輯　陳逸婷
出　　版　花木蘭文化事業有限公司
發 行 人　高小娟
聯絡地址　235 新北市中和區中安街七二號十三樓
　　　　　電話：02-2923-1455 ／傳真：02-2923-1452
網　　址　http://www.huamulan.tw 信箱 service@huamulans.com
印　　刷　普羅文化出版廣告事業
初　　版　2023 年 9 月
定　　價　三七編 58 冊（精裝）新台幣 150,000 元

《四分律刪繁補闕行事鈔》集釋
（第十冊）

王建光　著

目

次

懺六聚法〔一〕篇第十六

夫結成罪種〔二〕，理須懺除〔三〕，則形清心淨，應同僧法〔四〕。故薩婆多云：無有一法疾於心者。不可以暫惡，便永棄之〔五〕。故須懺悔。涅槃亦云：如我訶責毀禁之人，令彼自責，護持禁戒，說三惡道，為修善故〔六〕。

然遂古之師，並施悔法〔七〕：增減隱顯，臆課者多〔八〕；照教無文，撿行違律〔九〕。故佛言：有犯不能悔，又不能如法懺，是為愚人〔一〇〕。聖教極明，但不信受〔一一〕。

今欲定其綱位、格其心境〔一二〕，使是非鏡其耳目、得失明其能所〔一三〕者，則何患妄業不除、妄心無託〔一四〕？則為聖歡矣〔一五〕！故文云〔一六〕：有二種智，一者，有犯能見；二、見罪能如法懺也。

【題解】

簡正卷一五：「上明持犯，以被專精之人，脫有已犯之流，理須治救，故前文後，有此文來。」（八六九頁上）鈔批卷二三：「准義，釋相之後即合明於懺法，但為持犯體相難識，故不置釋相之前，乃居釋相之後，致延於懺法，今始彰焉。上來既識罪相成持成犯，其義已形。（形，由現也。）然既受得戒，創發情愨，尅志遵崇，寧死不犯。故先兩篇，盡明持相。縱論其犯，舉其犯法，成不犯行，以備專精之人，漸以五濁澆風，皷扇塵境，久參情慢，隨緣毀犯。若不清蕩，豈曰智人，故有此篇，廣明懺之方法也。」（九二六頁上）

【校釋】

〔一〕懺六聚法　簡正卷一五：「梵語『懺摩』，唐言『悔往』，悔以悔責為義，往以往謝彰名。即是追變昔心，顯成犯聚，經稱『懺悔』。唐、梵雙標，今云『懺』名，存其略梵。六聚者，所悔之罪也。法者詮教，悔犯規猷。」（八六九頁上）鈔批卷二三：「羯磨疏云：『懺摩』，唐言『悔往』，亦云『卑敬』。今存二方言，故曰『懺悔』。懺存後立，非此書也。取其義意，謂不造新。此則『懺』謂止斷未來非，『悔』謂恥心於往犯。由此善故，已起無緣，當生無續，雙礙緣續，說為行除。又由斯善來感樂報，差彼苦緣，名為『報除』。若欲懺者，略知此意。若依南山菩提三藏解云：『懺』是梵言，『悔』是漢語。已作之罪令除曰『悔』，未作之罪不起曰『懺』。有云：梵言『懺摩』，此翻為『忍』，謂容恕忍可我罪也。」（九二六頁上）若能專精不犯第一白法，犯已尋悔第二白法。經稱

有二智人，即其義也。今文中廣明五篇七聚已起之非，對治儀軌聚在一處，故曰懺六聚法篇也。淨三藏言：梵云『阿鉢底鉢羅提舍那』。『阿鉢底』者，此云『罪過』也；『鉢喇底提舍那』，即是『對他說』也。說己之罪，冀令清淨，舊云『懺悔』，非關說罪。何者？『懺摩』乃是西音，此當『忍』義。『悔』是東語，『追悔』為名，悔之與忍，迥不相干。若依梵本，謂除罪時，應云至心說罪。西國若有身誤相觸，大者垂手撫身，小有虔恭執蹲，口云『懺摩』，意是請恕，願勿嗔責。故律中就他致謝，即說懺摩之言，必若自己陳罪，乃云『提舍那』矣。雖可習俗久成，而事須依於梵本也。」（九二六頁下）資持卷中四下：「懺是能懺之心，六聚即所懺之罪，法謂懺之軌度。梵云『懺摩』，此翻『悔往』。有言：懺悔，梵、華雙舉。準業疏云：取其義意，謂不造新。懺謂止斷未來非，悔謂恥心於往犯。有將『懺』字訓『首』、訓『鑒』。義雖通得，華、梵須分。然懺通化制及以理事。今此且據制教事行，以為篇目。」（三四九頁中）【案】從「夫結成罪種」至「有四種人，數數犯罪，數數悔過：一、無羞，二、輕戒，三、無怖畏，四、愚癡」，文分為二：初，「夫結」下；次，「今懺悔之法」下。

〔二〕**結成罪種**　資持卷中四下：「初，敘懺意。上句明造業，且約篇聚，所制二犯之罪結業成因，必招來果，故如種焉。」（三四九頁中）簡正十五：「違教而犯，對犯之時，皆須起心，進趣境所，方成根本，故曰結成也。罪種，若據小乘，多論有得，連持不斷，流至未來，牽受苦報。今此抄宗四分，云通大乘，許有種子，薰此種子當招苦報故也。」（八六九頁上）鈔批卷二三：「私云：夫人造惡，皆有惡種子藏在阿賴耶識，任持不絕，理非可滅，要證無漏，方能除滅。今言懺除，義則苞含。以懺但是伏業，未能焦滅，但伏不起，且說為除。又解，罪種者，是煩惱之種，為生死正因。若斷此因，後果不起，習因既傾，苦果便喪。形清心淨。」（九二六頁下）

〔三〕**理須懺除**　簡正卷一五：「理是道理。既是中下根器，對境任運施為，犯業既成，必須洗滌，由得清淨。」（八六九頁上）資持卷中四下：「次句，明須懺。以犯從妄起，罪假緣生，妄體本空，緣生無性。了知妄本，則犯相何依；識達緣生，則罪根叵得。是以忽追所犯，深恨前非，仰對勝緣，盡披肝膽，罪從心起，還逐心亡。既伏現因，不牽後果，犯而不悔，業苦何窮？有智識非義，無隱覆故也。」（三四九頁中）

〔四〕**則形清心淨，應同僧法**　資持卷中四下：「『則』下二句，彰益。上句自行無

瑕。下句，眾法有用。」（三四九頁中）簡正卷一五：「形清心淨者，懺了七支皎潔，名曰形清；斷彼相續之心，故云心淨。又釋：懺無六聚之罪，故曰形清；藏識罪種既消，故言心淨心。應同僧法者，即入羯磨、說戒二種之中共住故。」（八六九頁上）鈔批卷二三：「若內懷毀犯，外現完淨，如樹抱蝎，將必摧折，不名為僧，故須懺除，乃應僧義。（九二六頁下）故祇律云：僧無不清淨者，不清淨不名為僧。今見犯尋懺，還成僧用，故曰應同僧法。向若不懺不足僧數，名不應僧法也。」（九二七頁上）

〔五〕不可以暫惡，便永棄之　資持卷中四下：「『故』下，引勸。前引論文勸速改。初引論。『不』下，申勸。彼論問曰：『何法重於地，何法高於空，何法多於草，何法疾於風？』答曰：『戒德重於地，我慢高於空，煩惱多於草，心念疾於風。』今略引後句以明。昔心造惡，今忽追悔，剎那翻善，不待終日。意令有犯，速須求懺。」（三四九頁中）簡正卷一五：「彼自引大莊嚴論。問曰：『何法重於地，何法高於空，何法多於草，何法疾於風？』彼自答云：『戒德重於地，我慢高於空，妄想多於草，心法疾如風。謂世風雖疾，由不如心，一念之中，頓緣法界，曾所見處，緣無不遍也。』」（八六九頁下）鈔批卷二三：「案多論第二云：經言無有一法疾於心者，凡夫之心，輕躁或善或惡，不可以暫惡便永棄也。故毗婆沙論第三云：佛言：我不見一法速疾迴轉過於心者，難以喻知。問曰：『如餘經說，以猿猴為喻，今何故言難以為喻知？』答：『此言難以喻知，不言不以喻知，謂不以少功而能得知耳。』立云：心起善惡，昇沉俄爾。如智論中，沙彌發大乘心，即入菩薩位，纔起退心，還復凡夫。案智論第七十八云：有一羅漢共沙彌，令負衣鉢，順路而行。沙彌思惟：『我當以何乘而入涅槃？』即發心云：『佛為世尊，最上最妙，我當以佛乘入於涅槃。』師知其心，即取衣鉢自擔，推其前行。沙彌覆，復思惟：『佛道甚難，久住生死，受無量苦，且以小乘早入涅槃。』其師復以衣鉢，還與沙彌，令擔推，令後行。如是至三。沙彌白師：『師年老耄狀，如小兒戲，始令我前行已，復令我後行，何期太速？』師答言：『沙彌，汝初念發心作佛，是心貴重，則住我師道中。（九二七頁上）如此之人，辟支尚應供養，何況羅漢？以是義故，推汝在前。汝心還悔，欲取小乘，而未便得，汝去我遠，是故令汝在後。』沙彌聞已，驚悟：『我師乃知我心，我一發意已勝羅漢，何況成就！』即自堅固入大乘法。此言勝者，不必一切事中皆勝，但以發心欲作佛，度脫眾生，是事為勝。諸禪定解脫等，猶尚未有，豈得言勝耶！濟云：無有一法疾心者，案大莊

嚴論問云：『何者重於地，何者高於空，何者多於艸，何者疾於風？』答曰：
『持戒重於地，我慢高於空，妄想多於草，心念疾於風，即其義也。』」（九二
七頁下）【案】薩婆多卷二，五一四頁下。

〔六〕如我訶責毀禁之人，令彼自責，護持禁戒，說三惡道，為修善故　資持卷中四
下：「次引經文彰佛勸。經明如來訶責、示惡之意，欲令行者有過尋悔。上訶
毀禁，令成止行；下說惡道，令成作行。」（三四九頁中）【案】南本涅槃卷三
二，八二一頁中。

〔七〕然遂古之師，並施悔法　鈔科卷中四：「『然』下，斥古非法。」（九四頁中）
簡正卷一五：「然，是也。遂，往也。謂往故（原注：『故』疑『古』。下同。）
之師並立懺法不少，故云並施悔法也。」（八六九頁下）鈔批卷二三：「遂，由
往也。謂佛法東傳，迄乎今日，立懺法者不少，執異見者多家，故曰並施悔
法」（九二七頁下）資持卷中四下：「初，示非。遂，往也。古師，即指諸家集
羯磨者。如僧鎧羯磨：初出懺殘；二、懺偷蘭，白二法懺，不分重輕；三、懺
（三四九頁中）捨墮，不簡單提；四、懺餘罪，不顯罪相，提舍吉羅，並不出
法。又，曇諦羯磨：初亦懺殘；二、懺捨墮；三、懺餘罪，謂單提、提舍、蘭
吉，同一法懺，詞句並同捨墮。」（三四九頁下）

〔八〕增減隱顯，臆課者多　簡正卷一五：「增謂增益即顯，減謂損減即隱。寶云：
故師取非親尼衣、販賣衣，入手犯已，若不說淨，十一日更有犯長，此即妄生
增益，更顯犯長之愆。又如初篇四戒，皆開悔過。就中，非戒難因難提，為學
悔之緣，聽許懺悔。餘三例之。但譯律之家，慮繁不更，重申懺法，故人見律
三戒下無懺詞，便云：『唯婬開懺，以不損境；餘三惱境，懺悔不開也』。（搜
玄云：增中有隱闕，減中有隱顯者，至也。）臆課多者，此謂適來所解，增減
隱顯，蓋是胸臆課虛而說，其例不少，故名為多。」（八六九頁下）鈔批卷二
三：「勝云：古師如取尼衣、販賣等財入手，更犯長過，此名為增。如初篇婬
戒，許其學悔，盜等不許，此名為減。」（九二七頁下）資持卷中四下：「事儀
加改，謂之增減。立法出沒，謂之隱顯。若準下文，則古謂夷罪，必須都無覆
心，方開懺悔。又，唯婬開懺，餘三不開。又，僧殘中，覆藏別住，或云盡行，
或俱不行。又，提舍中，同懺提法。又，眾學罪同皆責心，增減、隱顯尋之可
見。臆課多者，責其師心。課，猶說也。」（三四九頁下）

〔九〕照教無文，撿行違律　簡正卷一五：「將此課虛之事，照其律教云：且元（原
注：『元』一作『無』。）文與他悔罪不出，有違教之咎，故曰撿行違律也。」

（八六九頁下）鈔批卷二三：「照教無文，謂事無所據。撿行違律，謂行用非法。」（三四九頁下）

〔一〇〕**有犯不能悔，又不能如法懺，是為愚人**　資持卷中四下：「『故』下，引斥。即律增二中，明二種愚人。初人抱過不悔，次人悔不依教。今取次人，證上非法。律文又出二種智人，與愚相反，如下科引。」（三四九頁下）鈔批卷二三：「已犯之者，發露向人曰『悔』。望未犯者，專精不作，斷相續心，令非不起曰『懺』。」（九二七頁下）簡正卷一五：「此明能犯人覆罪不肯懺也。又，不能如法懺者，此約懺主愚教，不能與他如法懺也。」（八七〇頁上）【案】四分卷五七，九九三頁上。

〔一一〕**聖教極明，但不信受**　資持卷中四下：「『聖』下二句，示師心所以。上句示後悔法，皆見律文。下句顯前，諸師不能依用。」（三四九頁下）

〔一二〕**今欲定其綱位，格其心境**　鈔科卷中四：「『今』下，顯今依教。」（九四頁中）資持卷中四下：「顯今中，分二。初敘撰述。上一句正示。定綱位者，六懺差別，不相濫故。格心境者，各顯緣法，無所昧故。隨一懺中，緣法雖多，不出心境。如下所示，慨過陳露，即能懺心也。託處對人用法等事，皆屬所對境也。『格』即訓正。」（三四九頁下）簡正卷一五：「定綱，定位也，標今異昔。欲者，悕求。准的曰定。綱是綱宗。位則行位。舉通局二懺之綱，定三種之行位。且如利根人，立理懺之綱；鈍根，本立事懺之綱。此二通俗。又六聚護持，五篇遵學，如是之類，名曰小乘。若有愆違，還依篇聚而懺。綱宗既是篇聚懺罪，豈得不依！三位三綱歷然，今准的之，故曰定其綱位也。格其心境者，此句正境正心。格者，正也。如利根人，依理懺竟，了心無心，即是正心；達一切境，本來空寂，即是正境。又，鈍根人依事懺悔所造之罪，即是正心；想佛誦經，即名正境。又，約律懺，心境想當，犯於前罪，是正心；犯竟，依首懺除，為正境。如是正心、正境三位，差別歷然。若不格之，恐懺法通漫故。」（八七〇頁上）鈔批卷二三：「格者，正也、量也。」（九二七頁下）扶桑記：「綱位，通釋：六懺分位，猶網中綱也。每懺中，更制多般緣法，即是網目。」（二八二頁上）【案】本節顯今，與上斥舊相對。本節內容分二：初，敘撰述；二、彰功益。

〔一三〕**使是非鏡其耳目、得失明其能所**　資持卷中四下：「下二句，顯意。上句明立法有準。今古相形，是非鏡矣。下句示行事無疑，心境相照，得失彰矣。能所，即心境也。」（三四九頁下）簡正卷一五：「三位依宗行懺則是。若有差互為非，鑒此是非，喻同於鏡。見罪即知如目，聞犯即識似耳也。得失明其能所

者，識懺罪滅為得，懺之不除名失。如是得失，（八七○頁上）何以明之？但觀能懺之者是何行人，復觀所懺依何法則。據此定知，故云明其能所也。」（八七○頁下）鈔批卷二三：「鏡者，照也。得失明其能所者，立謂：能懺之人及所對受懺主也。得是持也，失是犯也。（九二七頁下）明能懺所懺之人，須識其持犯也。自意云：亦可通明理事兩懺也。能謂己心，所即妄業。謂是所懺之罪，滅曰得、不滅曰失，故曰得失明其能所也。」（九二八頁上）

〔一四〕**則何患妄業不除、妄心無託**　資持卷中四下：「『則何』下，次彰功益。明今依法，罪必可除。心有所寄，翻前違律，悔罪不出，臆課無憑，故云『何患』等。」（三四九頁下）簡正卷一五：「患，訓憂也。謂約上之三位，皆有妄業，只似利根之人，寂滅是其真心，動念皆成妄業。鈍根之者，緣其勝境，即是善心，鄙惡攀緣，便為妄業。又，律行之士，護持受體，即是真心，約體有違，皆成妄業。既各歸宗旨而懺，何憂妄業不除？各守本修，妄心自然無犯。故下結云：即為聖歎。」（八七○頁下）

〔一五〕**則為聖歎矣**　資持卷中四下：「順佛語故。」（三四九頁下）

〔一六〕**故文云**　資持卷中四下：「『故』下，引律示歎。以命能懺為智人故。」（三四九頁下）【案】四分卷五七，九九三頁上。

　　今懺悔之法，大略有二〔一〕

　　初則理懺，二則事懺〔二〕。此之二懺，通道合俗〔三〕。

　　若論律懺，唯局道眾〔四〕。由犯託受生，污本須淨〔五〕，還依初受，次第治之〔六〕。篇聚立儀，悔法準此，並如後列〔七〕。

【校釋】

〔一〕**懺悔之法，大略有二**　鈔科卷中四：「初，總分化制、通局。」（九四頁中～上）簡正卷一五：「大略有二者，大途約略，開其兩章。雖理有大小，事有通局，今總以理事分之，故云大略有二也。」（八七○頁下）資持卷中四下：「總分中，化教具兼兩懺，通被二眾，如文所敘。又復二懺通大小乘，又所犯罪，通悔三世。總牒十業，制中反成『五局』：言律懺者，局小宗也；如文自述，局道眾也；託受生者，局事行也；依初受者，局現犯也；次第治者，局名體也。」（三四九頁下）【案】「今懺」下明「懺法」，文分為二：初，「初則」下；次，「若據通懺」下。

〔二〕**初則理懺，二則事懺**　鈔科卷中四：「初明化教。」（九四頁中）簡正卷一五：「謂約得其理觀者說。若依成論，從五停心觀乃至無生，得其諦理，名為『理

觀』。二事懺者，謂依佛名、方等諸經懺之，則為『事懺』也。」（八七〇頁下）
鈔批卷二三：「私云：此『事懺』，非律文羯磨出罪等，但是禮方等事也。然此
事懺，但能伏業易。業，舊業也。其種子猶在，但善業增強者先牽，且免地
獄，違教罪滅。至論得報，未可全除，但可善強，排拒未受。『理懺』不爾。
由無漏觀破壞煩惱，明暗不俱，證無漏時，一切妄業颯然已滅，是故『理懺』
燋業，滅業種子。」（九二八頁上）

〔三〕**此之二懺，通道含俗**　簡正卷一五：「料簡上來『理』『事』『通』『局』二意
也。出家五眾，根有上下，上則依理，下則約事，故云『通道』。又，俗人通
脩理觀及與事懺，以俗人中，根亦有利鈍，與道眾不別，故云『含俗』也。」
（八七〇頁下）鈔批卷二三：「此謂『理懺』及『方等事懺』，若准『律懺』，
唯道非俗。」（九二八頁上）

〔四〕**若論律懺，唯局道眾**　鈔科卷中四：「『若』下，明制教。」（九五頁中）簡正
卷一五：「此於事上選出律懺，一向是局，故云『唯』。」（八七〇頁下）鈔批
卷二三：「比丘依『篇聚懺法』，非上二種中事也。准此，則有三種懺法，須知
羯磨疏中有四種懺，謂『事』與『理』，各分大小乘。依佛名、方等懺者，
大乘事懺也；對首陳過，或作羯磨，依篇聚懺，此小乘事懺也。言『理』者，
小乘理懺，緣於性空，小乘四諦，滅理之處也。大乘理懺，要識心本，是大乘
理，妙用虛通，即動而寂，妄想故垢，無妄恒淨故曰也。（九二八頁上）今文
事分，即分二途，理懺合辨，故總三也。」（九二八頁下）資持卷中四下：「初
二句，標局。言道眾者，總收出家五位。」（三五〇頁上）

〔五〕**由犯託受生，污本須淨**　簡正卷一五：「出局之所以也。謂出家人犯戒，須論
受體。當初若登壇受戒，得無表之體，隨中對境，進趣造作，即有違制等罪，
反顯無戒及俗眾。既無受體可違，不可輒依律懺也。」（八七一頁上）鈔批卷
二三：「謂由受戒後犯罪，此罪違受體，故曰也。」（九二八頁下）資持卷中四
下：「『由』下，釋局所以。文敘犯懺，皆依本受。受是稟制，於制順違，遂成
持犯。則彰律懺，與經天（【案】『天』疑『大』。）別矣。初句示犯起之本，
次句明制懺之意。」（三五〇頁上）

〔六〕**還依初受，次第治之**　簡正卷一五：「既污戒體，造作過罪。今若洗除，仍前
清淨。還與初受戒時，未犯不別，故曰還依（云云）。次第治之者。若犯初篇，
作滅殯治，乃至吉羅，責心對首也。（此約成果，以辨次第。）若未成果，或
起心時，或進趣境，所有吉及蘭，亦須依而懺滌。」（八七一頁上）資持卷中

四下：「『還』下，示立懺之法。次第治者，隨其所犯，須依篇次，不可亂故。」
（三五〇頁上）

〔七〕篇聚立儀，悔法準此，並如後列　資持卷中四下：「篇聚立儀者，制教差降故。悔法準此者，依教立法故。」（三五〇頁上）簡正卷一五：「謂成根本，隨五篇收。未成果前，通入聚攝。一一准之，以為方軌次第，如下鈔文頒列也。」（八七一頁上）

若據通懺，理、事二別〔一〕。

理據智利。觀彼罪性〔二〕：由妄覆心，便結妄業〔三〕；還須識妄，本性無生〔四〕；念念分心，業隨迷遣〔五〕。若論事懺，屬彼愚鈍〔六〕：由未見理，我倒常行〔七〕；妄業翳心，隨境纏附，動必起行，行纏三有〔八〕；為說真觀，心昏智迷〔九〕。止得嚴淨道場，稱歎虔仰，或因禮拜，或假誦持，旋繞竭誠，心緣勝境〔一〇〕；則業有輕重、定不定別〔一一〕，或有轉報，或有輕受〔一二〕。並如佛名、方等諸經所明〔一三〕。

言理懺者。既在智人，則多方便〔一四〕，隨所施為，恒觀無性〔一五〕。以無性故，妄我無託〔一六〕；事非我生，罪福無主〔一七〕。分見分思，分除分滅〔一八〕。如人醒覺，則不眠醉〔一九〕。然理大要，不出三種〔二〇〕：一者，諸法性空無我〔二一〕——此理照心，名為小乘。二者，諸法本相是空，唯情妄見〔二二〕——此理照用，屬小菩薩。三者，諸法外塵本無〔二三〕，實唯有識〔二四〕——此理深妙〔二五〕，唯意緣知〔二六〕，是大菩薩佛果證行〔二七〕；故攝論云：唯識通四位等〔二八〕。以此三理，任智彊弱，隨事觀緣，無罪不遣〔二九〕。故華嚴云：一切業障海，皆從妄想生，若欲懺悔者，當求真實相〔三〇〕。如此大懺，眾罪雲消〔三一〕。

然則，事懺罪業，福是順生〔三二〕；理懺妄本，道則逆流〔三三〕。一出一入，條然自分〔三四〕：愚智兩明，虛實雙顯〔三五〕。故諸行者，並識自心〔三六〕。若樂罪時，須修事懺〔三七〕；若樂福時，須修理觀〔三八〕。理通深淺，如上所明〔三九〕。

若是五眾犯罪，則「理」「事」兩緣〔四〇〕：「事」則順教，無違唯識〔四一〕；「理」則達妄，外塵本無〔四二〕。故論云：唯識義不失，亦不無「能取」「所取」〔四三〕也。若非五眾，福、道兩經，必欲試論，非是鈔意〔四四〕。廣如凡聖行法二十卷中〔四五〕。案記云，凡聖行法，舊云道整禪師撰。未見本文。

【校釋】

〔一〕**若據通懺，理、事二別**　資持卷中四下：「通懺者，如上『五對』。『通』義可知。」（三五〇頁上）鈔批卷二三：「立謂：此上二法，既無羯磨，故得道俗共行，名為通懺也。」（九二八頁下）扶桑記：「五對：一、通大小乘，二、通道俗，三、通事理犯，四、通三世罪，五、通十業。」（二八二頁上）【案】「若據通懺」下分二：初，「若據通懺」下；二、「次明依」下。初又分三：初，「若據通」下；二、「理據智」下正示；三、「然則事」下。

〔二〕**觀彼罪性**　簡正卷一四：「智利者，智慧利根也。觀彼罪性者，謂體性是空。故經云：若見罪性，即與福無二。無二之性，是名真性。」（八七一頁上）資持卷中四下：「理懺者，此約觀慧，推窮業性，明見真理，罪得伏滅，故云懺也。文中初標根性，且望修事，通名利根。若對三觀，智用淺深，自分利鈍，如後可見。『觀』下，示觀行。初句，示『所觀』境。」（三五〇頁上）【案】「理據智」下一節分二：初，「理據智」下；二、「若論事懺」下。

〔三〕**由妄覆心，便結妄業**　資持卷中四下：「『由』下，明『能觀』智。上四句，明達妄見理。」（三五〇頁上）簡正卷一四：「由於虛妄，以覆真心。心是無生智，妄業是貪等煩惱。被此煩惱蓋覆真心，無生之智不起，遂於妄上廣造諸惡也。故羯磨疏云：以妄覆真，不令明淨，方須脩顯，名『法身佛』；以妄覆真，絕於智用，故勤觀察，大智由生，即攝善法，名『報身佛』；以妄覆真，妄緣憎愛，（八七一頁上）故有彼我生死輪迴，今返妄源，知生心起，不妄違惱，將護前生，是則名為攝眾生戒，名『化身佛』也。」（八七一頁下）

〔四〕**還須識妄，本性無生**　簡正卷一五：「謂利智之人，識虛妄無體，體是真如。如本無生滅，今違此無，上不可得，豈有妄焉？」（八七一頁下）鈔批卷二三：「謂煩惱之性本來無實，以迷故，言有也。」（九二八頁下）

〔五〕**念念分心，業隨迷遣**　資持卷中四下：「下二句，明行成罪滅。分謂分辨，即觀照也。此中通示理觀，無生之言，總下大小三種之理。」（三五〇頁上）簡正卷一五：「謂妄業不可頓除，要須念念隨覺，即妄業亦隨覺遣除也。又解：念念分心者，示覺觀也，即剎那剎那，念念相續，常勤分別，知心性空，妄業此時隨此除遣。」（八七一頁下）鈔批卷二三：「深云：念念分別心也。立謂：隨智分淺深，觀罪性空。隨曉之處，妄業之性，不可頓除，但可隨分遣也。」（九二八頁下）扶桑記：「謂念念分心，迷惑自遣，業亦隨迷惑出也。」（二八二頁上）

〔六〕**愚鈍** 簡正卷一五：「愚鈍者，愚痴魯鈍。總下根也。」（八七一頁下）

〔七〕**由未見理，我倒常行** 簡正卷一四：「謂未見性空之理，橫執蘊、處、界有真示（【案】『示』疑『我』。）故，不順緣理，稱之為『倒』。念念不離，故曰『常行』。由茲，我倒常行。」（八七一頁下）鈔批卷二三：「我倒常行者，謂凡夫計有我者，此即凡夫本來無我，我唯屬佛，具八自在，我義可立。凡不自在，為生死所纏計有我者，非倒何也。上言八自在我者：一、能示一身，以為多身；二、能一塵身滿大千界；三、能大身遠飛於空；四、能自在故；五、根自在故，一根遍知諸塵；六、能故得一切法；七、說自在故，一句之義，經無量劫；八、遍滿一切，猶如虛空。是為屬佛八自在我。」（九二八頁下）資持卷中四下：「『由』下，示懺法。又二：初，敘不堪理觀；『止』下，正明事懺。」（三五〇頁上）

〔八〕**妄業翳心，隨境纏附，動必起行，行纏三有** 簡正卷一五：「妄業，即翳其真性本無之心。逐色聲香，名隨境纏附。貪等妄心纏動，即造作遷流，故云動必起行。此既從貪等三毒而生，不免三界輪迴，故云行纏三有也。」（八七一頁下）鈔批卷二三：「行纏三有者，由造身口業行，纏縛於三界也。」（九二八頁下）

〔九〕**為說真觀，心昏智迷** 簡正卷一五：「唯識理性，名真觀也。鈍根之徒，未曾慣習，耳聞此真勝義觀行，心中昏昧，情智俱迷也。」（八七一頁下）

〔一〇〕**止得嚴淨道場，稱歎虔仰，或因禮拜，或假誦持，旋繞竭誠，心緣勝境** 資持卷中四下：「『止』下，正明事懺。初，明事行不出三業：禮拜、旋繞是『身業』，稱歎、誦持即『口業』，虔仰、竭誠等即『意業』。勝境不出三寶。」（三五〇頁上）簡正卷一五：「正辨事懺方軌。事懺者，依佛名、方等是也。即禮佛名經，經上有六番懺悔、三番出意，以表再三。（八七一頁下）『三』『六』即十八度懺悔等。今天台、禪林寺，是『法華懺』也。准羯磨疏：凡修事懺，須具五緣：一、先請十方佛，以作證明。為我心微，假強緣故，如諸佛等常在目前等。（云云。）二、誦經呪為妙藥。三、說己罪名。四、立誓。五、如教明證。當緣塵境，或夢或覺，非是妄心之所變，又非魔鬼之所或（【案】『或』疑『惑』。）。若是魔者，我之所行，未出塵境，依教如是明證所緣，必不緣惡事也。」（八七二頁上）

〔一一〕**則業有輕重、定不定別** 資持卷中四下：「『則』下，明成益。上二句示先業。言輕重者，就過為言，五逆謗法，用僧物等為重，餘則為輕。又凡造罪，具足

三時俱起，猛心為重，或二時、一時為輕。定不定者，復簡重業。定業極重，縱懺不亡。不定猶輕，或容轉易。」（三五〇頁上）簡正卷一五：「善生經云業有四種：一者『時報俱定』，謂造罪時，三時俱有尤害，即結業定重也。二、『時定報不定』者，『時定』謂順順現、順生、順後三時，定受報故，不可不受也；『報不定』者，若定業，三寶亦不能救；若不定業，若能懺悔，修身戒、心慧，遇善知識，是人能轉後世業重罪，現世輕受，或可不受等。三、『報定時不定』，四、『時報俱不定』，易知不解。」（八七二頁上）鈔批卷二三：「定不定別者，私云：如『持犯』中引善生八品。若初、中、後『三時』俱重，業則定受；三時互缺，業則不定。若能懺悔，或不入地獄，現世輕受；（九二八頁下）或轉向後，現輕受也。賓云：然其作業，三時心不具時，感報不定也。有『時定感報不定』，此則遇緣可轉。如人作業，雖定死後生地獄中，名為『時定』，然其作業三時，心不具故，則感報不定。此人死後即受則（【案】『則』疑『輕』。）受；忽若遇緣，差此時故，則一差永差，畢竟不受。猶如巡房差僧次，若至即受則得，若不受者，即過下次，永不復得。今此亦爾。捨此身後，若受即受，則赴『時定』。若此時遇緣不受，則永差也，報不定故。此人理有可懺，故曰『遇緣可轉』。更有餘句：『報定時不定』、『時報俱不定』，此二句不可懺。釋義准知。『時報俱不定』，此最易滅。若定業者，如調達破僧，佛令懺蘭，猶故一劫入阿鼻，此是定業故也。若闍王殺父，此屬逆罪，由心慙愧，見佛則滅。准小乘中薩婆多論云：但入黑繩地獄，如人中七日重罪即盡，此是不定業也。案多論云：闍王雖有逆罪，應入阿鼻，以誠心向佛懺，故滅阿鼻罪，入黑繩地獄。如人中，七日重罪即盡，是謂三寶救護力也。若必定業，三寶不救。須知。又如涅槃云：有慙愧者，罪則非有，無慚愧者，罪則非無是也。」（九二九頁上）

〔一二〕**或有轉報，或有輕受**　資持卷中四下：「下二句彰益。『轉報』謂易奪不受對上輕及不定業也。『輕受』謂轉重為輕，即上重中定業也。」（三五〇頁上）簡正卷一五：「或有轉報者，釋上重業『定受』。或有輕受者，釋上輕業『不定受』，謂今生事相，修行力強，能排此定重之業。後生而受，即經中生報、後報或是也。若今生事相修行力強，能排此輕不定業，現世輕受。即下文云：頭目等痛，飢餓等。如經云：若為人輕賤，是人先世罪業，應墮惡道。以今世人輕賤故，先世罪業，即為消滅也。」（八七二頁上）

〔一三〕**並如佛名、方等諸經所明**　資持卷中四下：「『並』下，指廣。佛名經，文見第

十。方等陀羅尼經三卷、虛空藏經、瞻察經等，（三五○頁上）並明悔法。若準業疏，須具五緣：一、請佛菩薩為證，（即奉請眾聖也；）二、誦經咒，（即誦經、諷咒；）三、說己罪名，（即說懺悔；）四、立誓言，（即今發願；）五、如教明證，（即今求相簡擇邪正。）」（三五○頁中）

〔一四〕**既在智人，則多方便**　鈔科卷中四：「初，標示用心。」（九四頁下）簡正卷一五：「謂能修理觀，則號智人。此人恒以般若為先，故云方便。」（八七二頁下）

〔一五〕**隨所施為，恒觀無性**　資持卷中四下：「重廣中。初，示所修觀相，『無性』即空理。」（三五○頁中）簡正卷一五：「此方便是慧，明慧生觀一切法恒無性故。相既空妄，我自然無托，所作之事，則非我生。我心既空，誰為罪福之主？故勝鬘經云『我心既空，罪福無生』，即斯義也。」（八七二頁下）

〔一六〕**以無性故，妄我無託**　資持卷中四下：「『以』下，明罪滅所以。」（三五○頁中）鈔批卷二三：「有云：既恒觀照，則空觀成就，便知煩惱之體無有性相。既了知是妄，則我倒不生，故言妄我無托。謂無所托附，只由計我，則生煩惱也。」（九二九頁下）扶桑記：「濟覽：已下四句，展轉相生，謂諸法無性故，妄我無託；妄我無託故，事非我生；非我生故，罪福無生。」（二八二頁下）

〔一七〕**事非我生，罪福無主**　鈔批卷二三：「有云：此是我明今凡夫所作事業，但是妄心中作，非真心中作，故曰凡事非我生。既非真我而生，罪福何曾有主？皆是妄作。故經云：法尚應捨，何況非法？自等覺已前作觀，皆罪福双遣。乃至妙覺，則成清淨福耳。如是分分見、分分觀，從十信、十行，乃至十地，階降不同，則煩惱分分消除，智慧漸漸增進。」（九二九頁下）資持卷中四下：「諸世間業，皆從我生，我為業主。我既無託，故所造善惡，不從我倒而生。妄業無依，故得除滅。」（三五○頁中）【案】「法尚應捨，何況非法」見金剛經。

〔一八〕**分見分思，分除分滅**　簡正卷一五：「謂三乘人，同觀無性之理，即『能觀』之智證有淺，即分見空理，妄業分除；分思無性，妄業分滅。鈔舉醒覺之喻，疏舉磨鏡之喻。意同。」（八七二頁下）鈔批卷二三：「立謂：隨分分見其法性，分分思量，猶如菩薩念念入法流，心心趣寂滅是也。」（九二九頁下）資持卷中四下：「見謂達理，思謂起修，除謂能觀智，滅即所觀業。破妄顯真，而非頓證，故皆云分。若約位判，分見分思，即內凡人；分除分滅，即初果已去。」（三五○頁中）

〔一九〕**如人醒覺，則不眠醉**　簡正卷一五：「如醒則無有醉，如覺則無有眠。故造醉
如眠，於其夢中種種事，覺後都無所作可得。醉亦然也。」（八七二頁下）資
持卷中四下：「『如』下，喻顯。眠、醉喻迷。醒、覺喻悟。眠覺醉醒，相似法
故。」（三五〇頁中）

〔二〇〕**然理大要，不出三種**　簡正卷一五：「然，是也。是理觀多途，大綱要略，不
出三種。」（八七二頁下）資持卷中四下：「理本是一，何有三者？若權實往
分，前二是權，後一是實；若大小相對，前一是小，後二屬大；若約開權會小，
終歸一理；若對三宗，性空局小，唯識局大，相空通小大。如是分之。」（三
五〇頁中）

〔二一〕**諸法性空無我**　資持卷中四下：「性空中，分三：初，示所觀境，即『諸法』
二字。『諸法』之言，總包一切，諸經論中或約依正因果，或世出世間，或有
漏無漏，或色心非色心，或善惡無記，或陰界入等。若據通論，總觀諸法，今
就懺悔，且指罪業而為觀境。『性空無我』一句，即『能觀智』。罪從緣有，本
無自性，緣即心境。虛妄心境，和合成業。業性自空，非使之空，由存妄計，
故受輪轉。但破妄計，覓罪叵得，叵得之處，強名空理。言『性空』者，小機
智劣，不能即法見空，必待推析，窮法體性，然後方空。其中須分利、鈍。利
者，體法即空；鈍者，析法見空。或云：『有宗』唯證人空，『假宗』人法二空。
『此』下，判位。小乘通收聲聞、緣覺。據所乘法，諦緣雖殊，若論斷證，同
見空理。」（三五〇頁中）簡正卷一五：「諸法性空無我者，『諸』者，不一之
義。法謂軌生物解也。『性空』即小乘人作『性空觀』，亦名拆（【案】『拆』疑
『析』。）色明空觀，謂蘊、處、界，而成此身，妄執為性。今小乘觀，三科
法中，且論五蘊：一是色，四是心。觀心至剎那，觀色至極微也。喻如茶瓶青
色，咽小腹大，是性，妄執為有。今細末磨為塵，咽小腹大之性，（八七二頁
下）今何所在？有情之身，亦復如是。五蘊成之，蘊謝即死，其身似瓶，五蘊
假合，色蘊既滅，餘四不存。網（原注：『網』疑『細』。）而推之，我在何所？
作斯觀行，頓除我之理，觀照心性，名為小乘。」（八七三頁上）鈔批卷二三：
「有云：聲聞、緣覺，此二乘但得空觀。觀四大、五陰之法，本來是空。析五
陰以叛無，破六塵而為非有。謂滅身以叛無，絕智以論虛，即境智雙亡也。羯
磨疏解三種，云：就觀理中，小乘極處，人法二觀，對我觀析，唯見是塵，對
陰求之，但唯名色。求人求法，了不可得，是為空也。大乘極處，空識為本，
（九二九頁下）初淺滯教，謂境是空，（此屬小菩薩；）境本唯識，（此屬大菩

薩。）此理照心，名為小乘者，謂此小乘將性空、無常、無我、不淨等之理，以照其心，只是觀五陰之性為空。但觀性空，故是二乘斷見人也。言『理』者，當與其所見之處名為理也。」（九三〇頁上）

〔二二〕**諸法本相是空，唯情妄見**　資持卷中四下：「相空中，亦三：示境同前。『能觀』中：言『相空』者，了法無相，猶如幻化。昧者謂真，亦如空華，眼病謂實，故云唯情妄見。判位中。小菩薩者，雖發大心，未窮心本，故設此觀，空諸塵境。如諸般若，所被初心。言『照用』者，二乘住寂故。但照心菩薩涉事，故云照用。若對三宗，即當四分，同觀空理，故云『小』也。志慕佛乘，故云菩薩。相召『佛子』，即為明例。」（三五〇頁中）簡正卷一五：「此是大乘位中小菩薩，修『相空觀』。大乘五位中，是加行位也。『諸法』者，謂外道凡夫，執我法差別，行解非一，故云『諸法』也。『本相是空』者，凡情妄執，實我實法，聖人達無，故云『本相是空』。『唯情妄見』者，情謂凡情，妄謂虛妄，見謂執見。良由外道凡夫，妄情執著大我如虛空遍一切處，小乘（原注：『乘』一作『我』。）如芥子潛轉身中作諸事業，因此沉輪生死。今此加行位小菩薩作諸業，無罪可除，不假懺滌。『照此理用』者，『此』者，指法之詞。『理』者，道理。此菩薩達我法二執、非實之道理故。『照』是照達。小菩薩加行智，能照達諸法無我無人之相是空。『用』是『相用』，九十四有為法是唯識相用。此菩薩雖觀二空，未忘『能』『所』，猶滯相故。下自引論。」（八七三頁上）鈔批卷二三：「此謂小菩薩作觀之時，由緣其外境，分別其色，知色即空。云一切法是唯情妄見為有耳。有云：如瓔珞經明地前三十心為小菩薩。前二乘人，境智双亡。此小菩薩但滅境，猶存智心。謂一切色非色、五陰、四大之法，是空計，世間法無我、人、眾生壽命等，猶存能照之識智。謂今所見諸法者，並是眾生妄心見耳。雖然，未得唯識之觀也。」（九三〇頁上）

〔二三〕**諸法外塵本無**　簡正卷一五：「『諸法』是所緣之境，二執差別也。外簡內心塵者，染污淨法，名為『塵境』；凡情緣境，有所貪著染污，名『塵』。此境元是虛妄，故云『本無』也。」（八七三頁上）資持卷中四下：「唯識中，三科同上。觀境可解。『能觀』中。外塵謂一切境界也。言『本無』者，有二義：一者，境即心故。瞻察經云：一切境界，從本已來，體性自滅，未曾有故。因如此義，是故但說一切諸法依心為本，當知一切諸法悉名為心。以體不異，為心所攝故。二者，虛妄見故。經云：但以眾生無明、癡暗、熏習因緣，現妄境界，令生念著；又云：若無覺知能分別者，則無十方三世一切境界差別之相。

唯識論云：唯識無境界，以無塵妄見，如人目有翳，見毛如月等事。」（三五
〇頁下）

〔二四〕**實唯有識** 簡正卷一五：「實者，真實也。唯者，簡除義，亦是專局義也。『有』
則對『無』立名。『識』者，了別為義。故華嚴云：若人欲了知三世一切佛，
應觀法界性一切唯心造。」（八七三頁下）鈔批卷二三：「此人了外塵既空，更
不緣於外塵，但唯有一識心，故云『唯識』。直唯觀此識心，不觀外境，此大
乘菩薩，從初地已上，皆作此觀。言『唯識』者，非六、七、八識也，直是『白
淨之識』，即『菴摩羅識』，是『真如之識』也。『唯』則是境，『識』則是心。
然實不存其境，但假說為境耳。謂此菩薩觀三界並是一識心所變作，（九三〇
頁上）名為『唯識觀』也。」（九三〇頁下）資持卷中四下：「言『唯』則遮於
外境，言『識』則表於內心。或真妄和合為『阿梨耶識』，謂『真』能隨緣，
與『妄』俱起故。或云：『真識』即是常住本淨真心，即是中道一實境界。然
修觀有二：一者直爾總觀，謂觀念性即是『真識』，其體清淨平等，周遍含攝
諸法，出生無盡，究竟一相，寂然常住。二者歷事別觀，一切時中，隨緣動念，
衣食四儀，若善若惡，皆能了知一識流變。若前『總觀』乃彼上智深位所修，
末世初心唯後『別觀』是所機教。」（三五〇頁下）

〔二五〕**此理深妙** 資持卷中四下：「判位中。上二句彰勝，對前麤淺，故云深妙。業
疏云：初淺滯教，謂境是空，（即小菩薩。）了境本非性，唯識也。（即今位
也。）又鈔云：鈍見空時，不分別色；（謂小菩薩，不同二乘析色故。）智知
唯識，不分別空；（即簡相空。）三觀相望，（三五〇頁下）淺不知深，深必兼
淺故，後唯識即為圓觀。」（三五一頁上）簡正卷一五：「『此理』即唯識真性。
法空真如名為此理。凡夫及二乘不知，故云深妙也。」（八七三頁下）鈔批卷
二三：「謂外色、聲等六塵，本體是無，由六根能通，致使六識橫生分別。六
根既非實有，六塵故不可求，但是一識之心，變動造作。今反觀之，唯由一
識。此識之是清淨之識，故曰此理深妙。」（九三〇頁下）扶桑記釋「不同二
乘析色」：「此釋不可分別也。」（二八四頁上）

〔二六〕**唯意緣知** 簡正卷一五：「意者，智也。初地菩薩，二空真智，契會真如，達
唯識性，故云唯意緣知。」（八七三頁下）鈔批卷二三：「此清淨之識，不異
意識，但聖人改輔麤識，以為細識，故能分別，故曰唯意緣知也。」（九三〇
頁下）

〔二七〕**是大菩薩佛果證行** 資持卷中四下：「次二句正判。大菩薩者，『初地』已去

也。」（三五一頁上）簡正卷一五：「從『初地』至『十地』，總名『大菩薩』。所言『十地』者：一、歡喜，二、離垢，三、發光，四、炎慧，五、難勝，六、現前，七、遠行，八、不動，九、善慧，十、法雲。並作真唯識觀，斷十障、修十勝行，治二十愚，證十真如，乃至大寶華王座上成等正覺。既達悟法空，無罪可作，不假懺除等，故云是大菩薩佛果正行也。」（八七三頁下）

〔二八〕唯識通四位等　簡正卷一五：「問：『准論文，都有五位：一、資粮，二、加行，三、見道，四、修道，五、究竟。今此何以但云四位？』答：『就五位中，資粮一位，未作唯識觀。今引論文，略明行相。初，資粮位者。資謂資助，粮謂粮食。謂此菩薩欲求佛位二轉依果，先於因位修六度萬行，資助己身，故號資粮也。故唯識云：『乃至未起識，求住唯識性，於二取隨眠，由未能伏滅。』（八七三頁下）謂從十信初心，至第十迴向，中間四十心，皆資粮位攝，故云乃至也。未起識者，此位未求見道，不起順決擇觀空之智，故云未起識也。求住唯識性者，即加行位，觀名等是空，作唯識觀，趣入見道，住唯識性。此位但求佛果，不求見道，未名求住唯識性也。於二取隨眠者，『二』謂能取、所取，即二障染污心心所，相見二分，此之二分，薰成種子，名二取也。隨謂隨逐有情，眠謂眠伏藏識也。由未能伏滅者，謂此菩薩少居定位，多在外門，事相散心，修菩薩行，未能達了二取是空，故不能伏滅。此菩薩有能伏觀行所伏障染等，廣如大論，非此所明也。第二、加行位者。『加』謂加功，『行』謂萬行，是通名也。故論（【案】成唯識論卷九）云：『現前立少物，謂是唯識性，以有所得故，非實住唯識。』言『少物』者，謂真如相分也。謂此菩薩，現前安立真如相分，謂是唯識真勝性，以加行位菩薩作似三性觀，未得真實智故，便認此相分，以作唯識性。此相未除遣，以滯相觀心而有所得，非真安住真唯識性。若滅此相，方實安住。依如是義，更有四別，名即煖等。（云云。）及所伏障染，廣如論說，此略不云。（八七四頁上）第三、見道位。道者，引也。出生為義，體是無漏智，能引出生一切功德故。見論有二：一、真見道，二、相見道。且真見道者，故論（【案】成唯識論卷九）云：『若時於所緣，智都無所得。爾時住唯識，離二取相故。』謂菩薩起根本智，正緣真如時，故云『若時於所緣』也。『智都無所得』者，根本智緣真如時，無能取分別心，故云『智都無所得』。『爾時住唯識』者，實智冥合，當爾之時，名為『正住唯識』，真勝義性，以離能取、所（原注：『所』下一有『取』字。）故。又，此位亦名『通達位』。通者，體也。達者，會也。菩薩以無分別智，親契會真如，名『通

達』也。亦名『一心真見道』，『一心』為簡『三心』及『十六心』也。真者，
實也。為簡於相，此中實斷二障、實証二空等。（云云。）『二相見道』者，
『相』謂行相，即『後得智』（原注：『後』一作『修』。次同。），倣學真見道
時，有斯分別行相故。或可『相』謂相分，後得智緣真如時，有相分故，即三
心、十六心等。廣如論述。第四、修道者。『修』謂修習，『道』謂道德，體是
無分別智。此位菩薩，出見道後，為求二轉依果，而數數修習『無分別智』，
斷障修行，名為『修道』。故論（【案】成唯識論卷九）云：『無得不思議，是
出世間知（【案】『知』成唯識論作『智』。），捨二分（原注：一無『分』字。
次同。）麤重故，便證得轉依。』謂離『所取』，故云『無得』。離『能取』故，
名『不思議』。『是出世間智』者，（八七四頁下）二取隨眠為『世間』，此十地
無分別智，能斷於彼，獨得出名也。捨二分麤重者，即二障種子，性無堪任，
立（原注：『立』下一有『麤』字。）重名，二空之智名為細，而能斷彼，名
為『捨』也。便證得轉依者，謂十地菩薩能捨二麤重障，所以便能證轉依。因
中二障，為有漏法所依。捨茲二障，以成法、報二身：捨『煩惱障』得『法身』，
捨『所知障』得『報身』果位。將此菩提涅槃，為無漏法所依，故云『捨二』。
（云云。）第五、究竟位者。即佛位三身、四智菩提，名為究竟。故論（【案】
成唯識論卷一〇）云：『此即無漏界，不思議善常，安樂解脫身，大牟尼名法。』
解茲一偈，即是大乘總相三身。廣在論文，固非此述。謂前五位，是大乘等修
行次第階昇。今抄所云：且據作『唯識觀行』以言，故通四位也。（已上並依
論抄，略敘要急，以消鈔文也。）（八七五頁上）鈔批卷二三：「『唯識通四
位』等者：一、願樂位，二者見位，三者修位，四者究竟位也。云何為願樂位？
謂地前三十心菩薩，總名『願樂位』，但以『比智』知法身，未以『證智』知
真如心，求欲見故，名『願樂位』。『十信菩薩』，猶受三界分段生死，分學『性
空觀』，對治闡提不信障，斷四住地煩惱盡，分段生死果報亡，方入『十解』
之位。『十解菩薩』，生（【案】『生』疑『性』。）空觀成就，對外道著我障，
報感『銅輪王』也。上言『十解』者：一、發心住，二、治地住，三、修行住，
四、生貴住，五、方便具足住，六、正心住，七、不退住，八、童真住，九、
法王子住，十、灌頂住。此『十解位』，名『習種性』也；餘三十心義，已如
上持犯方軌篇中帶數列竟。『十行菩薩』，分作『法空觀』，修自利利他行，對
治聲聞自利障。『十回向菩薩』，作『法空觀』，（九三〇頁下）成就大悲願力，
垂形六道，教化眾生，對治獨覺自受（原注：『受』疑『度』）障。此地前『三

十心菩薩』，對治四種障，但除正使，未斷習氣；『十地菩薩』治斷其習氣耳。二、見位者。謂得入『初地』，見本身中真如佛性，故名『見位』。三、修位者。從『二地』至『七地』，名『修位』，猶有功用，而修其行，故曰『修位』也。四、究竟位者。從『八地』至『十地』，名『究竟位』，不假功用，其心運運，進至佛果也。餘義如攝大乘論抄。（云云。）上言『唯識通四位』者，謂此『四位』通作『唯識觀』也。」（九三一頁上）資持卷中四下：「『故』下，引證。彼以『五十二位』總為『四位』。論云：一切法以識為相、真如為境。（境即是體。）依此境界，隨心信樂，入『信樂位』。（此收『加行』十信、十住、十行、十迴向，四十位。）知理通達，得入『見位』。（即初地也。）能對治一切障，得入『修位』。（『二地』至『七地』。）出離障垢，得入『究竟位』。（『八地』至『佛地』。）初位所修，名『影像唯識』；後三所修，名『真唯識』。（有人將前小菩薩對『加行』者，不知觀行不同也。）問：『有人云：唯識觀南山判位太高；又云：深位無罪，豈須懺悔。其意云何？』答：『論文自云唯識通四位，那責南山判耶！此蓋特舉深位以彰理妙，當知悔法正為下凡，故下勸令，任智強弱，隨事觀緣，豈令果佛而悔罪耶！前修率爾，不無小疵。後進狂簡，便生輕謗。寄言有識，詳而慎之。』又有人云：『題云懺六聚法，那出事理懺乎？』答：『此又不曉化、行二教，罪懺相須。若唯依化懺，則制罪不亡。若專據制科，則業道全在。故當化、行齊用，則使業制俱除。下云五眾犯罪，理事兩緣，又云篇聚依教，自滅業道，任自靜思是也。舉宗無濫故，以六聚標題。以類相從，何妨二懺兼述？儻懷通鑒，無事專隅。』」（三五一頁上）扶桑記釋「有人云：唯識觀南山判位太高」：「苀云：『鈔引攝論證唯識觀，荊溪斥云判位太高。』」（二八四頁上）【案】攝大乘論卷二，大正藏第三一冊，一二二頁下。攝大乘論釋卷七，大正藏第三一冊，二〇〇頁上。

〔二九〕**以此三理，任智彊弱，隨事觀緣，無罪不遣** 簡正卷一五：「以，用也。即小乘小菩薩、大菩薩也。任智強弱者，謂隨今比丘能觀之智，智有深淺也。隨事觀緣者，隨於力分，觀照為緣，則何罪而不遣也。」（八七五頁上）鈔批卷二三：「謂上三乘之理，隨今比丘智深淺作觀行，隨力分觀照，何罪不遣也。」（九三一頁上）資持卷中四下：「結告中。初結示。據理深淺，由機強弱。當量己分，隨力修之。然末世情昏，鮮逢利器，尚未堪於事行，況克意於玄門。三觀微言，於茲殆絕。嗚呼。」（三五一頁上）【案】本句及下，為「然理大要，不出三種」下一節的結告。

〔三〇〕**一切業障海，皆從妄想生，若欲懺悔者，當求真實相**　資持卷中四下：「『故』下，引證。華嚴偈，初句示罪相。一切者，總十惡也。能遮善道，故云障也。深廣波騰，故喻海也。次句，示生處，不了唯心取著，前境妄想也。下半偈示悔法。上句索機，下句示法。當求者，示『能觀』智。真實相者，若約通論，總上三理。若據經意，（三五一頁上）別在唯識，故下云大懺也。本作『端坐念實相』。『端坐』是靜緣，『念』即能觀。」（三五一頁中）【案】「華嚴偈」見佛說觀普賢菩薩行法經，三九三頁。

〔三一〕**如此大懺，眾罪雲消**　資持卷中四下：「『如』下，結歎。準經續云：眾罪如霜露，慧日能消除，是故應志（【案】『志』經作『至』。）心，勤懺六根罪（【案】本句經文作「懺悔六情根」。）。上半示其功勝，下半勸其勤修。」（三五一頁中）

〔三二〕**事懺罪業，福是順生**　鈔科卷中四：「『然』下，勸修。初，兩懺對根不同。」（九五頁中）資持卷中四下：「勸修中。初科。前示二懺不同。福順生者，人天有漏，順生死故。」（三五一頁中）簡正卷一五：「謂事懺虛浮，禮佛誦經，但得人天之果，未免轉（原注：『轉』字似多。）輪迴，是順生之流也。」（八七五頁上）鈔批卷二三：「謂既作罪業，若修事懺者，但是順生死，妄心中識，能滅其罪，能生其福，此是世善之福，是順生死流，未能返本，有資道之用也。上言福是順生者，謂此事懺，但能滅罪生福，故曰也。」（九三一頁上）【案】「然則」下分二：初，「然則事」下；二、「若是五」下。

〔三三〕**理懺妄本，道則逆流**　簡正卷一五：「若修理觀，徹見真如，心境既空，罪福無主，則是見道。此無漏道，則逆出死流也。」（八七五頁下）鈔批卷二三：「前事懺句是福分，此理懺是道分也。謂若修理觀，則能滅除妄本，豈非道分？則是逆流見性，能生真解也。」（九三一頁上）資持卷中四下：「道逆流者，三乘無漏，逆生死故。出入據所克之果。」（三五一頁中）

〔三四〕**一出一入，條然自分**　簡正卷一五：「無漏聖道，生死不拘，謂之出。福是有違，屬生死所拘，謂之入。故云『自分』。」（八七五頁下）鈔批卷二三：「謂理懺則出生死流，事懺則入生死流也。」（九三一頁上）

〔三五〕**愚智兩明，虛實雙顯**　鈔批卷二三：「愚智兩明者，『事懺』是愚，良由根鈍，（九三一頁上）未證理解故。『理懺』是智，由利智人，堪能修理觀故。虛實雙顯者，事懺稱虛，以未了惑妄之本故。理懺為實，以了人法兩空，色心俱寂故。」（九三一頁下）簡正卷一五：「愚智兩明者，理懺見自心中之道，謂之

智。事懺假外緣勝境，便亂心不生，謂之愚。鈔具顯彰，故曰兩明也。虛實雙顯者，理觀分見分除，得直見道，謂之實。事懺妄業根本不除，但能轉不定業令輕受，故名為虛。在文兩言，故云雙顯。」（八七五頁下）資持卷中四下：「愚智，即能修之機。虛實，約所修之行。一一分對，事理二懺，淺深可見。」（三五一頁中）

〔三六〕故諸行者，並識自心　資持卷中四下：「『故』下，正勸。文出心論，令自觀量。」（三五一頁中）簡正卷一五：「勸勵意也。」（八七五頁下）

〔三七〕若樂罪時，須修事懺　簡正卷一五：「謂妄心不滅，懺已還生，禮誦有漏善根，人天之報。以此世報，順生死流，望其輪轉，故云罪也。」（八七五頁下）鈔批卷二三：「立謂：數作罪人，須行事懺，事懺是難。以難故折伏，使不數犯也。私云：其人若常樂作生死、妄業之罪者，當今事懺，不得令修理觀，以罪未離，豈可行真觀也。要須治舉等，顯事懺是難，故了行之遮後犯也。」（九三一頁下）資持卷中四下：「樂罪修事者，轉愚為智也。」（三五一頁中）

〔三八〕若樂福時，須修理觀　簡正卷一五：「謂依唯識等觀，志求見道，即逆生死流。既免輪迴，得其佛果菩提、無漏之福。行此懺者，得此福也。」（八七五頁下）鈔批卷二三：「立謂：出家之人，應修慧業，然福業是俗所修。今若出家僧尼樂作福者，可令理觀。故百論中，罪福皆捨。福尚令捨，罪豈許留？故須理觀，罪福双離也。濟云：非謂不許修福，但作福時，須離著也。莫起我心勝他之意，無我想觀。不著此福業者，果報則大，此曰理觀。有人云：百論有捨罪福品者，罪不許作曰捨罪，福福（原注：『福』疑衍。）常作而不著曰捨福也。此句是恒懷謹攝，無惡之人故，令修理觀。此則對上數犯之人也。有云：事懺者，業道罪不除，是樂罪人，故作事懺也。理懺者，違制與業道，俱滅則是樂福人行也。」（九三一頁下）資持卷中四下：「樂福修理者，轉鈍為利也。」（三五一頁中）

〔三九〕理通深淺，如上所明　簡正卷一五：「謂證有淺深，非謂從前有此深淺之理。如來、小乘及大小菩薩，三位明也。」（八七五頁下）鈔批卷二三：「謂如上明三乘之義也。」（九三一頁下）資持卷中四下：「理通深淺者，利有強弱也。」（三五一頁中）

〔四〇〕若是五眾犯罪，則「理」「事」兩緣　鈔科卷中四：「『若』下，二眾緣修各異。」（九五頁中）資持卷中四下：「次科，又二。前明道眾通化制。初總標，事遵

律制。理照內心，故云兩緣。緣，即觀也。」（三五一頁中）簡正卷一五：「若是五眾犯罪者，出家人也。則理事兩緣者，諸記中皆言，依律懺時，不妨緣於理觀，故云『理事兩緣』。有不許此釋，以心無並慮，不可正行事懺時，更能緣於理故。（八七五頁下）今故但約出家之人多閑理觀，先依律懺，卻違制罪說（原注：『說』疑『訖』。），然後觀心達理。故下文云：篇聚依教自滅，業道依自靖思等。然或有行得之人亦不妨故，今且據多分而說。」（八七六頁上）鈔批卷二三：「謂出家五眾造罪，任智利鈍，須依事理，兩懺隨得也。」（九三二頁上）【案】「若是」下分二：初道眾，次俗眾。

〔四一〕「事」則順教，無違唯識　簡正卷一五：「謂依篇聚懺，順其律教，不乖唯識之道理也。」（八七六頁上）鈔批卷二三：「勝云：出家五眾依教事，懺不障於道，不違唯識理觀也。不同前『事懺』，福是順生障道等義。（云云。）立謂：若作事懺，不違律教；又，不違真如唯識之理。既是順毗尼教，不違真理，故曰『無違唯識』也。」（九三二頁上）資持卷中四下：「『事』下，別釋。事則順教者，謂作律懺，歷事緣境，常照起心。知唯本識，隨緣流動，趣向於理，故云『無違唯識』也。」（三五一頁中）

〔四二〕「理」則達妄，外塵本無　簡正卷一五：「謂理不妨於空，外塵是事，此事虛妄，本來是無。今若達之，其體不立。」（八七六頁上）鈔批卷二三：「理則達妄，外塵本無者，謂若修理懺，了達妄心之本，一切萬境，色塵形有，性本是空，境智兼亡，人法双泯。唯一識心之所反現，故計度為有也。」（九三二頁上）資持卷中四下：「即了此心，妄緣境起，達境即心。心外無境，唯一真識，清淨本然，故云外塵本無也。」（三五一頁中）

〔四三〕唯識義不失，亦不無「能取」「所取」　鈔批卷二三：「私云：引此攝論文，證上無違唯識句也。案攝論云：通達唯識時，及伏離識位。釋曰：從初地乃至正覺為地，通達唯識位，從空處乃至非想、非非想、無想定、滅心定，為伏離識位。所取塵若無，云何說識為能取，則唯量義不成，是義不然。何以故？唯識義不失，亦不無『能取』、『所取』義。為立此義故，三入唯量者，為顯唯識無塵。所識既無，云何成唯識？為立此義，故識唯二及種種唯二，謂相及見。『相』是『所取』，『見』是『能取』。種種亦爾，是故唯識為能取、所取，此義悉成。言唯識者，文云：唯識無別外境，（九三二頁上）是故觀行人，但觀內法是無，不觀外法也。亦不無『能取』、『所取』也者，立云：唯識者，即境智也。唯則是境，識是智。智是能照之心，境即所緣之境也。智是『能取』，

境是『所取』，故曰也。若凡夫之心非『能取』，所見之境非『所取』。若聖人之心是『能取』，聖人所照境是『所取』。以『能照』之心是智，『所照』之色是境。崟云：能取者，『妄心』為『能取』，『妄境』為『所取』也。然倒心妄境，情有理無。若即妄成，真不乖理。生死涅槃，一體無二，故曰不無『能取』、『所取』也。有人云：依攝論意，『見分』為『能取』，『相分』為『所取』。由識心分別，名為『見分』，境界曰『相分』也。言『唯識』者，據境非定，有無由心識分別，有世界成立山河等相也。且如目連母見飯為火，飯境豈是火耶？但由業心所見，食為火也。目連識善故，見母火是飯。故知一切萬境，皆心所見。善惡不同，然前境了無實體也。」（九三二頁下）資持卷中四下：「『故』下，引證。即攝大乘論。唯識不失者，證上緣理也。不無『能取』、『所取』者，證上緣事也。『能取』即心，『所取』即境，此除疑執。恐聞緣理，便謂自心兀然不動；恐聞無境，便謂境界豁達都無。今時愚者，錯解佛乘，皆謂理觀寂爾。無思空然無境，取捨不得，『能』『所』俱亡，頑然寂住，便是真如，放蕩任情，即為妙用。由是不禮聖像，不讀真經，毀戒破齋，嗜酒噉肉，誇為大道，傳化於人，惡業相投，率多承習。此乃虛妄臆度，顛倒論迴。豈知達法皆真，何妨泯淨？了真即用，豈礙修行？是故，悟理則萬行齊修，涉事則一毫不立。自非通鑒，餘復何言。」（三五一頁中）簡正卷一五：「唯識義不失。證上事懺，事即是空，不違唯識。證理不礙事，如從僧乞懺，胡跪禮拜，口陳詞句，是事即色，鞭心悔責即屬心。如此色心俱不可得，所禮僧眾是境，屬於外塵，如此外塵本亦無實，即事不礙理。唯識義不失，修理觀時，徹見空理，不妨事緣。能取之心、所取之境，內心本空，外相無實。當爾之時，無能取所取，此據理以論。若約事邊，能所宛然是有，故云亦不無『能取』、『所取』也。」（八七六頁上）【案】攝大乘論卷一，大正藏第三一冊，一一九頁上。攝大乘論釋卷五，一八四頁。

〔四四〕若非五眾，福、道兩經，必欲試論，非是鈔意　資持卷中四下：「『若』下，次明俗眾局化教。初顯略。福、道兩經，通目化教。『福經』如佛名、方等，『道經』如諸般若等。」（三五一頁中）簡正卷一五：「若非五眾者，謂不是五眾，即在家之人也。福道兩經者，『福』謂佛名、方等，『道』即理觀，三乘所證，次第淺深也。必欲識（【案】『識』疑『試』。）論，非鈔意者，抄意為接初機。若廣述在家『理』事，『兩經』福、道之行，恐涉繁廣，非成略意。故指廣文，如彼說也。」（八七六頁上）鈔批卷二三：「立謂：若非五眾，事懺、理懺之法，

鈔則不引來也。『福經』是事懺，『道經』是理懺，故曰也。濟同此消。即上引攝論是『道經』，律藏及依方等懺法是『福經』，故俱引出也。且約『六度』上明之，前五是『福經』，後一是『道經』也。（九三二頁下）鈔意本欲隨機備急，若餘經廣義，未暇盡談。故心疏云：舉宗以明，持犯為正。自餘隨律之經，略知名相而已。諸論自分宗體，彼尚不解律刑，此豈橫知他學？縱有前聞亦不得述，費時散日，徒張無益。自宗猶困於未聞，況餘經論何由通盡？可謂不識分量也。」（九三三頁上）

〔四五〕廣如凡聖行法二十卷中　資持卷中四下：「『廣』下，指示。凡聖行法，舊云道整禪師撰，未見本文。嘗考諸祖教觀，無非適機。若乃決白自心，的指妙境，甄別大小，簡練偏圓，歷位淺深，涉道次序，唯天台摩訶止觀是可投心。但末世弘傳，變成名相，故令晚進取悟無從，必欲深明，當求哲匠！」（三五一頁下）鈔批卷二三：「隋末，關中有道正禪師，作凡聖行法六部，有五十卷，廣破信行禪師三階法。當時緣三階文書已達，勅入於正錄，故難破斥。然其凡聖行法中大明修道法用。今言『二十卷』者，指第二十卷也。立云：正行禪師是山東人也。上來明『理懺』義竟，從此已下，正辨其『事懺』方法也。」（九三三頁上）

次，明依律約事立懺〔一〕。

懺法乃多，要唯六位〔二〕。

【校釋】

〔一〕依律約事立懺　簡正卷一五：「謂前料簡，於事分出局懺一科。若論律懺，唯局道眾，前既簡出，今更標舉前科。如此懺之所依，故云依律等也。」（八七六頁下）【案】「次明」下分四：初，明懺法，二、發露；三、重示罪性；四、正明儀式。

〔二〕懺法乃多，要唯六位　鈔批卷二三：「六位者，謂是六聚也。」（九三三頁上）【案】明懺法分六，即：初，懺波羅夷法；二、懺僧殘法；三、懺偷蘭遮法；四、懺波逸提法；五、懺提舍尼罪；六、懺突吉羅罪。

初，懺波羅夷法〔一〕

觀佛三昧經云有七罪〔二〕，一一經八萬四千劫，入阿鼻獄：一、毀無十方佛〔三〕；二、斷學般若〔四〕；三、不信因果〔五〕；四、用僧物，極重於三寶物〔六〕；五、犯重，食他信施〔七〕；六、污比丘尼〔八〕；七、六

親，所行不淨〔九〕。並廣如彼經中〔一〇〕。涅槃云：犯四重者，生報即受〔一一〕。若披法服，猶未捨遠〔一二〕，常懷慚愧，恐怖自責，其心改悔，生護法心，建立正法，為人分別，我說是人不為破戒；若犯四重〔一三〕，心無怖畏，慚愧發露，於彼正法，永無護惜、建立之心，毀呰輕賤，言多過咎〔一四〕；若復說言「無佛法僧」，並名趣向一闡提〔一五〕道。云何是業能得現報，不未來受〔一六〕？謂懺悔發露，供養三寶，常自呵責〔一七〕。以是善業，今世頭目等痛，橫羅〔一八〕死殃、鞭打、飢餓。若不修身、戒、心、慧〔一九〕，反上諸法，增長地獄。

四分云：若比丘及尼，犯波羅夷已，都無覆藏心，令如法懺悔〔二〇〕。諸師廢立，互有是非〔二一〕。今括其接誘，理無滯結〔二二〕；但使覆與不覆，臨乞時都無覆者，盡形學悔〔二三〕。不同「僧殘」，犯多罪已，餘者覆藏，得將一乞，不障法事〔二四〕。初篇犯其根本，非全淨用〔二五〕；若欲改過，出彼自心；縱不舉罪，不礙僧法〔二六〕。故抑令首盡，求哀為受。「僧殘」不爾，罪是有餘〔二七〕；雖先無心，得彊加法〔二八〕；無問隱顯，隨乞隨懺〔二九〕。有斯諸異，故立兩儀〔三〇〕。

先分別須治，後明立法。

僧祇：若犯罪已，啼哭不欲離袈裟〔三一〕，深樂佛法者，令與「學悔羯磨」。比丘不淨食，彼亦不淨；彼不淨食，比丘亦不淨〔三二〕。得與比丘受食。除火淨五生種及金銀，應從沙彌受食〔三三〕。十誦：若犯重戒，如法乞羯磨，佛所結戒，一切受行〔三四〕。在大比丘下坐，不得與大僧過三夜〔三五〕，自不得與白衣、沙彌過二夜。得為僧作布薩、自恣二羯磨，不得足數。餘一切羯磨不得作。得受歲。伽論云：謂無能作者，得為前二法。母論云：與白四悔法已，名清淨持戒；但此一身，不得超生離死；然障不入地獄〔三六〕。治禪病經云：犯重懺者，脫僧伽梨，著安陀會，心生慚愧，供僧苦役，掃厠擔糞等〔三七〕。此行懺法，須者如彼。

律中：應教乞言〔三八〕：「大德僧聽：我某甲比丘，犯婬波羅夷，無覆藏。今從僧乞波羅夷戒。願僧與我波羅夷戒，慈愍故。」三乞已。僧索欲問和，答云：「與波羅夷戒〔三九〕羯磨。」應言：「大德僧聽：此某甲比丘犯婬波羅夷，無覆藏。今從僧乞波羅夷戒。若僧時倒，僧忍聽。僧今與某甲比丘波羅夷戒。白如是。大德僧聽：此某甲比丘犯婬波羅夷，無覆藏。今從僧乞波羅夷戒。僧今與某甲比丘波羅夷戒。誰諸長老忍『僧

與某甲比丘波羅夷戒」者默然，誰不忍者說。是初羯磨。第二、第三亦爾。僧已忍『與某甲比丘波羅夷戒』竟。僧忍默然故，是事如是持。」佛言「與波羅夷戒已，當行隨順法，奪三十五事〔四〇〕」，略同「僧網法」中；唯加「不得眾中誦律，無能誦者聽〔四一〕」。與波羅夷戒已，僧說戒及羯磨時，來與不來隨意〔四二〕。若重犯者，滅擯〔四三〕；若犯僧殘已下，依篇聚治〔四四〕。十誦：與學沙彌猶是懺重比丘。犯僧殘已，乞別住、六夜、出罪，僧次第與之。上且約婬戒為方法，自餘盜、殺，準法除之。不同昔人，唯婬開懺。

【校釋】

〔一〕懺波羅夷法　資持卷中四下：「波羅夷法中，前示業報，欲令犯者，識過求悔。」（三五一頁下）鈔批卷二三：「宣云：此根本罪，聖道之源。既已毀犯，一生絕分，道猶尚可，奈生報何？如僧祇中，捨此身已來報，即墮阿鼻地獄。如罪福經，隨犯一重，則九百二十一億六十千歲，與他化自在天同壽受苦。洗心歸懺，佛教亦開。良由眾生信法未久，懷毒著妄，不思來苦，故迷造重。後發勝心，悔熱（原注：『熱』疏作『過』。）前失，亦令學戒，預入僧儔，諸律名為『學悔沙彌』也。高云：對此引治禪病經，（九三三頁上）若人犯波羅夷已，脫僧伽梨，著安陀會，供僧苦役，掃廁除糞。經八百日，淨洗浴入塔，觀像誦戒八百遍，夷罪即滅。據此，為僧除糞掃廁，是懺重之良藥，自知犯重，應須數行此法。今時半月誦戒，功德不少。」（九三三頁下）【案】治禪病經即治禪病祕要法，兩卷，劉宋沮渠京聲譯。

〔二〕觀佛三昧經云有七罪　簡正卷一五：「此經云八萬四千劫，與罪報經九百二十一億六十千歲不同者，玄云：或可機見，數有大小，致此不定也，不取別解。」（八七六頁下）【案】佛說觀佛三昧海經卷五，大正藏第一五冊，六六九頁中。

〔三〕毀無十方佛　簡正卷一五：「問：『小乘薩婆多不信有十方佛，莫同此不？』答：『不然。多宗但信有釋迦佛一佛，普能利益，非謂總不信也。故戒本云：合十指爪掌，供養釋師子。若四分宗，通信有也，故文云稽首禮諸佛。今此一向不信，故罪重也。」（八七六頁下）資持卷中四下：「觀佛經中，初，示報。『一』下，列罪。初，絕所依。」（三五一頁下）

〔四〕斷學般若　資持卷中四下：「二、杜智解。」（三五一頁下）簡正卷一五：「般若是佛師。三世諸佛，皆從此生。今斷學者，便佛種斷滅也。」（八七六頁下）

〔五〕**不信因果** 資持卷中四下：「三、撥正信」（三五一頁下）簡正卷一五：「論云：信為道原，功德之母，如水清珠，能清濁水。今既不信因果，豈能生於諸善功德也？」（八七六頁下）

〔六〕**用僧物，極重於三寶物** 簡正卷一五：「『僧物』即約常住僧。三寶中僧，據常途僧說也。」（八七六頁下）資持卷中四下：「四、五，盜勝境。僧物重於三寶者，僧物有四，今簡『常住常住』為最重故。」（三五一頁下）

〔七〕**食他信施** 資持卷中四下：「信奉者施，故云信施犯重，非僧，食則成盜。」（三五一頁下）

〔八〕**污比丘尼** 資持卷中四下：「六、七，陵辱尊上。準經，污尼語通染淨。若論戒障，必約淨境。」（三五一頁下）

〔九〕**六親，所行不淨** 資持卷中四下：「六親者，據經但云姊妹親戚。今文易之，使通收故。」（三五一頁下）

〔一○〕**並廣如彼經中** 資持卷中四下：「『並』下，指廣。請將七過，反照身心。儻曾有犯，寧不畏乎？」（三五一頁下）

〔一一〕**犯四重者，生報即受** 簡正卷一五：「准經論中：一者現報，二者生報，三者後報。所言現報，謂今生作罪便招報是也。生報者，捨此身已，於第二生中即受故。後報者，於後後生中受也。（八七六頁下）今於三生中，是第二生報，即受斯苦也。」（八七七頁上）【案】「涅槃云」下分三：初，「犯四重」下；二、「若披法服」下，明犯心，又分二；三者，「云何是」下。南本涅槃卷三六，八四八頁上。

〔一二〕**若披法服，猶未捨遠** 資持卷中四下：「『若』下，二、明犯心。初，約護法，說破為不破。善業勝故，犯心輕故。此據化教，故言不破。若約制教，還即成破，亦欲進彼護法者故。未捨遠者，謂於佛法，猶戀慕故。」（三五一頁下）簡正卷一五：「猶未捨遠者，謂此類人，雖則破戒，而披法衣，能示人天伏藏，心猶有信，遠遠亦有得道之期。」（八七七頁上）【案】北本涅槃卷一○，四二五頁中。

〔一三〕**若犯四重** 資持卷中四下：「『若犯』下，次，約壞法說為犯。」（三五一頁下）簡正卷一五：「『若犯四重』下，即反上文意也。」（八七七頁上）

〔一四〕**言多過咎** 資持卷中四下：「即說佛法中多過失故。」（三五一頁下）

〔一五〕**一闡提** 簡正卷一五：「『一闡』者，此言『信』也。『提』者，此名『不具』。意道：此人『信不具』，故名一闡提。岊記云：翻譯人謬，准理合言『阿闡提』。

『阿』之言『無』，『闡提』云『信』，即是『無信』也。」（八七七頁上）資持卷中四下：「一闡提，此云無信。」（三五一頁下）

〔一六〕云何是業能得現報、不未來受　資持卷中四下：「『云』下，三、示悔法。」（三五一頁下）簡正卷一五：「徵意也。意道：今生作惡是業，理合當來，受斯惡報。今欲迴此當生之報，便現世受，如何得耶，謂懺悔已下，鈔文正籾（原注：『籾』一作『釋』。下同。）。」（八七七頁上）

〔一七〕懺悔發露，供養三寶，常自呵責　資持卷中四下：「『謂』下答釋。初明懺者，現報即受。所謂轉重為輕也。」（三五一頁下）

〔一八〕橫羅　資持卷中四下：「橫謂非橫，羅猶墮也。」（三五一頁下）

〔一九〕若不修身、戒、心、慧　資持卷中四下：「『若』下，明不懺者，生報方受。彼經云：若不觀身無常，名不修身；不觀戒，是善梯蹬，名不修戒；不觀心，躁動制伏，名不修心；不觀智慧，有力能斷，名不修慧。」（三五一頁下）

〔二〇〕若比丘及尼，犯波羅夷已，都無覆藏心，令如法懺悔　鈔科卷中四：「『四』下，明懺法。」（九五頁中）資持卷卷中四下：「辨異中。初科，引律本文。」（三五一頁下）【案】「四分」下分二：初，「四分」下；二、「先分別」下。四分一節分三：初，引四分辨異；二、「諸師廢」下，非古立今，「今」下二句示教意，「但」下三句顯正解；三、「不同僧」下，簡異：一、直示不同，二、悔出自心，三、抑令首盡，四、「有斯諸」結示諸異。四分卷五八，一〇〇〇頁。

〔二一〕諸師廢立，互有是非　資持卷中四下：「『諸』下，示古今兩判。初，指古非。古釋都無覆者，謂從犯已後，曾無一念覆心方開，（三五一頁下）有則不開。又，見律中懺法，因犯婬為緣，便謂唯婬開悔，餘重不開，故云互有是非也。」（三五二頁上）簡正卷一五：「謂前所列律文，但云都無覆心。古師解言：初篇四戒，唯婬開懺，以不損境。餘三不開，即反上義也。又，就初戒中，若犯已，不得一念有覆藏，以即開悔罪。若暫有覆心，即懺罪不出。以律文中，只言初戒得悔是『立』，不說餘三是『廢』。若無覆心，許懺為『是』；有一念覆，不許懺悔，縱懺不出為『非』。第二古師云：四戒俱開懺悔，以律文繙譯之人存略，但向婬戒下出法。餘三例然。今則四戒有犯，並須懺悔是主（【案】『主』疑『立』。）；即顯前師下三不開為『廢』。然則四戒之中，（八七七頁上）雖俱許懺，仍須從前，未經一念覆藏，方開為『是』；若暫經覆，不得懺悔，懺悔則『非』。已上二師互說，各有廢立、是非，故云『諸師』。」（八七七頁下）

鈔批卷二三：「景云：古師言，四重之中，唯初戒無覆藏心聽悔，餘三戒縱初無覆心，亦不許悔。以文中但明初戒得悔，不云餘三也。就初戒中，若犯已，都無覆藏，方許其學悔。若一念心覆，則不許也。今謂不然，四重俱聽學悔。所以然者，四俱是重，初既許悔，三亦例然。立云：古師意者，四重之中唯婬開懺者，謂不損境故。就於婬中，猶犯已來，無覆許乞。若經覆者，不在開限。故律云都無覆藏心故。今不同之，縱犯多罪，覆經積年，但使僧中乞時，盡皆發露，悉許懺也。律言：無覆藏者，此據乞時為言，非約初犯有覆，即不聽悔也。皆約懺時，覆一露一，則不開許，要令盡首，方懺得滅。其學悔初緣，是難提比丘從四禪起，因見妙色，退禪犯戒。若不退者，不起欲貪，理無犯義。母論云：那陀行不淨已，脫衣著肩上，露身而走，唱言『賊賊』。（九三三頁下）邊人問言：『有何等賊？』答云：『為煩惱賊劫。』其僧中智者語言：『尊者波奢，善持毗尼，能除汝罪。』即到其所，向波奢說。波奢答言：『汝若除罪，能用我語不？』答曰：『無違。』遣人作大火坑，滿中炎火，便即語言：『汝欲除罪，可投坑中。』其波奢先與餘比丘論，若那陀比丘直入火坑者，汝等捉之。此比丘誠以用語，直入其火，邊人捉之。知此心實，即為白四，得羯磨已，名為清淨持戒。但此一身，不得超生離死，證於四果，亦不得無漏功德，然障不入地獄耳。如樹葉落，還生樹上，無有是處。若犯初篇，證得四果，亦無是處。此人雖與僧同處，但僧與其萬途隔也。」（九三四頁上）【案】本句非古。

〔二二〕**今括其接誘，理無滯結**　資持卷中四下：「『今』下，申今解。初二句，示教意。立教接機，不可抑塞，故云理無滯結也。」（三五二頁上）簡正卷一五：「今師自籾，並異於前也。『括』謂搜括。律文以佛接誘為意。理無滯結者，初師不許下三戒悔，及初戒都無覆心是滯結，不通之貌也。又有古師，四戒雖開，然亦不許有暫覆隱，悔罪不出，是滯結故。」（八七七頁下）鈔批卷二三：「此破古人執也。夫佛開懺者，是接誘也。隨犯多少，理皆開悔，是無滯結也。」（九三四頁上）【案】此句及下立今意。

〔二三〕**但使覆與不覆，臨乞時都無覆者，盡形學悔**　資持卷中四下：「『但』下，二、顯正解。謂曾犯多罪，必須盡悔，故云都無覆耳。」（三五二頁上）簡正卷一五：「『但使』已下，今師意。四戒並許懺罪，與第二師同然。但臨乞時無覆，心即得懺，不論犯罪，後當覆不覆也。以律文中『都』字，正約犯後臨乞時說，故云都無覆心也。外難曰：『初篇犯竟，臨乞須無覆心，有則不許，何故第二

僧殘縱有覆藏，亦開懺悔？』可引鈔答云『不同僧殘』等。（云云。）謂若犯
十個夷罪，到眾要須俱乞十盡，方可作法得成。若覆一罪，其法不就。若犯僧
殘十罪，但將一乞，餘覆皆成，以非根本，得足數故。不障法事，對明異相，
夷是無餘，不導僧法，殘是有餘，得強加法。故文云：應強與波利婆沙，結成
夷殘，覆乞不同，須立懺儀也。」（八七七頁下）

〔二四〕不同「僧殘」，犯多罪已，餘者覆藏，得將一乞，不障法事　資持卷中四下：
「『不』下，三、簡異。僧殘容不盡悔，文又為三：初，直示不同……二、悔
出自心；三、抑令首盡。」（三五二頁上）【案】『不同僧殘』之句下，乃為直
示不同。

〔二五〕初篇犯其根本，非全淨用　資持卷中四下：「『初』下，比校兩篇不同所以，凡
有三別：一、犯重本壞，二、悔出自心，三、抑令首盡。」（三五二頁上）

〔二六〕縱不舉罪，不礙僧法　鈔批卷二三：「謂犯重已，雖未舉其所犯，在於界內，
不來亦非別眾，故曰不導僧法。此意欲明要自心伏首來懺，方滅。不同犯殘，
雖不欲懺，得強加法。故文云：應強與波利婆沙等，即其義也。」（九三四頁
上）

〔二七〕「僧殘」不爾，罪是有餘　資持卷中四下：「僧殘反上。言有餘者，反上一
也。」（三五二頁上）【案】即此反「犯重本壞」，也即是反「犯其根本，非全
淨用」之事。

〔二八〕雖先無心，得彊加法　資持卷中四下：「得強加法，反上二也。」（三五二頁
上）【案】此反「悔出自心」，也即是反「若欲改過，出彼自心，縱不舉罪，不
礙僧法」之事。

〔二九〕無問隱顯，隨乞隨懺　資持卷中四下：「隱顯隨懺，反上三也。」（三五二頁
上）【案】此反「抑令首盡」，也即是反「故抑令首盡，求哀為受」之事。

〔三〇〕有斯諸異，故立兩儀　資持卷中四下：「『有』下，結示諸異。即上三義相反。
『兩儀』即指二篇懺法差別。」（三五二頁上）鈔批卷二三：「私云：為如上諸
義不同故，須立懺夷與懺殘兩儀也。」（九三四頁下）

〔三一〕若犯罪已，啼哭不欲離袈裟　簡正卷一五：「據學悔，初緣是難提比丘犯婬已，
（八七七頁下）啼哭不欲離袈裟，此人得世定。七舉後，依林中，還習本定，
被魔化作端正女人，在前立，遂起欲心，遂之魔行，到死馬邊，即便不現，欲
心不止。因共死馬行非竟，而生悔心，此人悔罪之時，僧誠（原注：『誠』疑
『試』。）其心，作大火坑。語云：『汝能投身於火懺，可得滅。』彼便投身，

傍人捉住，因與學悔懺法也。」（八七八頁上）資持卷中四下：「須治中。僧祇三節。初示悔心，『令』下明開懺，『比丘』下出行法。」（三五二頁上）

〔三二〕比丘不淨食，彼亦不淨；彼不淨食，比丘亦不淨　資持卷中四下：「彼此不淨者，宿觸同故。下明別行。」（三五二頁上）【案】僧祇卷二六，四四一頁中。

〔三三〕除火淨五生種及金銀，應從沙彌受食　鈔批卷二三：「立云：此學悔人，要從沙彌邊受得食已，方得與比丘也。」（九三四頁下）資持卷中四下：「得受食者，同下位故。除火淨者，異下位故。及金銀者，異淨人故。從沙彌受食者，不自捉故。」（三五二頁上）

〔三四〕若犯重戒，如法乞羯磨，佛所結戒，一切受行　資持卷中四下：「初，明開懺。如法乞者，即悔心也。『佛』下，簡行法。」（三五二頁上）【案】十誦卷一，三頁中。以下伽論卷六，六〇一頁中。

〔三五〕在大比丘下坐，不得與大僧過三夜　鈔批卷二三：「景云：若過比丘得提，以學悔人，在沙彌行內故也。」（九三四頁下）資持卷中四下：「『在』下，別示不同。行有四：一、明坐次，二、明宿臥，三、明秉御。所以唯開此二法者，住持之要，不可暫廢，事不已故；餘不開者，由無限制，容別求故。四、明受歲，雖不依大僧臘次，不妨增臘。故下引論，決上秉法，非是常開。」（三五二頁上）

〔三六〕與白四悔法已，名清淨持戒；但此一身，不得超生離死；然障不入地獄　資持卷中四下：「母論中，初明得法。『名』下，示復本。『但』下，顯無勝用。『然』下，明障來苦。」（三五二頁上）鈔批卷二三：「案母論云：此比丘得羯磨已，名為清淨持戒者，但此一身，不得超生離死，證於四果，然亦免於地獄耳。」（九三四頁下）【案】毗尼母卷三，八一三頁中。

〔三七〕犯重懺者，脫僧伽梨，著安陀會，心生慚愧，供僧苦役，掃廁擔糞等　資持卷中四下：「脫著衣者，示卑下故。生慚愧者，示悔心也。供僧等，假事折辱，示盡誠也。經有二卷。彼云：除糞八百日後，洗浴著僧伽梨，入塔觀像。若見好相，令誦戒滿八百遍，得成清淨比丘。問：『懺既清淨，那不足數？』答：『戒德劣故，不任僧用。』問：『既不足數，開懺何為？』答：『若不求懺，財法兩亡。僧須滅擯，由懺淨故，（三五二頁上）得入僧中，但不足數。又復能除獄報九百二十一億六十千歲地獄之苦，頓然清淨，豈非益耶！』問：『世中皆云小乘無懺重之文，今諸律中云何開懺？』答：『律開懺者，為同財法及障來報。若望體壞，無任僧用。不復本位，猶同不懺，故云無耳，非謂不許懺

也。』問：『依前化教，理事二懺，得罪淨不？』答：『若修理懺，罪無不遣。若修事懺，或不違行法。或得好相，重罪得滅。如佛名、方等、虛空藏、治禪病經等，並有明文。』問：『若依理事懺已，制罪滅否？』答：『滅否難知，須準教判。化懺心業，制懺違教。準知制罪不滅？』問：『得相驗淨，可足數否？』答：『事懺得相，乃約化經，足數作法，自是律制。兩不相涉，那得致疑。古德云：安用大教懺夷，以足小乘僧數也。欲辨化制，四句明之：初，業滅制不滅；二、制滅業不滅；三、俱滅；四、俱不滅。思之可見。』問：『有人言準虛空藏經得足數者？』答：『此猶不辨化制故也。』問：『有人準初教經，三十僧中懺重，得入僧數者？』答：『此引偽經，不足為據。如序所簡。』」（三五二頁中）簡正卷一五：「著安陀會者，現卑下相也。擔糞者，表苦後（原注：『後『疑』役『。）也。須八百日，日數滿已，後洗浴，著僧伽梨，入塔觀像，求於好相。若見好相，然後誦戒八百遍等。」（八七八頁上）【案】治禪病經卷一，三三七頁上。

〔三八〕應教乞言　資持卷中四下：「次，明立法。陳乞中。律令教乞，事同初受，縱使自能，亦須他教。問：『此明懺罪，那云乞戒？』答：『根本既喪，從僧重受，終身奉持，即是懺悔。』『若爾，犯已未懺，應無體耶？』答：『準上，以明體本不失。但望力微，故須再受。餘如篇聚所明。」（三五二頁中）【案】「律中」下分二：初「律中」下；次，「上且約」下。初又分三：「律中」下；「僧索欲」下；「佛言與」下。四分引文至「是事如是持」，卷三四，八〇九頁上。

〔三九〕戒　【案】底本無，據大正藏本、敦煌甲本及弘一校注加。

〔四〇〕與波羅夷戒已，當行隨順法，奪三十五事　鈔科卷中四：「『佛』下，懺已行相。」（九五頁下）鈔批卷二三：「謂終身奪之，無有解法。礪問：『三十五事中，有文云：若從此生，若惡於此，今犯是極惡，奪三十五事，何有罪更惡於此？』答：『五逆之罪，重於夷罪。後若犯逆，是惡於此。又可今犯無覆，後犯容覆，是惡於此也。』高云：『奪三十五事中，文云餘亦應犯者，指下篇為『餘』也。若指上篇為『餘』，則與『若復重於此』有妨。今為夷羯磨，何故言『若復重於此』？釋云：古來約逆為重於夷也。或約後犯有覆為重也，今詳後解為正。何者？今與學悔者，三十五事故。望後犯有覆，名重於此，何得餘逆也！云云。上言指下篇為『餘』者，如為吉作呵責，指何處為餘？則無下篇可指，但闕此句也。（九三四頁下）唯婬開懺者，此是古師所立，今不如此。故上文言，自餘盜殺，准法除之，即其義也。」（九三五頁上）【案】「佛言」

下，分三：初，「佛言」下；二、「與波」下；三、「若重」下。初，「佛言」下明「奪行」。

〔四一〕**不得眾中誦律，無能誦者聽** 簡正卷一五：「謂前來奪三十五事中，已有不聽誦故，今此開得誦，非謂新加也。」（八七八頁上）資持卷中四下：「今準伽論，眾無能者，得作說恣二法。例知，無人即開誦戒，唯此為異。」（三五二頁中）

〔四二〕**來與不來隨意** 鈔科卷中四：「『與』下，入眾。」（九五頁下）資持卷中四下：「來否隨意者，勝前不懺，財法俱亡，異餘淨眾，不來不得。」（三五二頁中）【案】「與波」下明「入眾」。四分卷三四，八〇九頁中。

〔四三〕**若重犯者，滅擯** 資持卷中四下：「明本篇重犯。又須同種之罪，方得名（三五二頁中）重。」（三五二頁下）【案】「若重」下明「重犯」。

〔四四〕**若犯僧殘已下，依篇聚治** 資持卷中四下：「『若犯』下，明餘篇重犯。」（三五二頁下）【案】十誦卷五五，四〇四頁上。

二、明懺僧殘法

略知對治〔一〕，有四別。

一須治覆藏情過〔二〕，謂「波利婆沙」。此方義翻，或云「覆藏」，或云「別住」〔三〕。母論云：何名別住？別在一房，不得與僧同處。雖入僧中，不得談論，亦不得答也。

二治覆藏罪，謂突吉羅。如後正懺〔四〕。懺法在前，後與別住覆藏法〔五〕。

三治僧殘情過，謂「摩那埵〔六〕」者。論云：秦言「意喜」也。前雖自意歡喜，亦生慚愧，亦使眾僧歡喜。由前喜故，與其少日〔七〕，因少日故，始得喜名。眾僧歎言：「此人因此改悔，更不起煩惱，成清淨人。」是故喜耳。

四治僧殘罪，謂「阿浮訶那〔八〕」。此中善見翻為「喚入眾羯磨〔九〕」，或名「拔除罪根」。母論云：清淨戒生，得淨解脫，善持起去〔一〇〕故也。

二、明立懺儀軌

僧殘眾中〔一一〕立悔，正法須立。初引明文，後顯格義〔一二〕。

初中。依明了論偈曰：「及上起罪五種方。」釋曰：如人犯僧殘，求得出離〔一三〕。若人欲為彼作提舍那羯磨〔一四〕，此人必定應先憶持五種上起方，後作羯磨：一、觀僧殘罪相〔一五〕；二、為簡擇人〔一六〕，知藏罪、不藏罪相；三、觀業聚學處〔一七〕，為簡擇四部〔一八〕等眾；四、觀

業相應學處〔一九〕，為行白四等羯磨；五、觀於十三殘罪中，一日一夜等藏不藏，為顯有藏無藏等，地立宿住、摩奈多等〔二〇〕。斯之「五方」〔二一〕，僧須觀察，始可為人「上起罪」也。「方」，猶「法」也。

釋此「五法」，即為「五門」。

所以名「上起」〔二二〕者：往前墮在犯罪處，故名為「下」〔二三〕。罪相續故，遮隨戒無作不生。今若懺悔，約遮相續，還得受持清淨〔二四〕。對治護故，戒法續生，稱之為「起」〔二五〕。第二白法，翻前犯罪時「下」，故名為「上」。是以懺悔總名「上起法」也。又知，「提舍那」〔二六〕者，此云「發露」，謂此懺悔是發露法故。欲行「上起」，須知「五方」。

第一方者。

謂知撿定是殘、非殘，即知具闕之義。具緣成重，闕緣便輕。故論云：一、觀僧殘罪相者，於故意出不淨罪中根本相〔二七〕。若人已受大比丘戒，若如來已制此戒，若人不至癡法〔二八〕，若人有欲心出不淨，若不淨已出等，此人則犯僧殘。於餘略說相亦如是〔二九〕。廣說如波羅提木叉論〔三〇〕。

準論解律，上來即是通、別二緣〔三一〕。謂「不至癡法」已前，是通緣，「若人有欲心」下，是別緣〔三二〕。具便犯殘，闕便犯蘭。乃盡十三，一一別緣，以驗前犯究竟、方便，及以不犯。恐無過加罰，成非法故〔三三〕。僧祇云「持律比丘與他出罪時，有罪亦知〔三四〕」，謂廣知五眾罪，「無罪亦知」〔三五〕。

第二方者。

論曰：覆藏相者，若人於僧殘罪中，起僧殘罪見〔三六〕，不欲從彼上起，由無發露心，覆一夜，於此人此罪已被藏。此謂憶、識、不疑，不發露故。若人不知〔三七〕，不憶，或疑，或起非罪見，故藏此罪，此罪不被藏。

準論解律，須諸門分別，十種不同〔三八〕：一者形差〔三九〕。律中：犯殘覆已罷道，罷道已還受大戒，前犯須治，罷道不須治〔四〇〕。二者法差。捨戒作沙彌，如前「罷道」〔四一〕。三者病差。有心亂、狂、癡病緣，多犯僧殘，全無罪〔四二〕；或病前犯殘，經覆，後遇病緣，不成覆〔四三〕。四者過差。被三舉治故，不足僧數〔四四〕。五者人差〔四五〕。十誦：設共賊住人、擯人、別住人，種種不共住人、狂心人、啞人、聾人、邊地人、

比丘尼，乃至沙彌尼、優婆塞等〔四六〕，與如是人共住，不名覆；向發露，亦不成。伽論：別住、摩那埵，別住摩那埵竟、白衣所，亦不名覆〔四七〕。五分：若於此土多人識重，不欲令知，不名覆〔四八〕；於彼土覆，成覆。六者業待時差〔四九〕。僧祇：若入定，不成覆；若作念云「我待某時、待人、待方〔五〇〕，當如法作」，是名非覆、非發露〔五一〕。七、敬難差〔五二〕。五分：一切覆藏，名為覆藏。若於和尚、阿闍梨所，及諸敬畏人間覆，不名覆，於餘成覆。八、無心覆差〔五三〕。僧祇云：覆亦知，謂知罪，作覆藏心；不覆亦知，不作覆心，未得發露；若忘，並不成覆〔五四〕。九、無慚愧差〔五五〕。若犯殘已，不作覆心，逢人即說，心無畏難。十者心迷故差。律中，「不憶」「有疑」「不識」等，並不成覆〔五六〕。文云〔五七〕：若不作僧殘意，不成覆藏，直與摩那埵。若作僧殘意覆，成覆〔五八〕——應先教作突吉羅懺已，與覆藏羯磨。

第三方者。

論曰「觀業聚學處，為簡擇四部等眾〔五九〕」者，「四部」謂「四僧」〔六〇〕。僧雖位四，今此懺境，前二四人僧，後一二十眾，異此則不成〔六一〕。若行時，假境說者〔六二〕：前一，下至有一人〔六三〕；次一，局對僧〔六四〕。出罪一席法〔六五〕。

第四方者。

論曰「觀業相應學處〔六六〕，為行白四等羯磨」者，以其法位雖三〔六七〕，此治殘法，事並上品，故齊白四〔六八〕。就中，用法位極有四〔六九〕，謂：別住、六夜、本日治、出罪〔七〇〕。如前後說之〔七一〕。

第五方者。

論曰「觀於十三殘罪中，一日夜等藏不藏〔七二〕，為顯有藏、無藏等，地立宿住、摩奈多等〔七三〕」者。「地」者，處所之名，謂「波利婆沙」等四位〔七四〕。於此位中，若有藏，即行宿住地，謂別住法，要須經宿行別住法，故曰「宿住」；若無藏，直行摩那埵〔七五〕。故言：有藏、無藏等，地立宿住、摩捺多等。即是有覆行三法〔七六〕、無覆行二法〔七七〕。用藥分齊，相對法也。

第二，正立懺儀

分九〔七八〕：

一知其罪名、種、相。如第一方解。「名」謂僧殘〔七九〕也，「種」謂

漏失、摩觸〔八〇〕也，「相」謂犯之多少〔八一〕也。律云：一名多種，住別異故〔八二〕。

二知成覆以不。如第二方簡擇，十門委練。

三知用僧多少。即第三方「能治」「所對」〔八三〕，具列如上。

四知用聖教。即第四方，白四觀業相應學處。

五知懺儀置設。即第五方，宿住差異。

六覆日長短相從〔八四〕。律中：犯眾多殘罪，雖憶數、不憶數，但憶日數長短者，總依日數長日治之〔八五〕；若不憶日數者，從清淨已來治〔八六〕，謂壇場受時已來治也。十誦：不憶日月數，應從受大戒已來治〔八七〕。要須云「乞清淨已來，五年、十年覆藏〔八八〕」，不得直言「乞清淨已來」，以知滿分齊〔八九〕故。僧祇云：不憶夜者，當問「無歲〔九〇〕時犯耶」。若默然者，隨年與；若言「不爾」者，更問「一歲、二、三、四歲時犯耶」，隨默然處與之。十誦：眾中三諫〔九一〕犯殘已，即於僧中自唱「犯僧殘罪」；若不即說，是名覆藏。故知多人雖知犯，終須發露〔九二〕也。

七明總別懺法〔九三〕。律中〔九四〕：知數不知數等〔九五〕，覆不覆等〔九六〕，一名多種等〔九七〕，同用一羯磨懺之〔九八〕；又云：有比丘犯眾多僧殘罪，或有覆一日，乃至十日者，佛令從十日總懺〔九九〕。僧祇：總別各得〔一〇〇〕——如月一日犯一罪覆藏，乃至十日犯一罪覆，或有覆一夜，乃至十夜者〔一〇一〕；應作十番別住，乃至一番覆藏者〔一〇二〕——其六夜、出罪等例同。十誦懺僧殘中，具明犯數及若干日覆等〔一〇三〕。

八明正加羯磨。

分二：先明懺者威儀、教授乞詞；二明羯磨所被。

初中。先脫卻新淨餘衣，著安陀會及餘麤服，上著鬱多羅僧，偏露右肩，脫革屣，合掌曲身低頭，來至僧中。自慨此罪，將入重處〔一〇四〕。如上論云「殘有咽喉〔一〇五〕」未死，賴蒙如來曲垂慈憫，開立懺法；又，我自慶預發怖心，得生慚愧。不知此懺者，則五十億六十千歲唐受地獄。如是等緣〔一〇六〕，以為悲喜方便，深自慨責，恥己罪累，塵坌清眾。如是鞭心已，四面禮僧足訖，至羯磨者前，互跪合掌〔一〇七〕。若自乞陳，旁人授之亦得〔一〇八〕。然犯者乃多，不過三五。今取喜犯者以為法軌。「大德僧聽：某甲比丘，犯故漏失、摩觸、麤語三僧殘罪，各不憶數，

憶者，言之。或覆藏一夜，乃至百夜。其間延促，從少至多，任時所稱。今從僧乞百夜覆藏羯磨。願僧與我百夜覆藏羯磨，慈愍故。」三乞已。

次明與法。索欲問和答已，作云：「大德僧聽：某甲比丘，犯故漏失、摩觸、麤語三僧殘罪，各不憶數。或覆藏一夜，乃至百夜，今從僧乞百夜覆藏羯磨。若僧時到，僧忍聽，僧與某甲比丘百夜覆藏羯磨。白如是。大德僧聽：某甲比丘，犯故漏失、摩觸、麤語三僧殘罪，各不憶數。或覆藏一夜乃至百夜，今從僧乞百夜覆藏羯磨。僧今與某甲比丘百夜覆藏羯磨。誰諸長老忍『僧與某甲比丘百夜覆藏羯磨』者默然，誰不忍者說。是初羯磨。第二、第三亦爾。僧已忍『與某甲比丘百夜覆藏羯磨』竟。僧忍默然故，是事如是持。」行事者，依此鈔中羯磨作法，得成。若準律文，依古羯磨，即須改張，不可謹誦〔一〇九〕也。

九明奪行、誡勅、行護法。

羯磨者告云〔一一〇〕：「此白四羯磨，聖教良藥，遵之在心；奪三十五事，是折伏法，勿得有違；執眾勞苦，奉清淨比丘，是調伏法，每事順行。『白』等八事，是發露法，宜加愧恥，深自剋責。依法而白，不得有失；失者，失宿，自慢慢他。」

示語已，即因僧集，白僧令知〔一一一〕。應教云：「大德僧聽：某甲比丘犯故漏失僧殘罪，餘罪加之。不憶數，覆藏一夜，乃至百夜，已從僧乞覆藏百夜羯磨。僧已與我百夜覆藏羯磨。我某甲比丘從今日行，白大德僧，知我行覆藏。」三說。

其奪三十五事，如「眾網法」中〔一一二〕。

律云〔一一三〕：彼行覆藏者，應日三時見清淨比丘〔一一四〕。應作者，一切如法作，不應違逆。至布薩日，應掃灑布薩處，供給調度。乃至自在小房中住，有客來遣出者〔一一五〕，答云「不得二人共宿」故。若眾僧分衣物，隨次取之〔一一六〕。身在下行坐〔一一七〕，在沙彌上，不得與清淨比丘共住經行、同一牀一板〔一一八〕，長牀長板〔一一九〕作隔斷，然後坐。乃至供給清淨比丘，如「和尚法〔一二〇〕」，文同，故不出。十誦：極少四清淨比丘作別住〔一二一〕；二別住人不得同一牀坐〔一二二〕；不得在屏處，使以客比丘來不見故。

善見〔一二三〕：若行別住人，有人請，或與人受戒，得停行法。事罷，續行之。捨時應言：「我今捨波利婆沙。」三說。文如後明。若寺中，多有

比丘來去，難白，晝日得捨行法；明相未出，還須白行之〔一二四〕。十誦：乃至六夜法，白僧停得二十五夜〔一二五〕。四分：若大眾難集〔一二六〕，若不欲行，若彼人頓弱、多有羞恥，應至清淨比丘所，白言：「大德上座：我今日捨教勅不作。」若欲行時〔一二七〕，還至清淨人所，白云：「我今日隨所教勅當作。」彼得自更互作使，禮拜迎逆；亦得受沙彌、淨人禮拜及使〔一二八〕。

律云八事失夜法〔一二九〕：一、往餘寺不白〔一三〇〕，二、有客比丘來不白〔一三一〕，三、有緣自出界外不白〔一三二〕，四、寺內徐行者不白〔一三三〕，五、病不遣信白〔一三四〕，六、二三人同一屋宿〔一三五〕，七、在無比丘處住，八、不半月半月說戒時白。隨一事闕，皆失一夜〔一三六〕。已得不失，未得不成〔一三七〕。

白清淨比丘法〔一三八〕。律文不具，義準白之。具修威儀，白云：「大德僧聽〔一三九〕：我某甲比丘犯故漏失，餘罪準知。一僧殘罪，不憶數，覆藏一夜乃至百夜，已從僧乞百夜覆藏羯磨，僧已與我百夜覆藏羯磨。我某甲比丘已行若干日，餘有若干日未行。白大德知我行覆藏。」三說。若五人、十人〔一四〇〕，總來集一處行者，總告白言：「諸大德聽！」餘詞同上。若不盡集，亦無別眾，此是別人發露法也。有大德勝人來寺〔一四一〕，應安置房中白之。不須門首，便成輕脫。其餘諸白，說戒白等，一同上文，改「白」與「僧」為異〔一四二〕耳。

十誦：若欲行時，先思惟「我今到前比丘所不〔一四三〕」，若到，便去〔一四四〕。五分：若不捨行法，出界，見比丘，應總白云：「我某甲比丘行別住已若干日，餘若干日，大德憶持！」不爾者，捨行法已，見比丘不須白。到餘處，應求彼僧更行之〔一四五〕。

四分：寺內徐行者，不白失宿〔一四六〕。若作意欲白，前人行疾出界，雖不白，不失宿，無罪。十誦：客比丘走出界，當如常行法〔一四七〕，不應走逐，齊自界住。若行別住六夜人病，遣使白僧云：「某甲別住人病，不得來。白僧令知。」應具如四分白僧法〔一四八〕。五分：一如法比丘，得行別住法〔一四九〕。如上「第五方」中說〔一五〇〕。案記云：「五」字錯，合作「三」字。

鈔者云〔一五一〕：佛法東流，行此法者亦少〔一五二〕。縱有行悔，則棄小取大〔一五三〕，依佛名、方等而懺者。余意所未安〔一五四〕：由心懷厭

欣，未合大道。但篇聚依教自滅，業道任自靜思〔一五五〕。皆嫌發露可羞〔一五六〕，而業由羞故結〔一五七〕。此正藥病相治，不得不行〔一五八〕。

又，行覆者，多不滿日。諸師立理，互加同異〔一五九〕。今取盛行之師傳授云〔一六〇〕：此依教懺法，大小乘中，校量心行，折伏為先。若考別住事業，則大成殷重。若準十誦，不行別住、六夜，出罪〔一六一〕，佛並誡斷「得罪，得出」。用彼徵此，理須相準〔一六二〕。雖然，恐事不稱法，則改張舊習〔一六三〕。羯磨者云：「某甲比丘，已行覆藏日，今從僧乞六夜。」若後諸白羯磨，並須準改〔一六四〕。當於乞六夜前，上座集僧已，白云：「此某甲比丘，行僧殘覆藏，已經若干日，極意勤苦。餘有若干日未行者，此既於僧陳謝，僧今已受之，可放其餘日。」和僧已，眾若默然者，當與六夜法。若行日滿者，依法誦之〔一六五〕。

二、明與摩那埵法。

初，明乞法。「大德僧聽：某甲比丘犯故漏失、摩觸、麤語三僧殘罪，各不憶數。或覆藏一夜，乃至百夜，已從僧乞百夜覆藏羯磨，僧已與我百夜覆藏羯磨。我某甲比丘已行覆藏日，若竟〔一六六〕者，應云「竟」。今從僧乞六夜摩那埵，願僧與我六夜摩那埵，慈愍故。」三乞。

上座如前作法安慰之訖，白言：「大德僧聽：某甲比丘犯故漏失、摩觸、麤語三僧殘罪，各不憶數。或覆藏一夜，乃至百夜，已從僧乞百夜覆藏羯磨。僧已與彼百夜覆藏羯磨。彼已行覆藏日，今從僧乞六夜摩那埵。若僧時到，僧忍聽。僧今與彼六夜摩那埵。白如是。大德僧聽：此某甲比丘犯故漏失、摩觸、麤語三僧殘罪，各不憶數。或覆藏一夜乃至百夜，已從僧乞百夜覆藏羯磨。僧已與某甲比丘百夜覆藏羯磨。此某甲比丘已行覆藏日，今從僧乞六夜摩那埵。僧今與某甲比丘六夜摩那埵。誰諸長老忍『僧與某甲比丘六夜摩那埵』者默然，誰不忍者說。是初羯磨。第二、第三，亦爾。僧已忍『與某甲比丘六夜摩那埵』竟。僧忍默然故，是事如是持。」

彼得羯磨已，即於僧中白言〔一六七〕：「大德僧聽：我某甲丘丘犯故漏失、摩觸、麤語三僧殘罪，各不憶數。或覆藏一夜乃至百夜，已從僧乞百夜覆藏羯磨。僧已與我百夜覆藏羯磨。我比丘某甲已行覆藏日，已從僧乞六夜摩那埵。僧已與我六夜摩那埵。我某甲比丘從今日行，白大德僧知，我行摩那埵。」三說。若行經一夜者，餘詞同上，乃至「僧已與我

六夜摩那埵。我某甲比丘已行一夜，未行五夜，白大德僧知，我行摩那埵」。餘夜準此增減之。若客比丘來，唯改「大德僧」為異〔一六八〕，餘詞並同。律云：行六夜比丘，亦同行別住覆藏法，唯常在僧中宿，日日自為異〔一六九〕。非謂與僧同處宿〔一七０〕也。僧祇：因數數犯僧殘，如波逸提乃至越毗尼悔故，便制六夜懺悔，二十人中出罪〔一七一〕。此上二行中，若覆與前法，不覆與後法，同俱出罪〔一七二〕。若二法中重犯者，各壞二法，皆重與本日治之〔一七三〕。餘如別述〔一七四〕。

三、與出罪法

先教乞云〔一七五〕：「大德僧聽：我某甲比丘，犯故漏失、摩觸、麤語三僧殘罪，各不憶數，或覆藏一夜乃至百夜。已從僧乞百夜覆藏羯磨，僧已與我某甲比丘百夜覆藏羯磨。我某甲比丘已行覆藏日。已從僧乞六夜摩那埵，僧已與我六夜摩那埵，我某甲比丘已行六夜摩那埵竟。今從眾僧乞出罪羯磨，願僧與我出罪羯磨，慈愍故。」三說。

羯磨者。如前作法和白言：「大德僧聽：此某甲比丘犯故漏失、摩觸、麤語三僧殘罪，各不憶數。或覆藏一夜，乃至百夜〔一七六〕，已從僧乞百夜覆藏羯磨〔一七七〕，僧已與某甲比丘百夜覆藏羯磨〔一七八〕。此某甲比丘已行覆藏日〔一七九〕。已從僧乞六夜摩那埵〔一八０〕。僧已與彼六夜摩那埵。此某甲比丘已行六夜摩那埵竟，今從僧乞出罪羯磨。若僧時到，僧忍聽。僧今與某甲比丘出罪羯磨。白如是。大德僧聽：此某甲比丘犯故漏失、摩觸、麤語三僧殘罪，各不憶數。或覆藏一夜乃至百夜，已從僧乞百夜覆藏羯磨。僧已與彼百夜覆藏羯磨，彼某甲比丘已行覆藏日。已從僧乞六夜摩那埵。僧已與彼六夜摩那埵。此某甲比丘已行六夜摩那埵竟，今從僧乞出罪羯磨。僧今與某甲比丘出罪羯磨。誰諸長老忍『僧與某甲比丘出罪羯磨』者默然，誰不忍者說。是初羯磨。第二、第三亦爾。僧已忍『與某甲比丘出罪羯磨』竟。僧忍默然故，是事如是持。」

與出罪已，依僧祇律，當教示言〔一八一〕：「善男子：佛在世，比丘能受戒，能持戒，能得聖果；滅後，比丘能受戒，能破戒，能入惡道。行者既內無護心〔一八二〕，外縱身口，今犯此罪，垂至死處——猶有勝因，改心懺悔，大眾隨喜，汝幸自慶。」故文云〔一八三〕：自今已去，形心清淨，如無憂花〔一八四〕，更勿復犯。縱更續犯，怖心難生；縱怖心生，懺罪無處〔一八五〕。故論云〔一八六〕：若二十清淨比丘出僧殘罪，我法不滅。

今時惡世，尚不喜聞犯名，豈當聽汝懺者？如是種種因緣，為說割斷之意〔一八七〕。并引涅槃經〔一八八〕：以貪欲習故，死入地獄、畜生、餓鬼，從彼得出，還為鳩、鴿、雞、雀等〔一八九〕。

【校釋】

〔一〕**對治**　資持卷中四下：「對治中。二罪各須先治情過，『情』即是心。據論，諸篇皆有情過。然初篇雖重，縱懺無用。下篇諸過，體非極重故，但直懺本罪，無勞預治。僧殘鄰重，恐壞本體，事須繁累，不可輕略。唯斯悔法，獨異餘篇。」（三五二頁下）【案】「懺僧殘」文分為二：初，「略知對」下；次，「二、明立懺儀軌」下。

〔二〕**覆藏情過**　資持卷中四下：「初，情過中。二義翻之，上約情罪，下就治罰。」（三五二頁下）簡正卷一五：「覆藏者，就所治情過受稱。首云：從隱過以彰名也。……情過者，有二：則（原注：『則』上一有『一』字。）冒涉清眾之過，謂內藏瑕累，外現清白。內冒僧倫欺法律，故隨隱日作法補行，伏在下座，折挫心體也。二、無暫情過。（八七八頁上）既已犯罪，不思露悔心無著（原注：著疑蓋）愧故。」（八七八頁下）

〔三〕**或云「覆藏」，或云「別住」**　鈔批卷二三：「礪云：此方翻名『覆藏』，就所治情過受稱故爾。此律多云覆藏，故文云『與覆藏羯磨』等也。十、祇、五、伽，名為『別住』。了論名『宿住』，就行悔行法得名。以其同聚，妨修廢業，制令別住，思愆改過。深自悔責，因行方成，有殄業之義。此覆藏一法，是治覆藏情過，非治其罪。以『不憶』與『疑』及『不識』等，不治覆藏故。是以下文言『先懺覆藏吉羅，然後與覆藏羯磨』等是也。又治冒涉清眾之過，若在道分，即治其覆，如罷道等不治，故可知也。宣云：覆藏悔情，過此無罪也。但是內藏瑕累，外現清白，罔冒僧倫，輕斯法律。隨隱目作法補行，伏在下席，折挫形心。即如文云：隨與『波利婆沙』等是也。此名『別住』，別與下房、下臥具宿，不同僧住，故名也。」（九三五頁上）

〔四〕**如後正懺**　簡正卷一五：「謂後正懺之時，且先依法懺覆藏吉已，僧與別住覆藏羯磨。今文立在第二者，其實合在初明也。」（八七八頁下）

〔五〕**懺法在前，後與別住覆藏法**　資持卷中四下：「注示前後，猶同古判。戒疏準殘，還須後懺。」（三五二頁下）鈔批卷二三：「謂先令依法懺其覆藏之吉已，僧後方與別法也。須知與別住羯磨，但是治覆情過，非是懺覆音（【案】『音』疑『吉』。）也。」（九三五頁上）吉須前悔，後與別住。猶如今時俗官責情打人

案外治也。今治情過，非是懺吉，亦是案外治也。故礪云：別住但治情過，不是治吉罪也。不同六夜，具兼兩義：一治義情過，二是懺殘方便故。礪云：不同六夜，過犯兩兼是也。『過』謂情過，『犯』謂先犯殘也。既言治殘方便，即是懺所犯也。欲得易見，應言過犯兩兼者，謂治情過及懺犯殘方便也。」（九三五頁下）

〔六〕**摩那埵**　鈔批卷二三：「即六夜也。宣云：治僧殘情過者，罪次極刑，理宜專奉，故懷放逸，造斯重過，情不可容。恐延後習，制與六夜，僧中苦行，望以勗勉。慙恥至極，永為鑒誡。如文。行『波利』已，與『摩那埵』也，此翻『意喜』，由先行覆日月，頗洗懺之勤，不無疲頓。此與六夜，清淨有期，故自私喜不辭苦也，亦為僧喜。以見犯者，罪易而懺難，但覆在心，過隨事逆，同戒懷此，為之生歡。及與六夜，僧慶根本，將欲除拔，故亦同喜也。礪云：了論名為『摩捺多』，此名『悅眾意』，或名『發喜』。由作此法，慶己罪累，將得除殄，內心忻躍，故稱『發喜』；亦名『下意』，由作此法，折伏貢高，卑心柔軟，故曰『下意羯磨』也。此正治僧殘情過，（九三五頁下）兼是治殘方便也。問：『覆治情過，而吉羅先懺，次治情過，何以出罪正治僧殘，所以先治情過，後方治罪者？』答：『以其各就先輕後重故也。又，若懺吉，猶為殘在。若先治殘，即名清淨。何須六夜，故使不類也。』」（九三六頁上）

〔七〕**由前喜故，與其少日**　資持卷中四下：「『由』下，出其所以。初明自喜。言前喜者，謂行覆日滿。『少日』即六夜。」（三五二頁下）

〔八〕**阿浮訶那**　鈔批卷二三：「礪云，了論云『何也悔那』（【案】了論為『阿悔也那』。），此方或名喚『入眾法』。以六夜前未清淨故，今清淨已故，名喚入眾，亦稱拔除罪法，此四分名為『出罪』。由作此法，罪得除滅故也。案見論十四云：『阿浮呵那』，漢言『喚入』，亦言『拔罪』。云何『喚入』『拔罪』？與同布薩說戒、自恣法事共同，故名『喚入』『拔罪』。（已上論文。）此與了論意同也。……『阿浮呵那』者，清淨戒生，得淨解脫，於此戒中，清淨無犯，善持起去，是名『阿浮呵那』之義也。」（九三六頁上）【案】了論，六六七頁中。

〔九〕**喚入眾羯磨**　資持卷中四下：「謂由僧羯磨得入二種僧故。」（三五二頁下）

〔一〇〕**清淨戒生，得淨解脫，善持起去**　資持卷中四下：「論中，上二句即生善滅惡，下句謂由僧拔除，不墮罪處，故云『起去』。」（三五二頁下）簡正卷一五：「善持起去者，謂同伽論，於不善處舉著善處，是名『阿浮訶那』。今既懺滌，為善法所得，起得去，是解脫義也。又，籵（【案】『籵』疑『初』。）為善法所

持，隨中無作，戒法續生，名之為『起』；僧殘罪滅，名之為『去』。」（八七八頁下）鈔批卷二三：「立謂：既懺罪已，方得清淨，令善持之，眾僧方離座去也。濟云：懺治既竟，故曰『善持』。由此懺故，復本清淨，令戒重起，故曰『起去』也。賓云：今若懺者，戒得相續，受持清淨，對治護故，戒法續生，名之為『起』也。」（九三六頁上）

〔一一〕眾中　簡正卷一五：「非別人法，故曰『眾中』。」（八七八頁下）

〔一二〕初引明文，後顯格義　簡正卷一五：「約律准論。正法中，須主懺之綱網，故先引明文示之。格，正也。後云正儀，云格義也。」（八七八頁下）

〔一三〕如人犯僧殘，求得出離　資持卷中四下：「初，明犯人求悔。」（三五二頁下）【案】從「如人犯僧殘」至「摩奈多等」為明了論文。

〔一四〕若人欲為彼作提舍那羯磨　資持卷中四下：「『若』下，制僧知法。文列五方，即是四法：一、二及五，並屬所被事，三是人，四即法。集人加法，義必兼處。委釋名相，並見下文。」（三五二頁下）簡正卷一五：「『提舍那』，此云『發露羯磨』也。謂有人欲懺殘罪，故云『求得出離』。能為出罪者，名此人也。若能出罪人，為彼作羯磨，先須憶持五種方也。」（八七八頁下）鈔批卷二三：「礪云：此名『發露』，謂此懺悔是發露法。了疏解云：此翻『顯示』，亦得翻為『說罪』，（九三六頁上）亦得為『發露』也。賓云：此與戒本中四提舍義相同也。女聲呼者，名『提舍那』。男聲呼者，名『提舍尼』也。」（九三六頁下）

〔一五〕觀僧殘罪相　簡正卷一五：「知定成殘、不成殘。」（八七八頁下）

〔一六〕簡擇人　簡正卷一五：「謂成覆、不成覆業。」（八七八頁下）

〔一七〕觀業聚學處　簡正卷一五：「真諦云：羯磨是『業』。多羯磨集在一處名『聚』。」（八七八頁下）

〔一八〕四部　簡正卷一五：「四部者，四人、五人、十人、二十人。即如瞻波法中，明用僧分齊是也。」（八七八頁下）

〔一九〕觀業相應學處　簡正卷一五：「法有三品，（八七八頁下）為用何法？或單白等，隨事難易也。」（八七九頁上）

〔二〇〕地立宿住、摩奈多等　鈔批卷二三：「和上云：『宿住』謂別住也。然行別住法，要須經宿，故曰『宿住』。了疏云：經宿別住，故曰『宿住』。言摩捺（原注：『捺』鈔作『禁』。）多者，謂『摩那埵』也。論疏云：此人於六夜中，事事隨順僧教，僧咸歡喜，故稱『悅眾意』也。」（九三六頁下）簡正卷一五：「『地立』者，於四種中，各有處乖，故云『地立』也。『宿住』者，即『別住』

也。『摩捺多』者，六夜也。『等』者，等取本日出罪。」（八七九頁上）【案】「奈」，明了作「捺」。

〔二一〕斯之「五方」　簡正卷一五：「『斯之五方』等，結也。於此五，若曉明，即可為人出罪。方，猶法者，軌儀，法則也。」（八七九頁上）

〔二二〕所以名「上起」者　資持卷中四下：「釋總名中，三：初，釋『上起』；『又』下，二、釋『提舍那』；『欲』下，三、釋制憶持。」（三五二頁下）【案】「釋此」下分二：初，「釋此」下；次，「所以」下。「所以」下又分二：初，「所以」下；次，「第一」下，分五。本節文分為三：一者，「所以名」下；二者，「又知提」下；三者，「欲行上起，須知五方」。初「所以名」下，又分為三：「所以名」句，徵名；「往前墮在犯罪處」下，釋義；「是以懺」下，總合。

〔二三〕往前墮在犯罪處，故名為「下」　資持卷中四下：「初，約先犯反顯。」（三五二頁下）

〔二四〕今若懺悔，約遮相續，還得受持清淨　資持卷中四下：「次，約懺悔順釋。約遮相續，謂以善遮惡也。『受』即『受體』，『持』即『隨行』。」（三五二頁下）

〔二五〕對治護故，戒法續生，稱之為「起」　簡正卷一五：「犯罪之時，如人倒地不起，今悔第二白法，無作還生，如從地起。今若懺悔，約止廣障殘罪，不得相續，戒體還得。如受時清淨，持時清淨，即對事起觀，護其受體。第一白法，從來不犯（原注：『犯』下一有『犯』字。）已能悔，是第二白法也。」（八七九頁上）

〔二六〕提舍那　資持卷中四下：「亦即懺悔之通名。」（三五二頁下）

〔二七〕觀僧殘罪相者，於故意出不淨罪中根本相　資持卷中四下：「初，明制觀察。」（三五二頁下）【案】明了論言「四觀一簡擇」，見前文，此為第一。

〔二八〕若人已受大比丘戒，若如來已制此戒，若人不至癡法　資持卷中四下：「『若』下，明具緣成犯。通緣列三，別緣出二，皆略示耳。」（三五二頁下）簡正卷一五：「若人已受大比丘戒者，受戒成就緣。若如來已制此戒者，制廣教緣。若人不至痴若法者，無重病壞心緣。將此三緣，統收一十三戒也。」（八七九頁上）【案】「若人有」、「若不淨」句為「別緣」。

〔二九〕於餘略說相亦如是　資持卷中四下：「『於』下，例通餘戒。」（三五二頁下）簡正卷一五：「約（原注：『約』上一有『且』字。）失精一戒明之。餘十二戒犯相比說。」（八七九頁上）鈔批卷二三：「礪明：彼論疏且約失精一戒明之，餘十二殘，犯相比說可知。」（九三六頁下）

〔三〇〕**廣說如波羅提木叉論**　資持卷中四下：「『廣』下，指廣。彼論自指佛陀波羅造，彼廣明十三罪相。」（三五二頁下）簡正卷一五：「彼論有六千頌，廣說罪相。又，具說十三事相，故指彼本論廣明也。了論但籾（【案】『籾』疑『釋』。）失精一戒，不具足說十三，故略也。」（八七九頁上）鈔批卷二三：「是佛陀多羅法師之所造。此云『覺護』。法師第三果人也。其論有六千頌，彼論廣說罪相，又具說十三事相，故指彼廣論也，其論既廣，論主法師乃至於論中，略出二十二條，名為明了論，以解律也。今明了論題云二十二明了論者是也。其論大能著述，唯有十二科義釋一部律。今指本論文，故曰如波羅提木叉論也。其了論根本梵文極好，良由真諦未善方言，譯之辭句稍可。其真諦法師又作疏四卷，釋甚微妙耳。」（九三六頁下）

〔三一〕**準論解律，上來即是通、別二緣**　鈔科卷中四：「『準』下，對律解。」（九六頁下）簡正卷一五：「准了論，解律文也。『上來』等者，結上通別兩緣。失犯一戒，須假通別二緣，即成具犯。（八七九頁上）若通別二緣之中，一緣有闕，即非究竟。」（八七九頁上）鈔批卷二三：「謂了論解此律十種，明不覆之義也。」（九三六頁下）資持卷中四下：「初牒論。據前了論，會釋今宗，故云準論解律。欲明論文即是釋律二緣故也。」（三五二頁下）

〔三二〕**謂「不至癡法」已前，是通緣，「若人有欲心」下，是別緣**　鈔批卷二三：「此卻釋，謂上文云：若人已受大比丘戒、若如來已制此戒、若人不至痴法，（九三六頁下）此三是『通緣』，統收一切戒也。從『若人欲心出不淨，若不淨已出』，此是『別緣』也。出不淨是殘之初，故先舉之也。明今若犯者，觀此通、別二緣，得知犯不犯義。下十二殘，唯此以具通、別二緣。礪律師亦用此論三緣攝一切戒。上言若不淨已出等，取出已觸樂也。故論云：若人有欲心出不淨、若不淨已出，若或熱已息，（即煩惱，火息也。）若出觸樂已生，（謂因此觸樂受便生。）此人犯僧伽胝施沙。今越此中兩句，故言『等』也。」（九三七頁上）

〔三三〕**恐無過加罰，成非法故**　資持卷中四下：「『恐』下，示論意。」（三五三頁上）

〔三四〕**持律比丘與他出罪時，有罪亦知**　資持卷中四下：「『僧』下，引證。有罪知者，謂知犯也。」（三五三頁上）【案】僧祇卷二五，四二八頁下。

〔三五〕**廣知五眾罪，「無罪亦知」**　簡正卷一五：「五眾罪者，五篇也。引此須知有罪無罪，恐藥病兩不相叫（原注：『叫』疑『叶』。）也。」（八七九頁下）資持卷中四下：「無罪知者，知不犯也。文通諸聚，不局此篇。但取有無兩知，證

須觀察。」(三五三頁上)【案】僧祇卷二五,四二八頁下。

〔三六〕**起僧殘罪見** 簡正卷一五:「謂雖犯此殘罪,要憶識不疑,了了知犯殘,故作覆心。起僧殘罪,見方是被藏,隨其日夜多少也。」(八七九頁下)資持卷中四下:「初科,前明成覆。僧殘罪見者,謂自知有犯也。」(三五三頁上)鈔批卷二三:「私云:作僧殘罪解,則成覆也。」(九三七頁上)【案】明了論,六六八頁。

〔三七〕**若人不知** 資持卷中四下:「『若』下,次,明不成覆。」(三五三頁上)簡正卷一五:「『若人』等者,了疏云:若人雖受具戒,學而未知,不識罪相,名為『不知犯罪竟』。由病等緣心亂,忘卻所作罪名不憶。有人體羸,作此罪時,於中眠熟,覺後見不淨出,心疑。不知是夢中,不知是覺時,此名『疑』也。有人心顛倒作此,謂言不破戒,故曰『起非罪見』也。」(八七九頁下)

〔三八〕**準論解律,須諸門分別,十種不同** 鈔批卷二三:「謂了論解此律十種,明不覆之義也。」(九三七頁上)

〔三九〕**形差** 資持卷中四下:「次,對律解十門。初云形差,謂罷道反俗,形服別故。」(三五三頁上)【案】「差」,音「姹」。下「人差」也同。

〔四〇〕**罷道不須治** 鈔批卷二三:「謂此人既罷道,已無有冒涉清眾之過。但未罷道之前,是其比丘,既有覆藏,隨其多少覆日,故須治之。正罷道時覆者,不須治也。」(九三七頁上)

〔四一〕**捨戒作沙彌,如前「罷道」** 鈔批卷二三:「謂既捨戒作沙彌已,更無覆藏。但有前比丘時,罪由沙彌,無有冒涉之過也。」(九三七頁上)

〔四二〕**有心亂狂、癲病緣,多犯僧殘,全無罪** 資持卷中四下:「初,不成根本。」(三五三頁上)

〔四三〕**或病前犯殘經覆,後遇病緣,不成覆** 資持卷中四下:「『或』下,明不成覆藏。」(三五三頁上)鈔批卷二三:「立謂:如先犯殘覆,得十日,即是狂、病等。今狂既差,但須治狂,前十日狂時,不須治之。謂律中痛惱所纏,開不犯也。」(九三七頁上)

〔四四〕**被三舉治故,不足僧數** 鈔批卷二三:「立謂:(九三七頁上)此人邪見不捨,被僧治棄。無冒涉清眾之過,故不成覆也。」(九三七頁下)

〔四五〕**人差** 資持卷中四下:「十誦:十六人種種不共住,即訶責等四羯磨人。」(三五三頁上)

〔四六〕**乃至沙彌尼、優婆塞等** 資持卷中四下:「『乃至』者,略式叉、沙彌,謂與如

上等人共處，無清淨僧。既不成發露，則覆亦不成也。」（三五三頁上）

〔四七〕別住、摩那埵，別住摩那埵竟、白衣所，亦不名覆　資持卷中四下：「伽論五人。」（三五三頁上）伽論卷八：「問：頗有比丘行別住，即行別住竟耶，行摩那埵，即行摩那埵竟耶？」答：「有。若比丘犯僧伽婆尸沙，不覆藏，往詣僧所，乞行摩那埵。僧與摩那埵。彼行摩那埵竟，復犯二僧伽尸沙，一一夜覆藏，二二夜覆藏，僧與別住。一夜覆藏別住竟，二夜者未竟，第三夜與摩那埵，行摩那埵竟。」（六六頁下）

〔四八〕若於此土，多人識重，不欲令知，不名覆　資持卷中四下：「五分知識多處，縱有淨僧，亦不成覆。」（三五三頁上）鈔批卷二三：「立謂：比丘望重，雖犯其罪，若露令多人邪見生，以護法故，覆則無罪。餘國無人敬重，故不露成覆也。」（九三七頁下）

〔四九〕業待時差　簡正卷一五：「此是兩種：入定是『業差』，餘者為『待時差』也。文中曰略，據理合云『待時人方』也。『待時』，謂如今國土飢荒，軍戈未息，待平卓也。『待人』者，如今此地並是愚人，待有智人我方說也。『待方』者，此地無佛法，待到有佛法方所等。」（八七九頁下）

〔五〇〕待某時、待人、待方　資持卷中四下：「業待時中，更兼人方。言待時者，或為緣阻，未暇發露，期在後故。待人者，求知法故；待方者，擇勝處故。皆謂期心欲露，故非覆也。」（三五三頁上）鈔批卷二三：「有云：業謂入定也。立云：我待某時者，謂明日當說等。『待人』者，謂待大德勝人當說也。『待方』者，謂待法也，有如法時當說。此名非露、非覆。雖非二種，亦無有罪。」（九三七頁下）

〔五一〕非覆、非發露　簡正卷一五：「非覆者，已後修擬說在。非發露者，目下未向人說也。」（八七九頁下）【案】「發」，底本為「法」，據僧祇卷二五、大正藏本和簡正釋文改。

〔五二〕敬難差　資持卷中四下：「以前境尊勝，不可輕言故。」（三五三頁上）

〔五三〕無心覆差　鈔批卷二三：「私云：心中了了，知是覆非覆。及未得懺，無不作覆心，故不成覆也。」（九三七頁下）

〔五四〕覆亦知，謂知罪，作覆藏心；不覆亦知，不作覆心，未得發露；若忘，並不成覆　資持卷中四下：「初，明有心。『不』下，正示無心，有二：上約知而無心，下約遺忘無心。」（三五三頁上）

〔五五〕無慚愧差　資持卷中四下：「雖非正露，無所隱故。」（三五三頁上）

〔五六〕**不憶、有疑、不識等，並不成覆**　資持卷中四下：「先示三心，並不可學迷。若可學迷，根本罪外，更加無知。前無心中，若忘不成者，謂識犯忘不發露，此迷本罪，與前不同。」（三五三頁上）【案】「三心」即不憶、有疑、不識之心。

〔五七〕**文云**　資持卷中四下：「『文』下引證，可解。已前十門，或出本宗，或取他部，或約義立，對文自見。又復諸篇通有覆藏，例用此十，簡辨成否。如是知之。」（三五三頁上）

〔五八〕**若作僧殘意覆，成覆**　鈔批卷二三：「此為展轉之吉也。此上十門，明不成覆差別，謂約諸部律論，合明故爾。若准四分人犍度中，直有八種：一、罷道，二、作沙彌，三、顛狂，四、心亂，五、痛惱，六、七、八，三舉人也，總有八百句，如疏。今且就罷道作一百句。又，約双覆仿尺覆，覆有兩個百句，合有二个八百句。今且約双覆作之：初，約覆不覆，作四句；二、約憶不憶，亦四句；三、約疑不疑，亦四句；四、約識不識，亦四句；五、約乞覆藏時乞不乞，亦四句。合二十句。先解第一『覆不覆』四句。律云：有人犯二殘（九三七頁下）俱覆，即罷道後，還受大戒，受戒已亦覆。此則前後俱覆。第二句，亦犯二戒。罷道前覆，罷道後不覆。第三句，罷道前不覆，罷道後覆。第四句，前後俱不覆。此四人中，前三須與別住，後一直與六夜法。次，憶不憶乃至乞不乞，各四句，例然成三十句。次將二十句，對五位時以明：一、對覆藏前，二、對行覆藏時，三、行覆竟，四、行六夜時，五、行六夜竟，位各二十，故合為百句。此上約罷道既百，作沙彌亦百、顛狂亦百、心亂亦百、痛惱亦百、三舉各百，故成八百。次，明双覆。律文亦八百句。初，約罷道四句者：有比丘犯二殘已，覆一不覆一，罷道、罷道還，作比丘俱覆藏。二、有比丘二殘，覆一發露一，罷道已，作比丘。先覆者亦覆，先發露者，亦發露。三、有比丘犯二殘，覆一發露一，罷道已作比丘，先所覆者便露，先露者便覆。四、有比丘犯二殘，覆一發露一，罷道已作比丘，二俱發露。此四句或前帶覆，後帶覆，各隨與別住，六夜不同，思之。約憶不憶、疑不疑、識不識、乞不乞，各四句合二十句，對五位時成百，約八緣成八百，同前。次，下解釋料簡八百所以者。上言五位者：（九三八頁上）一、覆藏；二、行覆時；三、行覆竟；四、六夜；五、六夜竟。皆謂正行此法之時，即罷道、顛狂等耳。上文約二罪者，此出法家意，今無論多少，隨三、四、五、六，俱有此義無妨。問：『上第五乞不乞四句，謂是乞覆藏法時發露一罪，覆一罪者與初門四句覆藏不覆藏，有何異耶？』答：『有異。初門四句者，是本覆本不覆。今第五門四句者，謂是

乞別住法時覆不覆也。又，復初門四句，若發露者，或對一人、二人、三人僧發露，今引第五四句乞不乞者，謂從僧乞覆藏之法，故有斯異。分為二門，作兩个四句。上來八百人別終不得，以所乞之罪，傍該下時說也。下時謂是行覆藏已，及行六夜時等也。此時更無乞不乞之義。今作句通五時者，約中間犯新罪明之，不約所行舊罪，通此五位也。」（九三八頁下）四分卷四五：「時有比丘犯僧殘罪。若作僧殘意覆藏，應教作突吉羅懺。懺已，與覆藏。」（九〇三頁中）【案】「若作僧」，底本為「若無僧」，據四分、大正藏本及義改。

〔五九〕**觀業聚學處，為簡擇四部等眾**　簡正卷一五：「業聚學處者，真諦云：多羯磨法聚在一處，名為『業聚』。又，制戒令誦，不誦獲罪，名為『學處』，（八七九頁下）意令簡擇別住羯磨用幾人，乃至出罪用僧多少等。四部等眾者，四人、五人、十人、二十人也。前二，四人者，別住六夜也。後一，二十眾者，出罪也。」（八八〇頁上）鈔批卷二三：「彼明了疏自解云：謂羯磨名業，單白、白二、白四等，同名為業，故曰『業聚』也。學處者，是戒也。羯磨有戒，故言『業聚學處』，謂佛制令其誦習羯磨，不習獲罪，故曰『學處』。（已上勵解。）賓云：『業』謂羯磨也，『聚』謂類也、眾也。『聚』即僧之異名也。業由僧秉，（九三八頁下）故云『業聚』。『聚』即能秉法之僧也。意明羯磨是便所秉，故云『業聚』。明今懺殘用幾許僧等，故云為『簡擇四部』等眾也。有云：彼稱『業聚』，當此律瞻波犍度也。此犍度中，唯明羯磨分齊，今現懺用何羯磨，於聚中簡取，故曰『觀業聚』。（前解順文。）」（九三九頁上）資持卷中四下：「初，正明作法用僧。先引論文。言業聚者，謂作業假眾。『聚』即眾也。」（三五三頁上）【案】「第三方」文分為二：初，「論曰」下；次，「若行時」下。

〔六〇〕**「四部」謂「四僧」**　鈔批卷二三：「即四人僧、五人僧、十人僧、二十人僧。」（九三九頁上）

〔六一〕**僧雖位四，今此懺境，前二四人僧，後一二十眾，異此則不成**　鈔批卷二三：「謂與覆藏及六夜法，此二羯磨，唯用四人僧。後一二十眾者，謂出罪羯磨也。始終不須十人僧，但須三位，故曰也。」（九三九頁上）簡正卷一五：「異此不成者，滅（原注：『滅』疑『減』。）四及二十，不得。」（八八〇頁上）

〔六二〕**若行時，假境說者**　資持卷中四下：「『若』下，次，明行時對境。」（三五三頁上）簡正卷一五：「謂假前僧為所對境也。」（八八〇頁上）鈔批卷二三：「立云：呼滅罪僧為境，我今行覆藏，假前僧得行，無僧不得行故，故云『假』也。

謂行別住等，時約界內有幾人，即得行之。謂約人數多少之境也。」（九三九頁上）【案】「假」，憑藉、使用。

〔六三〕**前一，下至有一人**　鈔批卷二三：「謂正行別住時，所作須白僧，及布薩時，白僧客來須白等，約界內有一清淨僧即得也。至布薩時，入僧中白云『我行覆藏』等，不須日日白也。若行六夜時，則日日須白。」（九三九頁上）資持卷中四下：「前一，即覆藏時對一人白。」（三五三頁上）簡正卷一五：「謂約正行覆藏時，界內下至，有一清淨比丘亦得。若並無人，即不成。」（八八〇頁上）

〔六四〕**局對僧**　簡正卷一五：「謂六夜法，要對四人，方得行之。」（八八〇頁上）鈔批卷二三：「即六夜法，要對四人已上方得。以六夜要在僧中宿，日日須白僧。」（九三九頁上）資持卷中四下：「『次一』，即六夜，須僧中白。」（三五三頁上）

〔六五〕**出罪一席法**　簡正卷一五：「無其再會一生（原注：『生』疑『坐』。）便罷，故云一席也。」（八八〇頁上）鈔批卷二三：「即假二十眾一時作法也。既一時作法，亦了即散，何勞後時，更須白人為體已淨故也。」（九三九頁上）資持卷中四下：「出罪無可行，故云『一席』耳。」（三五三頁上）

〔六六〕**觀業相應學處**　鈔批卷二三：「礪云：謂隨事有大小三品，故羯磨有單白、白二、白四等。今僧觀前行懺事大小，隨用何等羯磨，是應相稱，故言觀業相應也。『學處』同前解也。」（九三九頁下）資持卷中四下：「『業』即羯磨。言相應者，事必稱法，不可差故。前後皆言『學處』者，作持行法，聖制學故。」（三五三頁上）

〔六七〕**以其法位雖三**　簡正卷一五：「別住六夜，出罪三也。」（八八〇頁上）資持卷中四下：「初，約事簡法。法位三者，單白、白二、白四。」（三五三頁中）

〔六八〕**此治殘法事並上品**　鈔批卷二三：「謂事雖無量，約分三品法。三羯磨應此三品，謂：單白應下品、白二應中品、白四應上品。此治殘罪，是上品羯磨，齊須白四故。」（九三九頁下）

〔六九〕**就中，用法位極有四**　資持卷中四下：「『就』下，明用法多少。雖通四法，不必盡用。且總列之，故云位極有四。然此四位，有定不定。」（三五三頁中）鈔批卷二三：「礪云：此且約位而言。若約事時節，准四分人犍度，上下之行，懺有七時：一、乞得覆藏法時；二、行覆時；三、得本日時；四、行本日時；五、六夜時；六、行六夜時；七、出罪時。」（九三九頁下）

〔七〇〕**別住、六夜、本日治、出罪**　鈔批卷二三：「本日行罸，故曰『本日治』，不知

西音字何也。此謂『自違行法』，及違僧命，罸令復本。其新犯者，隨覆不覆
須治。有云：本日治者，如前犯覆，經百日已，行九十日竟。後更新犯者，前
法即壞，更須從初日行別住，故曰本日治也。」（九三九頁下）資持卷中四下：
「別住、本日，隨有行之，此二不定。六夜、出罪，此二則定。前四對治，及
後正懺，並明諸位，故此指之。」（三五三頁中）

〔七一〕**如前後說之**　簡正卷一五：「『前』則懺夷篇，『後』則引十誦犯殘已、乞別住
等，僧次第與也。」（八八〇頁上）

〔七二〕**一日夜等藏不藏**　簡正卷一五：「謂若覆一日夜，則行一日夜。若覆百日夜，
故云等。舉一日等，餘日例准也。」（八八〇頁上）資持卷中四下：「一日夜
者，舉少類多，故云『等』也。」（三五三頁中）

〔七三〕**為顯有藏、無藏等地，立宿住、摩奈多等**　資持卷中四下：「『為顯』等者，謂
一日夜中曾藏，則有覆藏罪。須地立宿住，即行別住也。不藏，則無覆藏罪，
但行『摩捺多』，即六夜也。」（三五三頁中）簡正卷一五：「『宿住』即別住也。
『摩捺多』謂『摩那埵』也。」（八八〇頁上）鈔批卷二三：「礪云：『地』者，
處所之名，謂若有藏，即行宿住。『宿住』，謂別住也。要須逐宿，行別住法，
故曰『宿住』，四分名為『波利婆沙』也。（九三九頁下）若無藏，直行『摩捺
多』，四分名為『摩那埵』也。」（九四〇頁上）

〔七四〕**處所之名，謂「波利婆沙」等四位**　資持卷中四下：「處所名者，以行別住別，
在一房故。」（三五三頁中）簡正卷一五：「了疏中三義解地：一、諾（原注：
『諾』一作『諸』，今云『疑約』。）處為地，二、約位名地，三、約別住名地
也。四位者，別住、六夜、本日、出罪，為四也。」（八八〇頁上）資持卷中
四下：「『等四位』者，通舉諸位也。」（三五三頁中）

〔七五〕**摩那埵**　資持卷中四下：「『摩捺多』，『摩那埵』梵音轉也。」（三五三頁中）

〔七六〕**即是有覆行三法**　鈔批卷二三：「即別住、六夜、出罪，為三法也。」（九四〇
頁上）資持卷中四下：「『即』下，二、點示，此與第二方相濫。彼約有藏，以
簡成否。此辨有無，以明用藥，故不同也。」（三五三頁中）

〔七七〕**無覆行二法**　鈔批卷二三：「除別住也。礪問云：『五篇之中，上一、下三，不
治覆，冒僧殘一罪，獨治者何也？』解云：『初篇過重，理不可悔。何須治彼
枝條之過！下之三篇，根本既輕，不假僧悔，直懺覆吉，不治枝條。』此篇是
可悔之中最重，假僧而滅，覆冒之愆，宜加苦罸，身心折伏，因行成就故也。」
（九四〇頁上）

〔七八〕**分九** 鈔科卷中四：「初與覆藏法。」（九六頁上）資持卷中四下：「顯格義中，九段。前五即依了論『五方』，後四即準律文。別立會合律論，布列行事，故前云『格義』，此標『懺儀』也。」（三五三頁中）【案】「懺儀」分三：初，「分九」下；次，「明與摩」下；三、「三、與出罪法」下。分九者，前六釋立懺儀法，後二釋總別懺法。

〔七九〕**「名」謂僧殘** 資持卷中四下：「『名』即同篇之通號，故云『僧殘』。」（三五三頁中）

〔八〇〕**「種」謂漏失、摩觸** 資持卷中四下：「『種』即十三之別相，故云『漏失』等。（有云漏失、婬種類者，非也。）」（三五三頁中）

〔八一〕**「相」謂犯之多少** 資持卷中四下：「『相』謂成犯之數目，故云『多少』。」（三五三頁中）

〔八二〕**一名多種，住別異故** 資持卷中四下：「『律』下，三、引證。『一名』證通號，『多種』證別相。十三自為一聚，與餘不濫，故云『住別異』也。」（三五三頁中）簡正卷一五：「『一名』，謂同僧殘。『多種』，謂十三之別。（八八〇頁上）『住別異』者，十三殘中，種類有四：初，五條戒是婬家種類；二、房是盜種類；三、汙家惡行是煞種類；餘是妄語種類。故云『住別異』也。更有古義不錄。」（八八〇頁下）鈔批卷二三：「立云：古來釋住別異者，是殘家方便罪與殘異也。此解非正義。礪疏解云：『一名』者，同名僧殘故也。『多種』者，謂十三之別也。『住別異』者，謂十三殘中，種類有四，氣分不同，故言住別異也。意明遮性種類不同，故稱『住別異』也。又云：十三殘罪，是四重之戒種類，故曰也。此鈔引律，文略也。」（九四〇頁上）【案】四分卷四五，九〇一頁上。

〔八三〕**「能治」「所對」** 資持卷中四下：「『能治』即四僧、二十僧。『所對』即行時，假境一人及僧。」（三五三頁中）

〔八四〕**長短相從** 簡正卷一五：「謂以短從長，故曰長短相從也。」（八八〇頁下）【案】本節科文為三：一者，「律中犯」下；二者，「十誦不」下；三者，「十誦眾」下。

〔八五〕**憶日數長短者，總依日數長日治之** 資持卷中四下：「明以短從長。」（三五三頁中）

〔八六〕**若不憶日數者，從清淨已來治** 資持卷中四下：「明以忘從受。」（三五三頁中）【案】四分卷四五，九〇三頁中。

〔八七〕**不憶日月數，應從受大戒已來治** 資持卷中四下：「前引十誦，明乞詞。」（三
五三頁中）【案】十誦卷五二，三八三頁下。

〔八八〕**乞清淨已來，五年、十年覆藏** 簡正卷一五：「四分但言清淨已來治，何名清
淨？下遂籿（【案】『籿』疑『釋』。）云『壇場受時已來』是也。此文由是未
了，雖云受後名為清淨，不云季數。如何得知行覆滿之時節？此既全無分齊，
日（【案】『日』疑『目』。）下行十誦正文。」（八八〇頁下）資持卷中四下：
「要須云者，謂乞詞所牒須加年數。」（三五三頁中）

〔八九〕**以知滿分齊** 鈔批卷二三：「此明應須知從清淨來日月長短。若直言從清淨，
不云日月年數而行別住者，則不知竟之分知何年月滿足也。」（九四〇頁下）

〔九〇〕**無歲** 資持卷中四下：「次，引僧祇明次第究勘。無歲時，即初受未得臘也。」
（三五三頁中）【案】僧祇卷二五，四三四頁中。

〔九一〕**三諫** 簡正卷一五：「十誦眾中三諫等者，先是且難云：摩觸等戒，私屏而作，
不向人說，眾人不知，必定成覆。違僧諫戒，三諫不受，僧眾同知犯殘，今不
發露，應不成覆，即引鈔答籿（【案】『籿』疑『釋』。）」（八八〇頁下）鈔批
卷二三：「立云：謂違僧三諫，犯殘訖。雖多人知訖（原注：『訖』疑『犯』。），
還須更發露，不者成覆。」（九四〇頁下）【案】十誦卷四，二五頁中。

〔九二〕**故知多人雖知犯，終須發露** 資持卷中四下：「『故』下，準判。發露出己，不
取他知而已。」（三五三頁中）鈔批卷二三：「立明：雖多人具知，終相須自發
露。如上違諫，不自唱云『犯則是覆』，此豈非多人知，猶故名覆也？」（九四
〇頁下）

〔九三〕**總別懺法** 簡正卷一五：「此約犯數既多，總別懺之俱得。」（八八〇頁下）

〔九四〕**律中** 資持卷中四下：「初本律。但明總懺，別懺可知。故前引三種：一、數
憶忘，二、心覆露，三、同名異種。此三種別，並通合懺。」（三五三頁中）
【案】四分卷四五，九〇一頁上。

〔九五〕**知數不知數等** 簡正卷一五：「知數者，知犯罪多少也。不知數者，雖覆而不
知犯之多少也。『等』者，『等取』知與不知。」（八八〇頁下）

〔九六〕**覆不覆等** 簡正卷一五：「相雜覆者，有覆心也。不覆者，曾發露也。『等』者，
覆與不覆，相雜也。……若依玄記，云等覆不等覆，如犯十四非（原注：『四
非』應作『罪』。）、五罪，同覆經一年，即是『等覆』。若犯十罪，於中覆一
罪，經一年，餘罪或三月、五月，即是『不等』也。似破鈔句。（八八〇頁下）
況下，向『覆』字在上。知之。」（八八一頁上）鈔批卷二三：「有比丘犯殘，

知日數覆藏、不覆藏等，覆不等覆（【案】『等覆』疑倒。），一名多種，自性非自性住別異。礪疏解云：覆藏者，犯已不發露也。不覆藏者，緣差後還成覆，故曰『等覆』者，日長短故。」（九四〇頁上）

〔九七〕一名多種　簡正卷一五：「一僧殘名，有多婬、盜種類，故云『多種』也。大德對此，即將上來知不知等，及覆不覆等，歷成三九句也。『初九』句者：一、知數覆，二、不知數覆，三、知數不知數覆，四、知數不覆，五、不知數不覆，六、知數不知數不覆，七、知數覆不覆，八、不知數覆不覆，九、知不知數覆不覆。『二九』以『不知數』為頭。第『三九』以『知不知數』為頭歷之，各成九句，比前可解。（云云。）」（八八一頁上）鈔批卷二三：「自性者，謂十三殘中十个是性戒，名為『自性』。有三个戒，（九四〇頁上）謂二房并媒，此三是遮戒，名為『非自性』。住別異者，如前已解。今鈔引文意者，證上須知名種相也。」（九四〇頁下）

〔九八〕同用一羯磨懺之　簡正卷一五：「謂律文許總懺也。」（八八一頁上）

〔九九〕有比丘犯眾多僧殘罪，或有覆一日，乃至十日者，佛令從十日總懺　資持卷中四下：「『又』下，次，引覆日以短從長，亦即總懺（三五三頁中），并上為四。」（三五三頁下）簡正卷一五：「『又云』等者，重引律文，籵（【案】『籵』疑『釋』。）成總義。若作法時，次第牒名、種，各言覆日長短，共秉法行別住，消長者了，短者亦了。」（八八一頁上）【案】四分卷四五，八九八頁下。

〔一〇〇〕總別各得　簡正卷一五：「准祇四句：一、多罪一得法。如月一日犯一殘，覆經十日；二日又犯一殘，覆經九夜；乃至第十日，又犯一殘，覆經一夜。今同一懺是總也。二、一罪多得法。如犯一殘，覆經多日，今只記得三、二日乞法；行了，復更記得餘日。又重乞，經於多遍，名多得法。三、一罪一得法。四分：罪多，得法可知，六夜、出罪。例上，總別皆聽。」（八八一頁上）

〔一〇一〕如月一日犯一罪覆藏，乃至十日犯一罪覆，或有覆一夜，乃至十夜者　資持卷中四下：「『如』下，顯相。初且約十日，日犯一殘，俱不發露。第十日犯者，則覆一夜。初日犯者，則覆十夜。」（三五三頁下）

〔一〇二〕應作十番別住，乃至一番覆藏者　資持卷中四下：「『應』下，正明總別。『十番』是別，『一番』即總。」（三五三頁下）

〔一〇三〕十誦懺僧殘中，具明犯數及若干日覆等　簡正卷一五：「下引十誦，籵（【案】『籵』疑『釋』。）成總懺義也。雖三三總懺，若記得數，須具聞罪數，即同篇合懺故。」（八八一頁上）資持卷中四下：「十誦中。明乞詞羯磨須牒罪

日兩數，恐謂總懺作法通漫，故引決之。」（三五三頁下）【案】十誦卷三二，二三六頁中。

〔一○四〕自慨此罪，將入重處　資持卷中四下：「『自』下，次明披露克責。又三，初，悲其所犯慨責也，或作嘅歎也。」（三五三頁下）簡正卷一五：「慨，（古愛反。）披心曰慨。或云：悲喜交流曰慨。又云：高聲諫罪曰慨也。」（八八一頁下）

〔一○五〕殘有咽喉　資持卷中四下：「指篇聚中所引母論。」（三五三頁下）

〔一○六〕如是等緣　資持卷中四下：「『如是』下，教其殷重。」（三五三頁下）

〔一○七〕四面禮僧足訖，至羯磨者前，互跪合掌　資持卷中四下：「『四面』下，三、明設禮陳乞。（文作『乞陳』，疑似寫倒。）乞詞有五：初，囑僧專意；次句，自稱己名；三、『犯故』等者，陳露所犯；四、『今從僧』下，正申所懇；五、『願僧』等者，乞副所求。羯磨中，注文初令依用。」（三五三頁下）

〔一○八〕若自乞陳，旁人授之亦得　資持卷中四下：「『若』下，點律所闕。」（三五三頁下）

〔一○九〕若準律文，依古羯磨，即須改張，不可謹誦　資持卷中四下：「古羯磨，即曇諦出者。謂翻譯家用入律故。彼云：『大德僧聽，比丘某甲犯某僧殘罪，覆藏此比丘某甲犯僧殘罪，隨覆藏日已，從僧乞覆藏羯磨。若僧時到僧忍聽，僧今與比丘某甲隨覆藏日羯磨。白如是。』鈔中加改，比之可見。而云犯某僧殘不提罪相，隨覆藏日，言相浮漫，不足依之。」（三五三頁下）

〔一一○〕羯磨者告云　鈔科卷中四：「初，即座誡敕法。」（九六頁上～中）資持卷中四下：「教示有四：初示羯磨，二、示奪行，三、示執事，四、示白告。對文分之。」（三五三頁下）【案】奪行、行護法，文分為二，本句及下為初；「鈔者云」下為次。初又分九，如鈔科九節所示。

〔一一一〕示語已，即因僧集，白僧令知　鈔科卷中四：「『示』下，在眾白僧法。」（九六頁下）

〔一一二〕其奪三十五事，如「眾網法」中　鈔科卷中四：「『其』下，奪行治罰法。」（九六頁下）簡正卷一五：「謂彼篇中，廣明七五不同，指廣如彼也。」（八八一頁下）

〔一一三〕律云　鈔科卷中四：「『律』下，執役居處法。」（九六頁下）

〔一一四〕彼行覆藏者，應日三時見清淨比丘　資持卷中四下：「初，令見僧。」（三五三頁下）

〔一一五〕乃至自在小房中住，有客來遣出者　資持卷中四下：「『乃』下，三、明住

處。」（三五三頁下）簡正卷一五：「有客來遣出者，謂客比丘到來要房，乃遣行別住人出。佛言：『不應遣出，亦不應去。』既不出不去，彼人即擬同此房者，應答云：『不得二人共宿也。若與共宿，不成別住。』」（八八一頁下）鈔批卷二三：「有客來遣出者，立云：謂遣客去，還須語云：大德出去，某甲是行別住人，不得二人共住等也。」（九四〇頁下）

〔一一六〕若眾僧分衣物，隨次取之　資持卷中四下：「『若眾』下，四、明同利。」（三五三頁下）

〔一一七〕身在下行坐　資持卷中四下：「『身』下，五、明坐次。」（三五三頁下）

〔一一八〕板　【案】底本為「版」，據四分、敦煌甲本和敦煌乙本改。

〔一一九〕板　【案】底本為「版」，據四分、敦煌甲本和敦煌乙本改。

〔一二〇〕和尚法　資持卷中四下：「『乃至』下，六明供給。文同不出者，指師資篇。」（三五三頁下）

〔一二一〕極少四清淨比丘作別住　資持卷中四下：「士誦中。初制在僧處不同下五分。（有云此據正作法時者，詳之。）」（三五三頁下）

〔一二二〕別住人不得同一牀坐　鈔批卷二三：「立云：兩个行別住人也。此律但不得同一房住。士誦不許平常共坐，謂部別不同故也。」（九四〇頁下）資持卷中四下：「二制同犯各坐，恐得同伴，心無慚故。」（三五三頁下）【案】士誦卷三三，二三七頁中～二三八頁上；卷四八，三四九頁上。

〔一二三〕善見　鈔科卷中四：「『善』下，有緣白停法。」（九六頁下）資持卷中四下：「善見初明有緣白停法。」（三五三頁下）【案】善見卷一八，七九六頁。

〔一二四〕明相未出，還須白行之　資持卷中四下：「明未出須白者，即當一日故。」（三五三頁下）

〔一二五〕乃至六夜法，白僧停得二十五夜　簡正卷一五：「二十五夜者，謂決前文，雖云白停，不云日之多少，是不了也。」（八八一頁下）鈔批卷二三：「立謂：正行別住及六夜時，得白停經二十五夜，（九四〇頁下）但令前緣是生善滅惡事耳。私云：四分不限日多少，雖加法已，猶未白行，亦無失宿，亦未奪三十五事。若白行已，反上可知。」（九四一頁上）資持卷中四下：「士誦中。六夜亦開，仍制日限，本宗白停，（三五三頁下）久近皆得。」（三五四頁上）【案】士誦卷二三，二三七頁下。

〔一二六〕若大眾難集　資持卷中四下：「初，明白捨。前示開捨。」（三五三頁上）

〔一二七〕若欲行時　資持卷中四下：「『若』下，明白行。」（三五三頁上）【案】四分

卷四六，九〇五頁中。

〔一二八〕彼得自更互作使，禮拜迎逆；亦得受沙彌、淨人禮拜及使　資持卷中四下：
「『彼』下，明受禮作使。上明同類，下明下眾。」（三五三頁上）

〔一二九〕律云八事失夜法　資持卷中四下：「八事。一、三，並出外，寺非寺分；二、
四，對客比丘，入出以分；六、七，約處，人無人分；五、八，各為一事。……
又，八事中，前五及八，並不白故失；六、七，事非，故失。」（三五四頁上）

〔一三〇〕往餘寺不白　鈔批卷二三：「律中，行覆藏人有八事不白，各失一夜，各犯
一吉。言往餘寺不白者，謂此寺行至彼寺，見餘比丘須白。不白，失一夜，
犯一吉。」（九四一頁上）

〔一三一〕有客比丘來不白　鈔批卷二三：「即失一夜，犯於吉也。若白客時，不須更
集，主人以是發露白故耳。」（九四一頁上）

〔一三二〕有緣自出界外不白　鈔批卷二三：「謂不白二界、中間道路上僧。是以五分
云：於路上見比丘，須白故也。」（九四一頁上）

〔一三三〕寺內徐行者不白　鈔批卷二三：「有緣出界不白者，若在道及寺內疾行，不
白無過。謂前人行疾，趁不及也。此謂客比丘入界，當須白。若客疾疾行，
趁不及不犯。若徐行，可趁不白，則失一夜，犯一吉。上言寺內者，簡其寺
外也。言徐行者，簡疾行也。謂或有人，遙過此界疾行也。」（九四一頁上）
資持卷中四下：「徐行，謂緩步，簡疾行者。不白不犯。」（三五四頁上）

〔一三四〕病不遣信白　鈔批卷二三：「十誦律：行別住人布薩時，應入僧中三自說罪。
若病，應遣使到僧中白言：『某別住人病不得來，僧當知。』……〔已上勵
（【案】『勵』疑『礪』。）釋。〕」（九四一頁下）

〔一三五〕二三人同一屋宿　資持卷中四下：「多人同屋，非別住故。」（三五四頁上）

〔一三六〕隨一事闕，皆失一夜　簡正卷一五：「問：『一日併犯八事，為併失八夜，但
失一夜？』答：『但失一夜，謂一日中無多夜故。但別犯，不應吉也。』問：
『一日重犯一事，失幾夜？』答：『初違一事，即失一夜。後若重犯，亦無夜
可失，但犯吉也。』」（八八一頁下）鈔批卷二三：「問：『若一日併犯八事，為
併失八夜，唯失一夜耶？』答：『初違一事，即失一夜。（九四一頁上）後更
重犯，即無夜可失，但可得罪。雖犯多事，不得併奪八夜，以其同日故。若
八日犯八，一、八，失夜。」（九四一頁下）【案】四分卷四六，九〇五頁下。

〔一三七〕已得不失，未得不成　鈔批卷二三：「立謂：先行得者，後雖有失者來隔，
前得者不失。若未得者，不成宿數也。」（九四一頁下）資持卷中四下：「已

得，謂前已行日。未得，謂所失之日。若後重行，但續已得，足滿前數。」
（三五四頁上）

〔一三八〕白清淨比丘法　鈔科卷中四：「『白』下，白清淨比丘法。」（九六頁下）資持
卷中四下：「初白一比丘法。往餘寺客比丘等，皆準此白。」（三五四頁上）

〔一三九〕大德僧聽　資持卷中四下：「『大德僧聽』者，傳寫之誤，合云：『大德一心
念』。由是白別人故。」（三五四頁上）

〔一四〇〕若五人、十人　資持卷中四下：「『若五人』下，白眾多人法。若據對僧，合
云『僧聽』。而云『諸大德』者，由非僧法，但不能別白，從省故耳。後說
戒白，方可稱『僧』。」（三五四頁上）

〔一四一〕有大德勝人來寺　資持卷中四下：「『有』下，白客僧法。比丘中有德望者，
須異常人。」（三五四頁上）

〔一四二〕其餘諸白，說戒白等，一同上文，改「白」與「僧」為異　資持卷中四下：
「『其』下，指白僧法。『說戒』等者，謂一切眾集時。」（三五四頁上）鈔批
卷二三：「立云：謂前八事中，共用此白。今文中但止白客比丘為言，其餘遣
信白、寺內徐行白，皆用此文，故云『其餘諸白』等。布薩時白，亦用此文，
但改日足（【案】『日足』疑『白與』。）僧字為異耳。其行別住，但知供養清
淨比丘。及行前八事，無朝朝白法。行六夜，則須朝朝白也。」（九四一頁下）
【案】「改白與」之「白」，底本為日，據大正藏本、鈔批釋文及弘一校注改。

〔一四三〕我今到前比丘所不　鈔科卷中四：「『十』下，往他處白法。」（九六頁下）
鈔批卷二三：「立云：若到前所，須得白行，則不失宿。忽然不到前所，於
路無比丘，宿則失夜，又犯者，故須思惟。」（九四一頁下）

〔一四四〕若到，便去　資持卷中四下：「十誦明往餘寺。若到便往者，恐違白法失宿
故也。」（三五四頁上）【案】十誦卷三三，二三七頁中。

〔一四五〕不爾者，捨行法已，見比丘不須白，到餘處，應求彼僧更行之　簡正卷一五：
「勵疏（【案】『勵』疑『礪』。）云：行別住不局當界，但取日滿也。」（九
四一頁下）鈔批卷二三：「立明：若不如上於路作白者，謂先在界內捨行法已
也。既先界內，捨行法竟，後見人不須白也。但至餘寺，更求彼僧行之，足
前本界日（【案】『日』疑『白』。）也。礪云：捨行法時，若行處不局彼此，
或此處捨還此處行，或餘處行，或餘處捨餘處行，或此處行，並皆無妨，但
續計日，滿即得也。」（九四一頁下）【案】五分卷二八，一八一頁下。

〔一四六〕寺內徐行者，不白失宿　鈔科卷中四：「『四』下，界內見僧法。」（九七頁

下）資持卷中四下：「四分，欲白不及，非意故開。」（三五四頁上）【案】
四分卷四六，九〇五頁下。

〔一四七〕客比丘走出界，當如常行法　資持卷中四下：「十誦初明見客執儀。」（三五
四頁上）【案】十誦卷四八，三四九頁上；卷三三，二三七頁中。

〔一四八〕應具如四分白僧法　資持卷中四下：「詞句闕略，故指四分，即前所引。」
（三五四頁上）

〔一四九〕一如法比丘，得行別住法　資持卷中四下：「五分明行時對境。」（三五四頁
上）【案】五分卷二八，一八一頁下。

〔一五〇〕如上「第五方」中說　鈔批卷二三：「自意云：應是上文云『若行時假境說
者，前一下至有一人』（【案】見鈔上文「第三方」句。），即其文也。」（九
四二頁上）資持卷中四下：「指『第五方』。『五』字錯，合作『三』字。」
（三五四頁上）

〔一五一〕鈔者云　鈔科卷中四：「初評捨制。」（九七頁下）【案】「鈔者」下分二：初，
「鈔者」下；二、「又行覆」下。初又分二：一、「佛法」下；二、「又行覆
者」下。

〔一五二〕佛法東流，行此法者亦少　資持卷中四下：「初，嗟悔法不行。當隋唐之世，
僧英極眾，佛法大興，尚云亦少，況今末法，焉可言哉！六聚懺法，墜地久
矣。僧徒造惡，穢跡叵言。或臨布薩，則安坐默然，抱過畢生，死猶無悔。豈
非妙藥，雖留毒氣，深入不肯服耶。」（三五四頁上）【案】「佛法」下分四：
初，「佛法」下；二者，「縱有」下；三者，「但篇聚」下；四者，「此正藥」下。

〔一五三〕縱有行悔，則棄小取大　鈔批卷二三：「則棄小取大者，立謂：即依佛名、
方等，名為大也。」（九四二頁上）資持卷中四下：「『縱』下，二、責棄『制』
從『化』。初，出過。」（三五四頁上）

〔一五四〕余意所未安：由心懷厭欣，未合大道　資持卷中四下：「『余』下，斥非。上
三句，責其取捨，真誠為道，義必兼行，不當厭小忻大。」（三五四頁上）

〔一五五〕但篇聚依教，自滅業道，任自靜思　資持卷中四下：「『但』下，三、示其懺
別。」（三五四頁上）鈔批卷二三：「立謂：業道罪，聽汝依名字及觀照理解
之懺。若違教罪，要依律懺，不得券（原注：『券』疑『羞』。）恥。妄心附
理，終無滅法。」（九四二頁上）

〔一五六〕皆嫌發露可羞　資持卷中四下：「『皆』下，出其情狀。以『制懺』指定犯相，
對眾折辱。況行（三五四頁下）別住？奪行苦役，羞愧不為。『化懺』不爾，

故多行之。」（三五四頁下）

〔一五七〕而業由羞故結　資持卷中四下：「造業自纏對人覆。諱覆故，罪積於心積，故業更滋廣。是則罪種轉盛，徒懺何為。」（三五四頁中）

〔一五八〕此正藥病相治，不得不行　資持卷中四下：「『此』下，四、結勸須依。」（三五四頁中）

〔一五九〕諸師立理，互加同異　鈔科卷中四：「『又』下，評行覆。」（九七頁下）資持卷中四下：「初明不滿可否。……初中，前示異說。或云盡行日滿，或隨行少日，或都不行。若上根從急，宜用初師；若下流機緩，則依十誦，不行別住，出罪得成。今取盛行，頗合時機，不違聖教矣。」（三五四頁中）簡正卷一五：「諸師立理，互加同異者，初師云：要行覆藏，日足方乞六（原注：『六』下一有『夜』字。）；二師云：先乞覆藏，行縱不滿，即乞六夜，出罪亦得；（八八一頁下）三師云：不行覆藏，但行六夜、出罪；第四師云：不行別住六夜，直爾出罪即得。故曰互加同異也。」（八八二頁上）鈔批卷二三：「勝云：有師不行覆，但行六夜、出罪。有師乃至不行六夜，直出罪等也。」（九四二頁上）【案】「又行覆者」下分二：初，「又行覆」下；次，「若行日」。

〔一六〇〕今取盛行之師　簡正卷一五：「寶云：即前第二首律師也。」（八八二頁上）資持卷中四下：「『今』下，次，顯今所取。」（三五四頁中）

〔一六一〕若準十誦，不行別住、六夜，出罪　鈔批卷二三：「立云：然十誦還有行文，此用不行亦得，猶得不應之罪等也。」（九四二頁上）【案】十誦卷五四，四〇三頁中。

〔一六二〕用彼徵此，理須相準　資持卷中四下：「用十誦緩文，徵此宗急教。義須取中，故云『相準』。徵，證也。」（三五四頁中）簡正卷一五：「用彼十誦不行別住罪上除滅，徵此四分行日不滿，何損大途？結茲道理，須相准也。」（八八二頁上）鈔批卷二三：「立謂：將十誦文來徵四分也。彼文既開，不行別住，得與出罪。此律要令行之，今則如何取捨？謂今僧觀前緣，相准兩得。其諸羯磨文中，須稱事作也。」（九四二頁上）

〔一六三〕雖然，恐事不稱法，則改張舊習　資持卷中四下：「『雖然』下，約義加改。初，教改易羯磨。」（三五四頁上）鈔批卷二三：「謂既行別住，其日未滿，或不行等者，則不得依文謹誦。云已行別住竟，即是非法。應云：行若干日竟，今僧放若干日等也。」（九四二頁上）

〔一六四〕若後諸白羯磨，並須準改　資持卷中四下：「後諸白羯磨，即六夜、出罪等，

當下令白僧問和。後二乞詞羯磨，並準不滿牒之。」（三五四頁中）

〔一六五〕若行日滿者，依法誦之　鈔批卷二三：「立謂：故知行未滿，與六夜出罪者，即須云『若干日』等，不得謹誦舊文。和上云：為此人覆日，多不能行得竟。今依十誦不行，尚得准彼十誦便放其餘日者，只得羯磨中牒云（九四二頁上）『已行覆藏日』，則不得云『行竟』。後諸羯磨皆然，故言已行覆藏日也。」（九四二頁下）

〔一六六〕竟　資持卷中四下：「『竟』者，謂行日滿者。」（三五四頁中）

〔一六七〕彼得羯磨已，即於僧中白言　鈔科卷中四：「『彼』下，明白告。初，正明諸白。」（九七頁中～下）資持卷中四下：「白告中。初科，前明『白僧法』。『若客』下，白別人法。『白僧』又二：初，即座白法；『若行』下，餘日白法。」（三五四頁中）【案】「彼得」下分四，如鈔科所示。「白告」一段，分二：初，「如前作」下白僧法；二、「若客比」下白別人法。初又分二：初，即座白法；二、「若行經」余日白法。

〔一六八〕若客比丘來，唯改「大德僧」為異　簡正卷一五：「據理應云：准改『僧』為異，但言『大德』也。」（八八二頁上）

〔一六九〕行六夜比丘，亦同行別住覆藏法，唯常在僧中宿，日日白為異　鈔科卷中四：「『律』下，對前辨異。」（九七頁下）資持卷中四下：「初示同。『唯』下，顯別，反明別住，不常在僧，非日日白僧。」（三五四頁中）簡正卷一五：「謂界內要須有四人及已上，方行六夜，故云僧中宿也。」（八八二頁上）【案】「白」，底本為「自」，據四分、大正藏本改、貞享本、敦煌甲本、敦煌乙本及弘一校注改。四分卷四六，九〇六頁上。

〔一七〇〕非謂與僧同處宿　簡正卷一五：「簡濫。」（八八二頁上）資持卷中四下：「但行法制，必僧中不得同宿。恐有濫行，故注示之。」（三五四頁中）

〔一七一〕因數數犯僧殘，如波逸提乃至越毗尼悔故，便制六夜懺悔，二十人中出罪　鈔科卷中四：「『僧』下，示本制緣。」（九七頁下）資持卷中四下：「本由懺易，故使犯數。提吉多犯，舉以為況，故云如波逸提等。」（三五四頁中）【案】僧祇卷五，二六二頁下。

〔一七二〕此上二行中，若覆與前法，不覆與後法，同俱出罪　鈔科卷中四：「『此』下，合論用法。」（九七頁下）

〔一七三〕若二法中重犯者，各壞二法，皆重與本日治之　鈔批卷二三：「礪云：此四分、五分、十誦三律，若重犯，並治本日。若祇律不壞，但隨日補之。故祇

文云：行別住人，語比丘言我犯。問：『言本罪、中間罪？』答：『中間罪。』問：『何時犯？』答：『別住中犯。』問：『覆不覆？』答：『覆。語（原注：『語』上疑脫『應』字。）長老：先行別住，已如法行，但少一夜。今覆者，應更乞別住合行，是名別乞波利婆沙，共行波利婆沙。共行六夜，共行出罪。次有一人，於行六夜中，更犯便覆，語言長老：先行別住已，如法行六夜，已如法行。但六夜、一夜今覆者，應更乞別住。行已更乞六夜。應合行，是名別乞別住。行別住，別乞六夜，共行六夜，共行出罪。次有一人，行乃至出罪竟言犯。』問：『何時犯？』答：『別住時犯。』問：『覆不覆？』答：『覆。應語言：先別住，已如法行，但少一夜。六夜出罪不成。今罪更乞覆，是名別乞別住行，別住合乞，合行六夜、出罪。次有一人，行乃至出罪竟言有犯。』問：『何處犯？』答：『六夜中間犯覆，乃至語言（九四二頁下）出罪不成就。准此行覆，要須日滿方成，便異十誦之文也。』案此四分并餘部，本日治有兩：一謂行別住時犯，須行本日治；二謂行六夜時犯，則名六夜本日治也。」（九四三頁上）資持卷中四下：「各壞二法者，且如本犯漏失，行百日別住已，行一月復犯前戒，還依百日治之，故云『本日』也。六夜亦爾。已行五夜，再犯本罪，重行六夜。然本日治法，無別羯磨，但是再加覆藏六夜二法。」（三五四頁中）

〔一七四〕餘如別述　資持卷中四下：「即隨機羯磨及疏中。」（三五四頁中）鈔批卷二三：「准疏：與覆藏等法，大有差殊，位言且四：一、一罪一得法；二、多罪一得法；三、多罪多得法；四、一罪多得法。一罪一得法者，如犯一殘，盡知覆，便與一覆法、一六夜、一出罪是也。二、多罪一得法者，謂犯眾多殘，共行三法是也，如前犯一殘，經一、二、三日覆，後更犯殘，更得二、三日覆，乃至犯十個殘。後若乞法，隨長日覆與之。故祇云：月一日犯一殘，知是罪作覆心，至二日向他說。已後犯一殘，乃至十日向他說。已後犯是十殘，如是各一夜覆，應作十別住等。三、法亦得作『一別住』等三法。若與『一別住』等三法，即是上第二門『多罪一得法』也。若作『十別住』等三法，即是上第三門『多罪多得法』也。四、一罪多得法者，此約憶不憶作之。如犯一殘，覆經多日，後時發露，但憶一半，僧與覆法已，後更隨憶，更得重與覆法。如是隨憶，皆得重與法，莫非『一罪多得覆法』。但前覆時，或隨別與覆法，（九四三頁上）別行或別與而共行。若六夜出罪，定須共乞、共與、共行等，定一切共。若六夜出罪，二法竟，方憶前忘。此六夜出罪不成，要須更行六夜出罪，以是一罪上行覆不足，故罪不出。不同前祇文多罪合共，隨作得作得成。然四分多

罪，一法亦成，非唯祇也。故此部行覆藏時，隨憶第二罪。佛言：聽隨第二罪，覆藏日與覆法，即是別得覆藏、共行覆藏，共得六夜，共行六夜，共出罪。以此為法，次應有行覆竟，憶亦隨與覆，即是別得覆行覆，共得六夜，共行六夜，共行出罪。次應六夜中憶者，六夜且置隨憶與覆便是，別得覆別行覆，別得六夜，共行六夜出罪。次應六夜竟，憶謂別得覆別行覆，別得六夜，別行六夜，共出罪。次應出罪竟，憶即是別得覆，別行覆，別得六夜，別行六夜別出罪也。已上約多罪故爾。上四門中，約覆不覆又對四位，總有四百三十二句。且約一罪一得法上，有二十七句。『位』有三『頭』，『頭』下各三『種』，別有三故。一頭下，多有九種，三頭合二十七句也。謂三頭者，是大位有三種人也。有一人知日數，有一人不知日數，有一人知日數、不知日數，（九四三頁下）故言三人也。今於一人之下，各有三品：一、謂覆，二、不覆，三、覆。於此三品下，一品各有三別，如下自出其相也。覆、知數覆、不知數覆，知數不知數覆、知日數不覆、知數不覆、不知數不覆、知數不知數不覆。一頭：覆不覆、知數覆不覆、不知數覆不覆、知數不知數覆不覆；覆、不知數覆、知數不知數覆、知數覆、不知日數、不覆、不知數不覆、知數不數不覆、知數不覆。二頭：覆不覆、不知數覆不覆、知數不知數不覆、知數覆不覆；覆、知數不知數覆、知數覆、不知數覆、知數不知數不覆、知數不知數不覆、知數不覆、不知數不覆。三頭：覆不覆、知數不知數覆不覆、知數覆不覆、不知數覆不覆。已上三頭，頭下各三種人。人別三品故，一頭下有九品。（九四四頁上）三頭下，合有二十七人。一罪一得法，有二十七句。多罪一得法，亦二十七句。多罪多得法，亦二十七句。一罪多得法，亦二十七句。合此四個二十七，即成一百八句。次約四位時。明正行覆藏時，有一百八句；行覆藏竟，亦一百八句；正行六夜時，亦一百八句；行六夜竟，亦一百八句。都合成四百三十二句也。礪問云：『如一罪中言知數、或言不知數，此二句可爾？既言一罪，何處得有亦知不知，合為一句也？』答：『得有如犯一罪，或一年覆，但百日已來，分明記憶。百日已前，日數不能定，即是其義也。若欲治罸，則須治長。言覆不覆者，此句謂亦約日明覆也。如犯一罪或二、三罪，覆經百日。今但發露五十日，即是覆半發半，故言覆不覆也。犯殘已，憶則成覆，不憶非覆，識犯不疑成覆不成覆。若如是，覆藏成覆。若不如是，覆藏非覆。又若犯殘已，作餘篇覆者，犯吉。不須與別住，令懺已，直與六夜出罪也。』上釋行『摩那埵法』竟，從此已下，正明出罪方法。」（九四四頁下）

〔一七五〕**先教乞云** 資持卷中四下：「出罪中。乞及羯磨。並先牒覆藏；次牒六夜；後云從僧乞出罪，方是今法。」（三五四頁中）【案】釋文分三：初，「先教」下；次，「羯磨者」下；三、「與出罪已」下。「先教乞云」一段，分三：初牒覆藏；「已從僧」下牒六夜；「今從眾」下乞出罪。

〔一七六〕**或覆藏一夜，乃至百夜** 資持卷中四下：「『或』下，次，牒覆日。」（三五四頁中）

〔一七七〕**已從僧乞百夜覆藏羯磨** 資持卷中四下：「『已』下，三、牒乞詞。」（三五四頁中）

〔一七八〕**僧已與某甲比丘百夜覆藏羯磨** 資持卷中四下：「『僧已』下，四、牒得法。」（三五四頁中）

〔一七九〕**此某甲比丘已行覆藏日** 資持卷中四下：「『我某甲』下，牒已行日。」（三五四頁中）

〔一八〇〕**已從僧乞六夜摩那埵** 資持卷中四下：「六夜中。有三（三五四頁中）：初，牒乞，二、得法，三、已行。細對羯磨分之，不可儱讀。（六夜法中，先牒覆藏亦爾。）」（三五四頁下）

〔一八一〕**與出罪已，依僧祇律，當教示言** 資持卷中四下：「誡敕中。初，泛明持毀。佛住滅後，勝劣有殊，據受猶同。」（三五四頁下）

〔一八二〕**行者既內無護心** 資持卷中四下：「『行者』下，正誡。能悔有三。」（三五四頁下）【案】「行者下」文分為三：一、「行者」下；次，「故文云」下；三、「如是種」下，明結告。

〔一八三〕**故文云** 資持卷中四下：「『故』下，二、勸其堅持。初，引文勸。應即僧祇。」（三五四頁下）

〔一八四〕**無憂花** 鈔批卷二三：「私云：憂曇鉢華是也。」（九四四頁下）資持卷中四下：「梵云『絳賴叉』，此云『無憂』，即佛生處樹華，喻其殊勝也。或翻『青蓮華』，喻其清淨，頗合文意。」（三五四頁下）

〔一八五〕**縱更續犯，怖心難生，縱怖心生，懺罪無處** 資持卷中四下：「『縱』下，舉難勸。」（三五四頁下）

〔一八六〕**故論云** 資持卷中四下：「論即善見。」（三五四頁下）【案】善見卷一六，七八六頁上。

〔一八七〕**如是種種因緣，為說割斷之意** 資持卷中四下：「『如是』下，三、結告隨機。」（三五四頁下）簡正卷一五：「割斷者，相續後犯也。」（八八二頁上）

〔一八八〕并引涅槃經　資持卷中四下：「『并』下，兼示來報。」（三五四頁下）【案】
　　　　北本涅槃卷二四，五〇七頁下。

〔一八九〕從彼得出，還為鳩、鴿、雞、雀等　簡正卷一五：「『鳩鴿』等者，是煩惱餘
　　　　報，多欲人死入地獄，從彼出受此報，後得人身，為黃門二形之類。餘犯例
　　　　知，臨時約勒也。」（八八二頁上）鈔批卷二三：「立云：多婬之人，（九四
　　　　四頁下）死入地獄。雖從彼出，婬業未盡，便作斯物也。」（九四五頁上）
　　　　資持卷中四下：「經續云，後得為人，復受黃門、二形、無根等報，故云『等』
　　　　也。」（三五四頁下）

三、懺偷蘭遮法

分二：初，明罪相〔一〕；二、立懺儀〔二〕。

初中，分二。

一者，從生偷蘭，謂初、二篇下方便〔三〕。若依十誦：初篇生重，此
是近方便〔四〕，謂身口相加，未得暢遂者，應一切僧中悔〔五〕。若初篇生
輕、二篇生重，應界外四比丘眾中悔〔六〕；若僧殘生輕，應一比丘前悔
〔七〕。其懺法與波逸提同。

二者，自性偷蘭，亦名獨頭，亦分三品〔八〕：云何名重？謂盜僧食
具〔九〕、十方現前物〔一〇〕，偷四錢及非人重物〔一一〕等，須大眾懺〔一二〕。
云何名中？破羯磨僧〔一三〕，盜三錢已下僧私之物，一有衣一無衣相觸
〔一四〕，作僧殘境界〔一五〕。如是等類，對小眾懺〔一六〕。云何名下？如律
云：畜用人髮，剃三處毛，灌下部〔一七〕，露身行〔一八〕，著外道衣〔一九〕，
畜石鉢，食生肉血〔二〇〕等，僧祇：瞋心裂破三衣、鉢，破塔等〔二一〕，
並偷蘭，用一人懺〔二二〕。律中：初、二篇下教人犯，偷蘭者，並是究竟，
輕重同上懺之〔二三〕。

二、正加法。

分三：謂大眾、小眾、一人法〔二四〕。

初明大眾者。就中分七：

初乞。多論中〔二五〕：莫問輕重，悉隨僧三乞，然後請懺悔主。其受
懺者，單白已，對首三悔〔二六〕。文如「波逸提法」。今明立大眾，要具
五人以上，方得行之〔二七〕。並界中僧集已〔二八〕，具修威儀，至僧中禮
足已，先陳過於僧，然後乞云〔二九〕：「大德僧聽，我某甲比丘犯婬方
便重偷蘭遮罪，不憶數。今從眾僧乞懺悔，願僧聽我某甲懺悔。慈愍

故。」三說。

　　二明請懺悔主。應至清淨比丘所〔三〇〕，合掌互跪，請云：「大德一心念：我某甲比丘，今請大德為偷蘭遮懺悔主。願大德為我作偷蘭遮懺悔主。慈愍故。」三說。

　　三懺主單白。索欲、問和，答云：「犯重罪偷蘭遮〔三一〕單白受懺羯磨。」應白言：「大德僧聽：此某甲比丘，犯婬方便重偷蘭遮罪，不憶數，今從眾僧乞懺悔。若僧時到，僧忍聽。我某甲比丘，受某甲比丘懺悔。白如是。」

　　四當為說罪名、罪種、罪相，破戒餘習。如前後懺中〔三二〕。

　　五正明捨罪。文云：「大德一心念：我某甲犯婬方便重偷蘭遮罪，不憶數，今向大德發露懺悔，不敢覆藏。」餘詞如後「捨墮」中說〔三三〕。

　　六呵責〔三四〕。云：「自責汝心，生厭離！」

　　答言「爾」，第七〔三五〕。

　　上之七相，律、論各題，及論附事，皆不整頓〔三六〕。今通引誡用，想無紊亂，且據一罪，餘者準之〔三七〕。

　　第二，小眾者。

　　十誦：四人為小眾；若受他懺，則無單白，止得口問邊人〔三八〕。四分滅諍中：小眾者，二三人也；縱有四人，止同小法〔三九〕。以僧祇正斷「五人為捨墮〔四〇〕」故，如上卷所明〔四一〕。

　　立法有七〔四二〕：須乞懺法〔四三〕，同上。餘者：初，明請懺主，一如大眾。二、受懺者，問邊人取和，比捨墮中〔四四〕。三、為說罪名、種、相。四正捨罪。其詞曰：「大德一心念：我某甲比丘犯摩觸女人身上衣偷蘭遮，不憶數。憶者，言之。今向大德發露，不敢覆藏。」餘詞如常所述。五、呵責，六、立誓，並同上。

　　第三，一人懺〔四五〕者。

　　五法：一、請懺主；二、為說名、種、相等；三、正捨罪，牒前下品罪名陳露；四、呵責；五、立誓。並同。

【校釋】

　〔一〕明罪相　簡正卷一五：「廣辨因果罪體、輕重相狀也。」（八八二頁上）

　〔二〕立懺儀　簡正卷一五：「正立懺罪儀則也。」（八八二頁上）

　〔三〕從生偷蘭，謂初、二篇下方便　鈔科卷中四：「初，從生三品。」（九七頁中）

簡正卷一五：「從生者，謂從初二兩篇下生也。」（八八二頁下）資持卷中四下：「第三偷蘭，從生中。」（三五四頁下）

〔四〕**初篇生重，此是近方便**　資持卷中四下：「『若』下，引示彼律，分三階，三懺如文。」（三五四頁下）簡正卷一五：「初篇生重者，謂夷家近方便也。」（八八二頁下）

〔五〕**身口相加，未得暢遂者，應一切僧中悔**　簡正卷一五：「謂身口等者，辨相也。一切僧中悔者，謂五人已上，是一切僧中也。」（八八二頁下）

〔六〕**若初篇生輕、二篇生重，應界外四比丘眾中悔**　資持卷中四下：「『次列初二兩篇，各三方便。遠者犯吉，次近皆蘭。蘭有三品：初篇，近者上品；初篇次者，二篇近者，並中品；二篇次者，下品。」（三五四頁下）簡正卷一五：「初篇生輕者，夷家次方便也。二篇生重者，殘家近方便也。界外四比丘悔者，准十誦，四人猶名小眾，此是僧法界內，或僧多難集，故令出界。若易集及有戒場，亦不必出界，非謂定須在界外懺也。」（八八二頁下）鈔批卷二三：「立謂：初篇次方便蘭，與二篇近方便蘭是等。若悔，須四人，界外亦得。偷四錢者，是其重蘭，此是獨頭之罪。若本心盜五，唯得四者，此蘭重也。由是重家方便，此名因蘭也。若本心盜四重四者，此名果蘭，此蘭稍輕。」（九四五頁上）

〔七〕**若僧殘生輕，應一比丘前悔**　簡正卷一五：「僧殘生輕者，殘家次方便也。一比丘前悔者，即封首法。」（八八二頁下）

〔八〕**自性偷蘭，亦名獨頭，亦分三品**　簡正卷一五：「自性者，不從初二篇下而生，故名自性。獨頭者，非他方便也。類前『從生』，三位輕重，故云亦分三也。」（八八二頁下）資持卷中四下：「不從他生，故云自性。當體是果，故云獨頭。」（三五四頁下）

〔九〕**食具**　簡正卷一五：「謂僧家可食之物，有資身之益。既未入口，但名為具。故律云：食具已辦。十誦云：辦供具訖，四僧物中，是十方常住熟食等是。（有釋云『常住器物、貯食之具』者，錯也。）」（八八二頁下）資持卷中四下：「上品中。僧食具，即十方常住。」（三五四頁下）

〔一〇〕**十方現前物**　簡正卷一五：「如已人物，體通十方，羯磨之後，攝入現前。今此據未作法前，盜得蘭也。」（八八二頁下）資持卷中四下：「十方現前，即如亡物未羯磨時，通望十方，無滿五義。且舉四相，等取二逆，婬非道、殺非人之類。」（三五四頁下）

〔一一〕**偷四錢及非人重物**　簡正卷一五：「偷四錢者，未滿五也。非人重物者，五錢

已上等。」（八八二頁下）

〔一二〕**大眾懺**　簡正卷一五：「一切僧中，如上五人已上等是也。」（八八二頁下）

〔一三〕**破羯磨僧**　簡正卷一五：「要一界內同時秉羯磨，（八八二頁下）名破羯磨僧。若前後作法，不成破僧也。」（八八三頁上）鈔批卷二三：「破羯磨僧者，要同是一界，二眾秉法，各生異見，亦非邪見也。景云：<u>伽耶山</u>去<u>王舍城</u>三百里，總為一界也。」（九四五頁上）資持卷中四下：「中品，破羯磨者，簡法輪故。」（三五四頁下）

〔一四〕**一有衣一無衣相觸**　簡正卷一五：「謂摩觸互有衣也。」（八八三頁上）

〔一五〕**僧殘境界**　簡正卷一五：「喜出他精也。」（八八三頁上）資持卷中四下：「僧殘境者，為他出不淨也。及殘中諸果蘭，如觸二形、黃門，髮爪相觸之類，皆中品攝。」（三五四頁下）

〔一六〕**對小眾懺**　簡正卷一五：「四人是也。」（八八三頁上）

〔一七〕**剃三處毛，灌下部**　資持卷中四下：「下品中。三處毛，腋下及大小便道。灌下部者，謂以酥油灌身下分。（<u>西國</u>耽欲者多然。）」（三五四頁下）簡正卷一五：「畜用人髮、灌下部，僧尼同犯蘭。剃三處毛，及（原注：『及』疑『尼』。）犯提也。」（八八三頁上）

〔一八〕**露身行**　簡正卷一五：「准<u>衣</u>犍度中，時有比丘露身，往佛所白言：『此是頭陀端嚴之法，願佛聽許。』佛言：『是外道法，犯偷蘭遮。』玄云：准緣起，見佛故制不妨。不見佛，但露身不犯。（已上記文。）所稟破云：露形見佛，本為啟白聽許。長時裸身，佛既不聽，違者犯偷蘭罪。今不論見佛不見佛，但使露形即犯。」（八八三頁上）鈔批卷二三：「謂裸形見佛也。」（九四五頁上）

〔一九〕**著外道衣**　簡正卷一五：「如樹皮衣等是也。」（八八三頁上）

〔二〇〕**畜石鉢，食生肉血**　資持卷中四下：「『石』字上，合有『木』字。木鉢同外道，石鉢濫佛。律中，凡事濫外道者，皆制蘭罪。如草衣、葉衣、鳥毛衣、皮衣、餐風服氣等，皆下品攝。」（三五四頁下）簡正卷一五：「畜石鉢者，非附道器，難以擎持，故制不許。」（八八三頁上）【案】四分卷四〇，八五八頁中；卷二五，七三七頁下；卷四三，八七七頁中；卷五二，九五二頁上；卷四二，八六九頁上，等處。

〔二一〕**瞋心裂破三衣、鉢，破塔等**　資持卷中四下：「僧祇即下品。」（三五四頁下）鈔批卷二三：「<u>僧祇</u>：瞋心裂破三衣、破塔等，得蘭。」（九四五頁上）簡正卷一五：「破塔者，與裂破三衣等同罪體，並是下品，用一人悔。外難：『准俱

舍，破塔者攝在惡逆眾生，上品治之，合是重蘭。何故祇文在下品攝？』答：『祇是人塔故輕，俱舍約佛塔故重。』」（八八三頁上）【案】僧祇卷二七，四四四頁下。

〔二二〕並偷蘭，用一人懺　鈔批卷二三：「景云：此塔是人塔也，非佛塔寺。亦是別人處也。」（九四五頁上）【案】鈔批是僅舉例就「破塔」之事而解「偷蘭」和「用一人懺」。

〔二三〕初、二篇下教人犯，偷蘭者，並是究竟，輕重同上，懺之　鈔批卷二三：「立謂：此明教他作婬、盜，及教人犯殘。若作能教人得蘭，並是果罪，故言究竟。若教人作盜，則是重蘭，若教人作殘，則是輕蘭，故言輕重同上。」（九四五頁上）簡正卷一五：「鈔意恐人疑云：教他作非及漏失等，應是『從生』之罪，故此籸（【案】『籸』疑『釋』。）云『並是究竟』也。輕重同上者，若教他作初篇，如初篇下，方便近蘭，五人已上僧中悔。若教他作二篇，（八八三頁上）如二篇下，近方便重蘭，界外四比丘悔。若教他犯，初篇下重蘭，能教重蘭，四人中悔。二篇下，重蘭，一人中悔。故云『輕重同上懺之』。雖教他作方便蘭，能教之人，卻得果蘭也。」（八八三頁下）資持卷中四下：「四分教人。初篇歸上品，次篇歸中品，故云輕重同上。」（三五四頁下）

〔二四〕大眾、小眾、一人法　鈔批卷二三：「立謂：依十，謂：八人為大眾、四人為小眾；四分：五人為大眾，二、三人為小眾。一人，對首法也。」（九四五頁上）

〔二五〕多論中　資持卷中四下：「先引論示乞請，對悔通三品。受懺單白，此局上品。」（三五四頁下）【案】初乞分二：一、「多論中」下；二、「今明立」下。多論卷二，五一五頁中。

〔二六〕單白已，對首三悔　鈔批卷二三：「立明：大眾蘭，雖須眾僧集，然自還別請一人對首懺也。」（九四五頁下）

〔二七〕今明立大眾，要具五人以上，方得行之　資持卷中四下：「『今』下，次明陳乞。又三。」（三五四頁下）

〔二八〕並界中僧集已　資持卷中四下：「初明集僧。懺主作白，受懺為僧。所量（三五四頁下）不入僧數，故須五人已上。」（三五五頁上）

〔二九〕先陳過於僧，然後乞云　資持卷中四下：「『先』下，三、正陳。乞詞中。且據不憶言之，憶須稱數。」（三五五頁上）

〔三〇〕應至清淨比丘所　資持卷中四下：「清淨比丘，必約自無三根，解通律藏，發

己信敬者，方可請之。」（三五五頁上）

〔三一〕犯重罪偷蘭遮　資持卷中四下：「答法云重罪者，文誤。『罪』字合在『遮』字下。」（三五五頁上）

〔三二〕前後懺中　簡正卷一五：「『前』謂『懺殘篇』，『後』說『破戒』。餘習以多故，欲後受鳩鴿等身。今既懺婬重蘭，餘習一種故，指同前說也。」（八八三頁下）資持卷中四下：「前即『僧殘』，後即『提』中。」（三五五頁上）【案】「前」即「二、懺僧殘法」，「後」即下文「四、懺波逸提法」。

〔三三〕餘詞如後「捨墮」中說　簡正卷一五：「謂前引論文悔，如『波逸提法』故。此中略出，餘指後也。彼云：願大德憶我清淨戒身具足是也。」（八八三頁下）資持卷中四下：「續云：懺悔則安樂，不懺悔不安樂，憶念犯發露，知而不敢覆藏，願大德憶我清淨戒身具足、清淨布薩。」（三五五頁上）

〔三四〕呵責　簡正卷一五：「誡責內心，令生厭離也。」（八八三頁下）資持卷中四下：「準後，或作汝自責心，於義皆通。」（三五五頁上）

〔三五〕答言「爾」，第七　簡正卷一五：「此自言立誓詞也，理合云『第七立誓』。今取上文，語勢相續，是以卻將『第七』兩字，安下句故。」（八八三頁下）資持卷中四下：「名立誓，欲以答詞連上，故以標數在下。」（三五五頁上）【案】此處，以對上文「呵責」的回答作為第七項，內容是對呵責提醒的正面回應，即「立誓」，形式即是：「第七，我將自責汝心，生厭離！」。

〔三六〕上之七相，律、論各題，及論附事，皆不整頓　鈔科卷中四：「『上』下，結告。」（九七頁下）資持卷中四下：「初指前所出。前之儀式，乃準本律、多論兩文共成。然彼此互缺，故云『各題』也。準前論文，有四：一、乞懺，二、請主，三、白和，四、對悔。缺此三法。本律有五，則無一、三，故云不整頓也。」（三五五頁上）簡正卷一五：「謂律增一中，波離問佛：『年少在上座前懺悔，具幾法？』佛言：『五法：一、修敬儀，偏露等；二、說罪名、相、種；三、我犯如是罪，從長老懺；四、答言責汝心生厭離；五、彼人答爾。』論文有四，如前所引。律五論四，正是各題。及論附其懺罪等事，兩處之皆不整頓。（八八三頁下）律有修儀、無乞詞，謂乞、白兩法，律所未明。捨罪如提，律文即有。而不言互用罪名、種、相。呵責立誓，論文中無，即兩處文，俱不整頓。」（八八四頁上）【案】本句及下句是對「大眾法」的結告。

〔三七〕今通引誡用，想無紊亂，且據一罪，餘者準之　資持卷中四下：「『今』下，明安布。『且』下，例通餘罪。」（三五五頁上）簡正卷一五：「今鈔引論之四及

律之三，共成七法，故云『通引』。實為此鈔之用，故云誠用。想後學人，更無紊亂。且據一罪者，婬方便蘭也。餘准之者，已外蘭罪，大約准比。」（八八四頁上）

〔三八〕四人為小眾；若受他懺，則無單白，止得口問邊人　資持卷中四下：「小眾中。初科。先引十誦判定。以懺主白和身外非僧，故無單白。」（三五五頁上）【案】本自然段明「小眾」之義。

〔三九〕縱有四人，止同小法　簡正卷一五：「此悔蘭滿四，不同僧法，以悔主非數，只得口和邊人。猶同二、三人法，引祇可知。」（八八四頁上）資持卷中四下：「次引四分釋妨。彼即以別望僧為小，此就僧中對事用人為小。」（三五五頁上）

〔四〇〕五人為捨墮　資持卷中四下：「恐執彼文為妨，故準僧祇例決。」（三五五頁上）

〔四一〕如上卷所明　資持卷中四下：「上卷即集僧篇。」（三五五頁上）

〔四二〕立法有七　鈔科卷中四：「『立』下，明懺法。」（九七頁下）

〔四三〕須乞懺法　資持卷中四下：「以懺主未作白，猶在僧數，故注同上。」（三五五頁上）【案】本自然段明懺法。「須乞懺法」即七法之一。

〔四四〕問邊人取和，比捨墮中　資持卷中四下：「應云：『諸大德，若大德聽我受某甲比丘懺悔者，我當受。』（餘人答云『爾』。）文列七法，而以請主為初。止於第六者，或是去留無在，或可意在不立。欲示中、下二品，次第漸降，或恐僧別相參。」（三五五頁上）扶桑記：「去留無在：『去』謂今文去初乞懺，立六是也；『留』即如上留乞，共為七種，隨時無壅，故云無在。」（二八八頁下）

〔四五〕一人懺　簡正卷一五：「謂一人法中，除乞問邊人，但有餘五法耳。」（八八四頁上）

上來三懺，事既是稀〔一〕——非謂事稀，罪多懺少故也。然智人犯過，思悔必多〔二〕；脫隱而不出，即成疏略〔三〕。文已繁廣，事實遺漏，必若懺滌，足為準量〔四〕。

下之四篇，人喜懷犯，故在初首，曲更條緒〔五〕。謂律中犯懺，必須識知不疑〔六〕，善宜名種〔七〕，案記云：「宜」合作「知」。依聚歷別，同篇合懺，異聚別悔〔八〕。又，牒罪入法，隨數稱之〔九〕。若忘不知，乃云「不憶」〔一〇〕。又，見有行懺者，是非未分，輒為懺主，端坐受懺〔一一〕。前

人既不自曉，故請治之。或云「眾學諸罪」，或云「預是罪〔一二〕」者，或若有迷忘〔一三〕，或二篇同懺〔一四〕，或無犯而言犯〔一五〕，或犯重而云輕〔一六〕。如此失法之愆，罪非逃隱〔一七〕，反成自累，何能辨他？故須照達罪懺，明逾水鏡〔一八〕，使彼此無私隱〔一九〕，情事有相應，則可為順教佛子矣。何者？以律宗約相，違相心事俱非〔二〇〕。不類大乘，「三報〔二一〕」同皆「一懺」。餘如戒本、羯磨疏述〔二二〕。

第四，懺波逸提法〔二三〕

分二：初明三十捨墮，後約九十。

初中，分三：謂僧法、眾多人法、對首法。

又，初分四〔二四〕：一、明捨財，二、明捨心，三、明捨罪，四、還衣雜相。

初，捨財中，分四〔二五〕。

一、辯定須捨得不。又二：初總明捨法差別，二辨財體是非。

初中。

三十戒內，且約僧犯，尼非無懺〔二六〕，清心者希。僧捨墮中，「自」「他」分二：一者自捨，如乞蠶緜，用為衣服，但自斬壞，不須對境〔二七〕。二者對他，道、俗分二：兩種寶戒，必捨俗人〔二八〕；餘二十七，則對道捨，通局分二。乞鉢一戒，要本住處〔二九〕，又在僧中行鉢等法，違則不成。餘二十六，處通彼此〔三〇〕，人含僧別，各有意致〔三一〕，非鈔者懷〔三二〕。

二定財體〔三三〕。

諸捨乃多，事現三、五，不過畜長、離衣、販賣三事〔三四〕。乞衣、受衣，義通犯不〔三五〕。並如隨相。

就犯長中，初明長體，後相染過。

長體之相，不過五種〔三六〕：一、是屬受持，故不須說。以不說故，非是長限〔三七〕。如三衣、坐具、鉢盂三事〔三八〕，必是受持，隨有衣襆、袋、帊，並不說淨。若受百一供具，亦須受持〔三九〕；不受者，有說、不說，如下卷中〔四〇〕。二、是隨百一供身具〔四一〕，亦不須說。如靴、鞋、屩〔四二〕、襪、瓶、椀、過減鉢等。十六枚器〔四三〕，尼須說淨，僧直得畜。三、隨重物，故不須說〔四四〕。如八不淨，體非隨道。律開畜被，故非淨限。乃至大氈、褥、帳等，準重不須。四、入餘捨墮，即不淨財。

不應淨法，亦不入長〔四五〕。不同昔解：如取尼衣及販賣財，入手犯受取，過限又犯長〔四六〕。今解不然：財無再捨，罪不雙結，單犯別捨，不同他律〔四七〕。僧祇：離衣經十日，又犯長罪。四分、多論，單有一過〔四八〕。五、雖入長限，是佛開緣〔四九〕。謂：負債未入；他寄未入〔五〇〕；買得未入；或雖入手，決捨與他；或共物未分〔五一〕。如是等例，是開限故，亦無犯長〔五二〕。相染之文〔五三〕，如上已明。

二離衣宿〔五四〕。隨其二、三是犯過者，牒入文中，並必知數〔五五〕。非通三衣〔五六〕也。

三販、賣、買物。三事須分，如上隨戒〔五七〕。謂且如買物，佛制俗人而交貿〔五八〕。俗所取衣食具，一切衣、鉢、瓶、椀、紙、筆、墨等，無問輕重多少，無非爭價上下，口自斷當，雖非犯長，乃入買易，皆犯捨墮〔五九〕。若買田宅〔六〇〕、人畜、几案、牀席，但作吉懺，不須入捨。若長財〔六一〕、販易衣物散多，當隨物處別捨，其罪一處總治。治罪既竟，次第還衣。若雖捨衣，有盡不盡，犯長相染，餘捨通成〔六二〕。

二、忘見本物成不〔六三〕者

謂捨衣多忘，喜相染決〔六四〕。若捨衣竟，若還衣已說淨訖〔六五〕，忽見忘物。前捨、說淨，二法兩成〔六六〕，後所忘者，更將捨墮〔六七〕。若還財未說而見忘物，並即相染，通將入犯長捨之〔六八〕。前財雖是乞衣、販博，捨還事同新得〔六九〕，如法說淨，但為長忘相染，故不得說，還作長捨。

若言忘者施他，此亦不成〔七〇〕。以作屬己前生，後乃恐染而捨。此非淨施，佛不許之〔七一〕。文云〔七二〕：若捨已，然後遣也。

其所忘物，若是販賣餘捨，片無相染〔七三〕。言「相染」者，十日、一月、急施過後三戒，相通相染〔七四〕。

以此事勞，捨財衣前，預生捨念，決屬三寶、別人者，成〔七五〕。捨後更取，則是重盜，不入此戒〔七六〕，須知。

三、修捨威儀〔七七〕

其衣物三處束幞〔七八〕：一、長衣幞，二、是離衣，三、諸雜捨。若衣財多段，須一一捨〔七九〕；今通連束，論云：一捨得成。又恐忘物相染，故須歷別〔八〇〕：是長有染，雜捨則通〔八一〕；離衣一種，染亦不得〔八二〕。如是將來僧中，收聚一處。彼比丘應偏露右肩，脫革屣，四向禮僧足，

互跪合掌，曲身低頭執衣。

四、正說捨詞

未得即說。僧中上座應告：「不來諸比丘說欲及清淨。」得和合已，然後方捨〔八三〕。以律云：此捨墮衣，應捨與僧〔八四〕；若眾多人，若一人，不得別眾捨；若捨，不成，得罪。文相如是，臨事多忘。然後捨云〔八五〕：「大德僧聽：我某甲比丘，故畜眾多若少，云數。長衣，若財。過限不淨施，犯捨墮；故離僧伽梨，犯捨墮；餘二衣準著，下法中更不述。買得衣物，若干、眾多。犯捨墮。餘有，隨事言之。今持此衣物，捨與僧。」一說。

二、明捨心法

前明捨財，乃離罪緣法；後明捨罪，除感報法；今明捨心，正除罪因〔八六〕。以貯畜相續，無心捨淨〔八七〕。今故犯罪，捨已猶畜，貪心尤結，罪因不除，雖懺還犯。此謂長財之捨，不同餘雜罪種〔八八〕。若取通理，要斷後畜為先〔八九〕。故文中由決捨與他，彼不還者，但得小罪，止是失法之愆〔九〇〕。

四分一律，宗是大乘，虛通無係〔九一〕。故發言誠，事無滯結〔九二〕。若依他部，一捨已後，無反還求，任僧處斷〔九三〕：或入常住〔九四〕，或入四方〔九五〕，或觀所須〔九六〕，或棄山水〔九七〕——即同此律斬壞、入廚〔九八〕，施僧、施俗〔九九〕。

故知：行者若欲捨墮，先須捨心，若心不捨，兩相勞擾〔一〇〇〕。但人見狹，性非通遠，口雖世表，行實庸陋〔一〇一〕。今若不捨，要必歸死〔一〇二〕，捨身任業，一毫莫隨〔一〇三〕，而不思大事〔一〇四〕，任世送終〔一〇五〕。以此經生〔一〇六〕，生亦虛過〔一〇七〕。但知僧能除罪，行紹佛蹤〔一〇八〕，何得以世浮財，勞心役慮？豈唯故為虛誠，聖論明文須知！薩婆多云〔一〇九〕：衣已捨，罪已悔，畜心斷，當日得本財及意外財，得受〔一一〇〕；二、衣已捨，罪未悔，畜心斷，當日得本財及外財，得吉羅〔一一一〕；三、衣捨與他，罪已悔，畜心不斷，當日、餘日，得本財及意外財，並犯捨墮〔一一二〕。此句正是捨心之樞要。餘句如疏〔一一三〕。

三、明捨罪法

有七：

一對僧乞懺者。

在僧中，如前威儀，合掌，口言：「大德僧聽：某甲比丘，故畜眾多長財，不說淨，犯捨墮〔一一四〕。若過限者，有則言之，餘不過限，但誦上言〔一一五〕也。離僧伽梨宿，犯捨墮。是衣已捨與僧，是中各有波逸提罪。長衣云「眾多」，則罪不憶數〔一一六〕；若言一二，亦須述數多少。若三衣，一向知數。若借衣受持，但懺離罪，衣不須捨〔一一七〕。若犯多時〔一一八〕者，云：犯捨長財已用、壞盡，各犯根本波逸提罪不憶數。若憶數者，隨有言之。餘買得財等，用盡亦爾。今從眾僧乞懺悔〔一一九〕。願僧聽我某甲比丘懺悔，慈愍故。」此法出律滅諍法中。文不具足，準須具列〔一二〇〕。如是三說已。上座告僧云：「大眾受彼懺悔。」

二請懺悔主。

必須根本俗人已來〔一二一〕，不破五戒、八戒，入佛法中，不犯十戒、具戒中重者。下四聚罪，曾經依律懺法〔一二二〕者，然後受他請。所以須簡者，佛言〔一二三〕：「有犯者，不得受他懺悔，不得向有犯者解罪。」亦不同昔「下至不同犯」〔一二四〕。此妄引五分正文。彼中開命難大緣，不問同犯不同犯，俱開〔一二五〕。今是閑預，必是非法。律中令「覓清淨比丘」〔一二六〕。若無，不得說戒、懺悔。

正明請法。律雖不出，事須義立。應至清淨者前，互跪合掌云：「大德一心念：我某甲比丘請大德為波逸提懺悔主。願大德為我作波逸提懺悔主，慈愍故！」三請已，未得答可不。

三懺主單白〔一二七〕。

和僧，索欲，問和，答已，白言：「大德僧聽：某甲比丘故畜眾多長財，不說淨，犯捨墮；離僧伽梨宿，犯捨墮。此諸衣物，已捨與僧。是中犯長波逸提罪，不憶數。離僧伽梨一波逸提，犯長捨財已用、壞盡，亦有根本波逸提罪不憶數。今從眾僧乞懺悔。若僧時到，僧忍聽。我某甲比丘受某甲比丘懺悔。白如是。」作是白已，前所懺者大於己者，告云「爾」；若小者，云「可受汝懺悔」。

四為說罪名、種、相〔一二八〕，破戒餘習。

先為說持破之相，後分別輕重悔法。

當量前事告之〔一二九〕。

若是犯長〔一三〇〕者，云「比丘之法，本無積聚，涅槃文證〔一三一〕，不名為僧。今以凡心，違於佛教，甚可恥」等。若離衣者，告云：「佛言：

我為諸弟子結戒，寧死不犯〔一三二〕。比丘止有三衣鉢器，行必隨身，猶如飛鳥，無所顧戀。今慢佛正法，不制隨身，制者留著，豈成佛子〔一三三〕？若離此衣，生名破戒之人，妄食信施：所執〔一三四〕鉢盂，即洋銅器；所著衣者，是熱鐵鍱——出在大論〔一三五〕，豈是凡言？乃至破戒餘習，破戒衣食故，入畜生中，別受無毛蟲鳥、噉糞眾生等〔一三六〕。如是隨機約略〔一三七〕斬斫五、三句要害事，以示語之。但犯罪長時〔一三八〕，心智頑鈍，雖聞苦語，末足動心者，亦不必誠示，亦不勞為受，以相續故也。

　　次為說罪名〔一三九〕。名有三種〔一四〇〕：一者，根本波逸提，此最後懺〔一四一〕。二者，從生、根本，三突吉羅，在根本前懺〔一四二〕。三者，從生，覆藏，六品吉羅，最在前懺〔一四三〕。云何六品〔一四四〕？一者，根本覆吉羅〔一四五〕。經初夜一品，第二夜一品。例餘著用、默妄，各有二品，通前六品。並據犯者言之〔一四六〕。必無此九品，亦不得謹誦。大見誦者，故重言之。猶恐有誦者，知復奈何，當復奈何！今正初懺六品覆藏〔一四七〕。律文在前，不得合墮〔一四八〕。應請一比丘，即向所請者亦得，口言：「大德一心念：我某甲比丘請大德為突吉羅懺悔主。願大德為我作突吉羅懺悔主，慈憫故。」三請已。二、正悔罪〔一四九〕。應言〔一五〇〕：「大德一心念：我某甲比丘，故畜眾多長衣不說淨，犯捨墮；離僧伽梨宿，犯一捨墮；並不發露，犯突吉羅；經夜覆藏，隨夜展轉覆藏，并著用前犯捨衣突吉羅；經夜覆藏，隨夜展轉覆藏，經僧說戒九處三問〔一五一〕，默妄突吉羅罪；經夜覆藏，隨夜展轉覆藏。如是六品，各是突吉羅，各不憶數〔一五二〕。今向大德懺悔，不敢覆藏。願大德憶我。」告言：「自責心，生厭離。」答言：「爾。」二次懺三小罪〔一五三〕。「根本」著用，捨墮〔一五四〕；律中、善見，俱結罪名〔一五五〕；說戒默妄，文亦同此〔一五六〕。如前請訖，更不重言〔一五七〕。但正懺本罪。應言：「大德一心念：我某甲比丘故畜長財眾多不說淨，犯眾多波逸提罪；離僧伽梨，犯一波逸提罪。各經夜覆藏，犯突吉羅罪，如上多少；又經僧說戒九處三問，默妄突吉羅罪不憶數；又，著用不如法衣，犯眾多突吉羅罪。今向大德懺悔，願大德憶我。」一說。呵責、立誓如前。然懺法繁重，生善致難〔一五八〕。恐停勞僧眾，當於捨衣前，別處悔九品小〔一五九〕罪。臨至僧中，單題根本者，最是機要。

五正悔本罪〔一六○〕法。

應在受悔人前，具儀，口云〔一六一〕：「大德一心念：我某甲比丘，故畜長衣眾多不說淨，犯捨墮；故離僧伽梨，犯捨墮。此衣物已捨與僧，各犯波逸提罪，如上犯數〔一六二〕。又，犯長捨財已用、壞盡，各犯根本波逸提罪不憶數。若無著用，自上來並不須〔一六三〕也。今向大德發露懺悔，不敢覆藏。懺悔則安樂〔一六四〕，不懺悔不安樂。憶念犯發露，知而不敢覆藏。願大德憶我清淨，戒身具足，清淨布薩〔一六五〕。三說。

六呵責治。應告云：「汝自責心，生厭離。」

七立誓。言「爾」。

大段四門，還衣雜法。

初，料簡是非

三十戒中〔一六六〕：五長戒者，必須畜斷，然後得還；非五長者，本以受取違法，不由畜過，當座還之。今行事者，恐畜心不斷，故令經宿還〔一六七〕。今不同之，必不斷心，多日亦犯〔一六八〕；若捨心斷，當日得還，如上論文〔一六九〕。今且依循舊法〔一七○〕，若五長者〔一七一〕，謂十日衣、一月衣、長鉢、七日藥、急施過後畜等，經宿還之。

律云：若大眾多、難集，彼比丘有因緣事欲遠行，僧即應還彼衣〔一七二〕。彼得衣已，屏處付之。須作展轉羯磨〔一七三〕，其文如「亡人輕物法」。加云〔一七四〕：「僧今持是衣與某甲比丘，某甲比丘當還某甲比丘。白如是。餘詞並同直付法。律云，應問彼言〔一七五〕「此衣與誰」，隨彼與者與之〔一七六〕。若非五長，及是五長明日還者，直作羯磨還之〔一七七〕。和，索，問緣，答訖。白言：「大德僧聽：某甲比丘故離僧伽梨宿，犯捨墮、販賣、買財，隨稱。是諸衣物已捨與僧。若僧時到，僧忍聽。僧今持是衣物還某甲比丘。白如是。大德僧聽：某甲比丘故離僧伽梨宿，犯捨墮，此衣已捨與僧。僧今持是衣還某甲比丘。誰諸長老忍『僧今持是衣還某甲比丘』者默然，誰不忍者說。僧已忍『還某甲比丘衣』竟。僧忍默然故，是事如是持。」

律中：若不還衣者，得吉羅〔一七八〕。若依他部，如前具解〔一七九〕，又如下卷諸部別行事中。問：「先懺根本，後懺吉羅，罪滅不〔一八○〕？」答：「如僧殘不異故，罪不得出〔一八一〕。」問：「四人單白，得受懺不〔一八二〕？」答：「前已明之〔一八三〕，並須五人已上，方行羯磨。四人若

作，但得對首，如上卷中〔一八四〕。」餘有諸捨，如別篇自現，故不廣述〔一八五〕。

二、明眾多人捨〔一八六〕

有三〔一八七〕：

初，對四人捨法〔一八八〕。捨財、還財，如前僧法不異。捨心亦同，乃至一人豈有須畜〔一八九〕？若論捨罪，則有六種〔一九〇〕。前須乞懺，由對僧也；以對別故，則無白文。餘詞同上〔一九一〕，但改單白為問邊人言：「諸長老：若長老聽我受某甲比丘懺悔者，我當受。」彼言：「爾。」餘如刪補羯磨。

對三人、二人法，亦大同。既是全別〔一九二〕，初捨衣，云「眾多大德一心念」〔一九三〕，然後自陳。後云「捨與眾多大德」。捨罪中，問邊人與上無異，餘法並同〔一九四〕。二部還衣，前須羯磨〔一九五〕，自他是僧〔一九六〕；後別人法，口和還得。

對一人法，大略可知〔一九七〕。捨財、還衣，直對而已。若論除罪，無邊人故，但具五法〔一九八〕。如上謹依，易知不述。

二、明懺九十單墮法

當隨犯多少，總別通懺，方法同前〔一九九〕。恐後進未知，更重生一位〔二〇〇〕。且託「妄語」為緣，自餘有犯，隨名牒入〔二〇一〕。若有從生之罪，如前根本之初懺之〔二〇二〕，或九品、六品、四品、三品、二品，依知有無〔二〇三〕。如過量坐具〔二〇四〕、新色三衣〔二〇五〕，並有「著用」，故須先悔，並同前示。

二正懺法。

先請一清淨知律比丘堪解罪〔二〇六〕者，共在空靜處，或對佛像前，具儀請之。「請法」如上不異。三請已。當為分別罪名、種、相三種〔二〇七〕，又為說持、破兩相，令生怖心。

如上具懺已，然後悔根本法〔二〇八〕。詞云：「大德一心念：我某甲比丘，犯故妄語一波逸提罪，今向大德發露懺悔。」餘如前說。

善見云〔二〇九〕：若生時惡罵，彼人若入涅槃，罵者求悔，當於涅槃處作懺悔。懺悔已，天道門不閉〔二一〇〕。

【校釋】

〔一〕上來三懺，事既是稀　簡正卷一五：「三懺者，夷、殘、蘭為三也。事希者，

非謂犯罪事希。下句云罪多懺少，懺少即是事希。」（八八四頁上）【案】從「上來三懺，事既是稀；非謂事稀，罪多懺少故也」至「餘如戒本、羯磨疏述」一段文字，結示前文，並引出後文。資持和鈔科將之列入後「四、懺波逸提法」之初。鈔批將之列入前「三、懺偷蘭遮法」之末。今從資持和鈔科。本篇結構分二：初，「上來」下；次，「第四，懺波」下。前分二：初，「上來」下；次，「下之」下。

〔二〕**然智人犯過，思悔必多**　資持卷中四下：「『然』下，明須出之意。」（三五五頁上）簡正卷一五：「意道：懺少即是愚人，約此不懺之邊，即不要出文亦得。今或有智士，犯了便懺，捨此無文，豈非疏略？」（八八四頁上）

〔三〕**脫隱而不出，即成疏略**　簡正卷一五：「脫隱而不出，成疏略者，分疏適來既言罪多懺少，即何假更出文耶？」（八八四頁上）

〔四〕**文已繁廣，事實遺漏，必若懺滌，足為準量**　資持卷中四下：「『文』下，顯前文可準。」（三五五頁上）簡正卷一五：「今雖出文，文則繁廣，若論罪事，實未總敘，故遺漏也。必若懺滌足為准量者，謂文雖未總述，必若有人悔犯。依此足得，以為准式，審量類例用之，亦不欠少。」（八八四頁上）

〔五〕**下之四篇，人喜懷犯，故在初首，曲更條緒**　簡正卷一五：「於是非罪，名顯於頭緒，令識也。」（八八四頁下）資持卷中四下：「生後中。標云四篇。據後懺法，合云三篇，疑是字誤。或可吉羅離惡作、惡說，或可提中開三十、九十，故云『四』耳。」（三五五頁上）

〔六〕**識知不疑**　資持卷中四下：「識不疑者，（三五五頁上）約能犯人。」（三五五頁中）【案】「謂律」下分三：初，「謂律」下；次，「又牒」下；三、「又見」下。

〔七〕**善宜名種**　資持卷中四下：「據受懺者，『宜』合作『知』。同篇合懺，上篇可爾。若吉羅中，覆藏根本，雖是同篇，亦不合懺。」（三五五頁中）

〔八〕**同篇合懺，異聚別悔**　資持卷中四下：「同篇合懺，上篇可爾。若吉羅中，覆藏根本，雖是同篇，亦不合懺。」（三五五頁中）簡正卷一五：「同是一篇之罪，各題名而合懺。提吉聚異，依聚別懺。」（八八四頁下）

〔九〕**牒罪入法，隨數稱之**　簡正卷一五：「謂牒犯長、離衣、非時食等罪名，入羯磨法。隨三提罪，一一稱之。」（八八四頁下）

〔一〇〕**若忘不知，乃云「不憶」**　簡正卷一五：「若忘者，云不憶數也。」（八八四頁下）資持卷中四下：「當隨憶忘，不可一例。」（三五五頁中）

〔一一〕是非未分，輒為懺主，端坐受懺　資持卷中四下：「又六。初，敘愚教。」（三五五頁中）簡正卷一五：「謂於教不了，名為未分，專輒為其懺主，或云眾學諸罪者，即非；須云不齊整，着安陁會，上樹遇人頭等即是。預是罪者，即非；若歷別牒即是。或有迷忘者，即非；若云覆頭入白衣舍、蹲坐白衣舍、各不憶數，即是。」（八八四頁下）【案】大正藏本在此句後「前人既不行懺者，是非未分，輒為懺主，端坐受懺」文字。

〔一二〕預是罪　資持卷中四下：「『或』下，列非相，六種自分。預是罪者，以不知犯，漫云預入此篇者，則懺之。」（三五五頁中）

〔一三〕或若有迷忘　資持卷中四下：「謂疑不識，或直牒迷忘而懺者。」（三五五頁中）

〔一四〕或二篇同懺　簡正卷一五：「提與吉同也。」（八八四頁下）

〔一五〕或無犯而言犯　簡正卷一五：「即無病有藥，施不相當。」（八八四頁下）

〔一六〕或犯重而云輕　簡正卷一五：「即有藥有病，施不相當。」（八八四頁下）

〔一七〕如此失法之愆，罪非逃隱　資持卷中四下：「『如』下，結示。或違教罪，或不學無知，故云『罪非逃』也。」（三五五頁中）簡正卷一五：「『如此』已下，通結上文非法與他悔罪不出等。」（八八四頁下）

〔一八〕明逾水鏡　資持卷中四下：「『故』下，勸令依法。水鏡清明，而又過之，故云『逾』也。」（三五五頁中）簡正卷一五：「水有滌垢之能，如懺主心達於教相，與他懺罪，罪無不盡。鏡有監照之用，如懺主心能照其所悔之罪，能所分明，逾於火鏡，故舉為喻也。」（八八四頁下）

〔一九〕彼此無私隱　資持卷中四下：「『彼』即『能懺』，『此』即『受懺』者。」（三五五頁中）鈔批卷二三：「立明：受懺之人，能覈其實情，能懺之人，盡露其所犯，則是彼此無私隱也。」（九四五頁下）

〔二〇〕以律宗約相，違相心事俱非　簡正卷一五：「律宗約相者，約相事制罪違相。心事俱非者，如長衣事相，過日不說淨，得提是重。若言懺吉是輕，即違長衣提重。能犯之人心不實，所懺之罪事又非，即心與事俱非，何成順教也？」（八八四頁下）

〔二一〕三報　資持卷中四下：「三報：現報、生報、後報也。」（三五五頁中）簡正卷一五：「謂定報、不定報、定不定報。大乘家達見真如性相，俱不可得，一時消滅。今不類彼。」（八八五頁上）鈔批卷二三：「立云：過、未、現在同懺也。私云：一、定報，二、不定，三、定不定。又云：現報、生報、後報也。現

－2303－

報可知，謂身得病、苦等。生報即入地獄也。後報從地獄出，作畜生等也。又云：三報者，對障、報障、煩惱障是也。」（九四五頁下）

〔二二〕餘如戒本、羯磨疏述　簡正卷一五：「彼處廣明大眾、小眾，人數多少，非急，錄不也。」（八八五頁上）

〔二三〕懺波逸提法　資持卷中四下：「三十標中，本是僧法，由界僧少，次開二位。就下二位，皆是別法。但事儀有別，故兩分之。」（三五五頁中）鈔批卷二三：「夫以受戒皆須護持，所以犯竟令懺者。既犯此罪，能令行人若干歲數墮阿毗地獄。佛大慈故，教令懺悔，能滅此業，還令清淨故也。」（九四五頁下）

〔二四〕初分四　資持卷中四下：「僧法中。財是犯緣，心是業本，罪是已成之業，必能感報。雖具三捨得名，唯據捨財，就意正在捨心。心捨罪除，衣仍清淨，故復還之。立此四科，括懺盡矣。」（三五五頁中）

〔二五〕捨財中，分四　資持卷中四下：「捨財中。捨法差別，從寬至狹，四重料簡。」（三五五頁中）

〔二六〕且約僧犯，尼非無懺　鈔科卷中四：「初，總明捨法差別。」（九七頁中）資持卷中四下：「初，僧尼相對。」（三五五頁中）

〔二七〕不須對境　簡正卷一五：「此但自斬破，不對僧俗二境捨也。」（八八五頁上）鈔批卷二三：「立謂：此但自斬碎，不對僧俗二境捨也。」（九四五頁下）

〔二八〕兩種寶戒，必捨俗人　資持卷中四下：「簡畜、貿兩戒。」（三五五頁中）簡正卷一五：「一畜二貨，要與俗人。比丘沙彌，俱不許畜提也。」（八八五頁上）鈔批卷二三：「立謂：即畜寶、貿寶二戒，要捨還俗也。」（九四五頁下）

〔二九〕乞鉢一戒，要本住處　簡正卷一五：「謂污染當界僧，故罰。當處僧中，行非法，乞求時，他問何處，僧便言『某寺人』。俗士譏言：『某寺有如是人，豈非污一眾耶？』又，不通戒場，非僧住處故。鉢須入僧廚場。既（原注：『既』下一有『廚』字。）故下聽也。」（八八五頁上）鈔批卷二三：「謂捨懺之時，不得向餘他界及戒場，要是本犯之處，對眾僧捨，不通別人之法。以彰大界有淨一付，好鉢入僧一付故者也。」（九四五頁下）資持卷中四下：「『通』下，『道』中分通局。復簡乞鉢一戒，言局有二。」（三五五頁中）

〔三〇〕餘二十六，處通彼此　鈔批卷二三：「立明：餘二十六，此界犯，向他界行懺亦得。又復界內界外俱得，故言通彼此也。」（九四六頁上）資持卷中四下：「言局有二：一、局當界；二、局僧中。通則反之，故云餘二十六等。」（三五五頁中）

〔三一〕**人含僧別，各有意致**　簡正卷一五：「謂上諸捨不同，各有意旨由致。故戒疏云：蠶綿非法，躰是損生，若不斬壞，此貪何竭！二寶躰貴，壞行長貪，非出家人之所畜，故令捨與俗。乞鉢一戒，汙本處故，求集留僧庫䀼，當界行餘二十六躰。非此患故，制道俗捨，還復本用故。」（八八五頁上）鈔批卷二三：「如蠶綿斬壞不須對境者，戒本疏云：綿衣非法，體是損生，若不斬壞，此貪何竭！二寶所以對俗者，體貴長貪，殊非出家之所畜用。令捨與俗，顯非道習，對僧通別可悉也。」（九四六頁上）

〔三二〕**非鈔者懷**　簡正卷一五：「鈔意務在省約，不在繁文。此意既繁，是以不錄也。」（八八五頁上）

〔三三〕**定財體**　鈔科卷中四：「辨定是非。」（九七頁中）【案】「財體」文分二：初，「諸捨」下；次，「就犯」下。

〔三四〕**事現三、五，不過畜長、離衣、販賣三事**　鈔科卷中四：「初，通標三事。」（九八頁中）資持卷中四下：「『三』即長離販賣，『五』即更加乞受。上三最數，下二次之，故云通犯否。餘戒非無，但是稀耳。」（三五五頁中）

〔三五〕**乞衣、受衣，義通犯不**　簡正卷一五：「乞衣、受衣，此之兩戒，有犯不犯。若從非親乞，即犯，親則不犯。又，如失三衣，失三受三，即犯，受二不犯；失二受二即犯，受一不犯。並在隨相，此略不述。」（八八五頁下）鈔批卷二三：「謂此二戒有犯不犯。立明：從非親乞，犯，親里不犯。又如失、奪三衣，乞時失三，受三則犯，受二不犯；失二受二，犯，受一不犯。曇云：『長衣、離衣等，亦有犯不？』今文家趣舉一、二也。」（九四六頁上）

〔三六〕**長體之相，不過五種**　簡正卷一五：「鈔明長相有五，如下列之。今明長躰，亦有五種：一、長鉢，二、長藥，三、十日衣，四、一月衣，五、急施衣。問：『既云長相不過五種，今此列者，皆非是長耶？』答：『反顯也。謂將非長以籵（原注：『籵』應作『釋』。下同。）於長。若非此五王（【案】『案』疑『相』。），即長所收。舉例。猶如欲辨，如法羯磨，先顯七非羯磨，不落此七之中，便名如法。」（八八五頁下）鈔批卷二三：「渣云：一、是長鉢，二、長藥，三、十日衣，四、一月衣，五、急施衣也，必是受持。」（九四六頁上）【案】「就犯」下文明長衣、離衣、販賣。「長衣體」文分二：初「長過」下，明通標和別列；次，「相染」下。

〔三七〕**以不說故，非是長限**　簡正卷一五：「准律三文：幞名盛衣鉢，袋名貯器，並不須說。反顯不是受持鉢，及幞袋等過日不說，即是長相（【案】『限』疑

『想』。）也。」（八八五頁下）

〔三八〕如三衣、坐具、鉢盂三事　資持卷中四下：「初科，前明六物。」（三五五頁中）
鈔批卷二三：「立謂：三衣、襆、鉢、袋，不須說淨。文云盛衣貯器者，即三
衣襆，名盛衣鉢袋等，是貯器也。」（九四六頁上）【案】「六物」即三衣、坐
具、鉢盂三事、衣襆、袋、靶。

〔三九〕若受百一供具，亦須受持　資持卷中四下：「『若『下，明百一物。受持，則一
向不說。」（三五五頁中）

〔四〇〕不受者，有說、不說，如下卷中　資持卷中四下：「『不受』則有說、不說。如
雨衣、覆瘡衣等，縱不加法，並不須說。餘衣巾等，即同長物須說。」（三五
五頁中）簡正卷一五：「此因便明畜長人也。據律約應量、不應量衣，明說、
不說。下卷，指二衣篇述。」（八八五頁下）扶桑記：「準五分，手巾、面巾、
針線、鉢囊等，皆令受持。今須說者，受持外故。若依畜長人，巾等非衣不須
說。」（二八九頁上）

〔四一〕隨百一供身具　資持卷中四下：「隨百一者，若合加受法，已見上科。此謂一
向不須加者，故別簡之。」（三五五頁中）

〔四二〕屩　資持卷中四下：「屩，音『腳』，草履也。」（三五五頁中）

〔四三〕十六枚器　鈔批卷二三：「二釜、二瓶、四瓷、四蓋、四杓也。下鉢器篇中，
自明所以也。」（九四六頁上）資持卷中四下：「僧尼俱開，說不說異。」（三
五五頁中）

〔四四〕隨重物，故不須說　資持卷中四下：「隨身所須，八穢體非。被褥用重，既不
入淨，故無長過。」（三五五頁下）簡正卷一五：「被褥雖輕，從用故重，故云
『隨重物』。若准『畜寶戒』，六、七金錢綿褥得提，違淨施故，即合說淨。今
言大氈帳等，不須說淨，似有相違。然前言須淨施者，約三肘應量言之。今云
不須者，據過量者，不須說，俱是重故。」（八八五頁下）

〔四五〕不應淨法，亦不入長　鈔批卷二三：「立謂：是先犯捨墮衣。如取尼衣及販博
等衣，入手已，犯捨墮，更無過限長過也。古師若有判云『更有過限犯長』。
（九四六頁上）」（九四六頁下）簡正卷一五：「謂取尼衣入手，已犯捨墮，即
是不淨之財。既不應淨法，無長過也。」（八八六頁上）

〔四六〕不同昔解，如取尼衣及販賣財，入手犯，受取，過限又犯長　簡正卷一五：「謂
古人取祗律意，販賣衣等入手犯竟，停過十日，又犯長罪。若捨之時，須兩度
捨：先作販賣捨、後還財竟，更作過日不淨作捨。今鈔不爾。財無再捨罪，不

雙結單犯別捨。如犯販賣衣，更無犯長。但犯一提，故云單犯。不染餘長，故云『別捨』也。」（八八六頁上）

〔四七〕**財無再捨，罪不雙結，單犯別捨，不同他律** 資持卷中四下：「『今』下，顯今解。初，示正義。『不』下，簡部別。」（三五五頁下）鈔批卷二三：「景問云：『若取尼衣，過限不說，不犯長，以無重犯者，何故使尼浣、染、打得三提耶？』答：『此舉前方便同時，遣浣、染、打，故得三罪。若遣浣已，得提。方遣染打，但得吉也。』單犯別捨，不同他部（【案】『部』鈔作『律』。）者，謂如取尼衣，入手過十日，今將捨懺者，但犯取尼衣，更無過限長罪，故曰『單犯』。但作尼衣入捨，不須云犯長入捨，故稱『別捨』。礪云：如販賣財，不合說淨，亦不被長染。然古師云：長衣能傍、染販賣衣也。謂先有犯長衣未捨，後得販賣衣，未被前長衣染也。今不同之。定無傍染，販賣之衣入手已，然更無長過，豈被長染？以衣無重捨，罪不雙結。若如昔判，捨懺之時，應兩度捨，將此一衣先作販賣，捨後還財竟，便作是捨。既無此理，故無傍染也。（此是自解。）」（九四六頁下）

〔四八〕**四分、多論，單有一過** 資持卷中四下：「四分、多論，如『長衣戒』引。」（三五五頁下）【案】四分卷四一，八六三頁中。多論卷四，五二七頁下。

〔四九〕**雖入長限，是佛開緣** 資持卷中四下：「五種緣開，上三並未入，下二約已入。」（三五五頁下）【案】「五種緣」即下文「謂」後所言。

〔五〇〕**他寄未入** 簡正卷一五：「他人將寄我，未入我手，遂經多日，後物至來。乃言：『此物與大德。』先雖在身邊多時，不名犯。又，准羯磨疏：我物寄他邊，他遂遠行不在，不得，說淨，亦不犯。」（八八六頁上）

〔五一〕**共物未分** 簡正卷一五：「謂約別活，屬主未定故。『如是』已下，通結上文，兼旁破古也。」（八八六頁上）

〔五二〕**如是等例，是開限故，亦無犯長** 簡正卷一五：「『如是』已下，通結上文，兼旁破古也。」（八八六頁上）

〔五三〕**相染之文** 鈔科卷中四：「『相』下，指相染。」（九八頁下）簡正卷一五：「如隨相三十戒初明也。此依法寶科。此段文搜玄科向上句，云『亦無犯長，相染之文』者，錯悞甚也。」（八八六頁上）資持卷中四下：「相染指上者，亦即長戒。如十日中皆得衣，初日為能染，餘日為所染，皆隨能染判犯。」（三五五頁下）

〔五四〕**離衣宿** 簡正卷一五：「隨所離者犯捨。今須牒名，入捨不得籠，通云三衣。

又，雖列是三衣，出法語非要，盡捨三也。」（八八六頁上）

〔五五〕牒入文中，並必知數　資持卷中四下：「謂須提名別牒。」（三五五頁下）

〔五六〕非通三衣　資持卷中四下：「『非』下，遮濫。」（三五五頁下）鈔批卷二三：
「謂離衣宿，隨所離者犯捨。今須牒名入捨，不得通云三衣也。文雖列三衣，
是出法家語，非要盡捨三也。須云『安多會』等。」（九四六頁下）

〔五七〕三事須分，如上隨戒　資持卷中四下：「標中三事，名相各別。前戒已分，不
重引也。」（三五五頁下）

〔五八〕且如買物，佛制俗人而交貿　鈔科卷中四：「初，入捨須不。」（九八頁下）簡
正卷一五：「三種之中，准約買之一種以論，故云『且』也。」（八八六頁上）
資持卷中四下：「明入捨中。初列輕物入捨，佛所開物犯者數故。」（三五五
頁下）

〔五九〕雖非犯長，乃入買易，皆犯捨墮　簡正卷一五：「如上比丘（八八六頁上）自
紙買筆，與俗人爭價上下，得物雖非犯長，但是比丘買易此物，不作淨語，
皆犯捨墮。田宅人等，躰是重。物既無淨，施可違，不入捨也。」（八八六
頁下）

〔六〇〕若買田宅　資持卷中四下：「『若』下，次明重物不入。由佛不聽，為之稀
故。」（三五五頁下）【案】「案」，底本為「按」，依敦煌甲本、敦煌乙本及弘
一校注改。

〔六一〕若長財　鈔科卷中四：「『若』下，別捨總懺。」（九八頁下）資持卷中四下：
「總別中。初明別捨、別還，罪得合懺。」（三五五頁下）

〔六二〕若雖捨衣，有盡不盡，犯長相染，餘捨通成　資持卷中四下：「『若』下，次簡
捨衣有染不染。三十戒中，唯五長有相染義。謂衣中有三：十日、月望、急施，
及長缽、長藥為五。此明唯畜長制，須盡捨。離衣、販、乞等，隨別捨之，不
盡相染。」（三五五頁下）簡正卷一五：「犯長相染者，此未約忘，直論捨衣盡
不盡。若犯長衣，要須盡捨。若有留者，相染不成捨也。若取尼衣、販賣衣，
則無相染，故曰通成。」（八八六頁下）鈔批卷二三：「立謂：如比丘過十日犯
長衣。又，有取尼衣、販賣衣，後若捨懺時忘，不盡捨者，若所忘是尼衣、販
賣衣者，則前隨捨者得成；若所忘是長衣，則相染，前捨不成，要須盡捨也。
深云：此未約忘，直論捨盡、不盡也。若犯長之衣，要須盡捨，若有留者，相
染不成捨也。若尼衣販衣，則無相染。若捨不盡捨者，成捨，不捨不成。以無
相染不成之義，故言餘捨通成也。」（九四七頁上）扶桑記：「犯長相染，準下

不盡殘物是長則相染，若餘物者不相染。又五長中，衣藥鉢互望無相染，但染自類，具如下還衣中。」（二八九頁上）

〔六三〕忘見本物成不　資持卷中四下：「懺長罪，捨衣時，遺忘不盡，及懺罪已，方見忘物。而染、不染別，故須辨之。」（三五五頁下）

〔六四〕謂捨衣多忘，喜相染決　資持卷中四下：「初科，上二句示義。決字，古記云：字誤，合作『污』。（有節『決』字在下，於文非便。）」（三五五頁下）簡正卷一五：「謂捨衣多者，如此五十件衣物等類也。忘謂迷忘。喜，曲數也。迷忘數數相染，故決。若捨衣竟，謂作法僧中捨畢。（有將『決』字向上句者，不為穩也。）」（八八六頁下）

〔六五〕若捨衣竟，若還衣已說淨訖　資持卷中四下：「『若』下，辨相染。初，明不染，由入淨故。前捨、說淨，即是二法。」（三五五頁下）簡正卷一五：「若還衣已者，僧中悔罪白二，還彼已，說淨訖者，將此所還之衣，對首說靜了。」（八八六頁下）鈔批卷二三：「立謂：有眾多犯捨之衣，以捨時有忘一、二、三，隨不忘者，作法捨竟，得本物還來已說淨竟。」（九四七頁上）

〔六六〕忽見忘物，前捨、說淨，二法兩成　簡正卷一五：「忽見忘物者，謂忽爾尋見忘物未曾捨者。前捨、說淨，二法兩成者，捨衣得成，說淨法亦成，故曰二法兩成也。」（八八六頁下）鈔批卷二三：「見所忘者，前捨亦成；得衣還說淨亦成，故言二法兩成。但將忘者，更別捨懺。礪問：『捨衣財時，謂無得成捨者，有比丘無想作法應成？』（此問意云：捨墮之時，忘捨不盡。所捨者，還來說淨訖，不被忘者染。前捨時既有忘，即是有作無想，如何得成？）答：『物非情故，不能礙捨。又說淨竟，是故得成。（謂還衣說淨竟，見本忘物，故開成耳。）人俱有情，彼容礙此，是故不類也。』」（九四七頁上）

〔六七〕後所忘者，更將捨墮　簡正卷一五：「謂是忘物，今既見已，但將往僧中捨之，然後說淨即得。」（八八六頁下）

〔六八〕若還財未說而見忘物，並即相染，通將入犯長捨之　資持卷中四下：「『若還財』下，染（【案】『染』疑剩。）次明相染。田（【案】『田』疑『因』。）未說淨，無法簡故。」（三五五頁下）簡正卷一五：「若還財未說，而見忘物者，謂捨衣已還財竟，而未說淨，忽歸點撿，見其遺忘之物。並即相染（【案】『染』疑『深』。）者，謂前衣雖捨懺竟，未有淨法，即被遺忘，後衣染之，仍須一時更捨，故曰通將入犯長捨之也。」（八八六頁下）鈔批卷二三：「若還財未說，而見忘物等者，謂若得還衣來未說，見所忘物者，本捨雖成，由為忘者相

染。今若更捨忘者，前得時捨者，通須更捨。又，本雖是尼衣等，由今曾捨成淨，從得來事同新得，便成長衣之例故，被他長忘者染也。」（九四七頁下）【案】「染」，底本為「深」，據大正藏本、敦煌甲乙本及弘一校注改。

〔六九〕**前財雖是乞衣、販博，捨還事同新得** 鈔批卷二三：「立謂：所忘之者，是衣所捨。雖是販乞等衣，後從僧得還，事同新得，不名販博，被所忘長衣染也，故相隨盡捨之。前文云：餘捨通成，此據本體不相染。今此販博者，卻還翻成長衣，故為本忘之長衣染也。所以然者，長衣為畜，故制令捨。乞博等衣，為受故犯。若將捨已，受罪已滅。既得衣還，翻為長例故。後見長物，前乞博等衣，事同新得，故相染也。」（九四七頁下）簡正卷一五：「謂前所捨者，雖是敗（【案】『敗』疑『販』。）賣，從非親，乞衣取尼等衣等。」（八八六頁下）由今曾捨成，淨後從僧得，還事同新，得不名販博。隨所忌者，染之故，不得說還作長捨也。」（八八七頁上）資持卷中四下：「前財，即已懺者。乞販亦捨者，但使忘物是長，不論捨者是長、非長。」（三五五頁下）

〔七〇〕**若言忘者施他，此亦不成** 資持卷中四下：「初示見物作念，意欲不染。」（三五五頁下）鈔批卷二三：「謂來見所忘衣，方云施不成也。由先作屬己意故，令恐相染，方稱施他故非也。」（九四七頁下）簡正卷一五：「羯磨疏云：有人不見忌（【案】『忌』疑『忘』。下同。）物，作心施人，何得染也？答：卿心麤也。見便生分物之解，即是染竟後方施。又，是佛制犯捨，墮衣不許與人，文云應捨己，然後與他也。其所忌物等者，謂所忌之物，若是長衣，便能染他捨還之衣。若所忌是販賣等，則不能染捨還之物，故云此無相染，謂十日等衣，則皆是長所忌，故通相染也。」（八八七頁上）

〔七一〕**此非淨施，佛不許之** 資持卷中四下：「『此』下，斷犯。謂纔見忘物，即有屬己之念，故曰前生。前心已染，方起施心，故判不成。」（三五五頁下）

〔七二〕**文云** 資持卷中四下：「『文』下，引證。捨謂捨懺。遣即與人。反明不懺不成施故。」（三五五頁下）鈔批卷二三：「謂後見忘物，作心捨與他則不成。若先來，要心云『若有忘者，盡將施人；若後見，忘施他』，得成也。謂本心捨，今遣與人，故曰然後遣也。」（九四七頁下）【案】四分卷四一，八六三頁中。

〔七三〕**其所忘物，若是販賣餘捨，片無相染** 鈔科卷中四：「『其』下，明所忘。」鈔批卷二三：「謂所忘之物，若是長衣，便能染他捨還之衣。若所忘是販博等，則不能染捨還之物也，故言片無相染。」（九四八頁上）資持卷中四下：「簡其

所忘。餘戒本非貪畜,但是受納乖方,故不相染。三長反此,故有染也。」(三三五頁下)

〔七四〕**十日、一月,急施過後三戒,相通相染** 鈔批卷二三:「十日衣乃至急施等者,即如常畜長人過十日長衣也。言一月者,即月望衣也,過一月即犯。言急施過後三戒,相通相染者,如上隨相已明。此上三種衣,則通相染,由俱是長,故通有犯長之義,故使互得相染,皆謂所忘。若是如此等衣,則相染也。立云:若鉢,若藥,則各自相染。謂鉢鉢相染,藥藥相染,衣衣相染也。鉢不染衣藥,藥不染衣鉢,衣不染鉢藥等也。」(九四八頁上)

〔七五〕**以此事勞,捨財衣前,預生捨念,決屬三寶、別人者,成** 鈔科卷中四:「『以』下,明前捨。」鈔批卷二三:「以此事勞等者,立謂:若捨不盡,後更須捨,勞苦自他。他謂僧也。應預前思量,言有忘者,擬捨與三寶別人,勿令忘漏也。」(九四八頁上)資持卷中四下:「謂捨財者,恐有所忘,決心預捨,後見無染,即須付彼。」(三五五頁下)

〔七六〕**不入此戒** 鈔批卷二三:「立謂:後若不與,則犯盜重。過十日不說,又得長提。」(九四八頁上)

〔七七〕**修捨威儀** 資持卷中四下:「威儀中。初,明處置衣物。(三五五頁下)『彼』下,後示捨衣儀相。」(三五六頁上)

〔七八〕**其衣物三處束幞** 簡正卷一五:「所以爾者:一、由離衣當日還主,敬須受持也;二、敗(【案】『敗』疑『販』。)、博等,更須經宿方還主故;三、恐有長忌相染。故須分三。若都作一束,一時捨之者,還衣之時,亦一時還。還既一時,若見長物,恐一時被,長忌(【案】『忌』疑『忘』。)相染,所以別捨也。」(八八七頁上)鈔批卷二三:「立明:令三處束。所以者,由離衣須當日還主受持,餘則恐有忘相染,故須三處束也。又,販、博等,要須經宿,方還故爾。三諸雜捨者,即取尼衣,販、博、乞等衣也。」(九四八頁上)資持卷中四下:「前明別幞。『若』下,示離合。初明得合,謂三幞中別段同束也。」(三五六頁上)

〔七九〕**若衣財多段,須一一捨** 簡正卷一五:「四分文也。若准多論,許連束一捨。」(八八七頁上)

〔八〇〕**又恐忘物相染,故須歷別** 資持卷中四下:「『又』下,示須離為分忘染故。」(三五六頁上)

〔八一〕**是長有染,雜捨則通** 簡正卷一五:「是長有染者,既有三束,各別前捨之時

有忌（【案】『忌』疑『忘』。下同。）。若所忌是長衣，即能染已捨雜物，故云是長有染也。雜捨則通者，所忌若是販、博、衣等雜捨，則不能染已捨雜。衣由此雜，衣入手已犯。躰非能染，故云則通，通皆成捨。故前文云：『若雜捨衣，有盡不盡，犯長相染，（八八七頁上）餘捨通成。』」（八八七頁上）鈔批卷二三：「立明：既有三束各別，前捨之時有忘。若所忘是長衣，即染後還者，故云犯長相染。若所忘是雜捨，則不能染離衣及長衣等，由雜捨衣入手即犯墮。但約受時犯，非約畜故犯。為此義故，體非能染，當自類中，亦無染義，故云則通。若所念忘是離衣，亦不能染雜捨衣及長衣，故曰染亦不得。其離衣亦不染他，亦不為他所染，謂長衣亦不染三衣也。此是定義。深云：既有三種犯捨衣，各作三衣捨之，後從僧得，還見本忘物。若所忘是五長，則能染長及染雜捨也。若忘是雜捨，則不能染五長，當體亦無相染故。言則通言五長者，十日衣、一月衣、長鉢、長藥，急施過後是也。」（九四八頁下）資持卷中四下：「長本有染，由貪積故。離定無染，受持物故。雜捨通者，據本無染，但為捨還入淨故，染故云通也。然據捨財，未必有忘，但欲表示三品不同，故須各襆。私釋：又為還財，有隔日即座之異，故須各處。離衣雖同，即座受淨法異，故復兩分。」（三五六頁上）

〔八二〕**離衣一種，染亦不得**　簡正卷一五：「若所忌（【案】『忌』疑『忘』。）是離衣，亦不能染雜捨及長衣，故云染亦不得也。」（八八七頁下）鈔批卷二三：「謂離衣犯捨，捨懺還衣來，未得加法，見本忘物，不能相染。謂能所俱非染，亦不染他，亦不為他染，隨捨隨成也。」（九四八頁下）

〔八三〕**得和合已，然後方捨**　資持卷中四下：「正說中。初明和僧，雖不秉法，須問表和成僧法故。」（三五六頁上）簡正卷一五：「僧集已，先須索欲，問和和已，方可捨衣。若不先索欲，和僧輒捨，未知僧許已不，故須先和後捨。猶似結界，嘔相之時不別。」（八八七頁下）

〔八四〕**此捨墮衣，應捨與僧**　資持卷中四下：「『以』下，引證。雖通僧別，必約盡界。制不別眾，彌彰僧法，故必先和。」（三五六頁上）簡正卷一五：「羯磨疏云：此尼薩耆下，明對境捨。梵本如此，唐言『盡捨』。對於三境：一、與僧，二、眾多人，三、一人俱別眾。『若爾，既開別人故，不得別眾？』答：『制在僧中，雖開別人界還僧，法不可別也。唯制不開，則犯捨極多。求僧巨得，思淨無路，故隨方面，三境通行不許。別眾望僧生重，隨人立捨，且濟時要，可不好耶。』（上並疏文。）次下捨詞。」（八八七頁下）鈔批卷二三：「深云：

據此一文，明知分亡人物時，要先和僧，然後捨衣。未和前捨，即是別眾，一等是捨衣與僧。（九四八頁下）此既令不來索欲，不得別眾，明知彼法亦先和後捨。賓云：此據衣財，須對僧捨。寶等三戒，專唯對別。問：『既唯對別，得別眾懺不？』答：『此三十戒，並容別眾懺也。有人云：界內無僧，可對別人，若有僧者，舉僧方懺。若不爾，受懺單白，何所用耶。今詳。若樂僧中乞懺，須白受懺；若意不樂僧中懺者，別眾亦得。上下無文，云對首懺別眾不成。西方行事，亦皆許其對首別懺。又，觀此律說戒犍度，僧盡犯罪，不識名相。客比丘來，知彼比丘易教授者，將在屏處，令餘比丘眼見耳不聞處立，教令如法懺已，還至彼比丘所作是言：此比丘所犯罪者，今已懺悔。（述曰：）既言眼見耳不聞處立，似是別眾也。』（九四九頁上）【案】四分卷六，六○二頁下。

〔八五〕然後捨云　資持卷中四下：「『然』下，次，正陳詞，具列三物。出法如是，未必齊具。」（三五六頁上）

〔八六〕前明捨財，乃離罪緣法；後明捨罪，除感報法；今明捨心，正除罪因　資持卷中四下：「財為犯境，故是罪緣。罪是結業，故能感報。心為業本，故是罪因。今行悔法，三種俱捨，故並云除。」（三五六頁上）

〔八七〕以貯畜相續，無心捨淨　資持卷中四下：「初文又三。初敘相續。」（三五六頁上）【案】本節正明捨心法。

〔八八〕此謂長財之捨，不同餘雜罪種　資持卷中四下：「『此』下，顯異。」（三五六頁上）簡正卷一五：「此謂長財之捨不同。餘雜罪者，謂若犯長財、雜捨衣，懺罪，而心不捨還犯。若餘雜捨縱心，不捨亦成捨也。以受取故犯，不同貯畜也。」（八八七頁下）鈔批卷二三：「景云：若犯長財，雖捨財悔罪，而心不捨還犯。若餘雜捨，縱心不捨，亦成捨也。以受故犯，不同畜也。」（九四九頁上）

〔八九〕若取通理，要斷後畜為先　資持卷中四下：「『若』下，示要。」（三五六頁上）簡正卷一五：「謂取律論，通除道理，要斷後畜為先。」（八八七頁下）

〔九○〕故文中由決捨與他，彼不還者，但得小罪，止是失法之愆　資持卷中四下：「下指文者，即律明捨已，僧不還者，犯吉，而不成盜，決意可知矣。」（三五六頁上）簡正卷一五：「『故文中』下，即取通理意也。謂決捨與他，他不還無盜重，明知捨心斷後畜也。若不成者，不還元來得重。今言吉者，是失法之愆也。」（八八七頁下）

〔九一〕**四分一律，宗是大乘，虛通無係** 鈔科卷中四：「『四』下，顯宗異。」（九八頁上）資持卷中四下：「宗大乘者，分通義也。虛通無係者，因果推心也。即業疏云：捨財用非，重知心虛通故。」（三五六頁上）鈔批卷二三：「所以須明是大乘者，欲明大乘絕所心。今若捨時永作棄心，虛其懷勿望還也。（此義稍難，前文以述。）。」（九四九頁上）簡正卷一五：「此經部宗，心緣理觀，故曰靈（【案】『靈』疑『虛』。）通。物不干情，乃云無係（『古詣』反。），謂心通故，於物不係也。」（八八八頁上）

〔九二〕**故發言誠，事無滯結** 資持卷中四下：「發言誠者，即對僧捨也。言表於誠，既陳捨詞，則無貪畜，故云無滯結也。」（三五六頁上）簡正卷一五：「語無虛唱靈故，發言誠捨不靈也，物拘情則無滯結。」（八八八頁上）

〔九三〕**若依他部，一捨已後，無反還求，任僧處斷** 簡正卷一五：「如五分、十誦等文，永捨非暫，故分處任僧也。」（八八八頁上）鈔批卷二三：「私云：『他部』即十誦是也。又，言他部者，即通標諸部。（九四九頁上）若僧祇、五分、十誦，皆有此義。此一忽（原注：『忽』疑『句』。）總標。」（九四九頁下）資持卷中四下：「『若』下，次明他部，諸捨不同。如：十誦：二寶少者，永捨；多，付淨人作四方僧臥具。五分：二寶入僧永棄，五敷永入常住。僧祇：二寶入僧無盡財中，五臥具捨入僧隨僧用。善見：金銀擲去；了論：長衣、長缽、雨衣、急施，捨與僧已，僧問須者，應還僧。廣如諸部」（三五六頁上）

〔九四〕**或入常住** 鈔批卷二三：「從『或』字已下，即是引他部意也。」（九四九頁下）簡正卷一五：「如五分云：五數具捨入常住，唯本主不得坐臥。」（八八八頁上）資持卷中四下：「別行中。文中，常住通二種，四方局常住常住。」（三五六頁上）

〔九五〕**或入四方** 簡正卷一五：「十誦云：二寶少者，永捨；多者，捨付同心淨人，令作四方僧臥具，罪僧中悔。多論：販賣亦作四方僧臥具。」（八八八頁上）

〔九六〕**或觀所須** 簡正卷一五：「了論云：長衣、月望衣、雨衣、急施衣，遇限鉢捨。與僧問須者，應還得用。若自無用，永捨入僧也。」（八八八頁上）鈔批卷二三：「案十誦：二寶捨懺之時，少者永捨，多有捨付心同淨人，淨人捨作四分（原注：『分』字疑衍。）方僧臥具，罪僧中悔。五分中，五敷具入常住用，唯本主不得坐臥。若捨懺藥，亦捨與僧。僧捨與俗人沙彌，塗足然燈，本主亦不得用，一切比丘不得食。僧祇：畜、貿二寶，捨入僧無盡財中。若五臥具，捨入僧用。若迴僧物，隨僧作何等用任之。若純黑憍奢耶，僧不得著用，

得作地敷。若六年不揲，不得作地敷，僧得著用。明了論：長衣、月望衣、雨衣、急施衣、過限鉢，捨與僧已。僧問須者，應還得用。若自無用，永捨入僧。若取尼衣，捨還本尼。若無本尼，捨與尼僧。使尼浣衣，迴僧物，永捨與僧，非親居士乞衣，及勸增縷衣，應捨還彼。彼若不在，或不取者，應捨與僧，瞋心奪衣，還捨與所瞋比丘也。」（九四九頁下）

〔九七〕**或棄山水** 資持卷中四下：「即諸律二寶永棄也。」（三五六頁上）簡正卷一五：「十誦云：寶少者，永捨。五分云：二寶捨與僧，僧差人永棄，不得記處，作絕捨心。僧祇、善見：金銀，若無淨人，可擲去。僧羯磨、善（【案】『善』後疑脫『見』字。）：一比丘知五法者，便閉目擲坑水中，不應記處也。」（八八八頁上）鈔批卷二三：「即五分：二寶捨與僧，僧差人永棄。若僧不棄，淨人為僧貿衣食，與僧食用，唯本主不得用，恐遂本心故。僧祇：金銀者，無淨人，可教擲去。僧羯磨：差一比丘知五法者，彼得羯磨已應棄，閉目棄此物，（九四九頁下）擲著坑中、火中、流水中、曠野中，不應誌處所也。」（九五〇頁上）

〔九八〕**即同此律斬壞、入廚** 簡正卷一五：「乞蠶綿作臥具，制令斬壞塗慠也。入廚者，乞長鉢一惡者，僧中行之。餘好者，制入僧廚也。」（八八八頁上）資持卷中四下：「本宗亦有永捨之義。蠶綿違慈過重，故須斬壞；（三五六頁上）乞鉢損處事深，故罰入廚。」（三五六頁中）鈔批卷二三：「四分：乞蠶綿作臥具，制令斬碎，和泥土埵也。言入廚者，即是乞多長鉢。簡一惡者，僧中行之。餘好者，追入僧廚。」（九五〇頁上）

〔九九〕**施僧、施俗** 簡正卷一五：「七日內藥，即施僧食。過七日藥，即施俗及守園人也。」（八八八頁上）鈔批卷二三：「私云：七日內藥則施僧，過七日藥則施與俗及守園人也。或可唯僧，如上諸部所明者也。」（九五〇頁上）資持卷中四下：「七日藥以味重故，齊七日者，施僧；過七日者，與守園人。問：『既同他律，豈是虛通，則與上文一何相反？』答：『酌情之教，隨緣緩急，知機而設，故非一概。』」（三五六頁中）

〔一〇〇〕**若心不捨，兩相勞擾** 簡正卷一五：「謂勞僧勞己，唯見現在浮（原注：『浮』疑『淨』。）財養身，即是見狹。不求出離之道，即非通遠。世人多貪財利，今初作法，口言捨之，（八八八頁上）即口雖世表，及至捨罪後，僧還還取。如此之行，實痛陋矣。」（八八八頁下）資持卷中四下：「初，直勸。兩相勞擾者，能懺所對皆徒為故。」（三五六頁中）【案】「故知」下為「誡告」，文

分為二：一、「故知」下，又分為五；二者，「薩婆多云」下。

〔一〇一〕但人見狹，性非通遠；口雖世表，行實庸陋　資持卷中四下：「『但』下，出不捨所以。『見』即識見，『性』謂心性。口說解脫，故云世表。行縛塵事，故云庸陋。」（三五六頁中）

〔一〇二〕今若不捨，要必歸死　簡正卷一五：「謂身死後，必屬於僧也。」（八八八頁下）資持卷中四下：「『今』下，舉死事激勸。要必歸死者，意謂必待至死而將去耶！」（三五六頁中）

〔一〇三〕捨身任業，一毫莫隨　簡正卷一五：「如昔國王為寶所誰是也。」（八八八頁下）鈔批卷二三：「私云：經中言，有人畜三婦：一最憐愛，次一可可，一最輕薄。其人臨終，語所愛者：『我常愛汝，今欲相隨。』彼報夫言：『不能隨去，汝死之後，須我者多。』次問可可者：『汝能去不？』亦如前答。次問所薄者：『你能去不？』彼即生念：『夫生時常見輕薄，今忽不遺，如何不肯？』即答能去。其最愛者，喻金銀財物。可可愛者，喻奴婢田宅。所憎薄者，喻所修一切功德。是知生前，皆輕賤功德，然死唯此相隨。」（九五〇頁上）【案】雜含卷一，四九五頁至四九六頁，經中言「四婦」。

〔一〇四〕大事　簡正卷一五：「出家本意，只為菩提涅槃，今不思度也。」（八八八頁下）鈔批卷二三：「私云：佛果菩提為大事也，但知隨世俗送一世之終也。立云：大事即命盡也，謂不思惟死至也。故天台大師云：今時出家人，雖知解溢胸，或精進滅火，而不悟無常。故俗談云『可怜無五媚，（九五〇頁上）精進無道心』，即其義也。」（九五〇頁下）資持卷中四下：「太（【案】『太』疑『大』。）事即出家所為。」（三五六頁中）

〔一〇五〕任世送終　簡正卷一五：「隨任世情積畜，至於老死是任世送終。」（八八八頁下）

〔一〇六〕經生　資持卷中四下：「『經生』，猶言度世。」（三五六頁中）

〔一〇七〕虛過　簡正卷一五：「以此積畜財物，經於一生，無行良因，故云虛過也。」（八八八頁下）

〔一〇八〕但知僧能除罪，行紹佛蹤　資持卷中四下：「『但』下，舉勝行深勉。」（三五六頁中）簡正卷一五：「以眾僧是良藥，能遣自身之罪行。紹佛蹤者，懺竟斷相續心，隨順四依，節捨之行也。」（八八八頁下）

〔一〇九〕薩婆多云　鈔科卷中四：「『薩』下，引誡。」（九八頁中）鈔批卷二三：「論有六句，今別雖三句來，意取其第三句，謂要畜心斷，方得還衣。……案礪疏

云，多論六句：一、衣已捨，罪已悔，畜心未斷。若即日更受衣，於前衣邊染，使（【案】『使』疑『便』。）犯捨。第二句，衣已捨，罪已悔，求衣心不斷，乃至一月。若所得衣，及得意外衣皆染，犯捨。此得罪，由非法畜心不斷故。下四心斷故，不犯捨墮。（即鈔所引第三句是。）第三句，衣已捨，罪已悔，畜心斷，即日得衣不犯。（即鈔所引第一句是。）第四句，衣已捨，罪已悔，畜心斷，後日更求得衣，亦不犯捨。以中間非法畜心斷故，無罪也。第五句，地了時捨，罪已悔，畜心斷，向暮更求得衣，犯小罪也。第六句，衣已捨，罪未悔，畜心斷，正使多日得衣，結小罪。（即鈔所引第二句是。）戒疏引六句亦爾。」（九五〇頁下）簡正卷一五：「今鈔文，初句即合彼論中，第三、第四兩句，為一也。若抄第二句，即合彼論文五、六兩句為一也。鈔第三句，即令彼論文初二兩句為一句也。」（八八九頁上）【案】多論卷四，五二八頁上。

〔一一〇〕衣已捨，罪已悔，畜心斷，當日得本財及意外財，得受　鈔批卷二三：「立謂：所犯捨懺者，各名本財。更別得施，名意外財也。」（九五〇頁下）資持卷中四下：「論中。初句，一切如法。『本財』即僧還者。『意外財』謂別得者。以心斷故，本財既淨，不染外財，故並得受。」（三五六頁中）

〔一一一〕衣已捨，罪未悔，畜心斷，當日得本財及外財，得吉羅　資持卷中四下：「第二句，但未悔罪，不合先受，止得非法之罪。由心斷故，亦應得受。」（三五六頁中）

〔一一二〕衣捨與他，罪已悔，畜心不斷，當日、餘日，得本財及意外財，並犯捨墮　資持卷中四下：「第三句，但心不斷，當日、餘日，本、異二財，皆犯墮罪。前句心斷，當日得受。此句不斷，餘日尚犯。可證行懺，捨心為要。」（三五六頁中）

〔一一三〕餘句如疏　簡正卷一五：「疏明句即語廣，鈔中橝要，文略義廣。」（八八九頁上）鈔批卷二三：「謂指戒心疏，或可指大疏也。」（九五〇頁下）資持卷中四下：「見戒疏捨墮中。（舊指首疏，非。）若羯磨中，亦出三句。準有衣已捨，罪未悔，畜心不斷。墮此句，罪同第三，故所不出。」（三五六頁中）

〔一一四〕大德僧聽：某甲比丘，故畜眾多長財，不說淨，犯捨墮　資持卷中四下：「初，囑聽稱名。二、『故畜』下，牒示兩捨。牒犯中，又三：初，約長財。」（三五六頁中）【案】捨罪對僧乞中，口言下為陳詞之句，分三：初，「大德」下；二、「故畜」下；三、「今從眾」下。初，稱名；二、牒犯，分三：長財、離衣、借衣；三、正乞。

〔一一五〕若過限者，有則言之，餘不過限，但誦上言　簡正卷一五：「謂根本畜過十日，名為遇（【案】『遇』疑『過』。下同。）限。若未得十日，但是被他染，則不得云遇限，故云餘不遇限也。（即是所染之衣。）」（八八九頁上）鈔批卷二三：「立謂：根本畜過十日，名為過限。若未得十日，但是被他染者，（九五〇頁下）則不得云過限也，故言餘不過限，即是所染之衣也。」（九五一頁上）資持卷中四下：「以物容染犯，有過不過，故須隨牒。若有過者，應於不說淨上加之。」（三五六頁中）

〔一一六〕長衣云「眾多」，則罪不憶數　資持卷中四下：「注中三段，上簡長離，牒相通局。」（三五六頁中）

〔一一七〕若借衣受持，但懺離罪，衣不須捨　資持卷中四下：「次明借衣不須捨。」（三五六頁中）

〔一一八〕若犯多時　資持卷中四下：「下標長財用壞。」（三五六頁中）

〔一一九〕今從眾僧乞懺悔　資持卷中四下：「『今從』下，正明求懺。」（三五六頁中）

〔一二〇〕文不具足，準須具列　資持卷中四下：「正乞中。注文云不具者，彼但云合掌說罪、名、種，作如是懺。今以義加之。」（三五六頁中）扶桑記：「彼但云，記引彼小眾對首文也。」（二九〇頁上）【案】「今從眾僧乞懺悔」下，明正乞。

〔一二一〕必須根本俗人已來　鈔科卷中四：「初，明簡人（三）。初，簡淨。」（九八頁中～下）資持卷中四下：「初文。前約犯重，簡五、八、十成邊罪，具戒成二滅。（準通十三難人，皆不得請。）」（三五六頁中）【案】「請懺主」文分為二：初簡人，二示法。初又分三：初，簡淨；二、「所以須」下；三、「亦不同」下。

〔一二二〕下四聚罪，曾經依律懺法　資持卷中四下：「下約輕罪簡。」（三五六頁中）

〔一二三〕佛言　資持卷中四下：「『佛言』即律文。上句制所對，（三五六頁中）下句制能懺。」（三五六頁下）【案】四分卷三六，八二五頁下。

〔一二四〕亦不同昔「下至不同犯」　鈔科卷中四：「『亦』下，斥古。」（九八頁下）資持卷中四下：「初示古。彼謂，但不與同犯即堪對懺，不必全淨。」（三五六頁下）

〔一二五〕彼中開命難大緣，不問同犯不同犯，俱開　資持卷中四下：「『彼』下，決通。初決五分開意。」（三五六頁下）鈔批卷二三：「案五分云：有一病比丘犯罪，語一比丘言：『大德我犯罪。』彼答言：『我亦犯罪。』不得悔而命終。諸比丘作是念：『若佛聽向有罪比丘悔過者，不使此比丘不悔而終。』以是白佛。佛言：『聽向有罪比丘悔過，但不得於同犯者悔過耳。』復有一病比

丘犯罪，語一比丘言：『戒犯此罪。』彼言：『我亦犯此罪。』不得悔過而終。
諸比丘作念：『若佛聽向同犯一罪比丘悔過者，不使此比丘不悔而終。』乃
至，佛言：『今聽同犯不同犯，皆得向悔。』私云：『此恐帶罪命終，佛開斯
人也。』古師濫用此法，但使非同俱開對悔者，非也。」（九五一頁上）簡
正卷一五：「古見彼律開許，便引此為據。今師破云：『此妄引五分』等。」
（八八九頁上）【案】五分卷一八，一二四頁下。

〔一二六〕今是閑預，必是非法，律中令「覓清淨比丘」　資持卷中四下：「『今』下，
申今不開。上二句義判，律下準例，即說戒中文。」（三五六頁下）【案】四
分卷三六，八二六頁中～下。

〔一二七〕懺主單白　鈔科卷中四：「作單白。」（九八頁上）資持卷中四下：「初問和，
二作白，三受懺。白中長離合牒，長財用壞，並是出法，隨時有無，不可謹
誦。」（三五六頁下）

〔一二八〕為說罪名、種、相　資持卷中四下：「說持破。」（三五六頁下）【案】「說罪
名、種、相」文分二：初，「先為」下；次，二、「當量前」下。

〔一二九〕當量前事告之　資持卷中四下：「初教量宜。」（三五六頁下）鈔科卷中四：
「『當』下，隨釋。初說持破之相。」（九八頁中）【案】「當量前」下分二：
初，當量前」下；二、「次為說」下。

〔一三〇〕若是犯長　資持卷中四下：「『若』下，次出法式。初，示畜長過。」（三五
六頁下）

〔一三一〕涅槃文證　簡正卷一五：「若有受畜八不淨物，不非彼師、彼非我弟子等。
引此證之不許也。」（八八九頁上）資持卷中四下：「涅槃即『訶八不淨』中
文，彼云：若人受畜八不淨財，我非彼師、彼非我弟子等。」（三五六頁下）

〔一三二〕我為諸弟子結戒，寧死不犯　資持卷中四下：「初，敘佛本制。」（三五六頁
下）【案】資持卷中四下：「次，示離衣過。」（三五六頁下）【案】「若離」
下，示離衣過。引文分二：「我為諸」下，「今慢佛」下。

〔一三三〕今慢佛正法，不制隨身，制者留著，豈成佛子　資持卷中四下：「『今』下，
示破毀因果。」（三五六頁下）

〔一三四〕執　【案】「執」，底本為「報」，據大正藏本、敦煌甲本、敦煌乙本及弘一
校注改。

〔一三五〕出在大論　資持卷中四下：「出大論者，如標宗引。」（三五六頁下）鈔批卷
二三：「案智度論第十三云：破戒之人，若著法衣，則是熱鐵鍱，以纏其身；

若持鉢盂，則是盛洋銅器；若所噉食，則是吞燒鐵丸，飲熱洋銅；若受人供養供給，則是地獄獄卒守之；若入精舍，則是入地獄；若坐僧床榻，則是坐熱鐵床等。（云云。）私云：皆謂著法衣時，即是著鐵鍱之因也。」（九五一頁上）【案】智論卷一三，一五四頁中。

〔一三六〕破戒衣食故，入畜生中，別受無毛蟲鳥、噉糞眾生等　資持卷中四下：「『乃至』下，合示二戒餘習。」（三五六頁下）簡正卷一五：「謂販賣犯長，是破戒衣；殘宿、惡觸，是破戒食。若破戒衣，先受地獄正報，後從地獄出，別受死（【案】『死』疑『無』。）毛虫鳥之身。無毛虫即蚯蚓之徒，無毛鳥即寒號鳥是也。身既無毛，日中不出，夜里方出，作忍寒聲等，廣如俗書中說之。若破戒食，從地獄出，別受蜣蜋虫及噉糞鬼等。」（八八九頁下）鈔批卷二三：「言別受者，從地獄出，別報受也。言破戒衣者，謂販博犯捨，名破戒衣。正報地獄。從中出，別報無毛虫鳥，即蚯蚓之類是也。言破戒食者，謂殘宿、惡觸，非時不受，名破戒食，生報地獄，別報廁中虫，及噉糞鬼等也。案成實論云：婬欲盛者，生雀、鴿、鴛鴦等中；瞋恚盛者，生蚖、蛇、蝮、蠍中；愚痴盛者，生猪、羊中；憍逸盛者，生師子、虎、狼等中；掉戲盛者，生獮、猴中；慳嫉盛者，生狗等中。如是等餘，煩惱盛故，生種種畜生中。若有少欲分施者，雖生畜生，於中受樂，如金翅鳥、龍、象、馬等。設得為人，殺生則短壽，盜竊則貧窮，邪婬則妻不貞良，妄語則被誹謗，兩舌則眷屬不和，惡口則常聞惡聲，綺語則人不信受，貪婬則多欲，瞋恚則多惡性，邪見則多愚痴，憍慢則生下賤，自高則矬短，嫉妬則無威德，慳則貧寒，瞋則醜陋，惱他則多病，於非道行婬則得不男形也。」（九五一頁下）【案】成論卷八，三〇一頁。

〔一三七〕如是隨機約略　資持卷中四下：「『如是』下，勸令從要。」（三五六頁下）

〔一三八〕但犯罪長時　資持卷中四下：「『但犯』下，教觀機宜。」（三五六頁下）

〔一三九〕次為說罪名　鈔科卷中四：「『次』下，分別輕重悔法（二）。」（九八頁中）
【案】「說罪名」下分二：初，「名有」下；二、「二正悔」下。

〔一四〇〕名有三種　鈔科卷中四：「初，正分輕重。」（九八頁下）鈔批卷二三：「喻如著衣，先從內著；若欲脫時，先從外脫。懺法亦爾，提則犯最在前，悔則最後，故云爾也。」（九五一頁下）資持卷中四下：「初文三位中，初是根本，後是從生。中一望前為從生，望後名根本，故兼二名。言三罪者，謂犯本罪已，最先覆藏及著用犯捨衣。復經僧說戒，默妄語，各得一吉罪。後從生六品者，即於三吉之下，各有初夜二夜覆藏，二罪共為六罪，合上三罪，則為

九品。若據羯磨，止存八品，除根本覆藏一吉。直於根本罪上，立二品從生。究理為論，疏為了義。」（三五六頁下）

〔一四一〕**根本波逸提，此最後懺**　簡正卷一五：「離衣、畜長等罪也。」（八八九頁下）

〔一四二〕**從生、根本，三突吉羅，在根本前懺**　簡正卷一三：「一、覆藏吉，二、嘿妄吉，三、著用吉。此三，從根本提上生，故號『從生』。能生餘六，又名『根本』。」（八八九頁下）鈔批卷二三：「立云：一是覆藏根（九五一頁下）本之吉，二是著用之吉，三是經說戒嘿妄之吉。應在提前懺之，故云在根本前懺也。」（九五二頁上）

〔一四三〕**從生，覆藏，六品吉羅，最在前懺**　鈔批卷二三：「立明：此六品吉，從前段三品吉生也。謂隨犯上來三品竟，經一夜各得一吉，至第二夜已去。又，覆前吉，名為隨夜展轉，又得吉，故云然也。」（九五二頁上）

〔一四四〕**云何六品**　簡正卷一五：「謂覆前三吉，各得一品覆吉（成三），隨夜展轉，又各得一吉。（添前成六。）此言六者，但約品論，非謂六罪也。所以諸此六品為從生者，謂從前三品吉上生故。今據具足，出法為言。若無此九，不必通臨時制度。（上依法寶且消鈔文。）次敘搜玄明九品結罪行相。彼云：恐人未悟，更為作之。言九品者，如早朝衣，犯捨得提，即須發露。由不即（【案】『即』疑『發』。）露，得覆藏一吉。又，不露此吉，經第一夜，又得一吉。後更隨夜展轉覆，文（【案】『文』疑『又』。）得一吉，成三。次明著用得一吉，覆此吉，第一夜，又得一吉，後隨夜又吉，成三。次，嘿妄得一吉，（八八九頁下）覆此吉，經第一夜，又得一吉，隨夜又吉，成三。并前合九品也。（已上記文。）大德云：若據鈔文，列其九品，適來所述，理合如然，後造羯磨疏文，依古但出八品，不合有九。所以爾者？且如朝來，衣已犯捨，得根本提，即合發露。今既不露，雖有覆心，未經明相，何得結他覆藏之吉？儻經明相，又成經夜覆藏，自屬從生所攝。以此推之，根本覆藏吉羅，全無結罪，分齊不同，覆他麤罪。初夜知，中夜不說，便結犯，此是罪上覆隱，不約明相以論。今是財已覆藏，理須於時結罪，進退商略，其妨不無。今敘疏中八品行相者，如早朝，衣已犯竟，有覆藏心，未結其犯，纔經明相，名『經夜覆藏』，至第二夜，名『隨衣覆藏』，唯有二品。此之二品，但號從生，直從『根本提罪』上生，更無『根本覆藏吉』也。若著用嘿妄下，各有經夜，隨夜成六。將斯六品，添前二品，豈非八品吉羅？『若爾，鈔文何故五、九？』答：『法寶云依十誦文也。古今章記之中，不曾露述，但依前釋。」（八九〇頁上）鈔批卷二

三：「謂衣既犯捨，即須發露。由不即露，得覆藏吉，一也；又若不露此吉，
經夜又得一吉，二也；後更隨夜展轉則無數，又是一品。（三也。）次，約著
用得吉，覆此吉又吉，隨夜（原注：插入『夜』字。）展轉又吉，即成三也。
嘿妄一吉，覆此又吉，隨夜展轉又吉，即三也。并前合成九品。立又云：如犯
提罪，第一夜得覆提一吉，至第二夜隨展轉之吉，更無覆本提之吉。覆本提，
但有一吉耳。今恐不然，若言唯有一吉者，何以覆殘百夜，便有百吉耶？箴
云：言隨夜展轉覆藏吉者，非從第二夜覆藏，第一夜之吉上生此吉也。但是還
從提下生，隨一夜隨生一吉。（九五二頁上）如是百夜，只得百吉，皆從根本
提下生。喚此為展轉，非謂第三夜，從第二夜生也。著用嘿妄下生吉。例爾，
百千之吉，皆從著用而生耳。有云『羯磨中唯有八品吉，鈔九品』者，義有不
正。礪疏亦好八品，除此覆提吉下之覆吉也。但有覆根本提得吉，隨夜展轉
吉，此二吉也。著用嘿妄義同，又二品故。大疏云其位有四：一、先懺著用，
嘿妄下覆，隨覆四吉；二、次懺著嘿，二吉；三、次懺提罪下，覆隨覆二吉。
此之三位，懺並責心。第四次方懺提。南山但有三位：初懺提下，及著嘿下
覆，與隨覆六品，吉羅；次懺著嘿二品吉羅；後方懺提。故分三位。賓云：計
理但有八品吉羅，南山復存九品吉羅，以其提下親生覆吉，義同著嘿。親從提
生，故存『親覆』及『著嘿』吉以為根本，於中各有『覆』與『隨覆』，故成
九品。」（九五二頁下）

〔一四五〕**根本覆吉羅** 鈔批卷二三：「立謂：即覆根本提，得吉也。經第一夜，覆此
吉，又得一吉。第二夜名隨夜展轉覆，又一品吉；下著用嘿妄，各有『覆』
與『隨覆』二吉。除根本吉，故成六品。」（九五二頁上）

〔一四六〕**並據犯者言之** 資持卷中四下：「『並』下，結示。以世多誦語，不問有無，
故此囑累重言，即上並據等三句。若欲易曉，略為圖示。」（三五六頁下）
【案】資持卷中四上（三五六頁下）圖示如下：

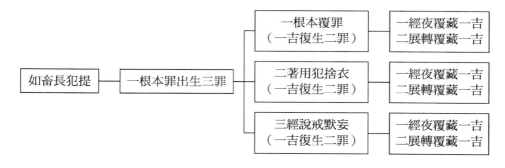

〔一四七〕今正初懺，六品覆藏　鈔科卷中四：「『今』下，請懺主。」（九八頁下）資持卷中四下：「上二句標舉。」（三五六頁下）

〔一四八〕律文在前，不得合墮　鈔科卷中四：「『今』下，請懺主。」（九八頁下）資持卷中四下：「次二句遮濫。」（三五六頁下）

〔一四九〕正悔罪　鈔科卷中四：「『二』下，別示二懺（二）。」（九八頁下）

〔一五〇〕應言　鈔科卷中四：「初，懺六品從生；二、懺三品從生根本（三）。」（九八頁中～九九頁中）資持卷中四下：「『應『下，正請。即向所請者，謂波逸提懺主。」（三五六頁下）【案】「應言」下分二，如鈔文所列。六品，鈔文中用六個分號示之。

〔一五一〕九處三問　鈔批卷二三：「私云：諸解不同。如礪云：初序中，一問不發，犯一吉，至下所犯罪，篇篇問不發，又一吉。若犯兩三罪者，隨一犯，得一吉，如鈔主解。不同九處三問俱犯。（九五二頁下）此乃是通方簡淨，可局結其當篇耶。又，一問一罪，九處總二十七，同犯二十七覆罪也。」（九五三頁上）扶桑記：「謂戒本八篇及序九處，各作三問故。」（二九〇頁下）

〔一五二〕如是六品，各是突吉羅，各不憶數　鈔批卷二三：「此文正是先懺六品從生吉也。文中雖明覆提之吉，及著用嘿妄之吉，此是牒其所犯之由，非正懺此吉也。謂舉此三品，以命下六品耳。三品後，當懺可尋。」（九五三頁上）資持卷中四下：「別示中。懺六品（三五六頁下）文。『根本』且舉長離，『從生』備出六品。行懺者，臨事加減。問：『所以覆藏，但至二夜者？』答：『且舉二夜，以明展轉，故言二罪。若覆多日，即應多品。』問：『何名隨夜展轉？』答：『如經一夜，望覆根本一罪，二夜即覆初夜，三夜復覆二夜。如是相望，乃至百千皆名展轉，所以前羯磨中，牒百夜覆藏等。』（舊云：所以但至二夜者，恐犯無窮之過。謬矣）。」（三五七頁上）

〔一五三〕次懺三小罪　鈔科卷中四：「懺三品從生、根本。」（九九頁中）簡正卷一五：「三小罪者，謂覆吉、著用吉、嘿忘吉，對提得小名也。」（八九〇頁上）【案】「次懺」下分三，如鈔科所示。

〔一五四〕「根本」著用，捨墮　鈔科卷中四：「初，標示罪相。」（九八頁下）簡正卷一五：「此著用捨墮衣吉，是前六品之『根本』也。」（八九〇頁下）資持卷中四下：「初文根本，即最初覆藏。著用捨墮下，合有『衣』字。」（三五七頁上）

〔一五五〕律中，善見，俱結罪名　簡正卷一五：「律、論俱號覆藏。」（八九〇頁下）資持卷中四下：「律、論俱結罪者，指所出也。」（三五七頁上）【案】四分

卷四一，八六三頁中。善見卷一四，七七二頁上。

〔一五六〕說戒默妄，文亦同此　簡正卷一五：「突、吉結說戒，嘿妄。文亦同此者，
說戒乃云『嘿妄突吉羅』，故云『同此』。餘文可委。」（八九〇頁下）資持
卷中四下：「默妄同此者，亦謂彼論同此律也。」（三五七頁上）

〔一五七〕如前請訖，更不重言　鈔科卷中四：「『如』下，正明懺法。」（九八頁下）
資持卷中四下：「初，指請法，由是同篇，不須更請。即對前主，直爾陳悔。」
（三五七頁上）

〔一五八〕然懺法繁重，生善致難　鈔科卷中四：「『然』下，示令前悔。」（九九頁下）
資持卷中四下：「令前悔者，今時行事，宜依此式。」（三五七頁上）

〔一五九〕小　【案】「小」，底本為「少」，據大正藏本、敦煌甲本、敦煌乙本及弘一
校注改。

〔一六〇〕本罪　簡正卷一五：「提罪也。」（八九〇頁下）

〔一六一〕口云　資持卷中四下：「『口』下，作法。準疏，分文為八：初『大德念』者，
告令攝想也；二、『我某甲』者，牒己名號也；三、『故畜』下，張列種相、
定罪多少也；四、今向發露者，表無覆藏、說罪本故，此之一句是懺本也；
五、懺則安樂者，遠得禪果、用適心形，故曰二也；（形安心樂為二。）六、
『不懺』下，明為惡業纏縛，三途身既不安，心寧懷樂也；七、願大德下，
請證明也；八、戒身具足者，前犯如染，今懺順本，故曰也。」（三五七頁上）

〔一六二〕如上犯數　簡正卷一五：「指第一門『對乞懺處』注云『長言眾多，別罪不
憶數，若言一二，亦須述數多少，若三衣一向知數』，正是此文也。」（八九
〇頁下）

〔一六三〕若無著用，自上來並不須　資持卷中四下：「謂著用壞盡，據有言之。已前
乞懺及懺主，白中皆牒。必若無者，例須除去，故云自上並不須等。」（三
五七頁上）

〔一六四〕安樂　簡正卷一五：「建得禪果，適形心也。」（八九〇頁下）

〔一六五〕清淨布薩　資持卷中四下：「自行內清見聞外淨。懺本犯已，應成僧法，故
得內外和合也。（體淨內和，應僧外和。）」（三五七頁上）

〔一六六〕三十戒中　鈔科卷中四：「初，料簡是非。初，總分兩位。」（九九頁中～下）
資持卷中四下：「還衣中。料簡中。初文兩判，且據麤分。若準戒疏，則有
多別。彼云：三十戒中，綿衣、二寶，三戒不對僧。（綿衣斬壞，二寶與俗。）
二十七戒，對僧捨四戒，即歸二離、二毛，非相染故。（二離即聚、蘭，

二毛謂黑、白。四並法服，故無染過。）七日藥雖染，制身外用，亦即日還。（長藥。）四戒經宿還，（三五七頁上）以畜續故。（十日、月望、急施、長鉢，通上長藥，為『五長』。）餘十八戒，別別捨者，不須經宿，非貪貯故。（已上疏文。）今明五長，準前多論，但取畜斷，不必經宿。若據宿還，乃依本律，但世多專執，故須指破。是以二疏（【案】『二疏』即戒疏和業疏。），五長並經宿還，及此下文，亦還循舊。」（三五七頁中）扶桑記釋「二十七戒」：「通釋：準前文明能染、所染，有無具缺者，於二十七戒中，二離二毛四戒，一向無能染所染。」（二九一頁上）【案】「二位」即「兩類」：「五長」和「非五長」。

〔一六七〕今行事者，恐畜心不斷，故令經宿還　鈔科卷中四：「『今』下，評量行事。」（九九頁下）資持卷中四下：「『次科，為三。初指時事。」（三五七頁中）【案】資持科文「分三」，鈔文中以三個句號示之。

〔一六八〕今不同之，必不斷心，多日亦犯　資持卷中四下：「『今不』下，點非。然雖有據，不可偏計。須知，心斷當日可還，必存畜心，多日亦染。指破還用，意在兩通。」（三五七頁中）

〔一六九〕如上論文　簡正卷一五：「多論云：衣已捨，罪已悔，畜心斷，當日得本財等，三句文也。」（八九〇頁下）鈔批卷二三：「即指上多論六句，衣已捨，罪已悔等文也。」（九五三頁上）

〔一七〇〕今且依循舊法　簡正卷一五：「前修諸師舊來立法也。」（八九〇頁下）資持卷中四下：「『今且』下，取古。」（三五七頁中）

〔一七一〕若五長者　資持卷中四下：「五長中。長藥即還，如上疏說。」（三五七頁中）

〔一七二〕若大眾多、難集，彼比丘有因緣事欲遠行，僧即應還彼衣　鈔科卷中四：「『律』下，正明還法。」（九九頁中）簡正卷一五：「謂僧多難集，及主欲建行，亦有眾少，而不知為難集也。」（八九〇頁下）資持卷中四下：「還法中。初文，前引開緣。大眾多者，界廣人眾，隔明重集，事成勞擾，此一緣也。難集者，同住縱少，或有別緣，情和難遂，此二緣也。（準業疏分。）上二是『他緣』，遠行即『己緣』。由此諸緣，雖是五長，即日便還。應還彼者，『彼』即代受比丘。」（三五七頁中）【案】「還法」分二：初，「律云」下；二、「若非五長」下。下文明他緣、己緣。四分卷六，六〇二頁下。

〔一七三〕須作展轉羯磨　資持卷中四下：「展轉羯磨，文不具出，今依刪補羯磨引之。白云：『大德僧聽，某甲比丘故畜（眾多、若干）長衣，犯捨墮。此衣已捨

與僧。若僧時到僧忍聽僧，今持是衣與某甲比丘，某甲比丘當還此比丘。
（準須提名。）白如是。』羯磨云：『大德僧聽：某甲比丘故畜眾多長衣，
犯捨墮。此衣已捨與僧。僧今持此衣與某甲比丘，某甲比丘當還此比丘。誰
諸長老忍『僧持此衣與某甲比丘，某甲比丘當還此比丘』者默然，誰不忍
者，說。僧已忍持此衣與某甲比丘，某甲比丘當還某甲比丘竟。僧忍默然
故，是事如是持律。』」（三五七頁中）簡正卷一五：「謂懺罪比丘，既捨衣
已，明日欲遠行，本不能集得僧還衣。今又不得直付，即於當座令作展轉羯
磨，將此衣付與捨懺人親友比丘。其親友既領得衣已，屏處還本主也。」（八
九〇頁下）鈔批卷二三：「立明：捨懺比丘，既捨衣已，明日欲遠行，卒不
能集僧還衣。今又得直付，即於當座，令作展轉羯磨，將此衣付與其捨懺人
親友比丘。其親友既得已，屏處持還本主。有人云：具有『遠行』及『僧難
集』二緣，方得作此法。又云：具一緣即得也。」（九五三頁上）

〔一七四〕加云　鈔批卷二三：「即是加直付法。即如分亡人輕物法是也。」（九五三頁
上）

〔一七五〕應問彼言　簡正卷一五：「律云，應向彼者，彼是捨衣人。」（八九〇頁下）
資持卷中四下：「令問彼者，即問懺罪比丘，令誰代受。準須羯磨前問。彼
應稱名答僧『與某甲比丘』。」（三五七頁中）

〔一七六〕隨彼與者與之　簡正卷一五：「隨彼與者，與之顯是他親友也。」（八九〇頁
下）

〔一七七〕若非五長，及是五長明日還者，直作羯磨還之　鈔科卷中四：「『若』下，直
爾還法。」（九九頁下）資持卷中四下：「初標所被。由前五長不許，即還故
開。『展轉』是則前法，唯局『五長』。（準疏局四。）此明直還，則通二十
七戒。又復，『五長』兼通兩法，二十二戒唯局『直還』。」（三五七頁中）

〔一七八〕若不還衣者，得吉羅　鈔科卷中四：「初，明不還差別；二、問懺罪前後；
三、問四人單白；四、『餘』下，指餘諸捨。」（九九頁中～下）簡正卷一五：
「四分約捨不還，結吉。以決心捨故，不還無童（原注：『童』字未詳。），
但失法吉。」（八九一頁上）資持卷中四下：「初科。前示本宗制還。」（三
五七頁下）【案】「律中」下分四：初，「律中」下；二、「問先」下；三、「問
四」下；四、「餘有」下。

〔一七九〕若依他部，如前具解　資持卷中四下：「『若』下，明他部多別，前後已出，
故但兩指。『如前』，即『捨心』中。」（三五七頁下）簡正卷一五：「祇云：

一捨已後，無反還求，或入常住等。」（八九一頁上）【案】資持釋文中「捨心」，即僧法二「明捨心中」。本句明他宗還法。

〔一八〇〕先懺根本，後懺吉羅，罪滅不　資持卷中四下：「次科。問中，根條互倒，恐謂成法故。」（三五七頁下）【案】此問答句為四雜相之二。

〔一八一〕如僧殘不異故，罪不得出　資持卷中四下：「答中例決。律中懺殘，先悔覆藏，後出本罪。法有倫次，倒作違教，準理不成。」（三五七頁下）簡正卷一五：「律文悔殘，先悔覆吉，後懺根本。若先懺本罪，後悔覆藏，吉罪不出也。准彼徵此，理自明矣。」（八九一頁上）鈔批卷二三：「私云：律文悔殘，既前悔覆吉，故知懺一切罪皆然。若依祇文，與根本合悔，亦是省易也。」（九五三頁上）

〔一八二〕四人單白，得受懺不　資持卷中四下：「或決當時妄行，或遮後世濫用。」（三五七頁下）

〔一八三〕前已明之　資持卷中四下：「指前，即『懺蘭』中。」（三五七頁下）

〔一八四〕如上卷中　資持卷中四下：「『上卷』，亦指集僧。」（三五七頁下）簡正卷一五：「指足數第一。為他所量，不入僧數三，非僧也。」（八九一頁上）

〔一八五〕餘有諸捨，如別篇自現，故不廣述　資持卷中四下：「謂蠶、綿、二寶、長藥，並如隨相明之。」（三五七頁下）簡正卷一五：「別篇自現者，畜此且明畜長、離衣，其餘畜、貨二寶，如下二衣篇述。若浣、添（【案】『添』疑『染』。）、擔、擗、斬、壞等，如隨戒篇，當戒自現也。」（八九一頁上）鈔批卷二三：「立明：此中但明畜長、離衣等事，其餘畜、貿、二寶、浣、染、擔、擗等，其隨戒中當戒自現說。」（九五三頁下）

〔一八六〕眾多人捨　簡正卷一五：「眾多者，簡非僧也。」（八九一頁上）

〔一八七〕有三　簡正卷一五：「四人為一，二、三人為二，後一人為三。」（八九一頁上）【案】此處「眾多人法」和前「對首法」並列，為二：一者眾多人法，二者對首法。初又分二：初對四人法，二、對三二人法。若按鈔科的邏輯結構，「對一人法」（對首法）應當是與「僧法」和「眾多人法」一樣，分列。但因其有關內容前文已述，文字太少，故鈔文合而為一。

〔一八八〕對四人捨法　資持卷中四下：「眾多人中。初，總指三位並同。」（三五七頁下）簡正卷一五：「謂四人法，亦有四門：捨財、捨心、捨罪、還衣。於此四中，前二後一同對五，第三捨罪有少別也。四人悔罪，初捨財時，亦云『大德僧』。以四人成眾，故還財時亦然。唯受懺時，一為懺主，故餘非僧

有口和之別。與前五人法不同，餘皆不異。」（八九一頁上）

〔一八九〕乃至一人，豈有須畜　簡正卷一五：「謂捨心也。僧別雖異，捨心皆同。豈對一人不作斷相續意也！」（八九一頁上）

〔一九〇〕若論捨罪，則有六種　簡正卷一五：「准前對僧法有七，於七中除乞懺一，唯六種也。以對別故，無白文也。」（八九一頁上）資持卷中四下：「『若』下，別示捨罪有異。言六種者，準前偷蘭，不入乞懺。故下別標，用捨隨人，意是不用。」（三五七頁下）

〔一九一〕餘詞同上　簡正卷一五：「但於六十，第三白和改『白』為『口』，（八九一頁上）問邊人以替之也。如刪補羯磨者，彼云：若向四人懺者，捨財同上，乃至還衣，得作，直作、直付羯磨。如上四人，不可作展轉法也。」（八九一頁下）資持卷中四下：「準須具列：一、請懺主；二、問邊人，詞句如文，唯此為別；三、說罪相；四、正悔罪；五、呵責；六、立誓。（若入乞，懺則具七法。）」（三五七頁下）

〔一九二〕既是全別　資持卷中四下：「『既』下，顯別。初，明捨衣。」（三五七頁下）資持卷中四下：「言全別者，對前四人兼僧別故。準羯磨云：『諸大德聽，我某甲比丘故畜眾多長衣，犯捨墮。我今捨與諸大德次捨罪。』須其六法。列次同前。」（三五七頁下）

〔一九三〕眾多大德一心念　簡正卷一五：「二、三人中，既是別人，故云眾多大德也。」（八九一頁下）

〔一九四〕餘法並同　簡正卷一五：「捨心，上已明捨罪有六，與上四人並同之。」（八九一頁下）

〔一九五〕二部還衣，前須羯磨　簡正卷一五：「謂四人為一部，二、三人為一部。謂前『觀業聚學處』中，呼『僧』為『部』也。前須羯磨，即四人僧，作直羯磨付之。」（八九一頁下）鈔批卷二三：「立謂：前門，五人已上僧法，及四人秉眾多人法，名為二部。此二種捨懺之時，若五人僧受懺，得單白和僧。若四人僧，不得用單白，但用口和，以受懺者，為僧所量，非僧數也。乞詞五、四俱須也。今還衣時，五人僧者，故得用白二還也。言前須羯磨者，謂五人已上，得秉羯磨還也。三人已下，唯得口還。」（九五三頁下）資持卷中四下：「『二』下，後明還衣。二部，即四人與三、二人。其三、二人法，文中不出。羯磨令準『捨衣法』，應云：『諸大德，若大德聽，我還某甲比丘衣者，我當還之。』對首中，捨衣應云：『大德一心念，我某甲比丘，（故畜

長財或離僧伽梨等。）犯捨墮，今捨與大德還衣。』不出詞句，羯磨令準『捨衣法』，應云：『長老，我今持是衣還汝。』」（三五七頁下）

〔一九六〕自他是僧　簡正卷一五：「懺主是自為僧所量，不足僧數，今還衣時，不別牒名。懺主他三人成僧，得作羯磨還也。後別人法，即二、三人也。」（八九一頁下）鈔批卷二三：「謂前受懺時，由懺主被牒入法，為僧所量，不落僧數。今還衣時，懺主足他三人成僧，故曰自他是僧，得作羯磨還衣也。礪云：量捨衣之時，不得差互，謂對僧捨，須對僧還。別人捨，別人還，非要本作法人還也。」（九五三頁下）

〔一九七〕對一人法，大略可知　簡正卷一五：「捨財還衣捨罪，無邊人故，但具五法，即是大略。如上謹誦即得，故曰可知。謂一人無乞，及問邊但五也。」（八九一頁下）

〔一九八〕若論除罪，無邊人故，但具五法　資持卷中四下：「除罪中。無人可問，故但五法：一、請懺主，二、說罪相，三、正悔，四、訶責，五、立誓。五並無異，故令謹依。」（三五七頁下）鈔批卷二三：「文義類現，故曰易知不述也。上來釋三十捨墮義已竟，下明九十單墮懺法也。」（九五三頁下）

〔一九九〕當隨犯多少，總別通懺，方法同前　鈔科卷中四：「初，明前緣。」（九九頁上）簡正卷一五：「隨犯多少者，或犯四、五是多，或犯一、二為少也。總別者，同篇合懺是『總』，一一各懺為『別』，同前『三十』中。謂九十中有因財起過者，如過量坐具、白色袈裟、不作三種染壞色，則有覆藏、著用、嘿妄等三品，經衣隨夜等九品也。〔羯磨疏八（原注：『八』下一有『亦』字。）如前明之。〕」（八九一頁下）

〔二〇〇〕恐後進未知，更重生一位　資持卷中四下：「『恐』下，明今重示。」（三五七頁下）

〔二〇一〕且託「妄語」為緣，自餘有犯，隨名牒入　資持卷中四下：「『且』下，舉事出法。」（三五七頁下）

〔二〇二〕若有從生之罪，如前根本之初懺之　資持卷中四下：「『若』下，略示從生。」（三五七頁下）

〔二〇三〕或九品、六品、四品、三品、二品，依知有無　資持卷中四下：「九品、六品者，示其不定也。」（三五七頁下）鈔批卷二三：「或九品者，私云：如九十中，亦有具九品吉者，即如白色（九五三頁下）三衣、過量坐具，亦有著用，故或（原注：『或』疑『成』。）九品也。」（九五四頁上）簡正卷一五：

「六品者，如餘妄語，赴（原注：『赴』疑『起』）不因財，便無著用，但有六品也。四品者，或覆藏得三。又，經說戒、嘿妄，（八九一頁下）而未經夜覆，并前但四品也。三品者，未經說戒也，但有覆三。二品者，謂覆未經隨夜，故但二品也。」（八九二頁上）

〔二〇四〕**如過量坐具**　資持卷中四下：「別提著用。」（三五七頁下）

〔二〇五〕**新色三衣**　鈔批卷二三：「謂白色袈裟，不染作青、黑、木蘭也。」（九五四頁上）

〔二〇六〕**先請一清淨知律比丘堪解罪**　鈔科卷中四：「初，先請懺主。」（九九頁上）資持卷中四下：「初請主，即初法也。」（三五七頁下）【案】正懺法，文分為三：初，「先請」下；二、「如上」下；三、「善見」下。

〔二〇七〕**當為分別罪名、種、相三種**　資持卷中四下：「『當』下，說罪，即第二法。」（三五七頁下）

〔二〇八〕**如上具懺已，然後悔根本法**　資持卷中四下：「初，重示次第，恐妄行故。『如上具懺』，謂須同上，先悔從生諸品，後悔根本即第三法，四、訶責，五、立誓。此篇並用五法。」（三五八頁上）

〔二〇九〕**善見云**　鈔科卷中四：「『善』下，對亡者懺法。」（九九頁下）資持卷中四下：「惡罵犯提。彼人即『所罵』，罵者即『能罵』。謂別求對首，於屍所行悔，非對死人懺也。」（三五八頁上）鈔批卷二三：「案見論云，法師曰：若人罵詈聖人，若大比丘作如是言：『長老，我今於長老懺悔，願長老受。』不若者，即去餘方。若至餘寺，來至比丘所，言：『長老，此是我過。我今懺悔，願長老受。』若入涅槃者，於涅槃處作懺悔已。如是天道、涅槃門不閇。又云：若人造作重業，以重業故。」（九五四頁上）【案】善見卷五，七〇四頁中。

〔二一〇〕**懺悔已，天道門不閉**　簡正卷一五：「閇者，不障聖道故。若不懺者，障於聖道，地獄門開，天道門閇。」（八九二頁上）鈔批卷二三：「天上門閇，開地獄門。私云：所罵者死，其能罵者，恐結業道障於天故。於所罵者死處懺悔，使乞歡喜。彼此皆得歡喜，故言天道門不閇也。上來釋『懺第四聚』義竟也。」（九五四頁上）資持卷中四下：「由與解讎不障善道，彼我俱益，故引勉之。」（三五八頁上）

五、明懺提舍尼法

昔云：與波逸提同，一說為異〔一〕。今依律戒，自立懺法，不取人語〔二〕。「隨相」四罪，文中具頌〔三〕。

先請一清淨比丘〔四〕。文云：「今請大德為波羅提提舍尼懺悔主〔五〕。」餘上下文同前。

二為分別罪相。

三正說捨罪。文云：「大德一心念：我某甲比丘無病從非親尼自手受食食。大德！我犯可呵法，所不應為，今向大德悔過。」一說便止。呵治，立誓〔六〕。僧祇懺法云，餘詞大同四分〔七〕。前人問〔八〕：「汝見罪不？」答言：「見〔九〕。」語云：「慎勿更作！」答言：「頂戴持〔一〇〕！」

【校釋】

〔一〕**與波逸提同，一說為異** 簡正卷一五：「古云：殘，二十眾；蘭，罪大眾。三十戒，五人；單提一人；提舍尼一人，與提同，一說為異也。」（八九二頁上）鈔批卷二三：私云：為律文但出提懺之文，餘更不出。致令古師從提已下，並用此懺法。今不同之。」（九五四頁上）資持卷中四下：「斥古中，即如前引古羯磨也。」（三五八頁上）【案】「懺提舍尼法」，文分為二：「昔云」下；二、「先請一」下。

〔二〕**今依律戒，自立懺法，不取人語** 簡正卷一五：「今師所解與昔全別也。謂律文但出懺提舍屋之名，闕其詞句，致古人之虛說。今師依戒本文，自立懺法詞句，謂中四戒中，具足順列也。」（八九二頁上）鈔批卷二三：「不取人語者，勝云：只是前云波逸提懺不異。一說為別者，是人語耳。」（九五四頁上）資持卷中四下：「律戒，即本律戒本。」（三五八頁上）

〔三〕**頒** 資持卷中四下：「頒，合作『班』，音誤。」（三五八頁上）【案】資持釋文中「音誤」義即因音同而致誤。

〔四〕**先請一清淨比丘** 鈔科卷中四：「初，請懺主。」（九九頁下～上）

〔五〕**今請大德為波羅提提舍尼懺悔主** 資持卷中四下：「初請主，即一法也。請詞頗略。前加云：『大德一心念，我比丘某甲』；後續云：『願大德為我』等。故云『上下同』也。」（三五八頁上）

〔六〕**呵治，立誓** 資持卷中四下：「呵治立誓，足上為五。」（三五八頁上）【案】此句意為：上文「正請」「說罪」「捨罪」，加上「呵治」和「立誓」正為五法。

〔七〕**僧祇懺法云，餘詞大同四分** 簡正卷一五：「有解云：即合言『大德，我犯可呵法』等，但為詞句，與四分不異，不更具列，故鈔指同，云餘詞大同四分。四分律本，既不出文，即知戒條中，便是懺法也。」（八九二頁上）資持卷中四下：「引僧祇者，上即義準四分戒文出法，猶恐循古疑非正懺，故引彼文，

−2331−

以示同異。初，指同，『云』字寫多，削之彌善。」（三五八頁上）【案】僧祇卷二一，三九六頁下。

〔八〕前人問　簡正卷一五：「懺主問也。」（八九二頁上）資持卷中四下：「『前』下，顯異。」（三五八頁上）

〔九〕見　簡正卷一五：「懺罪人答也。」（八九二頁上）資持卷中四下：「初審見罪，義是懺前，即當說罪。下誡勿作，即今呵誓，故知前法，事義已具。若準羯磨，正用彼詞。」（三五八頁上）

〔一〇〕頂戴持　簡正卷一五：「立誓也。如此往復之語，四分戒文即無，唯祇律中剩有此語，令（【案】『令』疑『今』。）抄主取為異相，行事可以依之。」（八九二頁上）鈔批卷二三：「翹仰之意也。」（九五四頁上）

六、懺突吉羅法〔一〕

此篇懺儀，亦有多別〔二〕。先出方軌，後立條例。

突吉羅罪，依律文中，二種不同〔三〕：一、故作故，犯應懺突吉羅，又犯非威儀突吉羅；二、若不故作，犯非威儀突吉羅〔四〕，亦不分二懺之法〔五〕。若依摩夷論說〔六〕：故作者對人一說悔，悮作者責心悔；明了論、薩婆多亦同如此。此則兩懺灼然，通衢自顯〔七〕。

比來諸師相沿舊解〔八〕，依文謹誦，同皆責心〔九〕。又引律文「小罪不從人懺」，此文未了，須論解之〔一〇〕。當律明故、誤二法，諸論明兩懺不同〔一一〕。正理自明〔一二〕，何得固執？人言易毀，聖論難違〔一三〕。

今立論、律二種懺法。

先出罪種，後明懺儀。

初明諸篇覆藏罪〔一四〕。由識知故隱，非疑、不識〔一五〕，案，記云：「非」字寫錯，作「有」字，或作「若」字。則不成覆。垢心既重，豈名為誤？

次明諸篇方便〔一六〕。如「婬戒」發身欲起而未動方便，乃至吉羅中發心欲令身不齊整著三衣等，無問輕重，並須對人〔一七〕。以故發不善心，欲動其身口，並入「故作」攝。若獨頭吉羅，如眾學百戒，不從諸篇後生者〔一八〕，諸類極多。並有故、誤兩犯，亦如前二懺。

問：「如初篇方便重吉羅，後篇方便輕，云何齊責心、一說對人懺〔一九〕？」答：「罪名自齊，業隨心起〔二〇〕。重者重悔，輕者輕治，同篇一處治，故結悔無階降〔二一〕。如卷初述〔二二〕。又云：罪該六聚，名通優劣〔二三〕，心居濃淡，業必重輕〔二四〕。理須別懺，義指為允〔二五〕。」

次，明懺法

先對故作，分二〔二六〕。

前悔吉羅。如「捨法」中〔二七〕，不得以同名吉羅，故共根本合懺〔二八〕。律文自分六聚，不可抑之〔二九〕。次，懺根本。且約「婬戒」方便，餘則例之。先請一懺主，其詞如「捨墮」中〔三〇〕。三請已，便為說罪名、種、相已。三、正捨罪。文云：「大德一心念：我某甲比丘，犯婬戒遠方便突吉羅，不憶數。今向大德發露懺悔，願大德憶我。」一說，便止。餘詞同上。此文四分無有〔三一〕。今約提舍、波逸二懺，已多少不同〔三二〕，吉羅最微，不可廣誦墮法〔三三〕。不同僧祇，彼合墮罪故〔三四〕也。

次，明誤作

先出其相。謂心不正念，遇緣起非，外越威儀，理須改懺〔三五〕。如著三衣〔三六〕，必迴顧看視，諸相齊整，方乃進路。戲笑、妄語，諸非法相，並先不攝念故起斯過。律云〔三七〕：「佛制攝持威儀：比丘若入若出，屈申俯仰，攝持衣鉢，若衣若食，若服藥，大小便利，若眠、若睡、若覺，若來、若去，若坐、若臥，若語、若默，常爾一心。」若違此制，具結其犯〔三八〕。次明作法。先悔從生，後明根本〔三九〕。應具儀至佛廟所，致敬已，互跪合掌，云〔四〇〕：「我某甲比丘，犯誤不齊整著鬱多羅僧突吉羅罪，不憶數。今發露懺悔，更不敢作。」一說。餘並準此〔四一〕。

【校釋】

〔一〕懺突吉羅法　鈔批卷二三：「此罪雖小，犯而不懺，能令行人墮於地獄。如經言：莫輕小惡，以為無殃，水渧雖微，漸盈大器。剎那造罪，殃墜無間，（九五四頁上）一失人身，萬劫不復等，即其義也。又，律序云：飇（音『標』。）火雖復微，莫輕以為小，所經諸草木，燒盡無有餘。所造惡雖微，摛（【案】『摛』疑『慎』。）莫謂為輕，如破伊羅葉，常於（原注：『於』上疑脫『墮』字。）龍中。賓云：迦葉佛時，有一比丘，作是念言：『旃檀香葉，壞容有罪，伊羅臭葉，壞有何事？』乘此業報，生在龍中，頂上一伊羅鉢樹。根入龍頭，為風所皷，濃血四出，甚大苦惱。至慈氏出，方脫龍身。即律下文伊羅鉢龍王是也。問：『壞生犯提，不應喻吉？』答：『且據輕心，不遵佛教，未必輕重，要假相當也。』」（九五四頁下）【案】「懺突吉羅罪」，文分為二：初，「此篇

懺」下；二、「突吉羅罪」下。

〔二〕**亦有多別**　資持卷中四下：「或故、誤兩異，或覆藏方便，獨頭不同故。」（三五八頁上）【案】資持釋文中「故、誤兩異」者，「故」為故意，「誤」為無意。本段行事鈔文和下幾處也同之。

〔三〕**突吉羅罪，依律文中，二種不同**　鈔科卷中四：「初引示諸教。」（九九頁中～下）資持卷中四下：「初科，前引本律，即眾學中文，『故心』二罪，『誤』但一罪。而無對責兩懺，故云不分等。」（三五八頁上）【案】「突吉羅罪」下，文分為二：初，「突吉羅罪」下；二、「今立論、律」下。初又分二：初，「突吉」下；次，「比來諸」下。

〔四〕**若不故作，犯非威儀突吉羅**　鈔批卷二三：「濟云：願律師喚作輕慢佛語，突吉羅。謂犯五篇，戒戒皆結，此非威儀，吉。謂約輕佛語邊結也。」（九五四頁下）

〔五〕**亦不分二懺之法**　鈔批卷二三：「當律但有故誤，無對首、心念二法也。」（九五四頁下）簡正卷一五：「謂律但有，故悞兩犯，無對首、心念二懺法。則鈔引諸論，取二懺之法也。輕者責心，重者對首。所犯既有輕重，若唯一懺即懺法，阻礙不通。今引諸文，二懺有殊，理通顯矣。」（八九二頁下）

〔六〕**若依摩夷論說**　資持卷中四下：「摩夷即母論。」（三五八頁上）【案】毗尼母經卷八，八四九頁中。明了，六六七頁下。多論卷二，五一五頁下。

〔七〕**此則兩懺灼然，通衢自顯**　資持卷中四下：「次引三論，罪懺兩具，可決今宗，而探責諸師偏執，故云通衢顯也。」（三五八頁上）

〔八〕**比來諸師相沿舊解**　鈔科卷中四：「斥世所執。」（九九頁下）簡正卷一五：「從古至今也。相沿者，永習不改。謹依律文，故、誤二罪，皆責心滅。又，引增五分文，云小罪不從悔。」（八九二頁下）資持卷中四下：「初，示其偏計。」（三五八頁上）

〔九〕**依文謹誦，同皆責心**　鈔批卷二三：「礪亦同為責心也。」（九五四頁下）

〔一〇〕**又引律文「小罪不從人懺」，此文未了，須論解之**　資持卷中四下：「『又』下，決彼所據。此文未了者，無所簡故。或可且就誤犯為言。須論解者，『論』即三論。」（三五八頁上）簡正卷一五：「此文未了者，若單引此文，未為決了。須論解之者，謂須依明了、多論所解也。」（八九二頁下）鈔批卷二三：「此文未了者，云小罪不從人懺，亦未分故，誤輕重之相，懺法兩別也。」（九五四頁下）【案】資持釋文中三論即明了、多論和母論。

〔一一〕當律明故、誤二法，諸論明兩懺不同　資持卷中四下：「『當』下，會通律、論。」（三五八頁上）

〔一二〕正理自明　資持卷中四下：「『正』下，以理結責。」（三五八頁上）

〔一三〕人言易毀，聖論難違　簡正卷一五：「人言易毀者，同皆責心是人言也。既無典據不在，依准是易毀也。聖論難違者，多、了二論等文，真是聖言量，不可不准，故難違也。」（八九二頁下）鈔批卷二三：「明上來古師同一品責心懺非也，應須毀之。明了論、多論，令兩品懺，則是難違。須依二論，別懺者好也。」（九五四頁下）

〔一四〕初明諸篇覆藏罪　鈔科卷中四：「初出罪種。」（一〇〇頁上）簡正卷一五：「謂由識知，故藏實非悞也。諸篇方便，從夷至吉，篇聚輕重雖殊，方便吉羅。既是發心欲作，皆是故犯所攝。獨頭中，有故悞二犯，亦如前論中對首、責心二懺。」（八九二頁下）【案】本節分二：一者，「初明諸篇」下，簡覆藏；二者，「次明諸篇方便」下，明方便。

〔一五〕由識知故隱，非疑、不識　資持卷中四下：「識知故隱者，明唯故心也。疑不識不成者，顯無誤也。『非』字寫錯，合作『有』字，或作『若』字。（或節在上讀，於義雖通，語不貫下，理須改正。）」（三五八頁上）扶桑記：「通釋：存『非』字亦得，但鈔詞略耳。若具言之，應云：由識知故隱，非疑、不識；疑與不識，則不成覆故。」（二九二頁上）

〔一六〕次明諸篇方便　資持卷中四下：「正明中，三：初明方便。又二，前別舉六聚。初二兩篇，但遠方便。」（三五八頁上）鈔科卷中四下：「獨頭通二犯。」（九九頁中～下）扶桑記釋「獨頭通二犯」：「通釋：依科文及記釋，覆藏但局故犯；方便及獨頭，通故誤兩犯。愚按云：獨頭理可通二犯，方便唯局故心，鈔云並須對人是也。濟覽：方便亦通誤作歟！」（二九二頁上）

〔一七〕無問輕重，並須對人　資持卷中四下：「已下諸篇，遠近二方便。今此且就遠者為言，故並云發（三五八頁上）心也。文中上，『身』字寫誤，合作『心』字。『無問』等者，總示犯相。據通故誤兩犯，但昔謂遠方便罪，例皆責心，是以文中但明故心須對人耳。若準了論，遠罪責心。雖有所出，然非今用。」（三五八頁中）扶桑記：「遠方便罪亦通故誤，故則對悔，誤責心滅。然鈔云『並須對人』者，是欲翻對昔解，例皆責心，故文中但約故心，而云並須對人耳。」（二九二頁下）

〔一八〕諸類極多，並有故誤兩犯，亦如前二懺　鈔批卷二三：「立謂：同前論中對首

及責心也。」(九五五頁上)資持卷中四下:「『諸』下,三、總結兩懺。方便、獨頭,故言諸類。」(三五八頁中)扶桑記:「諸類極多,記云:方便獨頭,故言諸類。今解但約獨頭,謂獨頭者,如眾學百戒,及諸犍度雜制,多是獨頭,故凡制如法治者,一犍度中,猶有無量,故云諸類極多。凡諸獨頭,通該二犯,故云並有故誤等,非通方便也。」(二九二頁上)

〔一九〕**如初篇方便重吉羅,後篇方便輕,云何齊責心、一說對人懺** 簡正卷一五:「問意云:五篇方便吉,前前合重,後後合輕,云何齊責心一說對人懺?」大德又云:『鈔文似難曉,上言齊責心,一說對人者,此據欲對首時,先責心了對人一說,非謂責心懺竟。更須對人□述(原注:『述』一作『迷』。)意多也。更有不體文旨,輒添『不』字,(八九二頁下)便言云『何齊責心一說』,不斷『人悔』(【案】『悔』鈔作『懺』。)。非之甚也,思之。』」(八九三頁上)資持卷中四下:「問中以獨頭果罪名體,皆均方便隨篇,應分輕重,故舉為問。『云』下,正難。意云:既有重輕,理應別悔不當,『誤』則齊責心,『故』則俱對說也。」(三五八頁中)鈔批卷二三:「立明:此問意謂:夷、殘二篇,最前方便,雖同名吉羅,亦有輕重。今何故同令責心悔耶?」(九五五頁上)

〔二〇〕**罪名自齊,業隨心起** 鈔批卷二三:「答意云:以同一名故,同責心悔。」(九五五頁上)資持卷中四下:「初科,上二句示罪。罪名齊者,謂罪同約制也。業隨心者,謂重輕就業也。」(三五八頁中)簡正卷一五:「初意輕重。生處雖別且吉羅,名同造業起心,即有差別。既同名吉羅,可一處治之。如律中,但云故作犯突吉羅。於中不分輕重、差降。(此是結罪,無階降也。)論中徑云:故作對人一說。(此則悔罪,無階降也。)」(八九三頁上)

〔二一〕**重者重悔,輕者輕治,同篇一處治,故結悔無階降** 鈔批卷二三:「言輕重者,但業有階降耳。今若責心,須作輕重起對治也。」(九五五頁上)資持卷中四下:「『重』下,明懺。上二句明心悔有殊,下二句明制懺無別。」(三五八頁中)簡正卷一五:「初意輕重。生處雖別且吉羅,名同造業起心,即有差別。既同名吉羅,可一處治之。如律中,但云故作犯突吉羅。於中不分輕重、差降。(此是結罪,無階降也。)論中徑云:故作對人一說。(此則悔罪,無階降也。)」(八九三頁上)

〔二二〕**如卷初述** 簡正卷一五:「名報篇引了論,重罪、重責、心輕者,輕責心對人一說也。」(八九三頁上)資持卷中四下:「卷初即篇聚。中云:重者重責心,

輕者輕責心。行事之時雖同對責，當隨事重輕，用心厚薄。」（三五八頁中）

〔二三〕**罪該六聚，名通優劣**　鈔批卷二三：「謂吉羅通與六聚為因也。又據吉體，則有輕重。今直言吉羅，則名含輕重，故曰名通優劣也。」（九五五頁上）資持卷中四下：「次答中。上二句示罪通，『本位』居第六，『方便』通上五，故云該六聚也，同號吉羅。而前篇為重，後篇漸輕，故云名通優劣也。」（三五八頁中）簡正卷一五：「『又云』下，第二答意也。謂吉羅通與六聚，為因據體，合有輕重。今但言吉羅合輕重，通優劣也。」（八九三頁上）

〔二四〕**心居濃淡，業必重輕**　資持卷中四下：「次二句，明業異。」（三五八頁中）簡正卷一五：「上篇下吉，起心濃；下篇中吉，起心（【案】『心』後疑脫『淡』字。）。既濃淡不同，結業亦重輕二別。據此區分，應須別悔：即初篇下，吉重責心，對人悔下，中輕吉輕，責心對人悔下，篇中義指，可為允當也。」（八九三頁上）鈔批卷二三：「謂濃心而作，其業則重，淡心而作，其業則輕。如前持犯中，引善生『作業八品』是也。」（九五五頁上）

〔二五〕**理須別懺，義指為允**　資持卷中四下：「下二句，判別懺。準此，雖同吉羅，隨聚各悔，則心境相應，重輕不濫矣。上釋據文，故云同篇一處。此解從理，故云義指為允。允，當也。」（三五八頁中）

〔二六〕**先對故作，分二**　簡正卷一五：「故作簡悞為也。先懺『方便』，後悔『根本』，故分二也。」（八九三頁上）

〔二七〕**如「捨法」中**　簡正卷一五：「如捨墮中者，先悔『從生覆藏』等，九品或六品、四品，三、二、一等，後懺『根本』。」（八九三頁上）資持卷中四下：「『從生』即覆藏。初指前。捨法即捨墮。」（三五八頁中）

〔二八〕**不得以同名吉羅，故共根本合懺**　簡正卷一五：「斥古非也。雖然吉羅，名同『根本』。『從生』且異不可抑，令懺律文。」（八九三頁上）鈔批卷二三：「立明：凡犯吉已，經夜不悔，即有覆罪，更得一个從生之吉，此吉則輕，須在前悔。若將合前本吉同悔者，非法也。謂雖同吉名，而根本與從生有異。」（九五五頁上）資持卷中四下：「『不』下，遮濫。律云：若犯僧殘，乃至吉羅，知而覆藏者，應先教作突吉羅懺，然後如法懺。（初篇準同。）」（三五八頁中）

〔二九〕**律文自分六聚，不可抑之**　簡正卷一五：「謂律增文，自分六聚，皆是『根本』。今此覆等，既是『從生』，無非聚攝，不可抑止『根本』，共『從生』相合懺也。」（八九三頁上）資持卷中四下：「謂覆藏等罪與六聚，本罪分懺。今

若合懺，即是抑遏教文，故云不可抑之。（準此同篇，有不合者。）」（三五八頁中）鈔批卷二三：「不可抑者。抑，由止也，亦云業也。」（九五五頁上）

〔三〇〕先請一懺主，其詞如「捨墮」中　鈔科卷中四：「初，出懺法。」（一〇〇頁下）資持卷中四下：「『先』下，示法。準前須五：一、請主，二、說相，三、捨罪，如文次列。餘詞同上，即呵、誓二法。」（三五八頁中）【案】「懺根本」分二：初，「先請」下；二、「此文四分無有」下。

〔三一〕此文四分無有　鈔科卷中四：「『此』下，示所立。」（一〇〇頁下）資持卷中四下：「顯是義立。」（三五八頁中）

〔三二〕今約提舍、波逸二懺，已多少不同　資持卷中四下：「『今』下，斥濫。古本羯磨，墮、吉同法。意謂：提舍在上詞句尚已，少於逸提，豈得（三五八頁中）吉羅，反同墮法，故云『今約』等。（有云『已』字合作『以』者，非也。）。」（三五八頁下）鈔批卷二三：「勝云：提中有懺悔，懺悔則安樂等文，此是多也。此吉懺中無之，故云少也。」（九五五頁上）

〔三三〕吉羅最微，不可廣誦墮法　資持卷中四下：「『不』下，遮妨。彼宗墮、吉合一，儀法宗計各異，不可輒用。」（三五八頁下）鈔批卷二三：「謂懺吉，四分無文。今依提舍尼及逸提二罪之文。（九五五頁上）又，多少不同，今須略明。由罪微故，不得依墮罪廣誦法。故云不同僧祇等，下當明之。」（九五五頁下）

〔三四〕不同僧祇，彼合墮罪故　簡正卷一五：「簡外宗。彼即『從生吉』，與『根本墮』合悔，所以廣誦。今此不然，故不許也。」（八九三頁下）鈔批卷二三：「立明，祇文：懺根本提，及從生吉羅，同時悔也。」（九五五頁下）

〔三五〕謂心不正念，遇緣起非，外越威儀，理須改懺　資持卷中四下：「誤作中。出相分三。初，通示三業。」（三五八頁下）

〔三六〕如著三衣　資持卷中四下：「『如』下，舉事顯相。」（三五八頁下）

〔三七〕律云　資持卷中四下：「『律』下，引證。初句總標；『比丘』下，別釋，文中不出三業。初並身業，語默口業，『一心』即意業。身口是別，意業為通。又，前身中不出四儀，內外資緣，便利睡臥等，括盡日事，皆須攝心。眠睡、語重，止是一事。律作睡眠，覺悟是也。」（三五八頁下）

〔三八〕若違此制，具結其犯　資持卷中四下：「『若違』下，示犯。準此有犯，並須責心，故知真出家人，無時忘念。此制微細，逗彼上根，末世下愚，故非力分。準如母論，衣食作觀，利根之人，著著口口，鈍根總作一念。然須勵力，望上

增修，未可自屈，甘為下根，便即縱怠。故當勤策，準此攝修，是則出家不徒然矣！問：『誤心迷忘，即不可學，那得結罪？』答：『凡誤有二：一者，對境迷心；二、則放情忽忘。諦知兩相，想必無疑。』」（三五八頁下）

〔三九〕先悔從生，後明根本　鈔科卷中四：「初，先出其相。」（一○○頁下）資持卷中四下：「作法中。初，悔從生。即覆藏等後『根本』中，止有二法。一、對靈像，具儀露過，義同『請主』、『說罪』兩緣。」（三五八頁下）【案】「作法」，文分為二：初「先悔」下；次，「應具儀」下。

〔四○〕互跪合掌，云　資持卷中四下：「陳悔詞，即正捨罪。雖無呵、誓，理當自責，後更無違，還同三法。」（三五八頁下）

〔四一〕餘並準此　資持卷中四下：「且舉一法，類通一切故也。（若準戒疏，眾學諸戒故心犯者，犯二罪：一、應懺吉，對首悔；二、非威儀吉，責心悔。準此責心，不必誤犯，學者詳之。）若彼了論，但云不應起如此心，即名責心。然無軌式，不足準用。」（三五八頁下）

　　識罪發露〔一〕。至一清淨比丘所，具儀，云：「大德憶念：我某甲犯某罪。今向大德發露，後如法懺。」三說。此謂犯已未經明相者，得行斯法〔二〕。若已經覆，後隨露日，即罪不藏〔三〕。若雖經說訖〔四〕，後還覆者，還成覆藏，更須露罪。若犯僧殘，未經明相即首露者，免吉羅罪，不成覆藏〔五〕。餘之五聚，同免懺吉〔六〕。

　　疑罪露法。餘同如上〔七〕。應告言〔八〕：「大德憶念：我某甲比丘於某犯生疑，今向大德發露。須後無疑時，如法懺悔。」

【校釋】

〔一〕識罪發露　簡正卷一五：「文有二意：初，陳露詞句。」（八九三頁下）資持卷中四下：「發露法。識疑兩露，該通六聚，相從事類，寄此明之。識罪中，初示法。」（三五八頁下）【案】此處「二、發露」與下文「三重示罪性」、「四正明儀式」與前面的「初明懺法」在同一邏輯層次上。

〔二〕此謂犯已未經明相者，得行斯法　資持卷中四下：「『此』下，次簡辨。初簡覆露差別。又三，初明即露。」（三五八頁下）

〔三〕若已經覆，後隨露日，即罪不藏　資持卷中四下：「『若已』下，次明後露。」（三五八頁下）

〔四〕若雖經說訖　資持卷中四下：「『若雖』下，後明重露。」（三五八頁下）

〔五〕若犯僧殘，未經明相即首露者，免吉羅罪，不成覆藏　資持卷中四下：「『若

犯』下，二、簡所免罪相。」（三五八頁下）

〔六〕餘之五聚，同免懺吉　資持卷中四下：「準覆六聚，犯通一吉。」（三五八頁下）

〔七〕餘同如上　資持卷中四下：「疑罪中。初指具儀。」（三五八頁下）

〔八〕應告言　資持卷中四下：「『應』下，示詞句。若說戒，座上亦有，識疑兩露。如說戒中。」（三五八頁下）

大論云〔一〕：戒律雖微細，懺則清淨。犯十善戒，雖懺，三惡道罪不除。如比丘殺畜，罪報猶在〔二〕。前已具出。恐慢性戒，謂言懺已無業〔三〕。餘如行法所述〔四〕。

【校釋】

〔一〕大論云　鈔科卷中四：「『大』下，重示罪性。」（一〇〇頁上）簡正卷一五：「大論者，智論也。」（八九三頁下）鈔批卷二三：「大論云者，私云：大莊嚴論也。又云：應是智論也。」（九五五頁下）資持卷中四下：「重示中。二，初引智論，先明化制兩業不同。」（三五九頁上）【案】本節為第三重示，資持科文為二：一者「大論」下，二者「餘如行法所述」。智論卷四六，三九五頁下。

〔二〕如比丘殺畜，罪報猶在　資持卷中四下：「『如』下，舉戒顯相。謂提罪雖滅，業道猶存。」（三五九頁上）

〔三〕恐慢性戒，謂言懺已無業　資持卷中四下：「『前』下，示重明之意。」（三五九頁上）

〔四〕餘如行法所述　鈔批卷二三：「勝云：如凡聖行法也。即是正禪師『六法』等也。」（九五五頁下）

善見云〔一〕：於大者懺，云「大德」；小者懺，云「長老」。

四分：於上座懺者具五法，小者懺具四法，除禮足〔二〕。十誦：應具五法，偏袒，脫革屣，右膝著地，兩手捉上座足〔三〕。三說。如悔過法〔四〕，與欲清淨、受歲、出罪等法，威儀亦爾。有四種人，數數犯罪，數數悔過〔五〕：一、無羞，二、輕戒，三、無怖畏，四、愚癡。

【校釋】

〔一〕善見云　鈔科卷中四：「『善』下，正明儀式。」（一〇〇頁上）資持卷中四下：「明儀式中。初引善見明稱召。大小不同者，此亦一往以分。若就通相，德重

為長，臘高名老。」（三五九頁上）【案】「重示罪」文，分二：「善見」下，「四分」下。善見卷五，七〇四頁中。

〔二〕於上座懺者具五法，小者懺具四法，除禮足　資持卷中四下：「次明禮法。初四分，明大小具缺。小者於上座具五，上座於小者但四。言五法，謂：偏露右肩，脫革屣，禮足，互跪，合掌也。」（三五九頁上）鈔批卷二三：「案四分增五文中，憂波離問佛：『年少比丘，在上座比丘前懺悔，有幾法？』佛言：『有五法，偏露右肩，脫革屣，禮足，右膝著地，合掌五也。』又問：『長老在年少比丘前懺，有幾法？』佛言：『有四法。除禮足。』餘同上說也。」（九五五頁下）【案】四分卷五九，七〇四頁中。

〔三〕應具五法，偏袒，脫革屣，右膝著地，兩手捉上座足　資持卷中四下：「十誦亦同四分，而闕合掌。捉足即是設禮。然今不必手捉，但作仰承之勢耳。」（三五九頁上）【案】十誦卷五〇，三六六頁下；卷四九，三五六頁下。

〔四〕如悔過法　資持卷中四下：「如悔過者，謂同從尊謝過之相。欲清淨即傳欲時，受歲即自恣，出罪即悔六聚。餘諸乞法，皆準此儀，故云『等』也。」（三五九頁上）

〔五〕有四種人，數數犯罪，數數悔過　資持卷中四下：「上明具儀之相。『有』下，示數犯之人。四句括情，情可見矣。」（三五九頁上）

鈔者言〔一〕：「此卷正宗戒體〔二〕，五眾同須〔三〕，舒軸極繁〔四〕，事意未盡，幸上下細披〔五〕。」

四分律刪繁補闕行事鈔卷中之四

【校釋】

〔一〕鈔者言　鈔科卷中四：「『鈔』下，通結中卷。」（一〇〇頁上）」（八九四頁上）【案】本「懺六聚法篇」分二，上為正示，本句為本卷結語，所以鈔科科為「二、『鈔』下，通結中卷」。參見篇首。

〔二〕此卷正宗戒體　資持卷中四下：「初句指所詮。」（三五九頁上）簡正卷一四：「謂此中卷四篇，宗於戒體，（云云。）略敘四篇之事等。」（八九三頁下）

〔三〕五眾同須　資持卷中四下：「次句示所被。」（三五九頁上）簡正卷一四：「戒已下文，並合下三眾也。」（八九三頁下）

〔四〕舒軸極繁　資持卷中四下：「『舒』下顯略。」（三五九頁上）簡正卷一四：「『舒軸』等者，乍觀文相似繁，然說事尚未周備。此亦是自謙之意，理實無

其欠少。」（八九三頁下）

〔五〕幸上下細披　資持卷中四下：「『幸』下勸修。」（三五九頁上）鈔批卷二三：
「恐情有疎遺不練，遣令專審方悉，故曰上下細披也。」（九五五頁下）簡正
卷一四：「誡勸。恐新意情疎，未能精練，勸從篇聚，至於此篇，子細平披自
關也。然此段鈔，合在中卷篇聚之首科出，文勢隔遠，恐人迷意，且向此卷末
科之終，遠文旨也。」（八九四頁上）

四分律刪繁補闕行事鈔

注撰非少，立名標顯

卷　下〔一〕

【校釋】

〔一〕卷下　簡正卷一六：「約共行以通收，謂僧別共行，故云『共行』也。……中卷已明『自行』雖成，理合靜緣，進修道業役以。若依之質，要籍資持。資要之先，勿過衣服，故於『自行』四篇篇後，『共行』十四篇。初廣辨外資，故先頒列也。『向衣食二種，俱是資緣，何故先說二衣，後明四藥篇？』『醜形外露，衣則常須。食是內資，復有時節，故約稀數之邊，安布前後也。』釋名者。制、聽為『二』。障蔽名衣制聽，乃是總名；三衣、六物，只因百一、長財，俗施已人物等，一一不同，故名為『別』。」（九三五頁上）【案】底本卷首有從十七至三十的篇名目錄，今刪去。

卷下之一

唐京兆崇義寺沙門釋道宣撰述

二衣總別〔一〕篇第十七

夫形居世累，必假威儀〔二〕；障蔽塵染，勿過衣服〔三〕。若受用有方，則不生咎戾〔四〕；必領納乖式〔五〕，便自陷深愆〔六〕。故初總分「制」「聽」，後依門而解〔七〕。

【篇旨】

鈔批卷二四：「上既有犯能悔，身心清淨，堪修道業。然道不自成，寄乎身器，器藉資待，得存進業。資待雖眾，不出內外，外則衣服，內則藥食。今先明外資，故此文來也。又疏云：凡有待之形，必假資養。在身之要，不過衣食。所以先衣後食者，衣服蔽形，無時不用，欲使形備法儀，心存正觀，故先明衣也。食則服有時限，故次後列。宣云：止明懺法之儀，身器清淨，資濟開通，理有成務。濟時助道，緣資是要，外衣內藥，形別有須。以斯義故，有此文來也。」（九五六頁上）

【校釋】

〔一〕二衣總別　資持卷下一：「衣資雖眾，制聽收盡，以教名物，故云『二衣』。言『總別』者，即下二門，物相繁細，恐難辨析，故先總條貫，然後別解，即以科目用入題中。然考篇題，所立各異：四藥『從法』，缽、器『從教』，對施、頭陀等即『約行』，僧像、赴請等乃『就事』。如是求之。」（三六○頁上）簡正卷一五：「來意。玄云：上篇持犯，彰專精之人，以辨懺儀，明犯已能悔。既二行善成，理宜靜緣修道，但以有待之形，假資方立，資中之要，勿過食衣，故次明之。問：『衣與食同是資緣，何故先衣後食？』答：『醜形外露，無時不須。食是由資，復有時節，故先衣後食也。』釋名者。制聽兩別，故稱為

二：有障蔽之用曰『衣』。制聽二名是『總』，安陀會等及百一諸長是『別』。」（八九四頁上）鈔批卷二四：「言二衣者，即制聽也。『制』謂三衣六物，『聽』謂百一諸長。有斯兩異，故曰『二衣』也。言總別者，『制』中含『總別』，『聽』中亦含『總別』。制中含『總別』者，直言三衣六物是『總』，其中有安陀會等名是『別』。聽中『總別』者，（九五六頁上）百一諸長，此通名『總』；裙衣、器具、糞掃衣、檀越施衣等曰『別』。如此論之，具通總別。有人解云：言總別者，三衣總制曰『總』，百一諸長別開曰『別』，故言二衣總別。復有人云：二衣者，錯也，合稱三衣總別。今明：此乃瞽言，未窺聖教，故有此說。應須知是制聽二衣，豈得言上、中、下三衣也。准此題名，寬狹殊異。」（九五六頁下）【案】本篇分二：初，「夫形」下；次，「何名為」下。

〔二〕**形居世累，必假威儀**　簡正卷一五：「『形』是有情異熟身也。『居』者，止住之處也。『世』者，器世間也。『累』者，患也。須衣須食，湯藥房舍眾具等，是患累也。故仲尼云：吾豈匏瓜者哉焉，能繫而不食。又，老子云：夫大患者，莫若於身有，使吾無身，吾有何患！又，佛說：小乘之人，（八九四頁上）皆以此苦衣身為患，所以修行，求無餘依涅槃，化大梵之同於虛空，亦為於此也。必假威儀者，屈身府（原注：『府』疑『俯』）仰，行住坐臥，須得衣服，方可生人善心，故曰威儀也。」（八九四頁下）鈔批卷二四：「立謂：『累』，明人身居世間，甚是擔累也。故老子曰：夫大患者，莫若於有身，使吾無身，吾有何患！故聖人滅身以歸無也。」（九五六頁下）資持卷下一：「敘意中，三。初敘資用以顯功。言功有二：一、能成儀，即上二句；二、能障染，即下二句。識心具縛，色質有待，故云『世累』。塵染謂身之垢穢，或可形色生人愛著。」（三六〇頁上）

〔三〕**障蔽塵染，勿過衣服**　簡正卷一五：「醜惡寒苦，名之為弊（『毗祭』反）。既是醜惡，假衣障之。有本中作『敝』字。玄云：與上『障』義同也。塵謂六塵，今此一蘊，偏屬色塵也。染是情染，局在於心。如洗浴時，露形生欲等，故知須得衣服遮蔽，故曰勿遇（【案】『過』疑『遇』。）衣服也。」（八九四頁下）鈔批卷二四：「謂塵是六塵，染是六入也。又云：塵，埃、染污也。」（九五六頁下）

〔四〕**若受用有方，則不生咎戾**　簡正卷一五：「受有方，如三衣、一百加法，受持有於法則。若諸長物，說淨而畜，等用有方。如五條作園中時，用七條入眾，用大衣入宮用等。咎者，罪也。戾是小罪。如三衣、百一，既乃加法，而無不

受持之吉。長衣已說淨，而無犯長之提罪。用時如三衣，常隨身而無離衣，提罪。百一不離宿，而無違教之吉。受之與用，既有方軌法則，輕重之罪，從何而生？」（八九四頁下）鈔批卷二四：「謂長衣十日內說淨，三衣加法已不許離宿，此是受用有方也。言咎者，說文云：災也；尚書中為『皋（原注：『皋』疑『皋』。）絲』之『皋』字也。孔安國云：咎者，惡也。毛詩云：慘慘畏咎，箋云：咎，猶過也。言戾者，爾疋云：罪也。」（九五六頁下）資持卷下一：「『若』下，二、明順違以生起。上明順法成持，下明違教成犯。方，式【案：『式』見下文「必領納乖式」中。】，並訓『法』。咎戾，即目罪也。」（三六〇頁上）

〔五〕**必領納乖式** 簡正卷一五：「三衣、鉢、百一物不受持，諸長衣鉢不淨施，即乖於教文法式，有輕重之罪。」（八九四頁下）鈔批卷二四：「立謂：衣體是邪命、販博所得。若領納之時，已得罪也，後加法亦不成。乃至長衣不作淨，三衣離宿，百一加法已離宿等，並是乖式。」（九五六頁下）

〔六〕**自陷深愆** 簡正卷一五：「此乃自己所作，不是他人而與，故云自陷也。如犯一吉，九百千歲墮地獄；犯一提罪，二十一億三十千歲墮於惡道。（八九四頁下）故名深譽。」（八九五頁上）鈔批卷二四：「陷者，沒也。愆者，過罪也。」（九五六頁下）

〔七〕**故初總分制聽，後依門而解** 資持卷下一：「『故』下，三、約二教以分章。」（三六〇頁上）

何名為「制」？謂三衣六物，佛制令畜，通諸一化〔一〕，並制服用，有違結罪。何名為「聽」〔二〕？謂百一衣財，隨報開許〔三〕，逆順無過〔四〕，通道濟乏〔五〕也。

【校釋】

〔一〕**通諸一化** 簡正卷一五：「一佛化境界有三千，凡有出家人處，即須依教受持。若有故違，背同制罪等。」（八九五頁上）

〔二〕**何名為「聽」** 資持卷下一：「百一諸長為一，糞掃為二，俗施為三，亡物為四。」（三六〇頁上）

〔三〕**隨報開許** 簡正卷一五：「謂中、下機劣故，開百一及長。乃至被褥、房舍、莊嚴之具等。玄記引戒疏，通明六種根報，恐違鈔意也。」（八九五頁上）鈔批卷二四：「立謂：報有六種不同。始如面王，給（原注：『給』疑『終』。）如天須菩提等。」（九五六頁下）

〔四〕**逆順無過**　簡正卷一五：「謂逆聽教，即據上行之人。不畜之者，以說順聽教，即約中、下根人貯畜。依法受持說淨等，一切不犯。」（八九五頁上）

鈔批卷二四：「謂百一長等不畜是逆，畜而說淨是順，俱無罪過也。」（九五六頁下）

〔五〕**通道濟乏**　簡正卷一五：「通道者，謂假此衣修行，通達佛道。濟乏者，施時不敢，後須難得故，今若受取，得濟疲乏。」（八九五頁上）

就初〔一〕，分三，謂三衣、坐具、漉水袋也。後中，分四，謂百一諸長、糞掃、俗施、亡五眾衣輕重等例。

【校釋】

〔一〕**就初**　資持卷下一：「『就』下，正分初分制物，即六物中五種屬衣，如文所出。鉢在本篇。（亡物『賞看病法』，乃以針、筒為六，與此不同。）」（三六○頁上）【案】初，指制門，下句「後中」，指聽門。

今解初「制」。

前明三衣，分二：初，明衣法；後，攝衣法。

初中分四：一、制意、釋名、功用，二、作之方法，三、加受持法，四、雜出料簡。

言制意〔一〕者。

薩婆多云：欲現未曾有法〔二〕故。一切九十六種外道，無此三名〔三〕，為異外道故。分別功德論：為三時故，制有三衣〔四〕；冬則著重，夏則著輕，春則著中〔五〕。亦為諸蟲〔六〕故。智論云：佛聖弟子住於中道，故著三衣〔七〕；外道裸身無恥，白衣多貪重著〔八〕也。十誦：為異外道故，便以刀截，知是慚愧人衣〔九〕。

雜含云：修四無量〔一〇〕者，並剃鬚髮，服三法衣出家也。準此而名，則慈悲者之服〔一一〕。

華嚴云：著袈裟者，捨離三毒等〔一二〕；四分云：懷抱於結使，不應披袈裟等〔一三〕。

薩婆多：五意制三衣也。一、一衣不能障寒，三衣能障〔一四〕故；二、不能有慚愧〔一五〕；三、不中入聚落〔一六〕；四、乃至道行不生善〔一七〕；五、威儀不清淨〔一八〕故。制令畜三，便具上義。

僧祇云：三衣者，賢聖沙門標幟〔一九〕。鉢是出家人器，非俗人所為〔二〇〕。應執持三衣瓦鉢，即是少欲少事等。當宗、外部，多為寒故制

三〔二一〕。四分又云：三世如來，並著如是衣〔二二〕故。

次釋名〔二三〕者。

增一云：如來所著衣，名曰「袈裟」〔二四〕；所食者，名為「法食」。此袈裟衣，從色得名〔二五〕，下文「染作袈裟色〔二六〕」，味有「袈裟味〔二七〕」。若據此土所翻，通名為「臥具」〔二八〕，即「三十」中「臥具者，三衣總名」〔二九〕。如文中。

四分云：聽以刀截成沙門衣，不為怨賊所劫〔三〇〕。應作安陀會襯體著，鬱多羅僧、僧伽梨入聚落著〔三一〕。而此三名，諸部無正翻，今以義譯。慧上菩薩經〔三二〕：五條名「中著衣〔三三〕」，七條名「上衣〔三四〕」，大衣名「眾集時衣〔三五〕」。義翻多種〔三六〕：大衣云「雜碎衣〔三七〕」，以條數多故；若從用，名「入王宮聚落衣」。七條者，名「中價衣」；從用，「入眾衣〔三八〕」。五條者，名「下衣」；從用，「院內、道行、雜作衣〔三九〕」。若就條數〔四〇〕，便云「十九」「十七」，乃至「九條」「七條」「五條」等。律中無「五」「七」「九」名〔四一〕，但云「安陀會」乃至「僧伽梨」，人名「七」「九」條也。若就通相，亦有「縵僧伽梨〔四二〕」，則隨力所辦，隨用分三，非無大分宗體〔四三〕。

三明功用〔四四〕者。

大悲經云：但使性是沙門〔四五〕，汙沙門行、形是沙門、披著袈裟者，於彌勒佛乃至樓至佛所，得入涅槃，無有遺餘。

悲華經云〔四六〕：如來於寶藏佛所發願：「成佛時，我袈裟有五功德〔四七〕：一、入我法中，或犯重、邪見等四眾，於一念中敬心尊重，必於三乘受記。二者，天龍、人、鬼，若能恭敬此人袈裟少分，即得三乘不退。三者，若有鬼神、諸人，得袈裟，乃至四寸，飲食充足。四者，若眾生共相違反，念袈裟力，尋生悲心〔四八〕。五者，若在兵陣，持此少分恭敬尊重，常得勝他〔四九〕。若我袈裟，無此五力，則欺十方諸佛〔五〇〕。」

僧祇云：僧尼有戒德，俗人索破袈裟段欲禳災〔五一〕者，得與小者等。

【校釋】

〔一〕制意　資持卷下一：「文列十段，義節為五。」（三六〇頁上）扶桑記：「謂制意五科中引十種文是也，又鈔不分十段五段之意，乃記中義節為五科也。」（二九四頁上）

〔二〕**欲現未曾有法**　鈔科卷下一：「初，異外俗意。」（一〇一頁上）資持卷下一：「多論示希有義。」（三六〇頁上）鈔批卷二四：「此三衣名相，由佛出世乃現。自此已前，曠劫未有此名，故曰未曾有法也。」（九五七頁上）

〔三〕**一切九十六種外道，無此三名**　簡正卷一五：「多論云：外道有六師，有十五弟子。師別有法，與弟子不同，各成異見。六師六十，五六三十，并本六師，即為九十六種外道。此等諸外道，無此三衣名也。」（八九五頁上）鈔批卷二四：「案多論云：外道六師門徒，一師有十五種教，以授弟子。由教各異故，弟子受行亦成異見。如是一師，出十五種異見。師別有法，與弟子不同。師與弟子，通為十六種。如是六師，有九十六師所用法。及其將終，授弟子，如是師師相傳。常有六師，是根本一師之下，出十五種異見，即是枝條，事同佛法中離分十八部，皆從根本上座、大眾部中生也。」（九五七頁上）資持卷下一：「三名，即僧伽梨等，尚無北（【案】『北』疑『此』。）『名』，況有『實』乎！」（三六〇頁上）

〔四〕**為三時故，制有三衣**　簡正卷一五：「三時者，西國無秋，以制三衣遮形也。」（八九五頁上）鈔批卷二四：「案分別功德論第四云：有浮彌比丘者，守持三衣，不離食息。或曰造三衣者，以三轉法輪故。或云為三世，或云為三時故，故設三衣。」（九五七頁上）資持卷下一：「功德論中，有二意：一、對三時；『亦』下，二、為障蟲。言三時者，乃是興制之緣，非謂三時不通互著。人多錯會，學者須知。」（三六〇頁上）扶桑記：「功德論，明本作『重者五條，中者為七條，薄者十五條』。恐是傳寫誤乎！」（二九四頁上）

〔五〕**冬則著重，夏則著輕，春則著中**　鈔批卷二四：「為是三時故，便具三衣。重者五條，中者為七條，薄者為十五種。若大寒時，重著三衣，可以彰之。或曰：亦為蚊、虻、蠓子，故設三衣。以是緣故，常持不忘。」（九五七頁上）

〔六〕**亦為諸蟲**　簡正卷一五：「若不著三衣，則不免蚊、虻之所唼嚙。亦為遮形故。」（八九五頁上）

〔七〕**佛聖弟子住於中道，故著三衣**　簡正卷一五：「住於中道者，俗則太奢，外道太儉，各執一邊。佛制三衣，離此二邊，表於中道。外道裸身無恥者，謂西土有外道，名離繫子，亦名無慚，以橫我無始時，來不得解脫，只為著衣，蓋覆其形。今但裸身，或以灰塗身，必得解脫。今為異彼故也。白衣多貪，故重重著之。」（八九五頁下）資持卷下一：「智論：聖弟子者，通目凡聖，修聖道者。」（三六〇頁上）鈔批卷二四：「案智論第六十八卷云：行者少欲知足，衣

數（原注：『數』字原本不明。）蓋形，不多不少，（九五七頁上）故受但三衣法。白衣樂故，多畜種種衣。或有外道苦行故，裸形無恥。是故，佛弟子捨二邊，處中道，行住處、食處常用，故事三衣。私云：俗則太奢，外道太儉，各執一邊。今制三衣，離此二邊，表行中道也。」（九五七頁下）

〔八〕**外道裸身無恥，白衣多貪重著**　簡正卷一五：「外道裸身無恥者，謂西土有外道，名離繫子，亦名無慚，以橫我無始時，來不得解脫，只為著衣，蓋覆其形。今但裸身，或以灰塗身，必得解脫。今為異彼故也。白衣多貪，故重重著之。」（八九五頁下）資持卷下一：「外道裸身，表著空也。白衣重著，表著有也。比丘三事，不多不少，表住中道，（三六〇頁上）不著空、有二邊也。」（三六〇頁上）鈔批卷二四：「案智論第六十八卷云：行者少欲知足，衣數（原注：『數』字原本不明。）蓋形，不多不少，（九五七頁上）故受但三衣法。白衣樂故，多畜種種衣。或有外道苦行故，裸形無恥。是故，佛弟子捨二邊，處中道，行住處、食處常用，故事三衣。私云：俗則太奢，外道太儉，各執一邊。今制三衣，離此二邊，表行中道也。」（九五七頁下）

〔九〕**為異外道故，便以刀截，知是慚愧人衣**　資持卷下一：「十誦中，以外道有著全段白㲲故，截以異之。」（三六〇頁中）簡正卷一五：「西土又有一類外道，披於全段白㲲，以表全未離欲貪。今異彼人，故令割截意，表斷惑，則知是慚愧人衣相故。」（八九五頁下）

〔一〇〕**四無量**　鈔科卷下一：「『雜』下，表內行意。」（一〇一頁下）簡正卷一五：「四無量者，慈、悲、喜、捨。慈謂慈善，悲謂悲愍，喜謂喜悅，捨謂平等。」（八九五頁下）資持卷下一：「遍生境故，稱無量。」（三六〇頁中）

〔一一〕**慈悲者之服**　簡正卷一五：「鈔主准其所修之行，而詔其衣，則慈悲者之所服也。」（八九五頁下）

〔一二〕**著袈裟者，捨離三毒等**　鈔科卷下一：「『華』下，捨諸惡意。」（一〇一頁下）資持卷下一：「華嚴三毒，四分結使皆目煩惱。戒壇圖經云：五條下衣斷貪身也，七條中衣斷瞋口也，大衣上衣斷癡心也。（即配『三毒』及『三業』也。）」（三六〇頁中）扶桑記釋「配三毒」：「此中三毒約輕重次第而配下中上衣。三業更約粗細次第，以示斷有難易。」（二九四頁上）

〔一三〕**懷抱於結使，不應披袈裟等**　鈔批卷二四：「案拘睒彌犍度中云，拘睒彌國諸比丘鬥諍，共相誹謗罵詈，令僧破壞，而不和合。佛以觀喻，說偈和滅。偈中有此言：『雖有袈裟服，懷抱於結使，不能除怨結，彼不應袈裟。結使已除滅，

持戒自莊嚴，調伏於怨仇（『仇』音），彼則應袈裟。』疏解云：此明服為道標。
愚智二人，有稱不稱舉，服尊而德卑，自愧恥德不稱服，服是忍辱鎧故。出家
行道，無欲之人，而行嗔恚，甚不可也。譬如清冷雲中，礔礰起火，非所應
也。」（九五七頁下）

〔一四〕三衣能障　簡正卷一五：「如下文云：初夜蓋下衣，中夜蓋中衣，後夜蓋上衣
等是也。」（八九五頁下）鈔批卷二四：「亮云：若著一衣，身體垢穢，多生慚
愧也。」（九五七頁下）

〔一五〕不能有慚愧　簡正卷一五：「三衣各用有儀，五條道行時用等。若但制一衣，
染淨同用，不能令他生於慚愧善心故。」（八九五頁下）資持卷下一：「第二應
云：一衣不能有慚愧，三衣能有等，餘三亦然。疏解云：由常一衣染淨，通著
慚愧不生，以隨三用，各有法式，屏露行護，發生善心故。」（三六〇頁中）
扶桑記：「隨三用，行宗：下衣作務道行，中衣入眾法食，上衣說法入聚。發
善心者，此生自善，下生他善。反披高攠者，四分聚落外，令反著衣。僧祇不
著者，掓褻舉之。」（二九四頁下）

〔一六〕不中入聚落　簡正卷一五：「若常著一衣垢穢，不堪入王宮聚落。今若制三，
即僧伽梨可著入王城聚落也。」（八九五頁下）資持卷下一：「第三，反明三
衣，則中入聚。疏云：由僧伽梨，隨聚方服，生物信故。」（三六〇頁中）

〔一七〕道行不生善　簡正卷一五：「若在道行，反披高攠，敬護如塔，幽顯所敬也。」
（八九六頁上）資持卷下一：「具三衣則道行生善。疏云：若在道行，反披高
攠。（準下村外，得反披或攠肩上。）敬護如塔，幽顯懷德故。」（三六〇頁中）

〔一八〕威儀不清淨　簡正卷一五：「四儀受用，各有所在。若一衣常著，則不能淨潔
故。今若制三，便具上來五種之意也。」（八九六頁上）資持卷下一：「明三衣
威儀淨者，疏云：四儀受用，各有所在故。」（三六〇頁中）

〔一九〕賢聖沙門標幟　鈔科卷下一：「『僧』下，同聖儀意。」（一〇一頁下）簡正卷
一五：「僧祇云：有一外道，父母在佛法中出家。其有外道子，寒時無衣，其
母遂脫鬱多羅僧與之。彼得衣已，著入酒店，招世譏責。諸比丘尼以過白，佛
言：『沙門衣者，賢聖標幟。若更與外道著者，犯提。』文中『幟』字，合從
『心』作，『昌志』反，認也。今多從火作者，非也。有則請改。」（八九六頁
上）資持卷下一：「僧祇賢聖通目，大小三乘。懺（【案】『懺』疑『幟』。），
音『志』，旗之異名，（又，通『熾』『試』二音。）字，合作『識』，即訓『記』
也。」（三六〇頁中）【案】僧祇卷三八，五二八頁上。

〔二○〕**鉢是出家人器**　簡正卷一五:「謂見執鉢乞食資身,便知是佛弟子,必非俗也。故晉桓帝令僧依俗設拜,盧山遠大師上表諫云:袈裟無領,非朝宗之服;孟(【案】『孟』疑『盂』。)無足,非廊廟之器等。」(八九六頁上)資持卷下一:「亦謂表異外道俗流。據在後明,相因引耳。」(三六○頁中)

〔二一〕**當宗、外部,多為寒故制三**　鈔批卷二四:「案五分云:佛從毗舍離漸漸遊行,到遮鉢羅塔。時冬天大寒,著一衣露地而宿。初夜過已,覺寒,復著一衣;中夜過已,覺寒,復著一衣。不復寒苦,便作是念:『未來諸比丘,若不耐寒,著此三衣,足以御之。』明旦集諸比丘,具說昨夜意,結戒制畜三衣。」(九五八頁上)資持卷下一:「衣犍度中,佛因夜寒,初中後夜次第取三衣重著,因制三衣。佛言:『當來善男子不忍寒苦,畜三衣足不得過。』『外部』,即上二論。」(三六○頁中)

〔二二〕**三世如來,並著如是衣**　資持卷下一:「特推極果,以顯聖儀。意令服者,起勝想故。」(三六○頁中)

〔二三〕**釋名**　簡正卷一五:「以謂西國多是毛作故,(八九六頁上)下文有黑白毛臥具等。此土多是布絹為之。」(八九六頁下)

〔二四〕**如來所著衣,名曰「袈裟」**　資持卷下一:「總名者,上、中、下衣,同一號故。增一但有梵名,前後所引經律,多號袈裟。真諦雜記云:袈裟是外國三衣都名,名含多義:或名離塵服,(斷六塵故;)或名消瘦服,(割煩惱故;)或名蓮華服,(離染著故;)或名間色服,(三如法色成故。)」(三六○頁中)
【案】本節文字,「增一云」下,明總名;「四分云」下明別名。

〔二五〕**此袈裟衣,從色得名**　簡正卷一五:「謂本所著衣,不名袈裟。西國有艸名袈裟草,取此為染,作壞色故。是以從染處,立此衣名也故。羯磨疏云:然袈裟者,本番染色,實非衣名。律云:應作袈裟色,即壞色也。何干名體?」(八九六頁下)鈔批卷二四:「應師云:案外國通稱袈裟,此云不正色也。諸草木中,若皮、若葉、若華等,不成五味、難以為食者,則名袈裟。此物染衣,其色濁赤,故梵本五濁之濁,亦名袈裟。天竺比丘多用此色。或言緇衣者,當是初譯時,見其色濁,因以名也。韻集:音『加沙』,字本從『毛』作。葛洪後作字苑,始改從『衣』也。羯磨疏云:六味中有袈裟味,謂袈裟是淡味也。據此袈裟是色名也。淨三藏云:袈裟者,乃是赤色之義,如以陀棗心染也。」(九五八頁上)資持卷下一:「從色名者,即經所謂『壞色衣』也。」(三六○頁中)扶桑記:「應法紀云:外國凡不正色,通曰袈裟;又凡草木葉皮花果,不成五

味，雜為食者，亦云袈裟。皆取不正義。」（二九四頁下）

〔二六〕**染作袈裟色** 資持卷下一：「『下文』即後引云『此翻不正色染』是也。」（三六〇頁中）簡正卷一五：「鈔下文明色中引四分衣法云『上色染衣，當壞作袈裟色』（【案】見後文『二、作衣方法』。），指此文也。」（八九六頁下）

〔二七〕**袈裟味** 資持卷下一：「此示非正衣名。疏云：如六味中，有袈裟味，可是衣也。」（三六〇頁中）

〔二八〕**若據此土所翻，通名為「臥具」** 簡正卷一五：「謂通翻三衣為臥具也。羯磨疏云：十誦翻為『敷具』，謂衣相狀似氈褥等。四分翻為『臥具』者，彼衣有多重數，或三、四等，猶如此土被相不別故。戒疏云：『三衣』翻為『臥具』，略得其相，而失其旨。」（八九六頁下）

〔二九〕**「三十」中，「臥具者，三衣總名」** 簡正卷一五：「蠶綿、黑白、減六年等，皆是三衣，並翻為『臥具』，皆為此土先無其衣，不可對譯。但取相重三肘五肘，同此臥具相翻之也。」（八九六頁下）資持卷下一：「三十中者，即蠶、綿、二毛，減六年四戒。」（三六〇頁下）

〔三〇〕**聽以刀截成沙門衣，不為怨賊所劫** 資持卷下一：「初科，前明製造。」（三六〇頁下）【案】本節分四：一、「而此三」下；二、「大衣云雜」下；三、「若就條」下；四、「若就通」下。

〔三一〕**應作安陀會襯體著，鬱多羅僧、僧伽梨入聚落著** 資持卷下一：「『應』下，列名。『鬱多羅僧』下，脫『入眾著』三字。」（三六〇頁下）扶桑記：「『儭』與『襯』音通，故借。」（二九九頁上）【案】襯，底本為「儭」，據敦煌甲本、敦煌乙本及四分改。四分卷四〇，八五五頁中。

〔三二〕**慧上菩薩經** 鈔科卷下一：「初，引經文以明。」（一〇一頁下）資持卷下一：「慧上菩薩問大善權經，有二卷。今引下卷。」（三六〇頁下）

〔三三〕**中著衣** 資持卷下一：「最在內故。」（三六〇頁下）

〔三四〕**上衣** 資持卷下一：「五條上故。問：『伽梨最上，何不名者？』答：『若據二衣，並五條上。但伽梨稀用，從別標名。』」（三六〇頁下）

〔三五〕**眾集時衣** 鈔批卷二四：「立謂：此是入王宮聚落，名眾集也。（未詳。）人名七、九條也者，准律條數自別，不云安陀會等。（九五八頁上）不言五條是安陀會，此人名之云七五條等也。唐三藏云『僧伽致』，或『僧伽胝』，譯為『合』，或為『重』，謂割之合成，又重也。『郁多羅僧伽』，譯云『上著』。言於常所服中，最在其上故也。『安多婆裟』，或『安陀羅拔薩』，譯云『中宿衣』，或云『裏

衣』也。」（九五八頁下）

〔三六〕**義翻多種**　鈔科卷下一：「『義』下，示義翻多種。」（一〇一頁下）簡正卷一五：「大集經曰『離染服』。賢愚經名『出世服』。四分律名『三法服』，或名『痟瘦服』，由損煩惱故。又法華云者，如來衣等。上來所引不少，非多何耶？大衣等者，據別相說，或約義，或就數等。如鈔列之。」（八九六頁下）

〔三七〕**雜碎衣**　資持卷下一：「『大』下，列釋三名。雜碎，約相中價，約直在二衣之間下，就著用，最在下故。王宮聚落生物善故，及說法、授戒，亦須著之，示尊相故。」（三六〇頁下）簡正卷一五：「據別相說，或約義，或就數等。如鈔列之。」（八九六頁下）

〔三八〕**入眾衣**　資持卷下一：「入眾，語通謂齊（【案】『齊』疑『齋』。）講、禮誦、諸羯磨事，並著七條。」（三六〇頁下）

〔三九〕**院內、道行、雜作衣**　資持卷下一：「院內，即寺中居房室等；道行，謂曠路中行；雜作，即諸作務。並服下衣。」（三六〇頁下）

〔四〇〕**若就條數**　鈔科卷下一：「『若』下，就條相以辨。」（一〇一頁下）簡正卷一五：「四分衣法云：諸比丘不知當作幾條。佛言：應作五條，不應作六；應作七，不應作八；應作九，不應作十；乃至十九條，不應二十條等。鈔從多至少也。」（八九七頁上）

〔四一〕**律中無「五」「七」「九」名**　資持卷下一：「非出本律，世中相傳，故云律無等。十九、十七趣舉中品。如後細分。」（三六〇頁下）簡正卷一五：「簡濫也。律文但云：從今已去，聽諸比丘作割截安陀會、鬱多羅僧、僧伽梨。且不言五條是安多會，乃至九條是僧伽梨等。今時呼七條為鬱多羅，九條為僧伽梨。但是人之謬字也。」（八九七頁上）

〔四二〕**縵僧伽梨**　鈔科卷下一：「『若』下，約通相以論。」（一〇一頁下）資持卷下一：「文舉縵衣為例，即如三衣互為從衣，但是約用加名，不論體相。然雖互通，本制須定。」（三六〇頁下）簡正卷一五：「對前條數，得通相名。如漫通三衣，云通相也。」（九五八頁下）扶桑記「本制須定」：「雖以五條為大衣、從衣，不可作務行道著之。但三衣難辨，而闕則開從也。」（二九五頁上）

〔四三〕**則隨力所辦，隨用分三，非無大分宗體**　簡正卷一五：「衣段多則作多條數，少則作少條數。若更不足，當揲葉。又，無應漫作等。隨用分三者，既云漫衣，更無異相。但隨上、中、下衣之用，而分三也。非無大分宗體者，漫衣雖隨用分三，然據衣大家分位，宗體量之，廣狹各別。謂『漫僧伽梨』亦須宗其（原

注：『其』一作『他』。）條葉，僧伽梨之量廣狹。又，不得但言『漫衣』，應云『漫僧伽梨』。餘二准此。」（八九七頁上）鈔批卷二四：「謂縵衣能從於上中衣之用，故云從（原注：『從』疑『隨』。）用也。非無大分宗體者，立謂：『縵衣』乃是二眾沙彌之正體，彼不合著有條葉之衣（原注：插入『衣』字。）。但有兩個縵衣：一、當鬱多羅僧，一、當安陀會。今為大僧作割截，大衣不足，開作七條。又復不足，乃至縵作，故云隨力所辦。以大僧由得用之，故云非無大分宗體。自意云：隨用分三，非無大分宗體者，此是通結上來所明三衣之名。謂立此三名，言『伽梨安』、『陀會』等，諸部無正翻。上所列諸文，解其衣名者，並是約從用作名耳，故曰隨用分三也。即此約用明三，亦不乖大宗途路，故曰非無大分宗體。（此解好。）濟云：此語結上縵衣通三衣義也。雖縵通三處，然據宗論體，終自各別。以作大衣用者，則量長廣。若作下衣之用者，則量亦短狹，以縵名雖是通。若據所用宗體，亦自各別，故曰非無大分宗體。（九五八頁下）」（九五九頁上）資持卷下一：「有闕開從，故云非無大分等。」（三六〇頁下）

〔四四〕功用　簡正卷一五：「功謂功能，用謂勝用。」（八九七頁上）

〔四五〕但使性是沙門　資持卷下一：「初，舉破況持，性謂受體。次，舉無況有，形謂容儀。無破尚爾，況受持耶？彌勒當來人壽，八萬歲時出世，三會說法，度人無量。釋迦遺法，弟子初會先度，縱不得度，乃至千佛，最後樓至。釋迦弟子無不度盡，故曰無遺也。樓至，經作盧遮，此云『啼哭』，從悲為名。」（三六〇頁下）鈔批卷二四：「謂有戒體之性，故曰性是沙門也。案大悲經之三卷云：佛告阿難，於當來世法欲滅時，當有比丘、比丘尼，於我法中，得出家已，手牽兒臂，而共遊行。從酒家至酒家，於我法中，作非梵行。彼等雖為以酒因緣，於此賢劫，一切皆當得涅槃。此賢劫中，當有千佛出興於世，我為第四。次後，彌勒當補我處，乃至最後盧至如來。如是次第，汝應當知。阿難，於我法中，但使性是沙門，污沙門行，自稱沙門，形似沙門。當有被著袈裟者，於賢劫彌勒為首，乃至盧至如來。彼諸沙門，如是佛所，於無餘涅槃，次第得入般涅槃，無有遺餘。何以故？如是一切諸沙門中，乃至一稱佛名，一生信者，所作功德終不虛設。我以佛智，測知法界故也。」（九五九頁上）扶桑記：「盧遮，曾部王之千子中，末子意無量也。」（二九五頁上）【案】大悲經卷三，大正藏第一二冊，九五八頁上。

〔四六〕悲華經云　資持卷下一：「文出第八。如來因地為大悲菩薩時發此願也。」（三

六〇頁下）簡正卷一五：「『悲華經等，按（八九七頁下）彼云：釋迦因中，曾為梵志，名為寶海，於寶藏佛法中敬信三寶，四事供隨，發菩提心。彼佛授記，過恒沙阿僧祇劫，入第二恒河沙劫，後分賢劫之中，當得成佛。爾時，梵志聞佛記莂，遂發誓願。袈裟五功德，如抄列也。時彼佛申金色臂，摩梵志頂，讚言：『善哉大丈夫。如汝所言，呼為大悲菩薩。』」（八九八頁上）【案】悲華經卷八，大正藏第三冊，二二〇頁上。

〔四七〕**我袈裟有五功德**　資持卷下一：「初與四，滅惡力。初是除業，四即息諍，餘三生善力。二獲來果，三感現樂，五增長威勢。」（三六〇頁下）

〔四八〕**若眾生共相違反，念袈裟力，尋生悲心**　簡正卷一五：「文中第四段，眾生違返，尋生悲心者，如財（【案】『財』疑『賊』。）盜僧物，僧雖捉得其賊，僧法必死之事，不應告人，豈非念袈裟力，生悲心耶！」（八九八頁上）資持卷下一：「經云：其有眾生不相從順，多饒怨嫉，共相鬥戰，乃至交戰之時，能念袈裟，令彼眾生，得悲心、軟心、無（三六〇頁下）怨心等。」（三六一頁上）

〔四九〕**若在兵陣，持此少分恭敬尊重，常得勝他**　簡正卷一五：「第五段，經云：四寸著身，戰諍俱息，是慈力。問：『若在兵陳，持少分便得勝，忽兩邊，俱有其事云何？』答：『若二俱持，兵士和同，彼此不相侵也。』」（八九八頁上）鈔批卷二四：「且以近事，用通遠教。唐初有權律師者，高麗人也。大唐掃平天下，往征高麗，權當時身充彼兵，先曾聽法，聞袈裟威力，（九五九頁上）求得數繫衣中。時唐兵往伐，兩陣交戰，權恐沒陣，便寫仗脫甲，步進歸降。唐兵數萬，遙見權來，似如百萬之眾，盡著光明甲，森然前進。唐兵大懼，亦寫仗（【案】『仗』疑『信』。）告降，及至權邊，更無餘眾，惟其神異，尋遣奏聞，執權至京，勅令與官。權素有信心，志求出要，因請出家，住長安，其寺大有神異，肩上放光，夜行之時，人見炬火，豎在肩上。」（九五九頁下）資持卷下一：「彼云：眾生若於鬥戰諍訟為護身故，尊重、恭敬、供養袈裟，常持自隨，令彼眾生所在常勝，無能陵者。縱鬥戰諍訟，安隱解脫等。諒是慚愧人，衣慈悲之服，忽生思念，即息諍情。故諸比丘，深思佛語。或起瞋毒，當自觀身。既服袈裟，寧無慚恥？若我下述誠求證，菩薩說是願已。寶藏如來伸金色臂，摩菩薩頂讚言：『善哉！善哉！大丈夫，汝所言者，是大珍寶、是大賢善。汝成道已，袈裟能成此五聖功德。』僧祇開與禳災頗彰勝德，禳汝陽反除殃也。」（三六一頁上）

〔五〇〕欺十方諸佛　鈔批卷二四：「欺，由負也、誑也、陵也。謂若我袈裟無此五利，則欺負十方佛也。」（九五九頁下）

〔五一〕僧尼有戒德，俗人索破袈裟段欲禳災　鈔批卷二四：「應使淨人與；不得與大段，當與小者。（文直此說。）字書云：攘者，除，又卻也。」（九五九頁下）

【案】僧祇卷三八，五二八頁中。

二、作衣方法

八門不同：

一、求財如法〔一〕

謂非四邪、五邪、興利販易，得者不成〔二〕。律云：不以邪命得、激發得、相得，犯捨墮衣不得作等〔三〕。

二、財體如法〔四〕

必須厚重熟緻〔五〕者。若細薄生疏〔六〕，綾、羅、錦〔七〕、綺、紗、縠〔八〕、紬〔九〕、絹〔一〇〕等，並非法物。

律云：文繡衣不成受持〔一一〕故。僧祇：一切生疏，毛髮、樹皮衣、草衣、皮衣，並不成〔一二〕。五百問云：生絹不得作；必不現身者，得。以作成如法〔一三〕故。

僧祇：龍著袈裟，免金翅鳥難〔一四〕。必不順教，則所被無力〔一五〕故。

三、色如法

四分云：上色染衣不得畜〔一六〕，當壞作袈裟色。此云「不正色染」，具有正翻〔一七〕。若作五納衣者，得〔一八〕；上色碎段者，裁作五納亦得。涅槃云：聽受衣服皮革等；雖聽畜種種衣，要是壞色〔一九〕。

十誦云：一切青、黃、赤、白、黑，五種純色衣，不得著〔二〇〕；除納衣〔二一〕。戒本三色：青、泥、棧〔二二〕也。薩婆多云〔二三〕：五大色衣，不成受作三衣，得作餘衣著，三點〔二四〕淨，用紺、黑、青〔二五〕；除三衣〔二六〕，餘衣三點淨。得皂、木蘭，一切得受〔二七〕。純青、淺青、碧等，點淨，得作衣裏用。若赤、白、黃不純大色者，亦得〔二八〕。若以不如法色染訖，更以如法色染覆，成受持。袈裟者，秦云「染〔二九〕」也，如結愛等，亦名「染」〔三〇〕。真紫色、蘇方、地黃、柰黃、華黃色，並是非法〔三一〕。僧祇云：真緋、鬱金染、紅藍染、皂色、青染，華色，不聽用。聽用根、葉、花、樹皮，下至巨摩汁等〔三二〕。戒本：青、黑、木

蘭〔三三〕。下文廣有染法；青謂銅青，黑謂雜泥等〔三四〕；木蘭者，謂諸果汁等〔三五〕。此翻律者北方，為木蘭染法；僧祇律在吳地翻，以不見故〔三六〕。予於蜀郡，親見木蘭樹皮〔三七〕赤黑色鮮明，可以為染；微有香氣，亦有用作香者。如善見所說〔三八〕。

遺教法律經中「五色」者，此非正錄，無知者用之〔三九〕。四分云〔四〇〕：若青，若黑，若木蘭，一一色中隨意壞。善見云：善來比丘，瓦鉢貫左肩，青色，袈裟赤色鮮明〔四一〕。準此木蘭色〔四二〕也。若見著五大色衣比丘，有智慧者當言：「此是遭賊失衣比丘。」準此，赤色不合受〔四三〕也。

準上律、論及經，並不得純色〔四四〕。必有，須壞，不壞不成受持，著著得罪，如隨相中〔四五〕。

四、定量是非。

四分云〔四六〕：安陀會，長四肘，廣二肘〔四七〕；鬱多羅僧，長五肘，廣三肘，僧伽梨亦爾。然此下衣，極成窄小，當取通文〔四八〕。律言：量腹而食，度身而衣，取足而已〔四九〕。準此無定量，任時進不。

雖爾，亦須楷準〔五〇〕。故士、祇中，各立三品之量〔五一〕。今準薩婆多中〔五二〕，三衣長五肘，廣三肘。若極大〔五三〕者，長六肘，廣三肘半；若極小〔五四〕者，長四肘，廣二肘半者，並如法。若過，若減，成受持，以可截續〔五五〕故；鉢若過、減，不成受，不可截續〔五六〕故。若過量外應說淨，不者犯捨墮〔五七〕。說時應在受後〔五八〕，以法衣外者為長。

五分：肘量長短不定〔五九〕。佛令隨身分量，不必依肘〔六〇〕。

五、條數多少〔六一〕

所以唯隻，如疏、鈔中〔六二〕。

四分云：從九條乃至十九條，五條十隔等。十誦云：若五、七、九、十一，若十五，若過，應割截作〔六三〕。薩婆多云〔六四〕：僧伽梨三品，九條、十一、十三是下品；十五、十七、十九，名中品；二十一、二十三、二十五條，名上品。

四分：至十九條，云「若復過是，亦應畜〔六五〕」。錯注「不」字〔六六〕。今時有三十三條等，無正教制開〔六七〕。

聖跡記云「如來著十三條大衣」〔六八〕，智論云是「氎布僧伽梨〔六九〕」也。準此，以為大準〔七〇〕，隨力辦之。

六、堤數長短〔七一〕。

四分文不了，五條、七條，具明定量、長短〔七二〕；大衣準同〔七三〕。
婆論云：大衣，下者兩長一短，中者三長一短，上者四長一短〔七四〕，名
如法作；若互增減，成受持，著用得罪〔七五〕。

所以須割截者？四分云：不為怨賊所剝〔七六〕；十誦：與外道異〔七七〕
故。律中，沙門衣三種賤〔七八〕：一、刀賤，謂割壞故。二、色賤，不正色
染。三、體賤。謂糞掃，世棄者。

七、重數多少

四分等律云〔七九〕：不得細薄，大衣二重，餘二衣並一重，此謂新
者。若用故者，十誦云：四重作大衣，二重作七條、五條等。薩婆多云：
若新大衣三重〔八○〕：一重新，二重故。餘如十誦〔八一〕。故彼律云：若
三重作大衣、坐具，若以新衣重縫：作時，吉；過限，墮〔八二〕；中間悔，
摘卻者，吉。律中：糞掃衣，隨意多作〔八三〕。

薩婆多云：重縫三衣，設有因緣，摘分持行，到於異處，名不離衣
宿〔八四〕。若死者，前言「本界內」，後言「應與看病人，以本是一衣，
同受持故」〔八五〕；律師云「後是定義」〔八六〕。

八、作衣方法

四分：大衣、七條，要割截，五條得襵葉〔八七〕。

僧祇：若作衣，餘人相助。一日恐不成，應麤行急竟〔八八〕。受持
後，更細刺。中含云：世尊親為阿那律裁三衣，八百比丘同時為連合即
成〔八九〕。四分：尼五日不成僧伽梨，得墮；比丘犯吉羅〔九○〕。

薩婆多：有緣得一端氎，指作三衣，則不犯長〔九一〕。若少一衣五肘
外，若少二衣十肘外，有長者，須說淨〔九二〕。

四分：得縵衣，廣、長足，若裁割作衣便少，令襵葉作〔九三〕。若作
五納衣〔九四〕，得上色碎段衣，亦得裁作五納衣。五分〔九五〕：若染縵衣
作條，又縫葉著衣，今時襵葉，衲多縫著〔九六〕。或襵作衣葉，四分開襵下衣
〔九七〕。或半向上半向下作葉，一切吉羅。若以雜色線縫著衣上，作條幅
處，此是外道法，偷蘭。阿難奉教，為諸比丘作衣法〔九八〕，左條左靡，
右條右靡，中條葉兩向靡〔九九〕。若得衣不足，乃至一長一短作〔一○○〕；
若猶少者，聽襵葉作；乃至不足，聽作縵安多會。準此，本是大衣，少
故。下例成之〔一○一〕。受法正從二品，理須類用。十誦中，有縵僧伽梨

等。僧祇：不得畫作葉，對頭縫之〔一〇二〕，應割截作葉〔一〇三〕；極廣應四指，極狹如䴸麥〔一〇四〕；不得橫葉相當〔一〇五〕；縫衣葉，後衣宣脫，應作馬齒縫〔一〇六〕；衣上下破，應安緣〔一〇七〕。要須卻刺，急時如前分別；借俗人被作三衣中，先作淨，安紐受持〔一〇八〕。

十誦，佛自教比丘施乾紐法〔一〇九〕：前去緣〔一一〇〕四指施乾，後去緣八指施紐，應如是作。準此〔一一一〕，以左肩上常以衣右角覆故——出毘柰耶律。

十誦又云：卻刺者，是佛所許，如法畜用〔一一二〕。直縫不得，是世人衣。為異俗故，又防外道〔一一三〕故。又云〔一一四〕：以一尺二尺物補衣，皆應卻刺。若直縫者，衣主命過，應摘此物與僧，及與看病人〔一一五〕。四分但云「縫僧伽梨」，準用十誦。

三千威儀云：三衣揲四角〔一一六〕。十誦亦爾。四分：挽角令正安揲等。又云：應安鉤紐，肩上揲障垢膩處〔一一七〕。

十誦：若糞掃衣比丘，以佛制不著割截衣入聚落〔一一八〕，便補揲作鉤欄，施緣。佛言：「即當割截，上安揲，得成受持〔一一九〕。」十誦明文開著入〔一二〇〕。準此，貧少衣服，定開入俗。

【校釋】

〔一〕如法　資持卷下一：「離下諸過，清淨財也。」（三六一頁上）

〔二〕非四邪、五邪、興利販易，得者不成　資持卷下一：「『謂』下，示非法。四邪、五邪，如僧網解。」（三六一頁上）

〔三〕不以邪命得、激發得、相得，犯捨墮，衣不得作等　資持卷下一：「『律』下，引證。邪命總上四五。激發現相，亦屬五邪。別舉兩相耳。捨墮衣對上販賣，更兼犯長、乞、浣等犯。然邪心難識，略為辨之。如今禮誦、講經，或復世俗雜伎，心希他物，通號邪緣。或私畜長財，箱囊盈溢，於己物則一毛不拔，於他施則多積無厭。濫倚此緣，故從他乞，酌情檢事，不淨何疑，負識高流，幸宜改跡。」（三六一頁上）鈔批卷二四：「犯捨墮，衣不得作者，以體非故也。」（九五九頁下）【案】四分卷四三，八七八頁上。

〔四〕財體如法　簡正卷一五：「辨財體也。綾羅錦綺，縱然後（原注：『然後』一作『是』）厚孰，為有文像，故不許用。羯磨疏云：錦色綺耀，動心神。約縠細薄生疎，不得綃（音『葉』）。說文云：絹，生絹也。」（八九八頁下）

〔五〕厚重熟緻　鈔科卷下一：「初示如非。」（五七五頁上）資持卷下一：「初科，

前示如法。熟緻，即紬絹、麻苧。熟練厚緻者，然據律文，猶通紬絹。若準章服儀、感通傳，皆非如法。今略引之。傳中，天人云：『佛法東傳六七百載，南北律師曾無此意，安用殺生之財，而為慈悲之服，師何獨拔此意？』祖師答曰：『余因讀智度論，見佛著㲲布伽梨，因懷在心，何得乖此？及聽律後，便見蠶衣、臥具，縱得已成，並斬壞塗埵，由此重增景仰。』又云，復見西來梵僧，咸著布氎，具問。答云：『五天竺國無著蠶衣，由此興念著章服儀等。』（三六一頁上）義淨三藏內法傳中，反加誹毀彼學小乘有部，故多偏執。今宗大乘了義，非彼所知。」（三六一頁中）

〔六〕**若細薄生疏**　資持卷下一：「『若』下，簡非法。生疏，即今有用生紗、生苧、蕉葛等物作袈裟，並是非法。文中，紗別生熟，俱非。」（三六一頁中）簡正卷一五：「辨財體也。綾、羅、錦、綺，縱然後厚孰，為有文像，故不許用。」（八九八頁下）

〔七〕**錦**　簡正卷一五：「羯磨疏云：錦，色綺，耀動心神。約縠細薄生疎，不得。綃，（音『葉』。），說文云：絹，生絹也。」（八九八頁下）

〔八〕**縠**　鈔批卷二四：「縠者，立云：似輕紗，北地多見。濟云：只是輕薄紗，謂婦女家用作上蓋籠裙是也。」（九五九頁下）

〔九〕**紬**　資持卷下一：「紬，即生者不得。」（三六一頁中）

〔一〇〕**綃**　資持卷下一：「綃，古云生絲，繒也。又云：蜀中出細薄絹名綃，引證三段。」（三六一頁中）鈔批卷二四：「綃者，（音『消』。）立云：綃者，麤綃，半生半熟曰綃也。通俗文云：生絲繒，曰綃也。」（九五九頁下）

〔一一〕**文繡衣不成受持**　資持卷下一：「引證，三段。四分證上綾綺。」（三六一頁中）【案】四分卷五〇，九四三頁上。

〔一二〕**一切生疏，毛髮、樹皮衣、草衣、皮衣，並不成**　資持卷下一：「僧祇證上生疏，毛髮、樹皮等，並外道服。」（三六一頁中）【案】僧祇卷二八，四五二頁下。

〔一三〕**作成如法**　資持卷下一：「雖生而厚，障形不露，故云如法。」（三六一頁中）【案】五百問，九七八頁中。

〔一四〕**龍著袈裟，免金翅鳥難**　鈔科卷下一：「『僧』下，引勸。」（一〇二頁下）資持卷下一：「彼律明此鳥兩翅相去五百五十由旬，以龍為食。欲取龍時，以翅扇開海水，龍宮即現。龍怖此故，求片袈裟著宮門上，鳥見生敬，不敢取食。又，時有龍取袈裟戴於頭上，尋岸而行，鳥不能害。斯由製造，依法顯有殊

功，故引誡之。」（三六一頁中）【案】僧祇卷二，二四〇頁中。

〔一五〕**必不順教，則所被無力** 鈔批卷二四：「立謂：上所明袈裟能為福力，攘災免難等者，要是體如非邪命等，所得財作者，方備斯力也。」（九六〇頁上）

〔一六〕**上色染衣不得畜** 鈔科卷下一：「初，通示壞色。」（一〇二頁下）簡正卷一五：「衣法中，緣起因六群。上色者，五方正色也。」（八九八頁下）資持卷下一：「上色者，總五方正間，青、黃、赤、白、黑，五方正色也；緋、紅、紫、綠、硫黃，五方間色也。」（三六一頁中）【案】「色如法」文分為二：初「四分」下；次，「準上律」下。初又分三：初「四分」下；次，「士誦」下；三、「遣教法」下。此處四分、涅槃、士誦之文，以說「衣法中緣起因六群」之事。

〔一七〕**「不正色染」，具有正翻** 鈔批卷二四：「謂袈裟秦時正翻為『染』也。」（九六〇頁上）資持卷下一：「上句對翻，下句指所出。即下多論翻『染』是也。言『正翻』者，顯前臥具等名皆非正。故章服儀云，如經、律中，通云壞色。故文云：當以三種：青、黑、木蘭，隨用一壞，成如法色。又云：不正壞色，唯釋門所懷，別邪正也。明知不正，即袈裟色等。」（三六一頁中）

〔一八〕**若作五納衣者，得** 資持卷下一：「『若』下，明開。五納，即五色碎段，重納為衣。雖是正間，非純色故。」（三六一頁中）簡正卷一五：「舍利弗得上色碎段衣財，欲作五納衣。白佛。佛聽，云：亦得廣長之物，裁作亦許之。」（八九八頁下）

〔一九〕**壞色** 資持卷下一：「『涅槃』下，引證。壞色即不正也。」（三六一頁中）【案】北本涅槃卷四，三八六頁上。

〔二〇〕**一切青、黃、赤、白、黑，五種純色衣，不得著** 資持卷下一：「士誦初出非色，即是五正。」（三六一頁中）【案】士誦卷四一，三〇〇頁下。

〔二一〕**除納衣** 資持卷下一：「簡所開也。」（三六一頁中）

〔二二〕**青、泥、棧** 資持卷下一：「『戒』下，示如法色。泥即黑色，棧即木蘭。」（三六一頁中）鈔批卷二四：「棧謂木蘭也。見隨相九十中。解云：不用紺者，（『古感』反。），青赤色也。釋名云〔註1〕：紺者，含也，謂青而含赤色也。說文云：帛染青而微有赤色也。」（九六〇頁上）簡正卷一五：「棧者，青赤，謂木蘭色也。紺者，合也。青、赤相合，亦是木蘭之異名也。」（八九八頁下）【案】士誦比丘波羅提木叉戒本，四七五頁下。

〔註1〕釋名，漢代的一本書。

〔二三〕薩婆多云　資持卷下一：「婆論三節：初，明點淨；『袈裟』下，次示翻名；『真紫』下，三、簡非色。初中又二：初，明五正開作餘衣……『得皂』下，二、別簡正間得不之相。」（三六一頁中）

〔二四〕三點　資持卷下一：「三色點。」（三六一頁下）

〔二五〕用紺黑青　資持卷下一：「紺謂青赤色，即木蘭異名。」（三六一頁下）

〔二六〕除三衣　簡正卷一五：「謂上色等若作三衣，要必染壞。若但將三色點，不得作三衣，故除也。」（八九八頁下）

〔二七〕得皂、木蘭，一切得受　簡正卷一五：「是如法色。」（八九八頁下）資持卷下一：「皂即黑色，（準應非正。）及木蘭，皆應法。」（三六一頁下）

〔二八〕若赤、白、黃不純大色者，亦得　簡正卷一五：「謂非全是五大色，但染色不成就，故云不純也。亦得點作餘衣，與上淺青意，亦不別。」（八九八頁下）鈔批卷二四：「立明：此云半色也，謂非全是大色。但半是大色，亦得用也。」（九六〇頁上）資持卷下一：「謂同青碧，作衣裏用。」（三六一頁下）

〔二九〕染　簡正卷一五：「前文云『染有正翻』，是指此段也。謂所著三衣，不名袈裟，但將此㲲染為壞色，故知從染色，以立名耳。」（八九八頁下）資持卷下一：「翻名云『染』，即是正翻，但語通如非。故前注中，加『不正色』三字助之，名義方顯。」（三六一頁下）

〔三〇〕如結愛等，亦名「染」　簡正卷一五：「謂真淨之心，妄被色等五塵所染，愛結使生，此二名染，況青等正色，不色覆之，即無正色非染。何也？即顯正翻，是其染義。『真紫』下，明非法色，不許用。」（八九八頁下）鈔批卷二四：「立謂：取其染義是齊也。黃色者，立謂：鬱金花，黃染也。注云比方者，立謂：比是毗近也，並也。謂此律在吳地翻，以北方有木蘭，既不見故，闕翻也。深云：北方者，謂諸方也。云北方有木蘭樹皮，為祇律在吳地翻，不識此木。今時諸果汁，染為木蘭染法也。」（九六〇頁上）資持卷下一：「舉例顯義，結愛煩惱，染污淨心。以色染物，義亦同此。（如墨子見染絲而悲之類。）」（三六一頁下）

〔三一〕真紫色、蘇方、地黃、柰黃、華黃色，並是非法　資持卷下一：「簡非中。真紫即紫草染者。蘇方，木名，今時蘇木是也。地黃謂土黃。柰黃，用柰皮染者。花黃，謂紅花、槐花等染。嘗考大藏，但有青、黑、木蘭三色如法。今時沙門多尚紫服，按唐紀，則天朝薛懷義亂於宮庭，則天寵用，令參朝議。以僧衣色異，因令服紫袈裟、帶金龜袋。後偽撰大雲經結十僧，作疏進上，復賜

十僧紫衣龜袋。由此，弊源一洩，于今不返。無知俗子，濫跡釋門，不務內
修，唯誇外飾。矧乃輒預耆年之上，僭稱大聖之名，國家之所未詳，僧門之
所不舉，致使貪婪嗇吝之輩，各逞奢華。少欲清淨之風，於茲墜滅。且儒宗人
倫之教，則五正為衣，釋門出世之儀，則『正』『間』俱離。故論語云：紅紫
不以為褻服。（褻服，私服也。決云：不為褻服，則公服可知矣）。文中子云
『君子非黃白不衣』。尚非俗禮所許，豈是出世正儀？況律論明文，判為非
（【案】扶桑記：『資持：非字寫誤，論作作字。』三〇二頁上。）法。苟不信
受，安則為之？又，學律者，畜不淨財，買非法服。及講至此，目矚相違，遂
飾己過，以誑後生。便云：律中違王制，犯吉，我依王制耳。且多論明違王制，
乃謂比丘不遵國禁。如今國家束約僧徒，二十出家，係名簿藉，出外執憑，帶
持禁物。似此等事，有違結犯。何嘗禁僧，不聽著褐？如此說者，豈唯誹謗正
法，抑亦不識王制？涅槃所謂『如何此人舌不卷縮』，諒有生（三六一頁下）
報，故未彰現相耳。僧祇初示染物，如非鬱金樹根，可染黃色。紅藍即紅花，
青染即藍，澱花色謂班文。」（三六二頁上）扶桑記釋「褐」：「編枲粗短衣尋
毛布，賤者所服。」（二九六頁上）【案】多論卷八，五五六頁中～下；卷九，
五五九頁上。

〔三二〕聽用根、葉、花、樹皮，下至巨摩汁等　簡正卷一五：「從『聽用』下，明如
　　　法色許用。」（八九八頁下）資持卷下一：「『聽用』下，次，明如法。巨摩即
　　　牛糞，西土牛食香草，人所貴之。此方不宜，故不應用。」（三六二頁上）【案】
　　　僧祇卷二八，四五四頁下。

〔三三〕青、黑、木蘭　資持卷下一：「『戒本』下，次明如色名相。」（三六二頁上）
　　　【案】僧祇戒本，五五三頁上。

〔三四〕下文廣有染法；青謂銅青，黑謂雜泥等　資持卷下一：「『戒本』下，次明如色
　　　名相。初，引戒本示名；次，引廣文顯相。」（三六二頁上）資持卷下一：「銅
　　　青謂青褐，如舊銅色。（今罾成銅青，乃是正色耳。）雜泥謂以果汁浸於鐵器，
　　　遂成黑色。河底緇泥，亦可染黑。」（三六二頁上）【案】僧祇戒本，五五三頁
　　　上。

〔三五〕木蘭者，謂諸果汁等　資持卷下一：「頗乖色相，故注以會之。」（三六二頁
　　　上）【案】僧祇戒本，五五三頁上。

〔三六〕此翻律者北方，為木蘭染法；僧祇律在吳地翻，以不見故　簡正卷一五：「注
　　　文和會木蘭色。四分在秦地翻，彼有木蘭皮，似乾施皮，（八九八頁下）以酢

漿浸之，搗取汁，染成赤黑色。祇律在宗朝（【案】『宗』疑『宋』。）吳中翻，
彼無此皮，故假作此色。今師以親見為憑。」（八九九頁上）資持卷下一：
「『此』即本部。姚秦都長安，故云北方。僧祇翻在揚都，故云吳地。」（三六
二頁上）

〔三七〕**予於蜀郡，親見木蘭樹皮**　資持卷下一：「『余』下，引親見為證，可驗僧祇翻
傳失旨，蜀部即川中。準知，木蘭乃是華語。」（三六二頁上）【案】「郡」，底
本為「部」，據大正藏本及文義改。

〔三八〕**如善見所說**　簡正卷一五：「袈裟赤色鮮明，即此木蘭染色也。」（八九九頁
上）資持卷下一：「指善見者，即如次科赤色鮮明是也。」（三六二頁上）鈔批
卷二四：「案見論中，善來比丘袈裟鮮明，如赤蓮花，八事隨身，謂三衣、鉢、
針、線、斧子、漉水囊也。今引此文，明善來身著赤衣，證上木蘭，定赤色
也。」（九六〇頁下）【案】善見卷七，七一八頁上。

〔三九〕**遺教法律經中「五色」者，此非正錄，無知者用之**　鈔科卷下一：「『遺』下，
引文斥濫。」（一〇二頁下）鈔批卷二四：「此是偽經，不入目錄。其經中許著
五大色衣也。」（九六〇頁下）簡正卷一五：「引經許著五大色之失。亦名遺教
法律三昧經文。此經明五部各著一色。僧祇著黃，五分著青，四分著皂，迦葉
遺著木蘭，十誦著絳色。此是偽注，不入正錄。古師引用，今師判作無知。羯
磨疏引真諦云：中國，僧雖五部，亦色皆同一也。故此非之。」（八九九頁上）
資持卷下一：「斥濫中。初，斥用偽經。彼經分五部衣色，謂僧祇著黃，五分
著赤，四分著皂，迦葉遺著木蘭，十誦著絳色。（以僧祇入五部，本枝不分。
又，五部中，闕婆麤部。）此雖指斥義鈔，復引未詳何意。又，舍利弗問經、
僧祇、迦葉遺同上，四分著赤，十誦著皂，五分著青。然服飾隨時，未必一定，
兩經互說，不足致疑。縱用彼文，止是名濫。如諸部青黑，豈得正色乎？」（三
六二頁下）【案】「遺」，底本為「遣」，據敦煌甲本、敦煌乙本、敦煌丙本及弘
一校注改。

〔四〇〕**四分云**　資持卷下一：「『四分』下，引律論證非。四分三色隨壞。」（三六二
頁上）【案】四分卷一六，六七六頁下。

〔四一〕**善來比丘，瓦鉢貫左肩，青色，袈裟赤色鮮明**　資持卷下一：「善見謂為遭
賊。明知五大，本非如法。」（三六二頁上）簡正卷一五：「『善見』下，引證
赤色也。寶曰：瓦鉢貫在肩，青色謂孔雀咽，青翠色也。下句云：袈裟赤色鮮
明，此因便相從。行文無意，只為證袈裟赤色也。玄記以『青色』字屬下句

者，失文意。」（八九九頁上）【案】善見卷七，七一八頁上。

〔四二〕準此木蘭色　資持卷下一：「注文兩段。前定色相，以名濫故。」（三六二頁上）

〔四三〕赤色不合受　資持卷下一：「後準文決，恐妄執故。」（三六二頁上）

〔四四〕準上律、論及經，並不得純色　資持卷下一：「結斷中。初指諸教。『純色』謂五方正間。」（三六二頁上）

〔四五〕如隨相中　資持卷下一：「『必』下，示成否。隨相即九十新衣戒。」（三六二頁上）鈔批卷二四：「『九十』中，得新衣，不作三種染壞色而受持者，波逸提也。」（九六〇頁下）

〔四六〕四分云　鈔科卷下一：「初，明四分兼含。」（一〇二頁下）資持卷下一：「四分有通局二量。初，示定量。」（三六二頁上）【案】四分卷四一，八六三頁上。

〔四七〕安陀會，長四肘，廣二肘　資持卷下一：「安陀會，長七尺二寸，廣三尺六寸。此謂下衣，道行、作務，故不宜大。業疏云：諸部極小，唯四分文。出家貧乏，故是常也。餘二衣，長九尺、廣五尺四寸。」（三六二頁上）

〔四八〕然此下衣，極成窄小，當取通文　資持卷下一：「『然』下，出通量，但云下衣極小。準餘二衣，非小明矣。然恐身量，短長不定，是故三衣，俱準通量。」（三六二頁上）簡正卷一五：「長七尺六寸，故是准也。」（八九九頁上）

〔四九〕量腹而食，度身而衣，取足而已　資持卷下一：「言度身者，此有二法。一、準多論。佛身丈六，衣長丈八、廣丈二，常人半之，衣長九尺、廣六尺。（與四分小異。）據此以算，人身長一尺，則長邊得一尺一寸二分半、廣邊得七寸五分。如是增之，則八尺之人，可著長九、廣六之衣也。更增至佛量，亦無差設。或身相長短不稱，減成儉約，過須說淨。二、準業疏，就身裁度。疏云：從肩下、地踝上四指，以為衣身，餘分葉相，足可相稱。此謂人身多是長短不定，匙有肥羸，縱有肥羸，不妨服用。是故但出廣量，不明長法。（有云：餘分葉相，即是長量。今謂葉相廣長齊，有何獨長邊？）且今時人，少至八尺，但取九尺已內，足可相稱。良由袈裟右角，本在左肩或垂腋下，是故九尺之服，頗宜八尺之身。今則右角前垂，著用乖法，遂使長邊何啻丈二廣邊？不滿五尺，長拖象鼻，動越威儀，習久迷深。何由諫諭，必懷奉法，夫復何言！文中『節量』等，語本是『誡節貪求，令知止足』，故云取足而已。今此引用，意顯隨宜，故云『準此』等。『度』字，入呼，謂裁度也。『取』字，去呼，謂粗略也。」（三六二頁中）【案】四分卷五三，九六二頁下。

〔五〇〕**雖爾，亦須楷準**　鈔科卷下一：「『雖』下，引諸文示準。」（一〇二頁下）資持卷下一：「初二字，躡上通文。亦下一句，生後引用。然四分下衣，雖云窄小，而諸部中，三衣或等足可準繩。恐見度身，便即任意，廣長無法，故云『雖爾』等。（今執丈二長衣，便云律有通文者，正墮此過）。」（三六二頁中）

〔五一〕**故十、祇中，各立三品之量**　簡正卷一五：「十誦云：佛聽比丘立三種衣，謂上、中、下也。上衣長五肘，下衣長四肘、廣二肘半。此二中間，名中衣也。或依僧祇，一衣之中，有三品量。僧伽梨上者，長五肘、廣三肘。中者，長五肘一不舒手，廣三肘一不舒手。（八九九頁上）下者，長四肘半、廣三肘一不舒手。鬱多羅僧三品，大國安陀會上者，長五肘半、廣二肘中者。長三肘一不舒手，廣二肘一不舒手下者。長四肘廣二肘不舒手。上二律文，依量成受過量，不成受急。於四分大小，持戒通文，故鉢不取也。今准多論，通其三衣。各有品數長廣，並如文中。若過若減，皆成受持，以可截續故，與四分度身而衣緩義同，故取之。」（八九九頁下）鈔批卷二四：「案十誦云：佛言聽畜三種衣，謂上、中、下也。上衣是長五肘、廣二肘，長（【案】『長』前疑脫『下衣』二字。）四肘、廣二肘半。此二中間，名中衣也。案祇文中，一个衣中有三品量。文云：僧伽梨有三品上、中、下。上者，長五肘、廣三肘；中者，長五肘一不舒手、廣三肘一不舒手；下者，長四肘半、廣三肘一不舒手。鬱多羅僧三品：上者，長五肘、廣三肘；中者，長五肘一不舒手、廣三肘一不舒手；下者，長四肘半、廣五肘一不舒手。安陀會亦三品：上者，長五肘、廣二肘；中者，長五肘一不舒手、廣二肘一不舒手；下者，長四肘半、廣二肘一不舒手也。」（九六〇頁下）資持卷下一：「『故』下，引示諸文。初指二律。十誦：上衣，長五肘、廣三肘；（同上四分。）下衣，長四肘、廣二肘半；（長同四分，廣加九寸，則四尺五寸。）七條量在上下之間。僧祇：三衣各有三品。上者，長五肘、廣三肘；（亦同四分。）中者，長五肘一不舒手，（謂五中一肘不舒手量，不滿五肘，準彼論肘舒手量之。）廣三肘一不舒手；下衣長四肘半，（八尺一寸。）（三六二頁中）廣三肘一不舒手；中、下二衣，亦各三品。並如上。」（三六二頁下）

〔五二〕**今準薩婆多中**　資持卷下一：「婆論中，三事通有三品。長五、廣三。（中衣同四分。）」（三六二頁下）

〔五三〕**極大**　資持卷下一：「若極大者，長六肘、（一丈八寸。）廣三肘半。（六尺三寸。）」（三六二頁下）

〔五四〕**極小** 資持卷下一:「長四肘,廣二肘牛(【案】『牛』疑『半』。)。」(三六二頁下)

〔五五〕**若過、若減,成受持,以可截續** 資持卷下一:「上出三品如法,下明過減非法。初判成受。過者,可截減則可續。」(三六二頁下)【案】「截續」義即減增。本句明三品,言如法。多論卷四,五二七頁中;卷五,五三七頁中。

〔五六〕**鉢若過減不成受,不可截續** 資持卷下一:「鉢無此義,故受不成。」(三六二頁下)【案】本句明鉢,不可增減。

〔五七〕**若過量外應說淨,不者犯捨墮** 資持卷下一:「『若過』下,判犯準知。今時丈二長衣,既不說淨,皆犯長罪。」(三六二頁下)

〔五八〕**說時應在受後,以法衣外者為長** 簡正卷一五:「謂三衣量,外不可截,除量外是長,必須說淨。要先加法受竟,後即說淨。若先說,後受持,夫淨法也。」(八九九頁下)鈔批卷二四:「明三衣既過量而不截除,其量外(九六○頁下)則是長限,仍須說淨。若先說淨,後加法者,淨法則失;要先加受法,後將說淨,故曰也。」(九六一頁上)資持卷下一:「屬長物故。(故知法衣之上,連帶長物。今按尼鈔,祖師明斷,若過量外,必須淨施。)」(三六二頁下)

〔五九〕**肘量長短不定** 鈔科卷下一:「『五』下,明五分唯通。」(一○二頁下)簡正卷一五:「文中既云隨身量,必不依肘,明知不取量外說淨文。羯磨疏中意亦同此。故彼云:義同五分,隨身最好。今准多論。若過之文,與四分度身、五分隨身,緩義相當也。」(八九九頁下)資持卷下一:「五分初緣,亦依肘量。但隨人用,不能一準,故云不定。」(三六二頁下)【案】五分卷九,七一頁中。

〔六○〕**佛令隨身分量,不必依肘** 鈔批卷二四:「即今時作衣,多分量身而作。所以不得直取五肘、三肘之量。故文云:量腹而食,度身而度,即其義也。(上解『量是非』義竟。已下第五,正明條數多少。)」(九六一頁上)資持卷下一:「佛令隨身,須依業疏,肩踝為度。若前諸部,乃據中人八尺揩定。況分三品,適足隨身,故存品量也。上引二量,攝盡機緣。定量則抑彼貪情,通量則被於異報。大論教意,從儉為先。故章服儀云:減量而作,同儉約之儀;過限妄增,有成犯之法。(或容犯長,或制非法。)又云:頃載下流,驕奢其度,至論儉狹,未見其人。餘如別說。(有云鈔引通文,廢其定量者,此順執情,妄排聖訓。)問:『必準通文,過量得否?』答:『若準多論,量外說淨,非謂不得。但今著者,不行說淨,有犯長過。又復著用有所不便耳。』問:

　　　『今服長衣，為有何過？』答：『此有多過：一、量外犯長提；二、著用犯捨
　　　衣吉；三、長垂肘外有象鼻相，步步吉羅。儻懼因果，請從正教。』」（三六
　　　二頁下）

〔六一〕條數多少　資持卷下一：「條即豎條。五、七、九至二十五，皆從隻數，故徵
　　　所以。」（三六二頁下）

〔六二〕所以唯隻，如疏、鈔中　簡正卷一五：「是（原注：『是』上疑脫『疏』字。）
　　　首疏，是（原注：下『是』上，一有『鈔』字。）義鈔。今且依羯磨疏云：所
　　　以但使者，以沙門行慈，仁育為本，同世陽作，故非偶也。如易中，隻主陽，
　　　偶主陰，陽乃生，陰乃煞。今服此衣，表發生萬善，故數准隻也。」（八九九
　　　頁下）資持卷下一：「業疏云：以沙門行慈，仁育為本，同世陽化，故數非偶。
　　　（隻是陽數，能發生故；偶是陰數，能肅發故。）兼指鈔者，應是義鈔逸文。」
　　　（三六二頁下）鈔批卷二四：「如易中：雙則屬陰，隻則主陽。屬（【案】『屬』
　　　前疑脫『陽』字。）生，陰主殺。以陽能生萬物，取類沙門，以慈仁有為，本
　　　同世陽作，故數非偶也。如言陽氣下降，萬物發生。表今服者，能生萬善也。」
　　　（九六一頁上）【案】「條數多少」釋文分為二：初，「所以」下；次，「四分云」
　　　下，又分三，如鈔科所示。

〔六三〕若過，應割截作　資持卷下一：「四分止十九條，中品之極。十誦止十五條，
　　　中品之初。皆略上品故，並云『若過』也。」（三六二頁下）【案】十誦卷五七，
　　　四一九頁中。

〔六四〕薩婆多云　資持卷下一：「然文非顯了，故引多論，具列大衣三位九品。業疏
　　　云：所以極齊二十五條者，（三六二頁下）欲為二十五，有作福田故。」（三六
　　　三頁上）【案】多論卷四，五二七頁中。

〔六五〕若復過是，亦應畜　鈔科卷下一：「『四』下，斥時濫行。」（一〇二頁下）資
　　　持卷下一：「引律文衣犍度云：諸比丘不知當作幾條衣。佛言：『應五條，不應
　　　六條；（下衣。）應七條，不應八條；（中衣。）應九條，不應十條；乃至應十
　　　九條，不應二十條。（大衣。）若能過是條數，應畜。』（略上三品。）」（三六
　　　三頁上）【案】四分卷四三，八七八頁。「亦」，底本為「不」，據敦煌甲本、敦
　　　煌乙本、敦煌丙本及資持釋文改。

〔六六〕錯注「不」字　鈔批卷二四：「立謂：律文中將『亦』字錯作『不』字，合云
　　　『亦應畜』。律者錯也。」（九六一頁上）資持卷下一：「準律本，無『不』字。
　　　後人不曉，妄注於邊。後有知者，『不』即削除，於下復注，點出前非。至後

鏤板，不能刊正故也。」（三六三頁上）

〔六七〕今時有三十三條等，無正教制開　資持卷下一：「『今』下，正斥。」（三六三
頁上）鈔批卷二四：「立謂：恐是錯，合是『十三條』，錯加『三』。『十三』
也，以西國語倒，恐有先稱『三』、後稱『十』，故成『三十』。此方之言，先
稱『十』，後稱『三』，則是『十三』，故知三十三者非也。以無聖教可准故，
故後引聖迹記云『如來著十三條』，證上十三，是其正義也。」（九六一頁上）
簡正卷一五：「謂今雖經三十三條大衣，未曾見聖教制之，開比丘受持著用。」
（八九九頁下）資持卷下一：「謂非教制，復非所開，不足承用。」（三六三
頁上）

〔六八〕聖迹記云「如來著十三條大衣」　鈔科卷下一：「『聖』下，引聖為準。」（一
〇二頁下）資持卷下一：「聖迹記有二卷，靈裕法師撰。其文但示條相。」（三
六三頁上）簡正卷一五：「彼云：菩薩夜半逾城出家，（八九九頁下）行十二由
旬，到跋伽婆仙人所處林淨，以刀剃髮，持上妙衣，貿麤布僧伽梨，於尼連河
側六年苦行等。引此文意。佛既但著十三條衣。又，布麤示少欲法。以此為
准，今時隨力辨之，何須二十五條，況更無三十三條等。」（九〇〇頁上）

〔六九〕麤布僧伽梨　鈔批卷二四：「案智論第一云：菩薩夜半踰城出家，行十二由旬，
到跋伽婆仙人所住處林中，以刀剃髮，持上妙衣，貿麤布僧伽梨於尼連禪河
側，六年苦行也。」（九六一頁上）資持卷下一：「智論明其衣體，故引以成
之。」（三六三頁上）【案】智論卷一，五八頁上。

〔七〇〕大準　資持卷下一：「謂九品之衣，隨力所辦，從本須作二十五條。力不足者，
次第減降，下至九條。以佛但著下品上衣，故知足以為準。」（三六三頁上）

〔七一〕堤數長短　資持卷下一：「堤謂橫堤，如田之堤岸。章服儀云：條堤之相，事
等田疇。如畦貯水而養嘉苗。譬服此衣，生功德也。佛令像此，義不徒然。」
（三六三頁上）簡正卷一五：「辨堤數也。壅水之塘曰堤。」（九〇〇頁上）鈔
批卷二四：「濟云：堰水塘者曰堤也。」（九六一頁下）

〔七二〕四分文不了，五條、七條，具明定量、長短　鈔科卷下一：「初，示長短數（二）。
初，示本部不了。」（一〇二頁下）簡正卷一五：「四分文不了者，但通云十隔
等。今鈔所引，但定五、七肘量，長短。」（九〇〇頁上）鈔批卷二四：「私云：
此四分但明五、七二衣，條數、長短、定量、大小，不明大衣。今准多論，明
有三品大衣，各明量數者也。」（九六一頁下）資持卷下一：「初科。四分定
量，文如前引。長短如上略示，五條十隔，（一長一短。）餘二衣準之。應云：

七條二十一隔，（兩長一短。）九條二十七隔等，次第增之。據律定量，則出二衣，長短唯據五條。文中通舉，須知兩異。」（三六三頁上）

〔七三〕大衣準同　簡正卷一五：「大衣准同，亦不云提（【案】『提』疑『堤』。）數是不了。今須依他部明之。」（九○○頁上）

〔七四〕上者四長一短　鈔批卷二四：「宣云：所以示長短者，由世稻畦，隨處高下致別。沙門衣現長短者，亦以法服敬田，為利諸有，表聖增而凡減，喻長多而短少也，故世稱為福衣。以畦畔之相，世田用畦盛水，用長嘉苗，養於形命。法衣之田，弘四利之水，增三善之心，養法身慧命也。所以極至二十五條者，人云欲為二十五，有作福田故也。」（九六一頁下）資持卷下一：「疏云：法服敬田，為利諸有，表聖增而凡減，喻長多而短少。」（三六三頁上）簡正卷一五：「問：『何故但增長，而不加廣者？』答：『業疏云：所以示長短者，由世道稻畦，陀（【案】『陀』疑『隨』。）水處高下致別，沙門服衣現長短者，亦以法服敬田，為利所有。聖增而凡減，喻長多而短少也。」（九○○頁上）【案】多論卷四，五二七頁中。

〔七五〕若互增減，成受持，著用得罪　資持卷下一：「『若』下，簡非法。所以成受著用犯者，疏云：著取儀相，用生物善。長短差違，乖慈梵行，隨步越儀，一一結罪。（今時禪眾多作九條，長短不定：或紗或綾，或緋或碧，自號法衣。體色量相，俱乖正制。何法之有！）」（三六三頁上）

〔七六〕不為怨賊所剝　資持卷下一：「以無所直故。」（三六三頁上）簡正卷一五：「即免遭劫剝也。或有仰（【案】『仰』疑『作』。）『利』字釋。既有多種之賤，不任賊用，故非彼利也。」（九○○頁上）【案】四分卷四○，八五五頁中。

〔七七〕與外道異　資持卷下一：「彼著全段白氎故。」（三六三頁上）【案】十誦卷二七，一九四頁下。

〔七八〕沙門衣三種賤　資持卷下一：「引律，三賤正取刀賤，人所棄故。已上諸意，皆託外緣，括（三六三頁上）其所歸。為破貪結，善巧之旨，其在茲乎！」（三六三頁中）【案】四分卷五八，九八八頁下。

〔七九〕四分等律云　鈔科卷下一：「初，新故多少（三）。初純新故作。」（一○二頁中～一○三頁中）資持卷下一：「初文。若據諸律重作，或以布通縵，或兩衣縫合。今準感通傳，天人示法，逐相填之。彼敘天人，問云：『大衣重作，師比行之，然於葉下，乃有三重，豈得然耶？』即問其所作，便執余衣以示之。『此葉相者，表於稻田之塍疆也。以割截衣段，就裏刺之。去葉虁麥已後，此

則條內表田，葉上表渠相，豈不然耶！今則通以布縵，一非割截，二又多重。既非本制，非無著著之失。』問：『下引多論摘分持行，豈非多衣重沓邪？』答：『祖師爾前並依論作，垂終感聖，方復改之。故此傳文，決了三藏不明之事。如坐具四增安左臂等，世並行之，何獨疑此？縱欲通縵，準論應得。但非截多重之難無以通之。』問：『大衣單作加受，成否？』疏云：『得成受，持著用得罪。』」（三六三頁中）

〔八〇〕**若新大衣三重**　鈔科卷下一：「『薩』下，新故參作。」（一〇三頁中）資持卷下一：「相參中。唯大衣可說，餘非所論。初，引論示數。」（三六三頁中）【案】「重」，音蟲，義即「層」。多論卷四，五二七頁下。

〔八一〕**餘如十誦**　資持卷下一：「『餘』下，引律顯制。以新衣止得二重，今多一重，故有犯長也。」（三六三頁中）

〔八二〕**若以新衣重縫：作時，吉；過限，墮**　鈔批卷二四：「立謂：正由作時，違法不成。今濫將充三衣數，不說淨過十日，犯長數也。以佛令一重新，二重故。今三重純新則長，一重非是制限也。以作時犯吉，過日犯提。中間悔摘，卻吉者，謂猶有方便吉也。」（九六一頁下）

〔八三〕**糞掃衣，隨意多作**　鈔科卷下一：「『律』下，拾糞掃作。」（一〇三頁中）簡正卷一五：「謂糞掃不限重數故。」（九〇〇頁上）資持卷下一：「糞掃棄物，不限多重。」（三六三頁中）【案】四分卷四〇，八五七頁中。

〔八四〕**重縫三衣，設有因緣，摘分持行，到於異處，名不離衣宿**　鈔科卷下一：「『薩』下，摘分留置。」（一〇二頁中）資持卷下一：「摘分中。初，明急緣開許，謂衣厚重，不可持行。摘分，謂拆開也。」（三六三頁中）簡正卷一五：「雖復留一兩重，其衣體隨身，故無離宿過。羯磨疏云：大衣必須重復。（九〇〇頁上）今多單作，是非法服。得作受持，服用得罪。作受持得成，單衣受戒得戒，但得不應也。」（九〇〇頁下）鈔批卷二四：「私云：雖復留一兩重，其衣體隨身，故不成離宿過也。」【案】「重縫」，底本為「縫重」，據薩婆多及大正藏本改。多論卷四，五二七頁下。

〔八五〕**若死者，前言「本界內」，後言「應與看病人，以本是一衣，同受持故」**　資持卷下一：「『若』下，次明死後所屬。論出二解：本界內者，即留寄處分之；賞看病者，索往死處與之。」（三六三頁中）簡正卷一五：「前師判云：既摘衣裏，留安界內，合屬界內，輕物分之。後師斷云：合賞看病人，以本是一衣故。律師云：後是定義也。」（九〇〇頁下）鈔批卷二四：「立謂：此比丘衣裏

在界內，將衣體出行，於路身死。彼有看病人，合得三衣，有言既摘留界內，則屬界內。有言屬界內，（九六一頁下）有言屬看病者。」（九六二頁上）

〔八六〕**律師云「後是定義」**　簡正卷一五：「律師，即『論主』也。以本是一受持衣者，病人既得具，合攝得異界物故。下文云云。衣餘處素來此賞。若此德不具，即隨彼分之。」（九〇〇頁下）鈔批卷二四：「律師云者，是『論主』也。云合看病人以德具故，須索取賞也。若不具德，則屬彼界內僧分也。」（九六二頁上）【案】「律師」指多論的作者。多論卷四，五二七頁下。

〔八七〕**大衣、七條，要割截，五條得襵葉**　鈔科卷下一：「初，三品開制。」（一〇三頁下）資持卷下一：「律中，上二衣本要割截，若少揲葉，（各得一種。）下衣復得襵葉，（更加此一為三種，謂作小襵，略分葉相。）」（三六三頁中）簡正卷一五：「律中恐葉邊速破，塵垢入中，故開不割截。而令攝作上二衣，亦遠破不開，但令編邊作鳥足縫等。」（九〇〇頁下）【案】四分卷四〇，八五五頁中。

〔八八〕**一日恐不成，應矚行急竟**　鈔科卷下一：「『僧』下，作時緩急。」（一〇二頁中）資持卷下一：「初，僧祇勸助，恐犯缺衣，故須急竟。」（三六三頁中）鈔批卷二四：「一日恐不成者，此應是不畜長人，乃是一月衣人，恐過限，故爾也。世尊親為阿那律裁三衣，八萬比丘同時連合者，如中含抄。」（九六二頁上）簡正卷一五：「『僧祇』等者，是初緣也。佛制一日，作成走針，略綴且受持。不爾，恐犯長罪。」（九〇〇頁下）【案】僧祇卷八，二九九頁上。

〔八九〕**世尊親為阿那律裁三衣，八百比丘同時為連合即成**　資持卷下一：「續引經示，在聖尚爾，況餘人乎！今時多用女工者，章服儀云：今有不肖之夫，倩纏嗜好，自迷針縷，動必資人。但論刺作之，纖媚不計功價之高下。或有雇縫之直，倍於衣財，履歷嬬荒，譏過斯負。通觀誡教，衣唯自縫，今則反之，罪（三六三頁中）由此起。（準此，比丘男子為之彌善。）」（三六三頁下）【案】中含卷一九，五五二頁上。

〔九〇〕**尼五日不成僧伽梨，得墮；比丘犯吉羅**　簡正卷一五：「『四分』等者，是第二開緣也。尼有伴故提，僧無伴故吉。」（九六二頁上）資持卷下一：「『四分』下，次，明結犯。針工是尼本習，故重於僧。此中且約人衣為言。準鼻奈耶，七條四日成，五條二日成。」（三六三頁下）【案】四分卷二六，七四九頁下。

〔九一〕**有緣得一端氎，指作三衣，則不犯長**　鈔科卷下一：「『薩』下，指作非長。」（一〇二頁下）簡正卷一五：「『薩婆多』等者，是最後開緣也。指作多日，故

不犯長。此全未有衣相，不同前後，受後方說等。上二並初緣，恐犯長。有過之物，不合作三衣，為初未制十日，故制其速成。後一開緣，指作無長故，不論作衣日多少也。」（九〇〇頁下）資持卷下一：「一端，此間謂之一疋。指作，謂指擬欲作而未作也。」（三六三頁下）【案】多論卷四，五二七頁下。

〔九二〕**若少一衣五肘外，若少二衣十肘外，有長者，須說淨**　資持卷下一：「五肘，謂取長五、廣三財體，是法衣量，不須說淨，已外須說。（引此證前，定量彌顯。）」（三六三頁下）

〔九三〕**得緂衣，廣、長足，若裁割作衣便少，令揲葉作**　鈔科卷下一：「『四』下，改轉造作（三）。」（一〇三頁下）資持卷下一：「初科。前明轉作三衣。」（三六三頁下）【案】四分卷四一，八六三頁～八六四頁上。

〔九四〕**若作五納衣**　資持卷下一：「『若』下，次明製作納衣。」（三六三頁下）

〔九五〕**五分**　簡正卷一五：「『五分』等者，彼律明縫葉，非四分標也。」（九六二頁上）資持卷下一：「五分中，初出非法，前四犯吉，後一結蘭。言染作者，謂以別色染為條葉。縫著謂不卻刺，故注以斥之。褋葉，準彼三衣，俱為非法。……半向上下者，謂開葉相，俱須順下，不得逆上。」（三六三頁下）【案】資持釋文中「前四」即下文：染緂衣作條、縫葉著衣、褋作衣葉、半向上半向下作葉。「後一」即以雜色線縫著衣上作條幅處。五分卷二〇，一三八頁上。

〔九六〕**縫著**　簡正卷一五：「謂五分中，有帖葉作。」（九〇〇頁下）【案】五分卷二〇，一三六頁中。

〔九七〕**四分開褋下衣**　簡正卷一五：「『四分』下者，褋葉。於他部不應，以四分是後開，五分是前制。又，其葉並塞上開下，令一條中有二隔，一半上開、一半下開，自是非法也。」（九〇一頁上）資持卷下一：「四分開下衣，餘二亦非褋。」（三六三頁下）

〔九八〕**阿難奉教，為諸比丘作衣法**　簡正卷一五：「謂四分有文，文非巧勝故。四分云：阿難教諸比丘，此是長條，此是短條，此一縫，此第二縫，此是中條兩向。文只如此也。今取他部之。又彼云：佛以千二百五十人遊行南方，從山下見火田塍畔。念言：『諸比丘應像此作衣。』問阿難：『汝見此火田不？』答：『見。』又報阿難：『諸比丘宜如是作衣，汝作能不？』答：『能作。』便教諸比丘，或一長一短，或兩長一短，或三長一短，左條左靡，右條右靡，中條兩向靡。作竟，將來見佛。佛言：『汝有大智慧，聞我略說，作便如法，此名割截，不共衣之，與外道異，怨家盜賊，所不復取。』羯磨疏問曰：『如來初問善來、陳

如等五人，衣三已備；又，阿難羯磨，五人戒已有袈裟，何故今始教阿難，為諸比丘，倣以世田，而作衣耶？』答：『以其善來言，教處變成衣，難倣効故。今倣世田，可為軌則，所以稱為福田之衣也。田用成水，長嘉苗養形；今法衣之田，弘四利之水增；三善心之苗，養法身之慧命也。』（已上疏文。）（九〇一頁上）鈔批卷二四：「羯磨疏問曰：『此時方制道服，爾前何所被身？況乃一唱善來，三衣備體，頒鞞創首，法服度人，徵覈後前，自成牟楯？』答：『法之初始於仙苑，五人先度，服三衣，但由聖制法衣，年歲已久，（九六二頁上）隨緣運造，章服不同。教網創弘，多從道務，至於儀服，殊非本懷。致使諸濫與時而見機，故制理數合然。』礪問：『阿難等羯磨受戒，豈可未有三衣，乃言教倣世事作衣者何？』答：『已前之衣，聖變成故。倣習恐難，今倣世田，為示易成故爾。』」（九六二頁下）【案】四分卷四〇，八五五頁。

〔九九〕左條左靡，右條右靡，中條葉兩向靡　資持卷下一：「初教安條葉。靡，猶順也。謂條葉相壓，須順左右。且如七條兩邊；三條各順左右，一向中間，一條兩壓，左右之上，故云『兩向順』。」（三六三頁下）【案】五分卷二〇，一三七頁上。

〔一〇〇〕若得衣不足，乃至一長一短作　簡正卷一五：「若得不足等者，明衣財少，開作下衣之緣。准五分衣法中，比丘得一衣，作安陀會太長，作上二衣又少。佛言：『若不足，應三長一短；須（【案】『須』疑『復』。）不足，應兩長一短作。又，不足聽怗葉作，乃至不足，聽作縵安陀會。』此復是一緣時。比丘復得一衣，佛言：『聽作割截僧伽梨衣；少不足，聽作憂多羅僧；復不足，聽作縵安陀會。』鈔主意云：律中，本是大衣少，故開作下衣也。」（九〇一頁下）資持卷下一：「『若』下，次明隨物裁製。初引文，若得衣者，或衣財或已成者，不足，謂作二十五條大衣財猶少也。次第減降，故兩云『乃至』。」（三六三頁下）【案】五分卷二〇，一三七頁下。

〔一〇一〕下例成之　簡正卷一五：「謂上是大衣少，故開作縵安陀曾（【案】『曾』疑『會』。）。今還作大衣，受如下二衣作。若不足，例上大衣成也。」（九〇一頁下）資持卷下一：「『準』下，義決。初決文相，二示受法，三引文證。」（三六三頁下）

〔一〇二〕不得畫作葉，對頭縫之　鈔批卷二四：「立謂：但對頭縫著竟，即畫作條葉，此非法也。」（九六二頁下）資持卷下一：「僧祇初示非法。彼云：有比丘對頭縫。佛言：不應對頭縫，應作葉。謂彩畫條葉，直爾縫之，邊緣相屬，故

言對頭。」（三六三頁下）【案】下明僧祇六法。僧祇卷二八，四五五頁上。

〔一〇三〕**應割截作葉**　資持卷下一：「『應』下，教如法有六。初，制割截。」（三六三頁下）

〔一〇四〕**極廣應四指，極狹如䵂麥**　資持卷下一：「『極』下，二、示條葉大小。業疏云：今多廣大，澆風扇也。章服儀云：如小䵉麥，得分畦畔，為世福田。今則過其正度，故非法服。準須依教，不應廣闊。」（三六三頁下）簡正卷一五：「此約麥葉如蒲葉大。」（九〇一頁下）鈔批卷二四：「說文云：芭，粟也。今呼青科、大麥為䵂麥也。」（九六二頁下）

〔一〇五〕**不得橫葉相當**　資持卷下一：「『不』下，三、明長短相差。」（三六三頁下）簡正卷一五：「謂諸比丘對頭縫衣，佛言：『不得橫葉。』『相當』即對頭異名也，即頭長短相同，不得頭頭相對故。」（九〇一頁下）

〔一〇六〕**縫衣葉，後衣宣脫，應作馬齒縫**　資持卷下一：「『縫』下，四、明縫刺。宣謂散解馬齒縫，舊云『偷針刺』。若馬齒闊，或作鳥足縫。疏云：押葉『丁』字，有三叉相是也。」（三六三頁下）簡正卷一五：「應作馬齒縫者，恐葉邊雪（【案】『雪』疑『齊』。），即攝葉邊向內，以線卻判於外邊，或橫判或豎判，如馬齒闊大，故云馬齒縫也。」（九〇一頁下）鈔批卷二四：「濟云：作袈裟鱗邊時，屈鱗邊歸裏，以線疏勒著，各（【案】『各』疑『名』。）為馬齒縫也。」（九六二頁下）

〔一〇七〕**衣上下破，應安緣**　資持卷下一：「『衣』下，五、明施緣。疏云：以周緣故，持無速壞，急時如前，謂麤行急竟，後更刺也。」（三六三頁下）簡正卷一五：「謂多人助成，麤行隱竟，受後更判等。准律中，恐葉起，押葉『丁』字有三。又是鳥足縫。今時但直判半寸已下者是。」（九〇一頁下）

〔一〇八〕**借俗人被作三衣中，先作淨，安紐受持**　資持卷下一：「『借』下，六、明安紐，即指離（三六三頁下）衣戒。彼明比丘有緣至他處，留宿暫借俗被，受持作淨安紐等。」（三六四頁上）簡正卷一五：「先作淨者，即點淨也。安紐（【案】『紐』疑『紐』。）者，以先無，須安之。若不安紐，受不成也。（九〇一頁下）此肉縵衣之相，隨量大小，正從如前。」（九〇二頁上）【案】僧祇卷八，二九八頁上。

〔一〇九〕**佛自教比丘施靮紐法**　鈔科卷下一：「『十』下，鈎紐。」（一〇三頁下）資持卷下一：「初引律示法。靮，『胡犬』反，鈎也。」（三六四頁上）簡正卷一五：「靮，（『胡犬』反。），耳也。准是而前故。鈎，相貌似鼎耳也。紐

（【案】『紉』疑『紐』。下同。），即背上長條，條頭作結，故云紉也。或云
以條結其鈎靽，令續不斷故之紉也。羯磨疏云：逼緣邊四指內，安鈎襵。反
向後八指取，約以覆左肩，故有遠近也。又，四指、八指，據從緣內邊量
也。」（九〇二頁上）鈔批卷二四：「濟云：『靽』即長條也。『紐』即今時面
前短者是也。今人倒故，前安紐，後安靽，失本制也。」（九六二頁下）【案】
靽，大正藏本為「靽」。士誦卷三八，二七四頁下。

〔一一〇〕**去緣** 鈔批卷二四：「約去袈裟緣外也，非謂緣內為言。以緣大小不定，何
得約內也。」（九六二頁下）

〔一一一〕**準此** 資持卷下一：「『準』下，顯示文意。業疏云：逼邊緣四指安鈎，擬反
向後八指，取紐以覆左肩，故有遠近也。章服儀云：良以用衣右角掩覆左
肩，前鈎後紐，收束便易。所以西來聖像，東土靈儀衣，在左肩無垂肘膝
等。（今時垂肘、象鼻，非法。）。」（三六四頁上）

〔一一二〕**卻刺者，是佛所許，如法畜用** 鈔科卷下一：「『十』下，縫刺。」（一〇三
頁下）資持卷下一：「初明制刺。卻即是倒，謂倒針刺。」（三六四頁上）
【案】士誦卷一五，一〇九頁中。

〔一一三〕**為異俗故，又防外道** 簡正卷一五：「初緣，比丘不卻刺，被外道抽線，衣
散故。」（九〇二頁上）資持卷下一：「異俗者，彼唯直縫故。防外道者，有
比丘直縫衣，為彼抽線使零脫故。」（三六四頁上）

〔一一四〕**又云** 資持卷下一：「『又』下，明補衣亦刺。」（三六四頁上）

〔一一五〕**若直縫者，衣主命過，應摘此物與僧，及與看病人** 簡正卷一五：「謂此物既
縫著，則非袈裟所攝。若衣主死，此補衣物，合摘與僧，同輕物故，衣體與
著病人，故文中兩『與』也。」（九〇二頁上）鈔批卷二四：「謂此物即縫著，
則非袈裟所攝。若至死，不得將此補物賞，摘與僧分也。」（九六二頁下）

〔一一六〕**三衣襵四角** 鈔科卷下一：「『十』下，安襵。」（一〇三頁下）簡正卷一五：
「羯磨疏云：相助為力。」（九〇二頁上）資持卷下一：「初明襵角。疏云：
相助為力故。」（三六四頁上）

〔一一七〕**又云：應安鈎紐，肩上襵障垢膩處** 簡正卷一五：「謂鈎紉下，安襵助力，
恐牽鈎紉，衣易破故。障垢膩處者，謂數洗本衣，恐速壞故。但摘補者，足
死淨潔故。」（九〇二頁上）資持卷下一：「『又』下，次明安紐襵肩。然須
襵者，為障垢膩。疏云：數浣本衣，恐速壞故。」（三六四頁上）鈔批卷二
四：「私云：為是但三衣人故令襵。今時內著別衣，亦不必須襵也。亦可今

人揲肩處亦好也。」（九六二頁下）【案】四分卷七，六一〇頁上。

〔一一八〕以佛制不著割截衣入聚落　鈔科卷下一：「『十』下，揲棄。」（一〇三頁下）資持卷下一：「初引緣。『聚落』下，應加『犯吉』字助釋方顯。鉤欄，即條葉。」（三六四頁上）鈔批卷二四：「案十誦云：有一比丘有糞掃衣，聞佛結戒不應著不割截衣入聚落，思惟：『我有糞掃衣，破裂當補帖，作鉤闌施緣。』即持針縷，近祇洹門間，補帖安緣，用當割截。佛經行見，至邊問之：『汝作何事？』具以上答。佛言：『善哉！糞掃補帖應用，當割截衣。』有人云：四邊緣曰闌，中間施葉曰鉤也。今詳未定。既言作鉤闌施緣，明知闌與緣別也。」（九六三頁上）簡正卷一五：「作鉤闌者，諮揲緣條葉，由屈鉤轉名鉤闌（【案】『闌』疑『欄』。）也。」（九〇二頁上）

〔一一九〕即當割截，上安揲，得成受持　簡正卷一五：「辨衣相也。（九〇二頁上）若成五條，受持。若七條乃至九，若過衣相成就，依其帖教，正從二品受持也。」（九〇二頁下）資持卷下一：「『當』字去呼。」（三六四頁上）【案】十誦卷二七，一九五頁上。

〔一二〇〕十誦明文開著入　資持卷下一：「『十』下，例開貧乏。上句躡上開文。下二句準例，貧無餘服、糞掃五納、安揲分相，入聚無過。」（三六四頁上）鈔批卷二四：「謂著如上補帖衣入聚落也。」（九六三頁上）

三、明受衣法

就中分二：對首、心念也。

初中

四分但云三衣應受持〔一〕；若疑，應捨已更受〔二〕；有而不受，吉羅。而無說文。昔有人依僧祇法者，彼護衣與四分不同〔三〕。僧祇一夜通會〔四〕，四分唯對明〔五〕相。今依十誦。以受持相類〔六〕故。

若大衣中，隨條數多少，而有「正」「從」兩別〔七〕：大衣正有十八品，從有六品〔八〕；七條正有二品，從有二十二〔九〕；五條正有三品，從有二十一〔一〇〕。通合言之，七十二種三衣〔一一〕，縵通三處，合為一〔一二〕也。餘如鈔、疏中〔一三〕。

今先受法。

應前安陀會為始〔一四〕。此衣正有三品，謂割截、襵葉、揲葉也。加法云〔一五〕：「大德一心念：我比丘某甲，此衣安陀會五條衣受，一長一短割截衣持。」亦云〔一六〕「屈襵衣持」，若揲葉，令外相同割截，刺一邊、開

一邊〔一七〕者，云「摕葉衣持」。餘同十誦〔一八〕。若兩邊俱縫者，但同縵衣〔一九〕。若論「從」者〔二〇〕，即用大衣十八品、七條二品等。「大德一心念：我比丘某甲，此安多會二十五條衣受，四長一短割截衣持。」摕葉準同〔二一〕。乃至七條，其文準用改之〔二二〕。若縵衣者〔二三〕，上明「從」者〔二四〕，據安多會為言；若鬱多羅僧、僧伽梨，並準此改革。「縵衣」改名為「別」，今據大衣〔二五〕。十誦云：「大德一心念：我比丘某甲，是縵僧伽梨，受持。」餘二衣準改。若中衣，云：「大德一心念：我比丘某甲，此衣鬱多羅僧七條衣受，兩長一短割截衣持〔二六〕。」摕葉準改。若從衣中，準前改法。若上衣者，云：「此僧伽梨若干條受，若干長、若干短割截衣持〔二七〕。」摕葉準用。以通九品〔二八〕，條堤不同，隨衣改之，故不定指。不同中、下二衣，少相易明。

上明三衣受竟。律制並須三說，彼律受戒前教言〔二九〕：「我某甲，此衣僧伽梨，若干條受，若割截，若未割截，是衣持〔三〇〕。」三說。乃至安陀會，亦爾。此未割者，是縵衣也。若全未割截，豈得將來入受戒？薩婆多云：五大色者，不成受〔三一〕。則孝僧白布袈裟等非法〔三二〕。如是例之，多有黑、青、赤、黃四色，無多白者。正言如上「不成」〔三三〕。今以凡情若受此，則一生無衣覆身，一死自負聖責，何慮無惡道分〔三四〕？悲哉！

次明捨法。準用僧祇，四分無文〔三五〕。

「大德一心念：我比丘某甲，此僧伽梨是我三衣數，先受持，今捨。」餘二衣同之。「一時受，一時捨，越毘尼〔三六〕。」

若尼受餘二衣〔三七〕者。

十誦云：「大姊一心念：我比丘尼某甲，是衣厥修羅〔三八〕受，長四肘、廣二肘半，是厥修羅衣持。」三說。準似祇支，國語不同。「是衣覆肩衣〔三九〕，長四肘，廣二肘半，是覆肩衣持。」三說。今則改張衣相，不同本法，但云「如法作」，不言肘量，應成〔四〇〕。僧祇云：當作衣覆肩，名「覆肩衣」，不者，越罪〔四一〕。雨衣、祇支，得提罪。尼祇支，長佛四搩手、廣二搩手，互減過，亦提〔四二〕。尼五衣者：覆肩衣、水浴衣，及三衣也。準此，部別不同〔四三〕。四分令有祇支、覆肩等。

二、明心念法〔四四〕

五分：獨住比丘，三衣中須有所換易〔四五〕，應具儀，手執衣，心生口言〔四六〕：「我比丘某甲，此僧伽梨若干條，今捨。」三說已〔四七〕。然

後受所長之衣〔四八〕。亦如前威儀，云：「我比丘某甲，此衣僧伽梨若干條受。」餘二衣〔四九〕同準。

【校釋】

〔一〕**四分但云三衣應受持**　鈔科卷下一：「初，僧尼同法（三）。初用法是非。」（一〇二～一〇三頁上）簡正卷一五：「既有捨受，明知有法、有衣，不持犯吉故。」（九〇二頁下）資持卷下一：「對首中。用法分二。前示四分缺文，初句立制。」（三六四頁上）【案】對首法文分二：初，「四分」下；次，「若尼受」下。初又分三：一、「四分」下；二、「若大」下；三、「今先」下，初受法，二捨法。

〔二〕**若疑，應捨已更受**　資持卷下一：「『若』下，明再受。疑謂先受後忘，或復失否未了。並令捨已，更受明白。」（三六四頁上）【案】四分卷四一，八六三頁上。

〔三〕**昔有人依僧祇法者，彼護衣與四分不同**　資持卷下一：「『昔』下，次明古今用別。初引古注，顯不同之相。彼律約夜分三：內宿，初夜成犯，覆罪護夏，約明相犯。離衣犯，雖明相持通夜分。準戒疏，四句簡之：一、明去暗還；（日未沒去，夜分還界，諸律不犯。）二、暗去明還；（僧祇不犯，通夜會故；四分、十誦成犯，隔明相故。）三、明去明還；（日未沒去，隔明方還，諸部同犯。僧祇唯此一句犯。）四、暗去暗還。（諸部非犯。）。」（三六四頁上）

〔四〕**僧祇一夜通會**　簡正卷一五：「謂於一夜，隨何時會即得，不要明相。四分緩急不等也。今依十誦。」（九〇二頁下）

〔五〕**明**　【案】底本為「用」，據大正藏本、貞享本、敦煌甲本、敦煌乙本、敦煌丙本及文義改。

〔六〕**以受持相類**　簡正卷一五：「謂持護明相，與四分相當。持既相當，取文受衣，乃成類也。」（九〇二頁下）資持卷下一：「次，明今用。注示取意，見上次句。」（三六四頁上）

〔七〕**若大衣中，隨條數多少，而有「正」「從」兩別**　鈔科卷下一：「『若』下，總分品數。」（一〇三頁上）資持卷下一：「初明大衣。『正』即本位之衣；『從』謂缺於本衣，用別衣當數。」（三六四頁上）

〔八〕**大衣正有十八品，從有六品**　簡正卷一五：「大衣正有十八品者，從九條至二十五條，謂割有九、揲葉亦九，二九是十八也。從有六品者，取七條：正有二

－2381－

品，謂割截、揲葉；五條：正有三，謂割截、揲葉、攝葉；并縵衣一，故有六也。正、從合明，二十四也。」（九〇二頁下）

〔九〕七條正有二品，從有二十二　簡正卷一五：「七條：正有二品如上；從有二十二，取大衣十八，五條三，并縵衣一。合而言之，亦成二十四也。」（九〇二頁下）

〔一〇〕五條正有三品，從有二十一　簡正卷一五：「五條：正有三如上，從有二十一，謂大衣十八，七條二，并縵衣。合而言之，亦成二十四。」（九〇二頁下）

〔一一〕七十二種三衣　資持卷下一：「三衣互為正從，（三六四頁上）各二十四品，總七十二矣。」（三六四頁上）鈔批卷二四：「七十二種衣者，衣正有十八品，始從九條至二十五條，謂割、截既有九條，揲葉亦九，二九是十八也。從有六品，即取七條家，正有二品，謂割截、揲葉也，并五條家，正有四品，即割截、揲葉、屈襵及縵也，此四并前二是六。成大衣家之從六，足前十八，是二十四也。七條正有二品，從有二十二，還將大衣十八品、五條四品，成七條家從，合論二十四也。五條正有四品，如前說從有二十，即大衣十八，（九六三頁上）并七條二，故成二十。合論亦二十四。總有三个二十四，則是七十二。今今（原注：『今』字疑衍。）鈔云七十種者，謂『縵衣』唯通下衣，不通中、上故也。若將縵從三衣，故成七十二也。」（九六三頁下）

〔一二〕縵通三處，合為一　簡正卷一五：「縵通三處者，謂前明縵衣云不無，大分宗體，理合通正從三處。次作衣法中亦然。且據十誦明文，有縵僧伽梨受持法，今引用十誦，且合為一也。」（九〇三頁上）資持卷下一：「縵通三者，隨用分故。合為一者，據體同故。義鈔缺文，業疏具顯。」（三六四頁中）

〔一三〕餘如鈔、疏中　簡正卷一五：「首疏、義鈔也。今准羯磨疏。問云：『三衣受法，名體不同，得互加不？』答：『准五分中，若得衣財，先作割截。乃至不足，作安陀會割之。又，不足揲葉作等。』」（九〇三頁上）

〔一四〕應前安陀會為始　鈔批卷二四：「私云：古師行事，先受大衣。鈔意從微至著，故從小起。以著時先著小衣於內故也。」（九六三頁下）簡正卷一五：「異古人也。古師皆先受大衣、次七條、後五條。今師約從微至著，并取著之方法，故先受五條，最後大衣也。」（九〇三頁上）資持卷下一：「加下衣中。初句示先後。前下，合有『加』字。業疏云：前令持缽，後乃持衣，儀相非便。（此斥古也。）意以先問內衣，如名加受，便著之也。次，受鬱多羅。隨上披體，後受伽梨，乍可揲襆；缽為第二，衣服既被，方可手執；坐具第三，最後加持，

疊置肩上。（此約三衣、缽具一時加者，不從著法，以明次第。或不同時，隨緣不定。」（三六四頁中）【案】「應下」明下、中、上三衣。

〔一五〕加法云　鈔科卷下一：「二、加從衣法（二）。初，上、中二種從。」（一〇三頁下）資持卷下一：「加正衣中。初，正加割截。」（三六四頁中）【案】「加法」下，明下衣，分二：初，加正衣法；二、加從衣法，又分二：初明上、中二種「從」；二、「若縵衣者」總示縵衣從。此處十誦卷四六，三三一頁中～下。

〔一六〕亦云　資持卷下一：「『亦』下，例通餘二。」（三六四頁中）

〔一七〕若㲲葉，令外相同割截，刺一邊、開一邊　資持卷下一：「教㲲葉法。上邊須刺，下邊須開，令同割截。」（三六四頁中）簡正卷一五：「持皆從一長一短，下云屈褔衣持等。」（九六三頁下）（九〇三頁上）【案】「令」，底本為「今」，據大正藏本改。

〔一八〕餘同十誦　簡正卷一五：「玄云：謂五條中，據其當宗，但有上來三種。若依十誦，更有縵衣。四分但云若得縵衣廣長，若割截作便少，令㲲葉作即已，不云聞作縵安陀會。若准五分，即有開文。彼無持處，故不取。今指十誦，為縵大衣，具有明文受持，故曰餘同十誦。（更有非解，不錄。）」（九〇三頁上）資持卷下一：「即指上餘詞出十誦故。」（三六四頁中）【案】四分卷四一，八六三頁上。

〔一九〕若兩邊俱縫者，但同縵衣　鈔批卷二四：「今時㲲葉衣，兩邊縫塞，此是非法，還成縫衣。近代西國比丘與外道俱入王宮應供，被外道將鈚內裂裟鱗中，便告王言：『比丘欲反。』于時，諸比丘盡被誅滅。彼耶舍即權制，令兩邊總縫，為防此謗故也。」（九六三頁下）資持卷下一：「遮非㲲葉，尚令傚同割截。今時割截，例皆縫合，時開寸許。古記相傳，謂之『明孔』，或云『明相』，又號『漏塵』。舉世傳訛，于今未省。今按章服儀云：裁縫見葉，表其截相，今並縫合，無相可分。（如此明文，人猶執諍，愚之甚矣。）是知今時不開葉相，即同下眾服縵衣耳。」（三六四頁中）

〔二〇〕若論「從」者　鈔科卷下一：「『若』下，總示縵衣『從』。」（一〇三頁下）簡正卷一五：「謂要須先㲲安陀會為本，後取『從』二十五條來替，此舉割截九品中最上衣為法。引此文意，是十誦第二十一卷受戒法文也。」（九〇三頁上）資持卷下一：「『從衣』中，㲲下衣名者，以名是通隨用分故。㲲上衣條數者，由體是定，如實稱故。（有云五條衣受者，非。）」（三六四頁中）

〔二一〕**揲葉準同**　簡正卷一五：「若有揲葉，九品中最上者，亦云：四長一短，揲葉衣持。乃至七條，准改之者。亦云：乃至兩長一短，割截衣持等。」（九〇三頁上）

〔二二〕**乃至七條，其文準用改之**　資持卷下一：「應云：此安陀會七條衣，受兩長一短，截割衣持。」（三六四頁中）

〔二三〕**若縵衣者**　簡正卷一五：「文有二意。初揲上諸『從』，總顯通三。」（九〇三頁下）

〔二四〕**上明「從」者**　資持卷下一：「初，點前『從法』。」（三六四頁中）

〔二五〕**「縵衣」改名為「別」，今據大衣**　簡正卷一五：「『今據大衣』下，約縵大衣，示其受法。謂上『從』中，據安陀會為言。若為餘作『從』，並准改之。若鬱多羅，以大衣等為『從』，應改云：『此鬱多羅僧，二十五條衣，受四長一短割截衣持。』若大衣以餘衣為『從』者，應此僧伽梨五條衣受，干（原注：『干』上疑脫『若』字。）長短割截衣持。縵改名為『別』者，謂縵無別相，但改各（【案】『各』疑『名』。）即得安陀會者，應云是縵安陀會，乃至是縵鬱多羅僧等。下引十誦，出法據，大衣如文。」（九〇三頁下）

〔二六〕**此衣鬱多羅僧七條衣受，兩長一短割截衣持**　簡正卷一五：「文顯正品割截受法。」（九〇三頁下）資持卷下一：「『此』下，示品數。」（三六四頁中）

〔二七〕**此僧伽梨若干條受，若干長、若干短割截衣持**　簡正卷一五：「謂上衣割截，總有九品，不可定指，故云若干條受、若干長短等。揲葉亦然。下之二衣少故，其相易明，故依條堤別顯。故羯磨疏云：前之兩衣，條數揩定，更無延促也。」（九〇三頁下）鈔批卷二四：「問：『受下二衣，直標條數，何以受大衣，即言若干？』答：『非受時稱若干也，此出法家語。由下二衣，若受正衣條數定故，則無多品之異。今出法家，直標條數。大衣雖皆是正，正通多品。故出法家，欲使言含，故云若干也。』」（九六三頁下）扶桑記：「若干，補注五云：若，如也。干，數也。或千或萬，不能遞列，但總示之云若干耳。」行宗：若干數通名。濟覽云：今是大數之辭。」（三一三頁下）

〔二八〕**以通九品**　資持卷下一：「上衣注中。初句例通揲葉。『以』下，點詞中若干。」（三六四頁中）

〔二九〕**律制並須三說，彼律受戒前教言**　資持卷下一：「『律』下，示數。彼律即十誦。恐疑未割，以為衣財，故注決之。」（三六四頁中）簡正卷一五：「正辨說多少也。兼欲顯縵衣，通正品意耳。既許將來受戒，豈是從衣？謂在受前受

之，即知是衣，得受戒用也。然彼<u>律受戒法</u>中云，應教云『汝効我語我某』等。如謂在受前，故無比丘之稱也。」（九〇三頁下）【案】「上明三衣受竟」下對上文「受法」結歎。文分為二：初「律制」下；次，「<u>薩婆多云</u>」下。

〔三〇〕**若割截，若未割截，是衣持**　<u>簡正</u>卷一五：「未割截者，即是縵衣。若衣，古師云：未割截是一端。白氍全疋段者，豈得將此受作三衣，而來受戒耶正言？」（九〇三頁下）【案】<u>十誦</u>卷二一，一五五頁中。

〔三一〕**五大色者，不成受**　<u>鈔科</u>卷下一：「『薩』下，斥非伸歎。」（一〇三頁上）【案】<u>多論</u>卷八，五五六頁中。

〔三二〕**則孝僧白布袈裟等非法**　<u>資持</u>卷下一：「『則』下，斥非法：前斥白色，『如』下次斥四色。人所喜著，故云『多有』。白色非孝，僧不用，故云『無多白者』。（近時禪者，黲色漸淡，則白者又多矣。）」（三六四頁中）

〔三三〕**正言如上「不成」**　<u>資持</u>卷下一：「正言即指上論。」（三六四頁中）<u>簡正</u>卷一五：「謂明色中引諸律論，並非法，不成受也。」（九〇四頁上）

〔三四〕**今以凡情若受，此則一生無衣覆身，一死自負聖責，何慮無惡道分**　<u>資持</u>卷下一：「『今』下，傷歎苦受，猶言堅執也。一生無衣，乖法制故，死負聖責，違教結犯故。何慮無惡道分，定墮苦趣故？上二句是現業，（三六四頁中）次一句即來報。下二字，歎詞。今時有以布衣為喪服者，且布衣是如來正制三乘道標，豈意一朝反成凶服？加以素帶長垂，或復麤麻表異，（<u>五杉集</u>、<u>釋氏要覽</u>、<u>輔教編</u>，並謂僧無服制，但布麤為異。）或緇巾纏項，或白布兜頭，鄙俗之風，盛傳于世。法滅之相，果現於茲矣！」（三六四頁下）【案】底本為「苦」，據<u>敦煌甲本</u>、<u>敦煌乙本</u>、<u>敦煌丙本</u>改及義改。

〔三五〕**準用僧祇，四分無文**　<u>簡正</u>卷一五：「四分無文，何以不取諸部，獨取<u>僧祇</u>者？謂捨義同，故取也。<u>羯磨疏</u>云，四分：有疑應捨；僧祇：夜往會衣，不能得遂，佛令遙捨，以輕易重，如捨戒法，一說成捨。受體根本，尚乃一說便成，衣是隨行，何勞三說則顯？」（九〇四頁上）<u>資持</u>卷下一：「注<u>羯磨</u>云：一說便止，所以前受不取<u>僧祇</u>者，以加受為持。持護既別，故須取類。捨是棄背，彼此無乖，隨用通得。」（三六四頁下）

〔三六〕**一時受，一時捨，越毘尼**　<u>鈔批</u>卷二四：「謂一時牒三衣受及捨也。」（九六三頁下）<u>資持</u>卷下一：「謂三衣一併加也。但得小罪，理應法成。」（三六四頁下）

〔三七〕**若尼受餘二衣**　<u>鈔科</u>卷下一：「『若』下，尼眾別法。」（一〇二頁上）<u>鈔批</u>卷

二四：「即祇支及覆肩也。私云：為生俗人染心，故制畜服。僧局阿難，佛制令著。以形貌壞（【案】『壞』疑『俊』。）美，（九六三頁下）見者多起欲心故。出曜經云：舍衛城中，有一女人將兒臨井而欲汲水。有一男子端正少比丘，於井邊過。此女見已，生欲染著，目不暫眴，眼視彼人，手持繩繫瓶，欲心盛故，誤暫繫兒頸挽出。見兒已死，欲心及息，憶念覺悟，故說偈言：『一切諸法生，皆由於二事，內因之覺觀，外有五欲緣。』此是過去諸佛所說妙偈。佛勅阿難，令受持之。（云云。）相傳云：是女見阿難起染心也。未見經出，或可別緣耳。」（九六四頁上）

〔三八〕 **厥修羅** 簡正卷一五：「玄云：十誦「厥修羅」，亦是四分「祇文」（【案】『文』疑『支』。），梵音異耳。」（九〇四頁上）資持卷下一：「『厥修羅』即四分『僧祇支』故。云國語不同，經音義翻為『掩腋衣』，謂覆左腋著帶，繫右腋下，長七尺二廣四尺五。」（三六四頁下）

〔三九〕 **覆肩衣** 簡正卷一五：「正是橫披。尼不得露肩，佛制令著。僧中准（【案】『准』疑『唯』。）局阿難，佛制令著，以端正意，生（【案】『生』前疑脫一字。）他染也。今一切僧多著，雖無教可准，義亦不妨。」（九〇四頁上）

〔四〇〕 **但云「如法作」，不言肘量，應成** 簡正卷一五：「今尼作上二衣，既不依本量，則不牒肘數，但言如法作應成也。故羯磨疏云：『大姊一心念我，比丘尼某甲。此『僧祇文』（【案】『文』疑『支』。）如法作，我受持。』三說。『覆肩衣』受法，准改之。」（九〇四頁上）鈔批卷二四：「私云：為今時人作覆肩等衣，不依本量。所以今誦文受，不牒肘數，但言法應成。若牒尺量，則是妄語。」（九六四頁上）資持卷下一：「以上二法，並牒肘量。當時製造，多乖本式，故須改張，則事法相稱故。業疏云：尼受二衣，覆肩肘量，薄有所承，『祇支』全改。文雖約量，漸訛變也。準羯磨，改云：『大姐一心念，我比丘尼某甲，此僧祇支如法作，我受持。』（『覆肩』同此。）問：『此是尼衣，僧開畜不？』答：『準尼戒中，尼離五衣俱提，僧離二衣犯吉。明知得作百一受持。但尼是制物，僧入聽衣。』問：『僧得著否？』答：『準住法圖贊，阿難容質姝好，女見生愛，故獨聽之。古來僧徒，亦多著者。故圖贊斥云：今時僥倖而妄服者，濫矣是也。』問：『今僧為可著不？』答：『雖有此斥，而不全廢。然西土袒露為禮，此方服飾成儀。若據方土所尚，不可不著。』問：『若爾，今學律者何以不著？』答：『是人皆著，敦（【案】『敦』疑『故』。）云不著。但世人不識褊衫，即是祇支、覆肩二物，故復於其上重更覆耳。當知，

（三六四頁下）褊衫右邊，即是覆肩。但順此方，縫合兩袖，截領開裾，猶存本相，豈不然耶！今有堅執重著者，應須問曰：覆肩本為露膊，故令覆之。子今內有衫襖，上有褊衫，有何露處？苦（【案】『苦』疑『若』。）欲更覆，有云著之生善者。』『若爾，是僧須著，何獨新戒聽律之人則須生善，餘宗不著應生不善？』『況輕紗紫染、儀相囂浮，人興流俗之譏，教有婬女之責。塵翳釋門，何善之有！又云：律學須著，要分宗途者，且同稱釋氏，稟佛為師，三學齊修，威儀一制，機緣徵薄，不可通弘。是故三藏分宗，三師競化，而云服飾標異，未之前聞。但由不學愚癡，任情妄述，聞義不徙，斯妄何窮！』」（三六五頁上）

〔四一〕**當作衣覆肩，名「覆肩衣」，不者，越罪** 簡正卷一五：「『僧祇』下，料簡餘二不同之相。餘衣結罪，蓋是因便故。」（九〇四頁上）資持卷下一：「僧祇初明制畜不同。若準今宗，不畜二衣，俱提。『尼』下，示祇支制量。彼律一磔長二尺四，則計九尺六廣四尺八，與前頗異。『尼』下，總列五衣，同別可見。」（三六五頁上）【案】僧祇卷四〇，五四六頁中。

〔四二〕**尼祇支，長佛四搩手，廣二搩手，互減過，亦提** 資持卷下一：「『尼』下，示祇支制量。彼律一磔長二尺四，則計九尺六廣四尺八，與前頗異。」（三六五頁上）【案】僧祇卷三八，五二八頁下。

〔四三〕**準此，部別不同** 鈔批卷二四：「私云：如四分，但有『覆肩』『祇支』，今僧祇則水（【案】『水』疑『有』。）『浴衣』，無『祇支』。以將『浴衣』為五衣數者，此部別不同。今雖非五數，然亦須著也。」（九六四頁上）

〔四四〕**心念法** 簡正卷一五：「此依五分，故令三說。准業疏：但界無人，開自心念已成，後設有人，不勞更作。不同說淨，復若值人，仍須重說。」（九〇四頁上）

〔四五〕**獨住比丘，三衣中須有所換易** 資持卷下一：「五分，初示緣。言獨住者，不問村野，但據無人。疏云：但界無人，即開心念。雖有非數，豈得對首？」（三六五頁上）

〔四六〕**應具儀，手執衣，心生口言** 資持卷下一：「『應』下出法。初，示捨法。」（三六五頁上）

〔四七〕**三說已** 資持卷下一：「且依彼文。準注羯磨，亦同一說。」（三六五頁上）

〔四八〕**然後受所長之衣** 資持卷下一：「『然』下，次、出受法。」（三六五頁上）

〔四九〕**餘二衣** 鈔批卷二四：「即『鬱多羅』及『安陀會』也。」（九六四頁上）

四、雜料簡

分三。

初，明受捨是非〔一〕者

十誦云：借衣離宿，但懺墮罪，不得捨衣〔二〕。

五分：諸比丘不捨先受持衣，更受餘衣，成受；先三衣說淨亦得〔三〕；不捨故，吉羅。

善見：欲易三衣，無人可對，以手捉衣，自說名字者成〔四〕；若不捉不說者，不成〔五〕。諸受持衣，雖被穿破，不失受〔六〕。若上二衣，廣邊八指內〔七〕，長邊一搩手內穿，不失；餘處，穿如小指甲，失受，有橫縷〔八〕者，不失。安陀會，廣邊四指內，長邊一搩手內穿，不失；餘處穿失，補竟受持。薩婆多：但使緣斷，則失受〔九〕。

善見云〔一〇〕：若施人、賊奪，若失、罷道、作沙彌，若捨，若離宿，並名失。穿失如上。四分中：若失想、道斷、難緣等，失受〔一一〕；具有四礙，染、隔、情、界〔一二〕，失不失，犯不犯，並如隨相及鈔、疏〔一三〕。

薩婆多：三衣，雖不受持，過日無離衣罪；有壞威儀、缺衣二罪〔一四〕。不同善見〔一五〕。若本說淨，今作三衣，即失本淨〔一六〕。又捨此衣已，更受餘衣，前衣說淨，不者犯長。

二、補治浣染者

十誦云〔一七〕：以小段物補衣，若卻刺者，不須說淨、點淨。若直縫者，段段須說。不者，段段得二罪〔一八〕。毗尼母云：若長衣未滿十日，未作淨施，納已作淨，縫納著衣上〔一九〕，得畜；若納未淨，縫已淨衣著納〔二〇〕。此名「衣和合淨」，通二種淨法〔二一〕。文中縫之，準前卻刺〔二二〕。

善見〔二三〕：若衣欲破未穿，或一條、二條，先以物補，後割卻故者，不失受〔二四〕。袈裟背處欲破，當轉著兩邊，先合刺連相著，後以刀破開，然後卻刺緣，不失受。多論：緣斷便失〔二五〕。隨情兩論。袈裟若大，減卻，若小，以物裨，皆不失受。若浣，增色、脫色、上色，皆不失受〔二六〕。五分：衣若弊壞，聽補治。以複線卻刺，亦得直縫〔二七〕。十誦不開縫者。理須時刺一針。四分中：三衣壞，聽著納。重線編邊，隨孔大小方圓補。不得孔大以小物補，令縮小〔二八〕。應及孔大小廣二指大補治〔二九〕，應

須桄張治之。律令早補，宜同善見〔三〇〕。多論：不問大小，緣不斷者不失〔三一〕。此言通漫，兩用無損〔三二〕。

四分云：縫衣患曲，以赭色土絣治〔三三〕。

十誦云：衣服恒須淨潔如法。不爾，則人、非人訶〔三四〕。

第三，受用擎舉〔三五〕

十誦：護三衣如自皮，鉢如眼目〔三六〕。著大衣者〔三七〕：不得捷木石土草、掃地、敷臥具、坐具等〔三八〕。不得腳躡，敷坐、臥上，儭身著〔三九〕。若入聚落，不得曳衣〔四〇〕——去村遠，揲著肩上；近村，有池汪水，洗手腳已，若無者，取草木〔四一〕拭塵土，然後著衣紐而入。若逢奔車逸馬，當在上風避〔四二〕。若有泥、棘〔四三〕、道迮者，不得揩突；門小側身，下者曲身。治禪病經〔四四〕：懺重罪者，脫僧伽梨，著安陀會；供僧、苦役，乃至掃塔、除糞。經八百日滿已，著僧伽梨，入塔觀像〔四五〕等。

十誦〔四六〕：所行之處，與衣鉢俱，無所顧戀，猶如飛鳥。若不持三衣，入聚落、俗人處，犯罪。僧祇亦云：比丘三衣鉢，須常隨身。違者，出界結罪，除病；當敬三衣如塔想。五分：三衣謹護，如身薄皮，常須隨身。如鳥毛羽，飛走相隨。四分：行則知時，非時不行〔四七〕。所行之處，與衣鉢俱，猶如飛鳥，羽翮相隨〔四八〕。諸部並制隨身〔四九〕。今時但護離宿〔五〇〕，不應教矣。

明了論：受功德衣，著一披一，得入聚落，留一衣〔五一〕。四分衣法中，有五緣留僧伽梨：若有恐怖，若疑怖〔五二〕；二、若雨，若疑當雨，三、經營僧伽梨；四、若浣染；五、若深藏舉。入聚落，必須著割截衣〔五三〕：十誦：若納衣施鉤闌〔五四〕，當割截入村聚；僧祇：得借著大衣入俗〔五五〕；五百問云：不能著大衣入聚落，但持著肩上行者，不犯。僧祇：若著脫三衣，必須取衣近身，然後脫著之〔五六〕。不得脫園中衣〔五七〕，著一內衣，求入聚落衣；應先求入聚落衣自〔五八〕近，脫園中衣舉已，然後著入聚落衣。從聚落出已〔五九〕，應取園中衣自近，抖擻入聚落衣著常處，後著園中衣。此謂僧伽梨〔六〇〕也。著內衣法：不得脫入聚落內衣已，方求覓園中內衣；脫園中內衣，著入聚落內衣亦爾。亦不得先著入聚落內衣，於下挽出園中內衣。先著園中內衣，不得挽聚落內衣出。應從一邊著，一邊出之〔六一〕。不著者，擗揲舉之。因風吹衣

落，制入聚者，必帶紐行〔六二〕。若無，用針綴。無針者，下至手捉。若衣無紐，隨入家家得越心悔；有而不著，越毗尼。披衣時，當通肩披著，紐齊兩角〔六三〕。左手捉時，不得手中出角，頭如羊耳〔六四〕。

五分：亦得四揲大衣枕之〔六五〕。中含多處文云：枕大衣，臥七條中〔六六〕。婆沙中亦爾。

三千威儀經：不著泥洹僧，不得著僧祇支〔六七〕。如是重重〔六八〕，乃至最上著僧伽梨。故知三衣上下重著〔六九〕。

五分律云〔七〇〕：比丘反著衣入村，人見不喜，訶云：「與不割截衣無異。」世尊訶責結罪〔七一〕。若出村入村〔七二〕，為草木鉤衣破裂，風雨塵土坌入葉中，日暴壞色、鳥汙者，聽為護衣故，聚落外反著之。若衣下易壞，聽顛倒著，衣上下安鉤紐及帶。雨時不應倒著。四分反著衣同之。

舍利弗問經〔七三〕，初聽偏袒者，謂執事恭敬故；後聽通肩披衣，示福田相故。律中：至佛前、上座前，方偏袒〔七四〕也。經中〔七五〕，通肩披衣，五百世中入鐵甲地獄。

三千威儀：若無塔寺，無比丘僧，有盜賊處，國君不樂道，到彼國不著三衣者，得〔七六〕。若三衣在下，身在高處坐，不得。

決正二部律論：著大衣者，入村，見師、僧、上座、別人，不得禮〔七七〕。由敬處尊，當自陳意〔七八〕。

三千威儀云：著三衣，不得向佛塔、上座、三師，亦莫背；不得口銜及兩手奮〔七九〕。毗柰耶云：不得垂三衣前角。注云：不挑著肩上，而垂臂肘前。以垂臂上，名「象鼻〔八〇〕」也。

五百問云：無中衣時，得著大衣上講、禮拜〔八一〕。小衣不近身、淨潔者、無七條者，五條亦得入眾食、禮拜等〔八二〕。準此，行路見塔，著下衣者，不得作禮〔八三〕。不著三衣，受食犯墮。借人三衣著，不得出界經宿，界內不限日數〔八四〕。十誦亦云：不著袈裟食者，得罪〔八五〕。不云三衣。

五分：得新衣，令有德人暫著，得福〔八六〕；僧祇：得乞小片衣與俗人禳災。雜含：佛令取阿難鬱多羅僧，與婆四吒女著〔八七〕。賢愚經：師子敬著袈裟人，故成佛〔八八〕。

【校釋】

〔一〕受捨是非　資持卷下一：「初門，借衣中。」（三六五頁上）

〔二〕不得捨衣　鈔科卷下一：「初，借衣犯懺。」（一〇三頁中）資持卷下一：「非畜積故。」（三六五頁上）

〔三〕先三衣說淨亦得　鈔科卷下一：「『五』下，不捨重受。」（一〇三頁上）資持卷下一：「後衣法成，前衣自失，即入淨故。」（三六五頁上）

〔四〕欲易三衣，無人可對，以手捉衣，自說名字者成　鈔科卷下一：「『善』下，損破失不。」（一〇三頁中）資持卷下一：「善見初示緣，開心念。」（三六五頁上）【案】善見卷一四，七七二頁中。

〔五〕不成　簡正卷一五：「明受捨成不相，如文自顯。」（九〇四頁下）

〔六〕諸受持衣，雖被穿破，不失受　簡正卷一五：「次，『諸受持』下乃至『抄疏』已來，明受法不失相。」（九〇四頁下）

〔七〕廣邊八指內　簡正卷一五：「廣邊即上下豎也。量既少故，八指即失受。長邊謂橫兩頭也，量既多，是以一搩手外，方可失受。」（九〇四頁下）鈔批卷二四：「橫闊邊曰廣，豎邊曰長也。」（九六四頁上）資持卷下一：「八指內，謂在八指限齊之間。搩手四指亦同。」（三六五頁上）

〔八〕有橫縷　資持卷下一：「有橫縷者，謂有少絲連綴也。此約穿破明失。」（三六五頁上）

〔九〕但使緣斷，則失受　資持卷下一：「引多論據緣斷明失。二論具引，隨意取用。若準業疏，唯取後解。疏云：以緣周相，在受持限，故雖中間破，開補治之。若又失受，破非意故，煩累則多，但約緣存，攝緣即足（三六五頁上）（此出不取善見之意）。」（三六五頁中）【案】多論卷四，五二七頁下。

〔一〇〕善見云　鈔科卷下一：「『善』下，遇緣失不。」（一〇三頁中）資持卷下一：「初引善見。文列七緣，兼上成八。」（三六五頁中）【案】善見卷一四，七七二頁中。

〔一一〕若失想、道斷、難緣等，失受　資持卷下一：「四分初別舉清隔。」（三六五頁中）

〔一二〕具有四礙　資持卷下一：「『具』下，通示四礙。恒懷守護，不失無罪；忽爾遇緣，失法無罪；先慢不攝，失法得罪；三斷並見，離衣戒故。」（三六五頁中）

〔一三〕並如隨相及鈔、疏　資持卷下一：「義鈔無文，疏即二疏。」（三六五頁中）

〔一四〕三衣，雖不受持，過日無離衣罪；有壞威儀、缺衣二罪　鈔科卷下一：「『薩』下，不受轉淨。」（一〇三頁中）資持卷下一：「多論初明不受無離。（亦復非長。）。」（三六五頁中）簡正卷一五：「『薩婆多』下，辨不持無離衣宿罪，以

闕緣故。不同見論，未受亦有離衣之罪也。」（九〇四頁下）【案】多論卷四，五二七頁下。

〔一五〕不同善見　鈔批卷二四：「此明見論文中三衣雖不加，離宿得提。今多論不爾，但有缺衣、壞威儀二罪。如上可尋。」（九六四頁下）資持卷下一：「善見離亦犯提，故注顯異。」（三六五頁中）

〔一六〕若本說淨，今作三衣，即失本淨　資持卷下一：「『若』下，次明加受失淨。」（三六五頁中）簡正卷一五：「『若本說淨』下，明將說淨物，作三衣，受持淨法即失。後若別受餘衣替此衣，此衣更須說淨也。」（九〇四頁下）

〔一七〕十誦云　鈔科卷下一：「初，淨法和合。」（一〇三頁上）資持卷下一：「初科。十誦乃約刺縫，以分持犯。」（三六五頁中）【案】十誦卷一五，一〇九頁中。

〔一八〕段段得二罪　簡正卷一五：「犯長，提；并不點淨，吉。謂不與衣體相合故。」（九〇四頁下）資持卷下一：「二罪者，不說淨，提；不點淨，吉。」（三六五頁中）

〔一九〕未作淨施，納已作淨，縫納著衣上　資持卷下一：「初以未淨縫已淨者，所依有法，攝能依故。」（三六五頁中）【案】「納著」，底本為「著納」，據敦煌甲本、敦煌乙本、敦煌丙本改。

〔二〇〕若納未淨，縫已淨衣著納　資持卷下一：「『若』下，次以已淨縫未淨者，能依有法，染所依故。」（三六五頁中）

〔二一〕通二種淨法　簡正卷一五：「注羯磨疏云：衣和合淨，色和合淨。故母論云：若衣納未說淨點淨，縫衣著已淨者，名『衣和合淨』。若色非法，縫著如法者，是名『色和合淨』。不須更自別淨。鈔中引文，與此不異。謂和前已淨之色，令其後衣與色連合成淨。」（九〇五頁上）鈔批卷二四：「立謂：說淨及點淨也。謂長衣將納互（原注：『互』疑『已』。）淨，不淨以刺著故，名『和合淨』，更不須說點，故言通也。」（九六四頁下）資持卷下一：「上明衣和合淨，彼論更有色和合淨，故云『通二種』也。羯磨引云：若色非法，縫著如法者，是名『色和合淨』，更不須別淨。（謂不更點淨也。）論文但云縫著。」（三六五頁中）

〔二二〕文中縫之，準前卻刺　資持卷下一：「注令準上十誦通之。」（三六五頁中）【案】「卻」，底本為「時」，據敦煌甲本、敦煌丙本改。

〔二三〕善見　鈔科卷下一：「『善』下，補浣之法。」（一〇四頁上）簡正卷一五：「見論如上分齊也。」（九〇四頁下）【案】善見卷一四，七七二頁下。

〔二四〕若衣欲破未穿，或一條、二條，先以物補，後割卻故者，不失受　資持卷下一：「初明補治不失。欲破即補者，彼論穿破，即失受故。」（三六五頁中）

〔二五〕緣斷便失　鈔批卷二四：「立謂：還須依上善見，有孔即失。又，須依多論，緣斷方失。故知二文所明，俱須依用，故言兩論。」（九六四頁下）資持卷下一：「若準多論，義須重加。言隨情者，任便取用。」（三六五頁中）

〔二六〕若浣，增色、脫色、上色，皆不失受　資持卷下一：「『若浣』下，次，約色明不失。增色，謂洗已鮮澤也。脫，退也。上，加也。」（三六五頁中）

〔二七〕以複線卻刺，亦得直縫　資持卷下一：「五分中，『複線』謂雙索者，下云『重線』亦同。文開直縫，於義非，便故須注顯。」（三六五頁中）【案】「卻刺」，底本為「刺卻」，據大正藏本、貞享本、敦煌甲本、敦煌乙本、敦煌丙本及弘一校注改。

〔二八〕不得孔大以小物補，令縮小　鈔批卷二四：「謂孔既大，將小物補之，撮四邊就於物，則令四邊殺，故言縮小者也。」（九六四頁下）

〔二九〕應及孔大小廣二指大補治　鈔批卷二四：「謂衣破時，孔大小齊二指許，即須補也。」（九六四頁下）【案】底本無「大」，據敦煌甲本、敦煌丙本加。四分卷五二，九五三頁下。

〔三〇〕律令早補，宜同善見　資持卷下一：「『律』下，準決。初示律意。言『律令』者，即躡上文。但非明顯，故令同論。即前所引欲破未穿文也。」（三六五頁中）簡正卷一五：「律不定孔之大小，失受等可同。見論如上分齊也。」（九〇四頁下）

〔三一〕不問大小，緣不斷者不失　資持卷下一：「『多』下，次定失否。」（三六五頁中）【案】多論卷四，五二七頁下。

〔三二〕此言通漫，兩用無損　資持卷下一：「『此』下，決判。上句點多論，下句存善見。」（三六五頁中）鈔批卷二四：「謂多論緣斷不失受，此文太寬緩也。今須依見論，穿如指甲，失受。必若未穿，而緣斷者，亦依多論失受，故曰兩用無損。」（九六四頁下）簡正卷一五：「緣雖不斷，若中間破，如善見明失。若中聞未穿而緣斷，即准多論失也。」（九〇四頁下）

〔三三〕縫衣患曲，以赭色土絣治　鈔科卷下一：「『四』下，所須之具。」（一〇四頁上）資持卷下一：「赭，音『者』，赤土也。絣，『此萌』反，振繩墨也。」（三六五頁中）簡正卷一五：「玄云：赤色土也。大德云：蒿本作『諸』字，道理即後人錯書，『堵土』局（【案】『局』疑『反』。）也。」（九〇五頁上）【案】

－2393－

四分卷五二，九五三頁下。

〔三四〕**則人、非人訶**　鈔科卷下一：「『十』下，補治之意。」（一○四頁上）<u>簡正</u>卷一五：「護非人之心。亦為舉幽，而況顯也。」（九○五頁上）<u>資持</u>卷下一：「幽顯俱訶者，乖威儀故。<u>涅槃</u>亦云：衣服不淨，法滅之相。」（三六五頁中）【案】<u>十誦</u>卷五八，四二九頁上。

〔三五〕**受用擎舉**　<u>資持</u>卷下一：「受用者，謂服著也。擎舉，謂持行也。」（三六五頁中）【案】「受用擎舉」分十二，如下鈔科示之。

〔三六〕**護三衣如自皮，鉢如眼目**　鈔科卷下一：「初，敬護。」（一○三頁下）<u>簡正</u>卷一五：「初，引<u>十誦</u>及<u>治禪病經</u>，明敬用天衣之法。文相自明。」（九○五頁上）<u>資持</u>卷下一：「<u>十誦</u>，初通明三衣敬護之心。」（三六五頁中）

〔三七〕**著大衣者**　<u>資持</u>卷下一：「『著』下，別示大衣著用方法。有四：初，制作務。」（三六五頁下）【案】<u>十誦</u>明著大衣方法，分四，如下<u>資持</u>所示。

〔三八〕**不得捷木石土草、掃地、敷臥具、坐具等**　<u>資持</u>卷下一：「初，制作務。……捷，『力展』反，謂擔運也。坐具，謂床、凳、坐褥等。（昔人謂或著大衣，不得敷尼師壇。迷名故也。）壇經明：阿難結集時，<u>迦葉尊者</u>披僧伽梨，捉尼師壇，至阿難前敷尼師壇，禮<u>阿難</u>等，斯為明據。幸無疑焉。」（三六五頁下）<u>鈔批</u>卷二四：「謂著大衣時，不得敷臥具及敷坐具。」（九六四頁下）

〔三九〕**不得腳躡，敷坐、臥上，儭身著**　<u>資持</u>卷下一：「『不得腳躡』下，次，制污觸。」（三六五頁下）<u>鈔批</u>卷二四：「謂不得腳躡大衣等也。又，不得坐大衣上，故言敷坐。又，不得臥大衣上，故言臥上。不得揲內著，故言儭身著也。」（九六四頁下）【案】<u>十誦</u>卷五七，四一九頁上。

〔四○〕**若入聚落，不得曳衣**　<u>資持</u>卷下一：「『若入』下，三、明入聚。……曳謂拖曳。」（三六五頁下）

〔四一〕**木**　【案】「木」，底本為「水」，據<u>大正藏本</u>、<u>敦煌甲本</u>、<u>敦煌乙本</u>、<u>敦煌丙本</u>及<u>弘一</u>校注改。

〔四二〕**若逢奔車逸馬，當在上風避**　<u>資持</u>卷下一：「『若逢』下，四、明過避……上風避者，恐塵坌故。」（三六五頁下）<u>簡正</u>卷一五：「<u>大德</u>云：<u>蒿本</u>是『奔車象馬』，後人錯書『逸』字也。」（九○五頁上）

〔四三〕**泥、棘**　<u>資持</u>卷下一：「謂泥塗、棘刺。」（三六五頁下）

〔四四〕**治禪病經**　<u>資持</u>卷下一：「<u>治禪病經</u>即明大衣不許作務。〔此經開懺重、苦役、觀像。即北（【案】『北』疑『此』。）教中，取相懺也。〕」（三六五頁下）【案】

治禪病秘要法卷一，大正藏第一五冊，三三七頁上。

〔四五〕入塔觀像　鈔批卷二四：「如治禪病經抄。又如觀佛三昧經抄。」（九六五頁上）

〔四六〕十誦　鈔科卷下一：「『十』下，隨身。」（一○三頁下）簡正卷一五：「從十誦下，明隨益隨身法。」（九○五頁上）資持卷下一：「初引諸文，多舉鳥羽，以喻常隨。」（三六五頁下）【案】十誦卷二七，一九八頁中。

〔四七〕行則知時，非時不行　簡正卷一五：「知不能生善、破戒見等，即制不行。」（九○五頁上）資持卷下一：「謂出處合宜也。」（三六五頁下）

〔四八〕猶如飛鳥，羽翮相隨　簡正卷一五：「大德引尚書云：腹下細毛名毳，翅闊頭最長毛是羽，入肉之管為之翮。今取此二，不暫相離之義也。」（九○五頁上）【案】四分卷五三，九六二頁下。

〔四九〕諸部並制隨身　資持卷下一：「『諸』下，結勸。今時希有護宿，何況常隨！多有畢生，身無法服，是則末世護宿，猶為勝矣。但內無淨信，慢法輕衣，真出家兒，願遵聖訓。問：『必不隨身，無有何過？』答：『如上十、祇，並云犯罪，應得吉羅。』」（三六五頁下）

〔五○〕今時但護離宿　簡正卷一五：「但護離宿者，明白日不隨身，即乖羽翮喻矣。」（九○五頁上）

〔五一〕受功德衣，著一披一，得入聚落，留一衣　鈔科卷下一：「『明』下，入聚（二）。初，入聚開制。」（一○三頁下）資持卷下一：「初科，前引二文明開。了論：『著一』即五條，『披一』即七條，『留一』即大衣。」（三六五頁下）簡正卷一五：「從明言善，不辨有緣，開留一衣法。受功德時，五條偏袒於內是『著』，更以七條安上，是『披一』。許留大衣也。」（九○五頁上）鈔批卷二四：「立謂：受迦絺那已，開離大衣。餘兩個，相隨重著。下衣儭身，名之為『著』。七條安上，名之為『披』。」（九六五頁上）【案】本節分二：初「明了論」下；二、「僧祇若」下。初又分二：初，「明了」和「四分」明開；二、「入聚落」下引十誦、僧祇、五百問。明了，六七一頁中。

〔五二〕若有恐怖，若疑怖　資持卷下一：「疑有恐怖故。」（三六五頁下）

〔五三〕入聚落，必須著割截衣　資持卷下一：「『入聚』下，次，引三文，以明制法。今入聚不著，步步違制」（三六五頁下）【案】四分卷四一，八六三頁上；卷五九，一○○六頁中。

〔五四〕若納衣施鉤闌　鈔批卷二四：「濟云：四周緣曰鉤闌也。案十誦亦然。」（九六

五頁上）【案】十誦卷二七，一九五頁上。

〔五五〕**得借著大衣入俗**　鈔批卷二四：「得從他借，著入俗舍也。由自無大衣，亦得
　　從他借，著入俗舍也。」（九六五頁上）【案】僧祇卷三七，五二七頁下。

〔五六〕**若著脫三衣，必須取衣近身，然後脫著之**　鈔科卷下一：「『僧』下，脫著法
　　式。」（一○三頁下）資持卷下一：「僧祇初明脫著法；『因』下，二、明帶紐；
　　『披』下，三、明齊整。初文，又二：前明著三衣法，後明著內衣。初中，上
　　三句，總示三衣。彼明比丘畜二副三衣。一副入聚落著，（即受持新好者。）
　　一副在寺內著。（長衣故者。）是以三衣並有入聚落衣及園中衣。」（三六五頁
　　下）【案】僧祇卷三五，五一一頁中。

〔五七〕**不得脫園中衣**　資持卷下一：「『不得』下，別示大衣。初，明入聚脫舊著新
　　法。園中衣，即寺內所著大衣也。（『僧伽藍』翻『眾園』，寺院通號。從本須
　　達買園為名。）」（三六五頁下）簡正卷一五：「園中衣者，即五條也。梵云『僧
　　伽藍摩』，此云『眾園』。秦人好略，直言『伽藍』。今單言園者，如祇桓，本
　　是祇陀太子之園，須達布金，買苑作寺。譯者取新意也。」（九○五頁上）

〔五八〕**自**　資持卷下一：「自，猶在也。」（三六五頁下）

〔五九〕**從聚落出已**　資持卷下一：「『從』下，次明出聚脫新著舊法。出彼第三十五
　　卷。彼具明大衣已，餘二衣準同，令（【案】『令』疑『今』。）文略之。」（三
　　六五頁下）

〔六○〕**此謂僧伽梨**　簡正卷一五：「准南記云：既言『僧伽梨』是『園中衣』，即非僧
　　伽藍園，合是王宮園苑。沙門入彼，著大衣也。（此解違文太甚。）或有解云：
　　『僧伽梨』是王園衣，恐其筆悞，（九○五頁上）合是『安陀會衣』。（此殊未
　　見其理。）大德云：斯注文者，為簡異故。前云『入聚落衣』，恐人疑云『莫
　　是七條名入聚落衣否』，今云『此謂僧伽梨，是入王宮聚落之時披著，非謂常
　　逾白衣聚落七條也。』理合在『聚落衣』下注之。今在『園中衣』下明之，致
　　難見意。思之。內衣著（原注：『著』疑『者』。），即『涅槃僧』，及五分中『舍
　　勒』，最在內着。」（九○五頁下）鈔批卷二四：「立謂：此是『入聚落衣』，非
　　『園中衣』也。何故名『園中衣』？以西國人多捨園作伽藍，如須達、菴婆女
　　等也。今從本得名，故知園者，即是寺也。」（九六五頁上）資持卷下一：「注
　　字釋疑，恐將『園中衣』為五條故。（古記反作五條釋之，或云移注於『聚落
　　衣』下，或云『梨』合作『藍』，釋上『園中』字。如是妄說，皆由不尋本文。）
　　後內（三六五頁下）衣中，出入二事，亦同上說。文中，初遮非法。前制出入，

先求後脫，後制重著抽挽。」（三六六頁上）

〔六一〕**應從一邊著，一邊出之**　資持卷下一：「『應』下，示如法。（古無解者，故此曲示。）」（三六六頁上）

〔六二〕**必帶紐行**　資持卷下一：「帶紐行者，準似鉤紐，不綴衣上。未詳西土如何用之。」（三六六頁上）【案】僧祇卷三一，三八三頁中。

〔六三〕**紐齊兩角**　簡正卷一五：「上下兩角須齊也。」（九〇五頁下）

〔六四〕**頭如羊耳**　鈔批卷二四：「如今育王像著衣是也，以手捉，故爾。」（九六五頁上）簡正卷一五：「要須屈頭，手中執之。不得令出如羊耳相。」（九〇五頁下）【案】僧祇卷二一，三九九頁下。

〔六五〕**亦得四揲大衣枕之**　簡正卷一五：「如下引中含。世尊有時四揲『憂多羅僧』，以敷床上，（『序』字非也。）擘『僧伽梨』作枕，右脇而臥，足足相累。又智論云：佛四揲『鬱多羅僧』敷下，以『僧伽梨』枕頭等。諸家見此文意，皆云敷七條安背下臥，如構（原注：『構』疑『㡓』）褥之類，故云臥七條中。非也。大德云：但是蓋臥。舉例如今時云『臥被中』，豈可將被安背下耶？經文語到（【案】『到』疑『倒』。），據理合言七條中臥也。」（九〇五頁下）【案】五分卷二五，一六四頁下。

〔六六〕**枕大衣，臥七條中**　資持卷下一：「謂五條身著、七條敷床上、大衣作枕，故云臥七條中。今恐損污，但著五條，臥坐具上。七條大衣，襵揲頭所。」（三六六頁上）鈔批卷二四：「案中含經云：世尊有時四疊『鬱多羅僧』以敷席上，擗『僧伽梨』作枕，右脇而臥，足足相累。立正念心，常作起想，謂眠時念常速覺也。諸比丘亦有作此事，以臥七條、枕大衣等。看文意，正是將七條著，皆下服也。今若有人作此事者，不足為恠。又，智論第二十六卷云：世尊四襞『鬱多羅僧』敷下，以『僧伽梨』枕頭而臥也。濟云：一國內，唯長安城中（九六五頁上）僧尼持三衣襆，如法生善。以將衣襆在臂上，置袈裟外，極是如法。一手執瓶，順路而行，以出家人法爾。須持三衣、瓶、鉢，猶如俗官帶竿袋、犯（原注：『犯』疑『報』。）笏，法爾須也。唯外州邊處，多將三衣襆，置袈裟裏。傍人視之，極不生善，似如賊盜持物歸也。」（九六五頁下）

〔六七〕**不著泥洹僧，不得著僧祇支**　鈔科卷下一：「『三』下，重著」（一〇三頁下）【案】此為十二之五。三千卷一，九一六頁下。

〔六八〕**如是重重**　資持卷下一：「應云：不著祇支，不得著安陀會等。」（三六六頁上）

〔六九〕重著　資持卷下一：「亦觀時緣，非謂常爾。」（三六六頁上）

〔七〇〕五分律云　鈔科卷下一：「『五』下，反倒」（一〇三頁下）資持卷下一：「五分前明反著，初緣起。『世尊』下，立制；『若出』下，開緣；『若衣』下，後明倒著。」（三六六頁上）

〔七一〕世尊訶責，結罪　資持卷下一：「『世尊』下，立制。」（三六六頁上）【案】五分卷二〇，一三八頁下；卷二六，一七四頁下。

〔七二〕若出村入村　資持卷下一：「『若出』下，開緣。」（三六六頁上）

〔七三〕舍利弗問經　鈔科卷下一：「『舍』下，通肩披」（一〇三頁下）資持卷下一：「引經示褊祖通肩之意。」（三六六頁上）簡正卷一五：「約恭敬以辨也。舍利弗問佛：『於何時中，令其偏祖等？』佛言：『隨供養時，應須偏祖，以便作事故；作福田時，應覆兩肩，現福田相故。云修供養，如見佛時、問訊師僧時等。作福田時者，謂王請食，（九〇五頁下）坐禪、誦經，巡行樹下，又見生善，有可觀也。」（九〇六頁上）【案】舍利弗問經，大正藏第二四冊，九〇一頁中。

〔七四〕至佛前、上座前，方偏祖　資持卷下一：「律中，佛上座前方祖，可驗餘時通披。」（三六六頁上）

〔七五〕經中　資持卷下一：「未詳何經。謂對佛僧不恭敬故。」（三六六頁上）

〔七六〕三千威儀　鈔科卷下一：「『三』下，難開不著」（一〇三頁下）簡正卷一五：「『三千』下，明為難開，不著。」（九〇六頁上）資持卷下一：「初明遇難，暫開不著。準知，無難不暫離身。彼有四事，到彼國不著。如文所列，但略去標數耳。」（三六六頁上）【案】三千威儀卷一，九一五頁上。

〔七七〕決正二部律論　鈔科卷下一：「『決』下，有緣不禮」（一〇四頁下）簡正卷一五：「『決正』下，明敬衣。開亂別人無過。」（九〇六頁上）鈔批卷二四：「立謂：此論解僧尼二部律，故曰也。」（九六五頁下）資持卷下一：「不禮，皆據對別，不約對僧。」（三六六頁上）

〔七八〕由敬處尊，當自陳意　資持卷下一：「敬處尊者，即指大衣。恐彼不知，故須陳意。應云：某甲身著大衣，不得設禮。」（三六六頁上）鈔批卷二四：「若逢師僧、上座、別人等，當言：『我著（九六五頁下）僧伽梨，不得作禮，勿責某也。』」（九六六頁上）

〔七九〕著三衣，不得向佛塔、上座、三師，亦莫背；不得口銜及兩手奮　鈔科卷下一：「『三』下，披著法式。」（一〇四頁下）資持卷下一：「初明著時。或對佛

僧，不得向背，理應側身，要須屏處，口銜手奮，恐污損故。」（三六六頁上）
簡正卷一五：「『三千』下，亦著衣向背法。奮，（『番』，『反』音。），揚也。
挑，（『已同』反。），謂不挑前角於肩上，即垂肘前，如象鼻也。小衣是五條，
不曾襯身著者，許暫披入眾，不著受食，犯墮者。據律但得非威儀，得成受
食。論約非法，不成還同，未受食故，結提也。」（九〇六頁上）【案】三千卷
一，九一五頁中。

〔八〇〕**象鼻** 鈔批卷二四：「謂披時露左，名曰象鼻也。」（九六六頁上）資持卷下
一：「毘奈耶中，注云象鼻，即犯眾學，不齊整戒，文注顯然。今皆垂肘，豈
知步步越儀犯吉。今準感通傳天人所示，凡經四制，世多迷執，略為引之。彼
云：元佛初度五人，爰及迦葉兄弟，並制袈裟，左臂坐具在袈裟下。西土王臣
皆披白氈搭左肩上，故佛制衣角，居臂異俗。（此一制也。）後徒侶漸多，年
少比丘儀容端美，入城乞食多為女愛，由是制衣角在肩，後為風飄，聽以『尼
師壇』鎮之。（此二制也。）後有比丘為外道難言：『袈裟既為可貴，有大威
靈，豈得以所坐之布而居其上？』（三六六頁上）比丘不能答，以事白佛。由
此，佛制還以衣角居于左臂，坐具還在衣下。（此三制也。）於後，比丘著衣
不齊整，外道譏言：『狀如婬女，猶如象鼻。』由此始制上安鈎紐，令以衣角，
達于左臂，（達即到也。）置於腋下，不得令垂，如上過也。（今須準此，乍可
排著左肩。若垂臂肘，定判非法，步步結罪。舊云『今在左臂為正，但不得垂
尖角』者，非也。）」（三六六頁中）

〔八一〕**無中衣時，得著大衣上講、禮拜** 鈔科卷下一：「『五』下，互著得不。」（一
〇四頁下）資持卷下一：「五百問三段：初明互著……次明受食制須法……三
明借衣制須在界。」（三六六頁中）資持卷下一：「謂闕七條。大衣本非入眾，
闕故開之。」（三六六頁中）【案】五百問，九七七頁～九七八頁。

〔八二〕**小衣不近身、淨潔者，無七條者，五條亦得入眾食、禮拜等** 鈔批卷二四：
「謂五條不曾襯身而著，由淨潔故，得著入眾、禮拜、上講、聽法等。反此不
得。」（九六六頁上）資持卷下一：「小衣，即五條淨者，亦開入眾。準此，
若闕大衣，下二應開入眾。若闕下衣，大衣不許作務。七條應得。」（三六六
頁中）

〔八三〕**行路見塔，著下衣者，不得作禮** 資持卷下一：「以道行中多著下衣，或有見
塔而設禮者，論中無衣暫開，故知常途不許。今時入塔、禮誦，多不易衣，薰
觸靈儀，更增慢業。識者誡之。」（三六六頁中）

〔八四〕**借人三衣著，不得出界經宿，界內不限日數**　鈔批卷二四：「謂將他衣出，或恐經宿誤他，得離衣罪，所以不許出界等也。」（九六六頁上）

〔八五〕**不著袈裟食者，得罪**　簡正卷一五：「引十誦即成，但云得罪，不定言隨。又，但云袈裟，不云三衣也。」（九〇六頁上）資持卷下一：「引十誦決上論文。似制三衣重著受食，或局受持。袈裟，語通隨著一事。或復餘長，皆無有過。言得罪者，準犯吉羅。（準此判犯，不用前論。）」（三六六頁中）鈔批卷二四：「案十誦文云：不著袈裟，食食吉羅。」（九六六頁上）【案】十誦卷三，二七三頁中。

〔八六〕**得新衣，令有德人暫著，得福**　鈔科卷下一：「『五』下，引示功能。」（一〇四頁下）資持卷下一：「五分、僧祇，並謂法隨人勝。」（三六六頁中）簡正卷一五：「即令衣主獲福故。玄云：鈔至（【案】『至』疑『言』。）：凡得新衣，皆先安佛前，燒香供養，次與有德披後，方自著也。」（九〇六頁上）鈔批卷二四：「濟云：南山闍梨在日，若得新衣鞋袜，每先安佛前，燒香供養；次安聖僧前，供養呪願已；然後與師僧令披也。及自受用作此法者，非唯得福，亦使一身常豐衣服。若得果食等，亦先供佛僧也。」（九六六頁上）

〔八七〕**佛令取阿難鬱多羅僧，與婆四吒女著**　資持卷下一：「雜含顯著故得道。……雜含云：此女有七子，六子相續命終。念子發狂，裸形被髮至佛所，遂得本心，慚愧蹲坐。佛令阿難取『鬱多羅僧』，與著已，為說法生信。後第七子又終，都不悲泣。化夫與己，投佛出家，得阿羅漢。」（三六六頁中）【案】雜含卷四四，三一七頁中。

〔八八〕**師子敬著袈裟人，故成佛**　資持卷下一：「賢愚明敬故成佛。」（三六六頁中）鈔批卷二四：「案賢愚第十三云：古昔此閻浮提有國王名提毗，總領八萬四千謂（原注：『謂』疑『諸』。）小國。世無佛法，有辟支佛在於山間林中坐禪，時諸野獸咸來親附。有一師子，名號躁迦羅，（晉言『堅誓』。）軀體金色。是時獵師，剃頭著袈裟，內佩矛箭，行於澤中。見此師子，念欲殺之。（九六六頁上）是時師子適值睡眠，獵師便以毒箭射之。師子驚覺，即欲馳害，見著袈裟，便自念言：『如此之人，在世不久，心得解脫。所以者何？此染衣者，三世聖人標相。我若害之，則為惡心。起（原注：『起』疑『趣』。）向三世諸賢聖人。』如是思惟，害意還息，便說偈言：『耶羅羅，婆奢沙，婆呵。』說此語時，天地大動，無雲而雨，諸天駭惕。即以天眼，下觀世間，見於獵師，殺菩薩師子。於虛空中，雨諸天華，供養其屍。是時獵師，剝師子皮，以奉國

王。念言：『經書有之：若有畜生，身金色相，必是菩薩。』問獵師言：『師子死時，有何瑞應？』答言：『所說八字。』如上者是也。即召諸臣智人，令解是義。時諸人眾，都無能解。空林澤中，有一仙人，為解此義云：『耶羅羅，其義唯剃頭、著染衣，當於生死，疾得解脫。婆奢沙，云剃頭、著染衣者，皆是賢聖之相，近得涅槃。婆呵，云剃頭著、染衣者，當為一切諸天世人，所見敬仰。』王聞解已，召八萬四千小王，悉集一處，（九六六頁下）作七寶高車，張師子皮表示，一切散華供養。打金作棺，盛師子皮，以用起塔。爾時，師子由發善心向染衣人，十億萬劫，作轉輪聖王，後致得佛，今<u>釋迦</u>是也。王者，<u>彌勒</u>是也。仙人者，<u>舍利弗</u>是也。獵師者，<u>調達</u>是也。」（九六七頁上）【案】<u>賢愚經</u>卷一三，四三八頁上。

二、明作法攝衣界〔一〕

其自然攝衣界，十五種不同，如隨相中。此但明「加羯磨」者，大義如鈔、別疏〔二〕。

今略明之〔三〕。

一切大界，凡有三種〔四〕：若界大，無伽藍，但有住舍，此須結之〔五〕；謂僧院外勢分內，得護衣；勢外界內，不免失衣〔六〕。二、界與伽藍等，及界小於伽藍，此二不須結〔七〕。結竟，院外勢分內，反成失衣故〔八〕也。

諸家立法不同〔九〕，有立「無村結法」者。今解：不問有無，並須結之，以結除其妨難〔一〇〕故。若有村者，現除懸結〔一一〕；以村去後，隨去置衣。若無村者，現結懸除〔一二〕。未來村有〔一三〕，不得置衣；若村去者，還得攝也。以先結成故。直由染礙、情礙、隔礙、界礙，故失衣〔一四〕；不由村來去，便令衣界增減〔一五〕也。

此是定義〔一六〕。<u>五分</u>等律明文，任情量取〔一七〕。<u>薩婆多</u>中〔一八〕，所以除者，五義：一、聚落不定，衣界是定〔一九〕；二、為除誹謗〔二〇〕；為除鬪諍〔二一〕；為護梵行等〔二二〕。<u>四分</u>中，初結衣界，界有村住，後因有事，方言除之〔二三〕。

加法。「大德僧聽：此處同一住處，同一說戒。若僧時到，僧忍聽。結不失衣界，除村、村外界〔二四〕。白如是。大德僧聽：此處同一住處，同一說戒。今僧結不失衣界，除村、村外界。誰諸長老忍『僧於此處同一住處，同一說戒，結不失衣界，除村、外界者』默然，誰不忍者說。

僧已忍『此處同一住處，同一說戒，結不失衣界，除村、村外界』竟，僧忍默然故，是事如是持。」

解衣界法〔二五〕。律云：應先解衣界，後解大界〔二六〕。十誦：先解大界，衣界亦失〔二七〕故。文云：「大德僧聽：此住處同一住處，同一說戒。若僧時到，僧忍聽。今解不失衣界。白如是。大德僧聽：此住處同一住處，同一說戒，解不失衣界。誰諸長老忍『僧同一住處，同一說戒，解不失衣界』者默然。誰不忍者說。僧已忍『同一住處，同一說戒，解不失衣界』竟。僧忍默然故，是事如是持。」

【校釋】

〔一〕作法攝衣界　鈔批卷二四：「勵（【案】『勵』疑『礪』。）釋名云：言攝衣者，加法結後，去之雖遠，衣猶屬人，故名攝衣界也。或云：結不失衣界者，以結此界人無離衣之罪，故曰結不失衣法也。」（九六七頁上）資持卷下一：「持衣約處，以明離護，處雖多種，總歸有二：一者依自然護衣。本宗、他部，共十五相，攝處斯盡，如前『三十』離衣戒辨。二、依作法攝衣。唯有一種，即今所明。古今廢立，委在業疏諸界篇中。今此直示正義，指如別疏。義鈔無文。」（三六六頁下）【案】「明作法攝衣界」，文分為二：初，「其自然」下；次，「今略明」下。

〔二〕大義如鈔別疏　簡正卷一五：「謂中卷離衣戒云『若論作法，下卷明之』，正指此段。若自然護衣，此不明也。」（九〇六頁下）簡正卷一五：「玄云：抄是義鈔，疏即羯磨疏。（或可有疏。）彼有五種戈（原注：『戈』疑『義』。）門，明於得失，恐繁不述。」（九〇六頁下）

〔三〕今略明之　鈔科卷下一：「『今』下，立法加結。」（一〇四頁上）簡正卷一五：「簡其結處也。」（九〇六頁下）【案】「今略明之」下分二：初，「一切」下；次，「諸家」下。

〔四〕一切大界，凡有三種　簡正卷一五：「三種者，一、界大無藍；（九〇六頁下）二、界與藍等；三、界小於藍。約儀通合，為界大藍小處須結。文同無藍，故不別列也。」（九〇七頁上）鈔批卷二四：「謂界大藍小、界小藍大、藍界俱等也。羯磨疏云：界與藍等，及界小藍大，不須結之。以衣界自然，約藍院起，隨有周匝，猶開勢分。今上二種，未結衣界，院外攝衣，若加法竟，入院方會，故不須結。或大界在勢分內者，亦不須之，轉非皆故。」（九六七頁上）

〔五〕**若界大，無伽藍，但有住舍，此須結之**　資持卷下一：「『若』下，別示。前明無藍須結。初，示相判定，由本不結，但隨住舍，難護易離。今若結之，遍界通護，故結有益。（注羯磨作『界寬藍狹』，與此事別義同，故知須結，則通兩相。）」（三六六頁下）【案】此句及下明大界三種之一「界大無藍」。

〔六〕**謂僧院外勢分內，得護衣；勢外界內，不免失衣**　資持卷下一：「『謂』下，出不結之患。僧院即上住舍勢分內者，一切自然、衣界之外，各有十三步勢分。」（三六六頁下）簡正卷一五：「院外勢內者，謂僧住房之外，十三步勢分明內，得護衣。出此勢分，雖是界內，不得護衣。所以爾者，謂界是稱人不攝衣故，是以失也。此處須結之。界大藍小處亦爾。」（九〇七頁上）

〔七〕**界與伽藍等，及界小於伽藍，此二不須結**　資持卷下一：「『二』下，次明餘二不須。藍界等者，尚不須結，況界小乎？借令大界出藍十三步許，結亦徒然。」（三六六頁下）簡正卷一五：「謂藍大及藍界等，若衣藍護，猶有勢分。若結衣界，只得依藍，已外無勢分，卻成失衣。故相疏云：有法無，無法故有。又首疏云：開不重開故，不須結也。」（九〇七頁上）【案】此為大界三種之二「界與藍等」和之三「界小於藍」。「界與伽藍等」義即界與伽藍等相等。

〔八〕**院外勢分內，反成失衣故**　資持卷下一：「『結竟』下，示加結之過。二相俱有，院外失衣，界小於藍，院內亦失。」（三六六頁下）【案】本句義為：界藍相等及界小於藍二者不須結，如另加結法，反受其過。

〔九〕**諸家立法不同**　資持卷下一：「初科。上二句標古法，通示諸家。比由羯磨文牒除村，故生異執。準疏，凡有二解。初師云：有村須除，無村不須，何得雷同，俱須除也？（此依曇諦羯磨。彼注云：有村除村，無村不須唱除村。）第二師云：有村結者，現除懸不結，後村移出，不合攝衣。（由本有村牒除，則村處無法，故云不結。彼謂除村體故。）無村結者，現結懸除，村來不攝，村去還會。（本無村結，遍界有法，但村來為礙耳。）下句別指。初解。彼謂除體。據現無村，則於羯磨詞中除去『除村』等語，故云『無村結法』。（舊記妄出古解，全乖疏文。）」（三六六頁下）簡正卷一五：「立法不同者，凡結衣界，依僧界起。今僧界上，或有男女居止曰村，未審結衣界時，如何取捨？因此，有兩師立義，解判有異。初師云：若現為村，現除懸不結，即顯為村處地上，永無法起。所以爾者，謂以唱出故，已後村去，欲此置衣，即解已重結。若結時，僧界上無村，便須改律文。謂羯磨云『除村』，今既界內無村，有何除也？

即是無事有法，結亦不成。（東塔疏依此師。）第二師，半依古、半依今。若現為村，現除懸不結，與初師同；若現無村，現結懸除，亦不要改律文詞句。抄云有立『無村結法』者，正當此義也。」（九〇七頁上）鈔批卷二四：「羯磨疏云：古人言有村須除，無村不須，何得雷同，俱須除也。如律文中，無事有法，非法不成，無村加有，義同此也。又有人言：有村結者，現除懸不結，後村移出，不合攝衣；無村結者，現結懸除，村來不攝，村去還會。鈔主『無村結』者，即後家義也。」（九六七頁上）【案】「諸家立法不同」下文分為二：「結法」和「解法」。「結法」又分二：初「立法」，二「加結」。「立法」分二：初，「諸家立」下標古立今；二、「此是定」下結告。

〔一〇〕**不問有無，並須結之，以結除其妨難**　資持卷下一：「『今』下，立今義。分三：初，通立，上二句明結法俱通，下一句明牒除所以。」（三六六頁下）簡正卷一五：「『今解』下，今師不論有村，（九〇七頁上）准律依論俱結。以結除其妨難者，顯除意也。故業疏云：既依界結，遍標內地同有攝衣，不由村來，衣界便解。不由村在，衣界不遍。（已上疏文。）但是男女所居，多生染謗，故權不許置衣，非謂永無衣界。」（九〇七頁下）鈔批卷二四：「濟云：男女所居曰村。（九六七頁上）男是尼之妨難，女是僧之妨難，故須除。故勝引羯磨疏云：既依界結，遍標內地，同有攝衣。不由村來，衣界便解，不由村在，衣界不遍。但村是男女所居，多生染謗性，與比丘行有譏，故制令除之。故律中，初結衣界之中，有村不言『除村』。村中置衣，後為緣礙，方始除村。此除別緣，不除村體。何以知然？多論二解。前解：有村須除，無村不須除；後遂解云：羯磨法爾，莫問有無，皆須除之，村在不得，村去攝衣。」（九六七頁下）【案】此句為資持「今下」分三之一。

〔一一〕**若有村者，現除懸結**　鈔批卷二四：「立明：先有村，現除村中妨難，懸結村下之地。擬後村去，通得護衣。」（九六八頁上）簡正卷一五：「現除懸結者，以現有村，恐成障礙，不許置衣，是現除村。去後許護，是『懸結』也。」（九〇七頁下）資持卷下一：「『若』下，二、別顯。『現』謂即今，『懸』謂擬後。羯磨緣（【案】『緣』疑『疏』。）云結不失衣界，此即結也。然其村處，雖不攝衣，不妨通結。擬後村去，故云懸結。（即異古師懸不結也。）」（三六六頁下）【案】此句及下為資持「今下」分三之二。

〔一二〕**若無村者，現結懸除**　鈔批卷二四：「謂先無村，以現取為界，故名現結。若後有村，不得護衣，名曰懸結除村。」（九六八頁上）資持卷下一：「『無村即

遍，故云『現結』。雖現無村，擬後村至，不得通攝，故云『懸除』。」（三六六頁下）簡正卷一五：「謂現無村住，皆許置衣，是『現結』。後若村來，於村處，不得安衣，是『懸除』也。若村去後，依前許護。直由下正成立。今除村義，蓋以男女在界同居，是四礙之數。取衣恐成障礙，故不許置，非謂不無衣界，以衣界依持僧界起故。如鍱金師，以藥引金之喻顯也。今男女住處，既是僧界，亦有衣界。古人若云實有村在界者，須於四相中，隨有一相。儻於露地權居，復有何相？即知本無村體，暫言除也。故業疏問云：『本既無村而言除者，豈非無病有藥？』答：『此攝衣界，在同住地。所言除者，除衣障礙，不除村體。若無男女，任意著衣，豈在院宇，本無不結等』。」（九〇七頁下）

〔一三〕**村有**　資持卷下一：「『村有』二字寫倒。」（三六六頁下）

〔一四〕**以先結成故，直由染礙、情礙、隔礙、界礙，故失衣**　資持卷下一：「『以』下，三、雙釋。上句明結遍。以雖有村，不礙法故。『直』下，顯除通，以除緣難，不除體故。」（三六七頁上）【案】此句為資持「今下」分三之三。

〔一五〕**不由村來去，便令衣界增減**　鈔批卷二四：「濟云：衣界體通，但為村來時，中有男女障礙置衣，非即無界也。據界體，無有增減故。願律師舉喻如牛皮，皮以耎時，牽來牽去，或長或短，皮豈有增減？衣界亦爾。雖可村來界縮，村去界伸，亦不名增減。」（九六八頁上）扶桑記：「謂村來衣界為減，村去衣界不增；但緣礙去來而已，衣界未曾展縮，村但是緣礙，非闕戒體。」（二九九頁上）

〔一六〕**此是定義**　鈔科卷下一：「『此』下，結告顯證。」（一〇四頁下）資持卷下一：「次科。初句結斷。一者理通，如上所述；二者有據，如『除』（【案】即文中『所以除者』之句。）所引。不存舊解，故云『定義』。」（三六七頁上）

〔一七〕**五分等律明文，任情量取**　鈔批卷二四：「五分云：若本無村，結不失衣界，村後入者，不須更結。謂先已結故，若本有村，結衣界已，後村移出，即此空處，有衣界生。此解定非。有云：引五分文證上界有情染、界隔四礙則失衣，非是界體有增減故失。案五分云：諸比丘作羯磨，結不失衣界，於中不得自在往返，是名失衣也。」（九六八頁上）資持卷下一：「『五分』下，證有無通結。十誦、多論並同，故云『等』也。……是非既顯，猶恐執迷，故云任情量取。量謂評量。」（三六七頁上）簡正卷一五：「『五分』下，指五分成上現結、懸結義。故業疏云：若本無村，結不失界竟，村後入者，不須更結，先已結故。（此現結。）若本有村，結衣界已，村移出界，（九〇七頁下）即此空處，有

攝衣界。（此懸結。）」（九〇八頁上）

〔一八〕**薩婆多中** 資持卷下一：「『薩』下，證除緣礙。初引多論五義。」（三六七頁上）簡正卷一五：「『薩婆多』下，成上現除、懸結義，文但列四，『等』取第五，為除駃婬。」（九〇八頁上）【案】此處引多論和四分明緣碍。多論卷四，五二九頁中。

〔一九〕**聚落不定，衣界是定** 鈔批卷二四：「謂聚落即村是也。中有男女，來去不定，來則無衣界，人去則是衣界，故曰。若論衣界，體無來去，故曰定也。」（九六八頁下）資持卷下一：「初云聚落不定，謂遷徙散落，不上一處。衣界定者，謂作法自然分齊，不可亂故。」（三六七頁上）

〔二〇〕**為除誹謗** 鈔批卷二四：「比丘置衣村內，夜中往取，經遊女人邊過，迹涉譏疑，故也。」（九六八頁下）資持卷下一：「義如四分緣起。」（三六七頁上）

〔二一〕**為除鬭諍** 資持卷下一：「除諍者，或入聚會，衣容生忌，故四護梵行，等取第五，為除嫌疑。此二可解。」（三六七頁上）鈔批卷二四：「入村取衣，容生鬭諍故也。」（九六八頁下）

〔二二〕**為護梵行等** 鈔批卷二四：「村有女人，應入村取，容壞梵行。言『等』者，村有五義，文中列四。言『等』者，等取於嫌疑也，并嫌疑是五。以村中男女所居，具斯五義。比丘在中，護衣是難，故制隨身。」（九六八頁下）

〔二三〕**初結衣界，界有村住，後因有事，方言除之** 簡正卷一五：「『四分』下，本結衣界。界內有村，安衣在村，往彼取衣，女人衣解，形露招譏。佛因制除村界外也。」（九〇八頁上）【案】四分卷三五，八二〇頁上。

〔二四〕**除村、村外界** 簡正卷一五：「村外界者，業疏云：除村是村體，村外即勢分，謂勢分內亦不得置衣。結、解二法，並如文可委。」（九〇八頁上）鈔批卷二四：「首疏解云：『除村』謂除村體也。『村外』者，除村外勢分地也。故見云：除村外界者，中人擲石已還等。私云：謂村在界中，村家勢分之內，還不得置衣也。」（九六八頁下）資持卷下一：「『除村』謂村界分齊，『村外界』即村外勢分。」（三六七頁上）

〔二五〕**解衣界法** 鈔批卷二四：「礪云：四分關，無『解攝衣界』之文，今反結并解也。然五分且有結解兩白二法。」（九六八頁下）

〔二六〕**應先解衣界，後解大界** 資持卷下一：「解法注中，初引本律。次第解者，疏云：法儀倫式，前後有據，不可亂也。以結時先僧，次衣後食。解則反之為次。」（三六七頁上）

〔二七〕先解大界，衣界亦失　資持卷下一：「疏云：衣法假本，本失末亡，而非正則，亂倫獲罪。（『倫』即『次』也，亂『次』犯吉。）」（三六七頁上）【案】十誦卷五四，三九八頁上。

二、明坐具〔一〕者

四分：為身，為衣，為臥具〔二〕，故制。長佛二搩「吒革」反，謂展大拇〔三〕指與中指相去也。此字，應法「搩」字〔四〕，「才」邊「桀」也。「足」邊「桀」者，此「蹀」字〔五〕也，「癡革」反，謂足一舉為蹀，二舉為步，二義各別。手，廣一搩手半。廣長更增半搩手〔六〕。諸部論「搩」不定〔七〕。今依五分〔八〕，佛一搩手，長二尺。準唐尺者，則一尺六寸七分彊〔九〕。此用二尺為搩手，準姬周尺也。此通陰陽，諸國常準不改。即唐令云：尺者，用一尺二寸為尺。但隨流俗，則不定量。就此唐國用尺，則有五六種不同。明了論云：人長八尺，佛則倍之，丈六是也。故廣引正，證知尺大小。

十誦云：新者二重，故者四重〔一〇〕。伽論亦同。僧祇云：不得趣爾厭課〔一一〕，持小故氍作敷具。當二重作，若欽跋羅一重〔一二〕，劫貝二重〔一三〕。不得屈頭量、縮量、水灑量〔一四〕，欲令乾已長大者，成便犯墮；受用，越毘尼。鼻奈耶云：新尼師壇，故者緣四邊，以亂其色〔一五〕。若作者，應安緣〔一六〕。五分：須搩四角，不搩則已〔一七〕。四分云：若減量作，若疊作兩重，並得〔一八〕。謂二重為本，恐過量故疊〔一九〕。

十誦：不應受單尼師壇；離宿，吉羅〔二〇〕。摩得伽云：離宿不須捨墮，非佛制故〔二一〕；亦不應離宿。

僧祇云：更增者，二重、三重，對頭卻刺；互減互過，皆波逸提〔二二〕。諸律增者，於緣外增之〔二三〕。四分七百結集中，得畜不截坐具〔二四〕。是非法故，擅而行之。準益縷之相，不截不犯；過量坐具，不截而畜，亦應無罪〔二五〕。此跋闍子擅行十事〔二六〕，便集〔二七〕閻浮提僧斷之。此應久廢，今往往重興，則用跋闍妄法〔二八〕也。十誦：作不益縷邊尼師壇淨〔二九〕。伽論言：不接頭者，墮〔三〇〕。今時通量取增文，則長五尺等，並結提罪〔三一〕。如法者：準初量已，截斷，施緣〔三二〕。若坐時，膝在地上者，依增量一頭一邊接裨之〔三三〕。此是定教正文〔三四〕。不依此法，一生無如法處坐。薩婆多〔三五〕：佛在時，比丘不臥者多，故小。後開益縷際〔三六〕，從織邊，唯一頭更益一搩手〔三七〕。令比丘臥僧臥具〔三八〕。今時有戒本「一搩〔三九〕」者，此是十誦律。四分有者，錯用故。準論：凡長小尺六尺、廣三尺，僧

臥具八尺、四尺。<u>四分明坐具法異</u>〔四〇〕。不須用之，但用增法〔四一〕。必欲準用，亦須畜之〔四二〕，不成受持，且將說淨。

僧祇：坐具者，此是隨坐衣，不得淨施及取薪草、盛巨磨此翻牛屎。唯得敷坐〔四三〕。善見云：須受持，不合淨施〔四四〕。不出其文。義加云〔四五〕：「大德一心念：我比丘某甲，此尼師壇應量作，今受持。」三說。其用法大同鉢也。準例加法持之。若破壞，須換易者，當捨之〔四六〕。文同受法，改下云「今捨」也。

僧祇：得敷坐〔四七〕。在道行，得長疊、中疊〔四八〕，著衣囊上，左肩上擔；若至坐處，當敷而坐。若置本處，當中撎之，後徐舒而坐〔四九〕。凡坐法，應先手按，然後乃坐〔五〇〕。賢愚經：<u>舍利弗</u>以尼師壇著左肩上，入眾，降邪道〔五一〕。鼻奈耶多文：著肩上，入出坐禪。今在左臂，定是非法。

【校釋】

〔一〕坐具　簡正卷一五：「<u>西土本音『尼師壇』</u>，此云『坐具』。為護僧家臥具并己三衣，故制。」（九〇八頁上）鈔批卷二四：「<u>梵言『尼師怛那』</u>（去聲）。」（九六八頁下）資持卷下一：「<u>梵云『尼師壇』</u>，此翻『隨坐衣』。」（三六七頁上）【案】「坐具」文分為三：初，「四分」下；次，「僧祇坐」下；三、「僧祇得」下。初又分四：初，「四分」下；二、「十誦云」下；三、「十誦不」下；四、「僧祇云更」下。

〔二〕為身、為衣、為臥具　資持卷下一：「為身者，恐坐地上，有所損故。次，為衣者，恐無所籍，三衣易壞故。為臥具者，恐身不淨，污僧床榻故。」（三六七頁中）【案】「四分」下分二，本句及下為初，「諸部論」下為次。

〔三〕拇　【案】底本為「母」，據<u>敦煌甲本</u>、<u>敦煌乙本</u>改。

〔四〕此字，應法「搩」字　資持卷下一：「『應法』，謂合字書。若準戒疏，從『石』為正，即訓『張』也。」（三六七頁上）

〔五〕「足」邊「粲」者，此「蹝」字　資持卷下一：「『足』下，點非。佛一搩長二尺，二搩即四尺，廣搩半即三尺，是本制量。」（三六七頁上）簡正卷一五：「禁（【案】『禁』疑『粲』。），（『禁列』反。），蹝〔半字也，尚蹝。桁，音『同』。〕」（九〇八頁上）

〔六〕更增半搩手　資持卷下一：「<u>律因迦留陀夷身大對佛說之</u>，即聽廣長各增半搩。戒疏云：更增者，開緣也。還從本制，限外別開。（謂從本制量，限外增

之）。」（三六七頁上）

〔七〕諸部論「揲」不定　鈔科卷下一：「『諸』下，定揲大小。」（一〇四頁中）資持卷下一：「定揲量中，初指諸部不定。（三六七頁上）具如隨相『無主房』中。此但撮略，彼文對之可見。」（三六七頁中）

〔八〕今依五分　資持卷下一：「『今』下，示今所取。周尺，一尺二寸為唐一尺，七寸二分為六寸。所餘八分為唐七分。不啻，故云強也。唐令及五六種尺等，並如釋相『房戒』委辨。」（三六七頁中）【案】五分卷五，三五頁下。

〔九〕準唐尺者，則一尺六寸七分彊　簡正卷一五：「『准唐尺』下，寶云：且姬周一尺二寸為唐一尺，更將周七寸二分為唐六寸，又將周七分二釐為唐六分，更有周八釐在。總計唐家一尺六寸六分。更有周八釐，即唐家七分弱。合是『弱』字，鈔多作『強』字者，抄寫錯耳，亦不合作『強』解。」（九〇八頁上）

〔一〇〕新者二重，故者四重　鈔科卷下一：「『十』下，造作。」（一〇四頁下）簡正卷一五：「『十誦』下，明重數。」（九〇八頁上）資持卷下一：「十誦、伽論新故重數，制同三衣。」（三六七頁中）【案】十誦卷五，三一頁上。

〔一一〕不得趣爾厭課　簡正卷一五：「趣爾者，攣爾也。自無心忻念曰猒，似他遍作曰課。」（九〇八頁上）鈔批卷二四：「立謂：率爾隨時將小物而作也。無心忻念曰厭，（九六八頁下）似若他逼而作曰課也。（此解當。）」（九六九頁上）資持卷下一：「僧祇：厭課謂不已而為。」（三六七頁中）【案】僧祇卷二〇，三九二頁～三九三頁。

〔一二〕若欽跋羅一重　鈔批卷二四：「是毛衣也。立云：欽婆羅者，是旃衣也。若將旃作，唯用一重。」（九六九頁上）資持卷下一：「欽跋羅，毛氈之類。麤厚故，不可複。」（三六七頁中）

〔一三〕劫貝二重　鈔批卷二四：「譯云『樹華』。持律者云『草華』。聲論云：天竺音『割波婆』，翻為『樹華衣』。今白疊（原注：『疊』疑『氈』。）是也。」（九六九頁上）

〔一四〕不得屈頭量、縮量、水灑量　簡正卷一五：「屈頭量者，饒尺也；縮量者，煞時量，熨了剩有也；次洒量者，乾已長大。此皆犯故。」（九〇八頁上）鈔批卷二四：「謂將物迴蘭，尺頭量之，則剩長也。縮量、水灑量者，此是防功水濕時則縮，乾時則長也。」（九六九頁上）資持卷下一：「屈頭，謂轉尺頭也。縮量，謂不預桄張也。水洒，意令退縮也。」（三六七頁中）

〔一五〕新尼師壇，故者緣四邊，以亂其色　簡正卷一五：「『鼻奈耶』下，新物作以故

物揲,即同四分揲相也。」(九六九頁上)鈔批卷二四:「立謂:將新物作用故物為緣,即當四分家將故揲也。」(九六九頁上)資持卷下一:「『亂』謂參亂。即四分云:為壞色故,不揲則已。已,止也。謂揲、不揲,兩皆得耳。」(三六七頁中)【案】鼻奈耶卷六,八七六頁下。

〔一六〕若作者,應安緣　鈔批卷二四:「明今時故作坐具,必須四周安緣也。」(九六九頁上)

〔一七〕須揲四角,不揲則已　鈔批卷二四:「謂四角壇者是也。」(九六九頁上)簡正卷一五:「止也。以自無故物,又無求處,不揲無犯。」(九〇八頁上)鈔批卷二四:「謂作時將故作揲。如無故者,從他求,求既不得,將何可揲,直止不揲,故言則已。已,由止也。謂揲不揲,兩皆得耳。」(九六九頁上)

〔一八〕若減量作,若疊作兩重,並得　鈔批卷二四:「謂過量是犯,減非犯也。言疊兩重者,本是單作仍過量,令半襵乃成兩重襵竟,未過量無犯,故言疊作兩重亦得也。」(九六九頁上)資持卷下一:「疊兩重者,謂得過量者,襵而刺之。」(三六七頁中)【案】四分卷一九,七一頁上。

〔一九〕二重為本,恐過量故疊　簡正卷一五:「為作本制新物二重。若毛衣作者,本合一重,今既潤(原注:『潤』疑『濶』。)大,恐揲(【案】『揲』疑『疊』。)作二重,亦不違本制。故注云:恐過故揲。」(九〇八頁下)鈔批卷二四:「立謂:釋上文也。謂本合二重為本,今既單作,又闊大故,令揲兩重,則無犯也。」(九六九頁上)

〔二〇〕不應受單尼師壇;離宿,吉羅　鈔科卷下一:「『十』下,離宿。」(一〇四頁下)簡正卷一五:「本應受單者,不分觸淨故。」(九〇八頁下)資持卷下一:「不得單者,本為籍身,制必厚重。離宿吉者,一物常隨,離希非重。」(三六七頁中)【案】十誦卷五七,四一九頁中。

〔二一〕非佛制故　簡正卷一五:「以佛不制捨入僧,不同離三衣宿也,今但犯吉。」(九〇八頁下)資持卷下一:「謂捨墮中,無此戒故。不應但吉,亦不失受。」(三六七頁中)【案】伽論卷二,五七二頁下。

〔二二〕更增者,二重、三重,對頭卻刺;互減互過,皆波逸提　資持卷下一:「初科,三段。僧祇明增量,初示增法。二、三重者,並隨本物。對頭,謂兩緣相鬥下制限量,止得一尺。互過減者,長過廣減、廣過長減;俱過可知;俱減無過。」(三六七頁中)簡正卷一五:「『僧祇』下,明答。縷有對頭卻到(【案】『到』疑『刺』。)者,先作本量。後以增者,安緣外帖,廣長兩邊,使兩邊應平判

之。互減過者，彼戒中有長應量廣過、廣應量長過、邊應量中過、中應量邊過，皆犯。鈔取其意也。」（九〇八頁下）鈔批卷二四：「立謂：作先制量者，竟後增者，（九六九頁上）可案緣外，將所增者，來帖兩邊，使兩邊齊平而刺之，不得直縫，故曰名為對頭卻刺等也。」（九六九頁下）。【案】本節資持科文為四：一、「僧祇云」下；二、「四分七百」下；三、「如法者」下；四、「薩婆多佛在」下。僧祇卷二〇，三九三頁上。

〔二三〕**諸律增者，於緣外增之** 資持卷下一：「『諸』下，通指餘部，增法皆同。」（三六七頁中）簡正卷一五：「緣外增者，諸律皆云『更增』，即知向緣外添也。」（九〇八頁下）

〔二四〕**七百結集中，得畜不截坐具** 鈔科卷下一：「『四』下，示非法。」（一〇四頁下）資持卷下一：「三段。初，引緣示妄。以佛滅百年，毘舍離國跋闍子比丘擅行十事，有耶舍伽那子比丘向諸俗眾說為非法。跋闍子言：『汝先罵僧見罪否？』伽那答言：『我不罵僧。』跋闍與眾便與作舉，伽那乃求離婆多為伴，遍閻浮境集七百羅漢，同會證定，重集法藏，故以為名。畜不截坐具，即十事之一。」（三六七頁中）

〔二五〕**準益縷之相，不截不犯，過量坐具，不截而畜，亦應無罪** 資持卷下一：「『準』下，次約義顯非。上二句牒彼所執益縷，即是增量。十誦戒本，名為益縷。謂加縷線，從邊織增故。彼謂：但取增量之相，不須截斷。下三句彰其非理，九十中制過量，犯提。今既不截，正犯過量，引彼質此頗彰非法。」（三六七頁中）鈔批卷二四：「此句語是古師之言。拔出跋闍之意云：彼作此計也。下注子即解云：此是跋闍之事耳。謂準三十中『勸織師增縷戒』，得入手雖犯捨，捨懺已，還來受用無過，仍不須截所益之縷。我今作過量坐具不截除者，准合同彼益縷不截之相，亦應無過。此跋闍橫計也。濟云：准益縷之相等者，謂跋闍見佛開增坐具，更增廣長各半搩手。其後增者，名為益縷。所益之者，既通連作，不須截之。既非是犯，我今過其增量之外，更長增之不割，亦合不犯，故曰亦應無罪也。只道初增既過本量，不截非犯，我今過此增竟之量，不截除之，復有何犯也。此皆跋闍所計。賓云：准益縷之相，不截不犯，過量坐具，不截而畜，亦應無罪者，謂起過倚傍益縷，既聽不截，是為不犯。我今若得過量坐具，不截而畜，亦應無罪。如上律文，六羣廣長作尼師壇，佛即制量。後因迦留陀夷手挽坐具，佛即開云：自今已去，聽諸比丘更益廣長各半搩手。（九六九頁下）既言更益，故知縷除益之。今跋闍倚傍此文也。南山云：截已

別益，理必不然。」（九七〇頁上）簡正卷一五：「『准益縷』下，今准益縷邊不截，但通量取長五廣四作。一緣不犯者，即同七百中，過量坐具，不截而畜，亦不合犯。謂更增一尺者，是新益之縷，但通向心中，不衣本制量外重增，名不截也。准此不犯者，則跋闍過量不截，亦不合犯及（原液：『及』一作『反』。）質也。跋闍者，結集後，跋闍問佛，聽作十事。」（九〇八頁下）

〔二六〕跋闍子擅行十事　鈔批卷二四：「廣疋云：檀，由專也，謂專己自為也。又云：檀者，自專也。」（九七〇頁上）資持卷下一：「十事者，古記錯引，妄釋非一。今盡依律正文，具引示之。一、應兩指抄食，（謂足食已，捨威儀，不作餘食法，得二指抄食。）二、得聚落間，（足食已，不作餘食法，兩村中間得食。）三、得寺內，（在寺內得別眾羯磨。）四、後聽可，（界內別眾羯磨已，聽可謂後與欲。）五、常法，（彼謂比丘作事，當觀三藏法律；若不觀法律，違反於法，已作未作，皆不應作；若觀法律不違，本法已作，未作應作；如儉開入事，不違法律，亦得常開，故云常法。）六、得和，（足食已，捨威儀；以酥、曲、生酥、蜜、石蜜、酪和一處食。）七、得與鹽共宿，（得用其宿鹽，著食中食。）八、得飲闍樓羅酒，（諸果釀酒。）九、得畜不割截坐具，（即今所引。）十、得受金銀，（比丘得自受畜；彼謂十事是清淨法，是佛所聽，說以化人，因重結集。）」（三六七頁下）扶桑記引濟緣：「聽可，即欲之異名耳。」（三〇〇頁上）

〔二七〕集　【案】底本為「於」，據敦煌甲本、敦煌乙本、敦煌丙本改。

〔二八〕此應久廢，今往往重興，則用跋闍妄法　資持卷下一：「『此』下，斥世妄行。彼時已斷，故云久廢。」（三六七頁下）

〔二九〕作不益縷邊尼師壇淨　資持卷下一：「『十誦』下，三、據文定犯。十誦不益縷淨者，即跋闍子計為清淨故。下引犯相，決上非法。」（三六七頁下）簡正卷一五：「十誦作不益縷淨者，但依本量小作，即是淨。」（九〇八頁下）鈔批卷二四：「立謂：若不益縷，依本量作，既不增之，作無所犯，故言淨也。（未詳待撿。）」（九七〇頁上）【案】十誦卷六一，四五五頁中。

〔三〇〕不接頭者，墮　簡正卷一五：「謂不截量重增，但通量作，名不接頭也。」（九〇九頁上）鈔批卷二四：「案伽論文解七百結集文。跋闍檀行十事中，有縷尼師壇淨。下解云：言『縷尼師壇淨』者，尼師壇頭不接縷，佛言不接縷者，波逸提。為迦留陀夷因緣，制此罪。（濟述。）立謂：文意若欲增者，須於緣外接也，不得於緣內通取增量也。」（九七〇頁上）資持卷下一：「伽論即解十

誦。」（三六七頁下）【案】伽論卷五，五九七頁下。

〔三一〕**今時通量取增文，則長五尺等，並結提罪**　簡正卷一五：「注文意謂：今若通量，取增數入本量中，通長五廣四而作，或通長而不通廣，或道（原注：『道』疑『通』。）廣而不通長，或長廣皆通者，並地故。」（九〇九頁上）鈔批卷二四：「注云通量取增文犯提罪。濟云：引（【案】『引』疑『此』。）是南山僻執也。南山臨終時，亦不苦執此事也。亮云：跋闍但是制畜過量坐具，非是制不截。今取過量，豈得云是跋闍之風也！」（九七〇頁上）資持卷下一：「注中判犯，並犯九十過量戒故。（今時統絹為底，面上裁增，並犯過量，義須截悔。）」（三六七頁下）

〔三二〕**準初量已，截斷，施緣**　資持卷下一：「『準』下，出法。上二句，令先依本制。準初量者，即齊長四、廣三之內。（餘衣過量，猶通坐具，決數最須審悉，微過犯戒，作可減小。）截斷者，遮通量之非。施緣，謂刺合邊緣，一切成已。（緣謂邊際，非謂四圍揲者，作時不須截揲。）」（三六七頁下）扶桑記釋「緣謂邊際，非謂四圍揲者，作時不須截揲」：「此注古來為難解文。愚按：此段別釋鈔『裁斷施緣』一句，恐人或謂此明增量，故注文緣謂邊際者，明是本制之中邊緣，非謂四圍揲者，簡非增量。作時不須截揲者，謂縱依增量，初作時不須預截揲，先但依本量，一切成已；若坐時膝在地上者，其時方依增法四圍裨之也。」（三〇〇頁上）

〔三三〕**若坐時，膝在地上者，依增量一頭一邊接裨之**　資持卷下一：「『若』下，次教增法。先令坐試，意彰須否，必可容身，不須增矣。依上增量，即長五廣四。頭謂長頭，邊即廣邊，各增一尺，應須二緣，鬥頭連刺。（感通傳：天人令破開一尺，四周增之。今為定式。）且迦留減佛，四指身軀極大，尚止於增量而已。今時報劣，尠過六尺。堅執增廣，反斥初制，不唯愚暗。加復我人，細讀斯文，早希悛革。（又準『三十』，當須揲故，縱廣二尺，壞其新好。）」（三六七頁下）簡正卷一五：「一邊頭裨者，將半揲於緣外，各一頭添也。上准律正文，而敘後得冥告。按感通傳云：顯慶舉（【案】『舉』疑『年』。公元六五六年至六六〇年）中，仲春月，在本院行道，有王瓊、張黥等。彼云：『某本是南天王韋將軍使者，親蒙付屬，擁護三天下佛法，今故來此與師言。論師所制行事抄文，坐具增加長廣，其意如何？』師答云：『教不徒設，於本制外，廣長各增半揲。據文是一廣一長，非謂四周長廣。彼云：原佛本制坐具之意，用表塔基之相。僧服袈裟在上，以喻法身之塔。塔基既不偏邪，坐具寧容長短？

縱使四周安緣，不違半揲之文，但以番譯語略，但云半揲。今即十字而論，便是四周之義。」（已上傳文。）准此，合將半揲，四面增添，各得五寸，即似兩重緣也。」（九〇九頁上）【案】感通傳，大正藏第四五冊，八八一頁。

〔三四〕**此是定教正文**　資持卷下一：「『此』下結告，定教則千聖不易。正文乃三藏所傳，猶恐不遵，復加註。勉大慈深切，愚者寧知。」（三六七頁下）

〔三五〕**薩婆多**　鈔科卷下一：「『薩』下，明揀濫。」（一〇四頁下）【案】多論卷九，五六〇頁下。

〔三六〕**開益縷際**　簡正卷一五：「明益縷際者，非是今時坐具，謂別作一敷具，置尼師壇衣（原注：『衣』疑『上』。），護僧臥具，長四、廣三，後於長邊，更添一揲，即長六廣三也。」（九〇九頁上）

〔三七〕**從織邊，唯一頭更益一揲手**　鈔批卷二四：「多論：佛在時，比丘不臥，乃至唯一頭，更益一揲手，令比丘臥僧臥具者。立明：多論中更各增一揲手者，非是今時坐具，謂別作一敷具。置尼師壇底，護僧家臥具故。若小更增一揲手，應長八尺廣四尺也。此是十誦家事。今四分有用者，錯也。」（九七〇頁上）資持卷下一：「初引他部別緣，多論即解十誦。彼律長增一揲，廣則不增。論家欲顯增長之意故。（三六七頁下）……益即是增。際謂邊際。」（三六八頁上）

〔三八〕**令比丘臥僧臥具**　資持卷下一：「『令臥』等，則與四分開緣全異。（有執須增者，乃引此文為據，不見下文故。）」（三六八頁上）扶桑記：「『僧』字恐寫誤歟，宜作『增』。」（三〇〇頁上）

〔三九〕**一揲**　資持卷下一：「初辨戒文。」（三六八頁上）鈔批卷二四：「私云此是十誦文中有如此衣。護僧臥具，合於一頭，增即長。今時小尺六尺、廣三尺，無非坐具之量。今四分戒本有云一揲手者，錯也。若有此色，且將說淨，不中受持故也。」（九七〇頁下）扶桑記：「小尺，資行云周尺也。又，八尺四寸之四字，轉寫誤歟，須作三。記云：廣不增故。（有云僧臥具者，被褥非謂坐具。）」（三〇〇頁上）

〔四〇〕**四分明坐具法異**　簡正卷一五：「斥破上之所引不同。但用增法者，但依前四分，各半揲增法也。」（九〇九頁下）鈔批卷二四：「立謂：合增半揲也。」（九七〇頁下）資持卷下一：「『四分』下，次準今宗揀異。上句指本宗，如上所明。其異有二：一者但增半揲，二者長廣各增。」（三六八頁上）

〔四一〕**不須用之，但用增法**　資持卷下一：「下二句揀他部。今宗四分，不可依波

（【案】『波』疑『彼』。），故云不須用之。然從織邊益縷，可證截斷後禆，故
云但用增法。」（三六八頁上）

〔四二〕**必欲準用，亦須畜之**　鈔批卷二四：「立謂：有用前十誦家護臥具、足坐具
者，亦開受用，仍須說淨，但不得加受持法也。」（九七〇頁下）資持卷下一：
「注中恐有欲畜，故復示之。」（三六八頁上）

〔四三〕**坐具者，此是隨坐衣，不得淨施，及取薪草、盛巨磨，唯得敷坐**　簡正卷一
五：「『僧祇』下，辨受用法，先簡用處。差見（【案】『差』疑『善』。）下，
明受捨法，離宿但吉如文。」（九〇九頁下）資持卷下一：「受捨中。初明受
法。僧祇初示名。『不』下制受，『及』下顯用。」（三六八頁上）【案】本節明
受、捨、用持三法。初，「僧祇」下；二、「若破壞」下；三、「僧祇得」下。
僧祇卷二〇，三九三頁上。

〔四四〕**須受持，不合淨施**　資持卷下一：「善見制受理必須法。」（三六八頁上）簡正
卷一五：「『差見』下，明受捨法。離宿但吉。」（九〇九頁下）【案】善見卷一
四，七二二頁中。

〔四五〕**義加云**　資持卷下一：「『義』下，正加法，文準鉢法，故注示之。持用離犯，
皆無異故。」（三六八頁上）

〔四六〕**若破壞，須換易者，當捨之**　資持卷下一：「『若』下，次明捨法。止用『捨』
字，替『受持』字耳。」（三六八頁上）

〔四七〕**得敷坐**　簡正卷一五：「『僧祇』下，明行坐用之軌儀。」（九〇九頁下）資持
卷下一：「初明用法。僧祇初句總示。『在』下，別顯。初明道中用。」（三六
八頁上）

〔四八〕**在道行，得長疊、中疊**　資持卷下一：「『在』下，別顯。初明道中用。長疊，
謂豎為四福。中疊，謂橫半攝之。」（三六八頁上）簡正卷一五：「長牒者，上
下豎牒（【案】『牒』疑『疊』。下同。）也。中疊者，屈攝半疊也。」（九〇九
頁下）

〔四九〕**若置本處，當中掩之，後徐舒而坐**　鈔批卷二四：「案祇律云：不得房內科揀
尼師壇。常（【案】『常』疑『當』。）中疊擗，置肩上而去，到已，中屈疊敷
而坐。來時亦當擗疊，著肩上而還。若欲置處，當中掩之。還時當徐舒而坐。
禪房中，尼師壇應如是也。」（九七〇頁下）資持卷下一：「『若置』下，次明
寺中用。本處即常所坐床。令中掩者，未坐，恐塵污故。後徐舒者，坐時復展
故。」（三六八頁上）簡正卷一五：「當中掩之者，謂堂中福，今（【案】『今』

疑『令』。）觸處在內淨面分。」（九〇九頁上）

〔五〇〕凡坐法，應先手按，然後乃坐　資持卷下一：「『凡』下，因示坐法。因外道試比丘，床倒形露，故制。」（三六八頁上）【案】僧祇卷三五，五〇〇三頁上。

〔五一〕舍利弗以尼師壇著左肩上，入眾，降邪道　資持卷下一：「『賢愚』下，次明持法。經律並著肩上，前引僧祇亦然。下斥非法，乃據廢前。準感通傳，外道難破，還置左臂，今須依傳。」（三六八頁上）簡正卷一五：「玄云，彼第十云：舍衛國波斯匿王大臣須達為兒娉婦，至王城。因見佛聞法證果，欲請佛歸舍衛。佛令舍利弗指受住處，遂以金買祇陀太子園作寺。六師嫉忌，詣王請與舍利弗試法。舍利以坐具於肩上，入眾昇坐。六師弟子名勞度叉，化蓮華池山龍、牛、夜叉鬼等。佛弟子化猛風象、金翅師子、毗沙門等對之。彼既不如，遂啼（原注：『啼』疑『諦』。）心降伏，出家故也。今在左臂非法者，此乃初意，據教明之。次准感通傳，得天人指示，云此非師之過，蓋後開之。教不到此方，今但改前迷，宜促（原注：『促』疑『從』）後悟，無（原注：『無』一作『元』。）佛初度五人受，及迦葉兄弟，並制袈裟，在於臂上。西土王臣皆被金疊於肩上，故佛衣臂上為異俗流。頞鞞比丘，威儀度物，其時坐具，由在左臂。後徒侶漸多，秊少比丘威容端美，（九〇九頁下）入城乞食，多為女愛，因制衣角在左肩。後為風飄，佛令以重物鎮之。比丘不達佛意，廣造鎮肩之物，莊飾不少，為俗譏慊。佛呵云：『我令以重物鎮者，是尼師壇，何得別造非法！』因茲坐具，為鎮三衣，在左臂上。爾時，如來昇天為梵王說法，後有外道號達摩多，自稱『一切智』，伺諸比丘，入城乞食，外道求論，比丘與論，外道不如。波旬問云：『汝所被衣名字何等？』沙門云：『忍辱之服。』又問：『有行（原注：『行』疑『何』。）功能？』答云：『上制天魔，下降外道。』又問：『肩上弓布，名為何等？』答：『是尼師壇。』又問：『有何用處？』沙門云：『擬坐而用。』外人曰：『忍服稱可貴，有大威靈。尼布是坐下之衣，豈可卻居其上？若是汝師教，汝師未足尊高。若是汝自為之，汝師何不指教汝？』後時如來從天卻下，比丘白佛，因制移在左臂衣下。後因風吹衣離身，制安鈎紐於上也。准斯所說，今在左臂，正合軌儀。若據律經，由存初意也。」（九一〇頁上）【案】賢愚經卷一〇，大正藏第四冊，四二〇頁中。

三、漉水袋〔一〕法

物雖輕小，所為極大，出家慈濟，厥意在此〔二〕。今上品高行，尚飲用蟲水，況諸不肖，焉可言哉！故律中，為重蟲命，偏制「飲」「用」二

戒〔三〕。由事常現有，用者多、數故也。餘如隨相中〔四〕。今故抽現重明，準佛意〔五〕也。

　　薩婆多〔六〕：欲作住處，先看水中有蟲不。有者，作餘井；猶有，捨去。凡用水法〔七〕，應清淨者，如法漉水，置一器中，足一日用；取上細氈〔八〕一肘作囊，令持戒審悉者漉水竟〔九〕，著淨器中。向日諦視看，故有者，如前說〔一〇〕。僧祇：蟲太細〔一一〕者，三重漉囊；猶有蟲者，更造井；諦視，有蟲者，捨去。

　　四分：作漉水袋，如杓形〔一二〕；若三角〔一三〕，若作宏橔〔一四〕，若作漉缾〔一五〕。若患細蟲出，聽安沙囊中〔一六〕，漉訖還著水中。不得無漉袋行半由旬〔一七〕。無者，僧伽梨角漉。準須覆袋中，以淨穢相染〔一八〕故。

　　此國多用絹作〔一九〕者。余親取已漉竟，水內黑色器中，微小細蟲無數，同水塵量〔二〇〕。故涅槃有言：塵耶？蟲耶？此言信也。後取緻練〔二一〕作袋，漉之方盡。故明此者，由生命處重，無益自他，性戒無懺，終須酬報〔二二〕。

　　今不肖之夫，見執漉袋者，言律學唯在於漉袋〔二三〕。然不知所為處深，損生、妨道者，猶不畜漉袋〔二四〕，縱畜而不用，雖用而不寫蟲，雖寫而損蟲命〔二五〕。且存殺生一戒，尚不能遵奉，餘之威儀、見、命，常沒其中〔二六〕。

【校釋】

〔一〕漉水袋　鈔批卷二四：「梵言『鉢履修多羅達挈』。（去聲。）」（九七〇頁下）

〔二〕物雖輕小，所為極大，出家慈濟，厥意在此　簡正卷一五：「厥者，其也。慈悲之心，其在於此。」（九一〇頁上）資持卷下一：「制意為二，初敘意。出家之人，修慈為本。慈名『與樂』，無殺為先。物類雖微，保命無異。此乃行慈之具，濟物之緣。大行由是而生，至道因茲而剋。同儔負識，勿以為輕。厥意在比（【案】『比』疑『此』。）。謂制畜之意，在於慈濟。」（三六八頁上）

〔三〕故律中，為重蟲命，偏制「飲」「用」二戒　資持卷下一：「『故』下，引誡。餘多單制，蟲、水兩分，故云偏也。」（三六八頁上）

〔四〕餘如隨相中　資持卷下一：「『餘』下，生起。上句指前。」（三六八頁上）

〔五〕今故抽現重明，準佛意　資持卷下一：「下二句示重意。準佛意者，佛制二戒，為重蟲命。今鈔重明，其意亦爾。」（三六八頁上）

〔六〕薩婆多　鈔科卷下一：「『薩』下，用法。」（一〇四頁下）簡正卷一五：「明漉

法。」（九一○頁上）資持卷下一：「多論中，初明求處法。」（三六八頁上）

〔七〕凡用水法　資持卷下一：「『凡』下，次，明用水法。」（三六八頁上）

〔八〕細氈　資持卷下一：「今須密絹。」（三六八頁上）

〔九〕令持戒審悉者漉水竟　資持卷下一：「持戒者，即簡破戒輕物命故。審悉者，於持戒中，復簡輕躁故。」（三六八頁上）【案】本句義為：選擇那些持戒嚴謹、細緻耐心之人漉水。

〔一○〕如前說　資持卷下一：「即作餘井捨去等」（三六八頁上）【案】多論卷六，五五二頁中。

〔一一〕蟲太細　資持卷下一：「據漉囊所得。若論天眼，所見何由可盡！」（三六八頁中）【案】僧祇卷一五，三四五頁上。

〔一二〕作漉水袋，如杓形　鈔科卷下一：「『四』下，製樣。」（一○四頁下）簡正卷一五：「字合從『金』作。玄云：莫作『鉤』字，應言如物，有柄可執。今截作者，是此形也。」（九一○頁上）鈔批卷二四：「案四分如『勺』，音『杓』。今作『勺』字，錯也。」（九七○頁下）資持卷下一：「杓形者，今多用銅、鐵、竹、木，作圓捲施柄者是。」（三六八頁中）【案】「杓」，律文作「勺」。四分卷五二，九五四頁。

〔一三〕若三角　資持卷下一：「三角亦然，但形異耳。」（三六八頁中）

〔一四〕宏㮌　簡正卷一五：「外作『井』等字形，木㮌也。」（九一○頁下）鈔批卷二四：「私云：是漉水袋外方格子也。應師云：當是『橫㮌』。說文云：橫闌木也。律文作『宏大』也。（『故萌』反。）屋深向也。『宏』非此義。郭，恢郭也。在外郭落之稱也。」（九七○頁下）資持卷下一：「宏㮌者，以木為筐，有同藥羅之類。」（三六八頁中）【案】「宏㮌」，律文作「㮭郭」。見上注。

〔一五〕漉缾　簡正卷一五：「漉瓶即陰陽瓶也。以絹縵底而漉水，安沙囊中如淋灰法等。」（九一○頁下）

〔一六〕聽安沙囊中　鈔批卷二四：「立明：虫細難漉，令將小沙安著漉囊中，其虫著沙即住。後將此沙合翻井中也。所以著沙者，以沙細故，漏水不漏虫也。事如淋灰汁，意可知也。」（九七一頁上）資持卷下一：「安沙囊中，謂以細沙置於囊底，然後漉之。」（三六八頁中）

〔一七〕半由旬　資持卷下一：「二十里。」（三六八頁中）

〔一八〕準須覆袋中，以淨穢相染　資持卷下一：「『覆』字，入呼，注上還水。以囊內穢外淨，當覆轉洗之。」（三六八頁中）

〔一九〕**此國多用絹作**　鈔科卷下一：「『此』下，誡約。」（一〇四頁下）簡正卷一五：
「誡勸也。謂此是性戒，尚不能持，其餘邪命威儀，即可知也。」（九一〇頁
下）

〔二〇〕**余親取已漉竟，水內黑色器中，微小細蟲無數，同水塵量**　資持卷下一：「初
敘親行。水塵者，雜心論云：七極微，成一阿耨塵。彼是細色，唯天眼及菩薩、
輪王見。七阿耨為銅上塵，七銅上塵為一水上塵，七水上塵為一免毫塵等。」
（三六八頁中）

〔二一〕**緻練**　資持卷下一：「緻練，即堅密熟絹。」（三六八頁中）

〔二二〕**故明此者，由生命處重，無益自他，性戒無懺，終須酬報**　資持卷下一：「『故』
下，次明述意。無益自他者，已成殺業，他遭殘害。性戒無懺，業不亡故。」
（三六八頁中）

〔二三〕**今不肖之夫，見執漉袋者，言律學唯在於漉袋**　鈔科卷下一：「『今』下，遮
妨。」（一〇四頁下）資持卷下一：「初敘謗。彼謂小事，故特指此薄於律學。」
（三六八頁中）

〔二四〕**然不知所為處深、損生、妨道者，猶不畜漉袋**　資持卷下一：「『然』下，責非。
愚教故，不知所為處深；無慈故，不知損物；不思出離故，不知妨道。初，斥
不畜。」（三六八頁中）【案】「猶」底本為「由」，據大正藏本、貞享本、敦煌
甲本、敦煌乙本、敦煌丙本及弘一校注改。

〔二五〕**縱畜而不用；雖用而不寫蟲，雖寫而損蟲命**　資持卷下一：「『縱』下，次斥不
用；『雖』下，三斥不護。然漉水一法，極為微細。人雖行之，尟能免過。教
誡儀中文極詳委。」（三六八頁中）

〔二六〕**且在殺生一戒，尚不能遵奉，餘之威儀、見、命，常沒其中**　資持卷下一：
「『且』下，傷歎。律中四事：破戒、破威儀、破正見、破正命。戒相麤顯，
餘三微細。麤者尚破，餘三叵言？故云常沒其中。」（三六八頁中）鈔批卷二
四：「謂此殺虫是性戒，不能持奉，何能避於威儀、邪見、邪命之事也？以戒
見儀命，出家所修，今未能遵，故曰常沒其中也。」（九七一頁上）【案】「在」，
底本為「存」，據敦煌甲本、敦煌乙本、敦煌丙本改。

　　二、明聽門〔一〕
　　分四：初，百一諸長〔二〕，二、糞掃衣，三、檀越施，四、亡人物。
【校釋】
　〔一〕**聽門**　資持卷下一：「前之六物，通被三根。此門四科，初對中、下，次局上

根。若據四依，名為本制。望非定約，用舍由人，故歸聽攝。受施分物，通三可知。」（三六八頁中）

〔二〕百一諸長　簡正卷一五：「初引本宗通明。百一諸長，受淨不同。百一者，『百』是舉其極數大，蓋出法為言。『一』是於此百中，每事畜一故。非謂百一之人，通開畜長諸淨。若不畜百一，人對三衣、坐具外，便是長物，則無百一之秤（【案】『秤』疑『稱』。）也。」（九一○頁下）

初中分二，謂：百一供身，令受持之〔一〕；長物及餘，令說淨畜〔二〕。

初中

薩婆多云：百一物，各得畜一；百一之外，皆是長物〔三〕。若似寶，入百一物數，不須說淨〔四〕。餘者〔五〕，一切器與非器，一外皆應作淨。謂施俗人。

僧祇：我弟子著三衣足，遮寒苦；若性不忍寒者，弊故衣，隨意重著〔六〕。五分云〔七〕：三衣〔八〕、儭身衣、被衣、雨浴衣、覆瘡衣、蚊廚、敷經行處衣、障壁蝨衣〔九〕、單敷衣〔一○〕、覆僧臥具，可牀四邊，而下垂四角各一尺，上安坐具。護胜、護踝、護蹄〔一一〕、護頭衣、拭身巾、拭手巾、拭面巾、針線囊、鉢囊、革屣囊，如此諸衣，若似衣，皆應受持〔一二〕。下文，聽畜針三口。

十誦：諸如法所用衣，僧祇支、泥洹僧，是衣名作「波利迦羅衣」。置言「助身衣」。云何受，應言：「是某色〔一三〕波利迦羅衣，我受用故。」「應五眾邊而受」，謂當法為言〔一四〕。善見：三衣、雨衣、尼師壇等〔一五〕，皆須受持，不合說淨——雖穿破不失受。應道其名字〔一六〕。手巾得畜二，雜衣隨多少〔一七〕。餘衣〔一八〕唯得受持一，不得多。十誦，七種衣〔一九〕不作淨施：三衣，坐具、雨衣、覆瘡衣六，七、及百一供身具。薩婆多云：百一物中，三衣、鉢必須受持；自外若受則可，不受無過〔二○〕。沙彌畜上下二衣〔二一〕，并畜泥洹僧〔二二〕、僧竭支、富羅。隨身所著，各得畜一。自外一切，盡是長財〔二三〕。除錢、穀米〔二四〕，一切長衣，十日內同大僧法，唯捨作吉羅悔為異〔二五〕。

次明長衣法〔二六〕

分二：初明長相，後開說淨。

初中

鼻奈耶云：長衣者，一日成故〔二七〕。

僧祇支法：此是中國梵音，此翻云「上狹下廣衣〔二八〕」。四分〔二九〕：應繫僧祇支入聚落；若安帶，若縫之，得上狹下廣衣，當用作僧祇支。十誦：因入聚落露胸臆，著僧祇支〔三〇〕。風吹落，應著帶；不者，吉羅。五分：不著祇支入聚落，吉羅。僧祇：祇支、覆肩衣，長四肘，廣二肘，如是受持。準此衣相，猶有覆肩之量〔三一〕。今時所著者同律，上狹下廣，此乃後魏中有師改法裁縫之，又出疏解廣明〔三二〕。

涅槃僧法：此云內衣〔三三〕。僧祇：佛於僧前自著內衣，教諸比丘，因制戒〔三四〕。十誦：作時，著小泥洹僧〔三五〕。三千云「泥洹著法」：一、不持下著上〔三六〕；二、使四邊等；三、襞頭近左面；四、結帶於右面；五、當三繞，不垂兩頭〔三七〕。餘法如彼〔三八〕。五百問云：大寒，得繫著腳〔三九〕。四分：不得反褔著〔四〇〕，以白衣家解露故，應作帶著〔四一〕。不得以上色若錦及白作，應作袈裟色。廣三指，繞腰三周。若得已成者，當二、三、四條之〔四二〕。若亂，縫合。短者，繩續。若細頓速破，作玦鈕〔四三〕。此謂以衣繞身訖，用帶圍繞收束之。今吳、蜀之僧，多有用此著裙〔四四〕者。十誦、五分：作時，取衣從後岐間過，褔著前〔四五〕。著下衣法，左撚其上〔四六〕，兩邊兩褔，當〔四七〕後兩褔。十誦云：泥洹僧破，應權作俱修羅〔四八〕；若頓體比丘揩蹭破，下開五寸許，應受之。此似裙，而周縫合。五分：有著俱修羅衣〔四九〕者，俗人訶言：「何異我等著貫頭衣？」便不許著之。安陀會壞，聽權縫合作暫著。是類女人裙〔五〇〕。

今時，有著偏袒〔五一〕、褡膊〔五二〕、方裓〔五三〕、諸裓〔五四〕、臂衣〔五五〕、蹭衣〔五六〕等，並無正文可依。十誦〔五七〕：五大色衣〔五八〕——一切毛衣、偏袖衣〔五九〕、複衣〔六〇〕，一切氈衣，一切貫頭衣〔六一〕、兩袖衣〔六二〕，一切囊衣〔六三〕，一切衫、袴、褌，白衣衣服——不得著，著得突吉羅。四分〔六四〕：不得著襖、褶〔六五〕、袴、行縢〔六六〕、手衣、草衣、皮衣、皮帽、樹皮衣、樹葉衣、珠瓔珞衣、鳥毛衣、牛馬毛衣。如是諸衣，並不合著。「汝等癡人，避我所制，更作餘事〔六七〕。自今已去，一切白衣、外道衣，並不得著；若著，如法治〔六八〕。」

中阿含云〔六九〕：我說一切衣服、飲食、牀榻、園林、人民，得畜不得畜者，皆不定。若畜，便增長善法，我說「得畜」；反此不得。

四分：眾僧得種種衣，開畜〔七〇〕。比丘須者，借著〔七一〕。若處所

壞，得移餘處〔七二〕；若本所還立，當依舊安置。若著僧衣，當好愛護，勿令汙泥，不得上廁〔七三〕。五分：為僧作時，得著僧衣，不得懶身〔七四〕；作竟，浣舉。四分：因開著檀越施衣故，瓶沙王送所著貴價衣，及貴價氀㲲〔七五〕。佛令廣三肘、長五肘、毛長三指者，應淨施畜；餘廣大長毛者，不得。若大價衣在地，不得在上行〔七六〕。十誦：得坐綾羅錦綺上，不得行。五分：繡錦褥敷者，吉羅〔七七〕。謂俗人家中〔七八〕。四分：給住房比丘中〔七九〕，開與坐褥、臥褥、地敷、㦸體衣、氀被、三衣、房衣、諸藥等；若故不住者，沙門一切所須皆與。又云：寒雪月患寒，聽著複貯衣〔八〇〕。又開鉢囊、革屣囊、針氊、禪帶〔八一〕、腰帶〔八二〕、帽、拭腳巾、攝熱巾、裹〔八三〕革屣巾等，及拭面巾、拭身巾、捫淚巾。凡寄衣白衣舍，必須染壞色作沙門衣法〔八四〕。五分：借俗人衣，不還則已〔八五〕。

四分：不得皮上坐〔八六〕——除邊方。得上色染衣〔八七〕，上色錦衣〔八八〕不得畜，壞色得畜。得畜蚊廚〔八九〕。不得畜皮帽〔九〇〕。若患瘡，得畜覆瘡衣〔九一〕；無者，僧中取，將出外亦得；瘡差，送本處。中含：阿難得王貴衣，令佛蹈已〔九二〕，然後自用，令施主得大福。餘衣準此〔九三〕。

四分，邊方比丘，曲開五事〔九四〕：一、持律五人受大戒；以僧少故，三年方集〔九五〕。二、著重革屣；以砂石多故。三、數數洗浴；生世善故。四、敷㲩羊皮、白羊皮、鹿皮為臥具；以彼方無餘臥具故〔九六〕。五、聽比丘得衣入手，數滿十日〔九七〕。以無人可對故。律云〔九八〕：東方有國，名「白木條」〔九九〕，已外便聽。按梁時貢職圖〔一〇〇〕云：西蕃白木條國來貢獻。則此在彼東〔一〇一〕。而邊僧既多，用本開法〔一〇二〕。律結正罪。必無僧可得。準用無過。

律云：不得畜師子、虎、豹、狙皮，野狐及餘不淨可惡等皮〔一〇三〕。又，不得在高大牀上。若獨坐繩牀、木牀、牙牀，覆以馬皮、象皮、錦褥、雜色臥具、氀㲲。若用狙毛貯褥等，並不得坐。唯白衣舍，無餘牀褥可坐者開——除寶牀〔一〇四〕。不得乞生皮〔一〇五〕。若汲水繩斷，聽用皮作索。若戶繩壞，聽用皮作。若戶樞不轉，若壞，聽以皮治裏之〔一〇六〕。若以皮作腰帶、禪帶、皮器，並不得。若作帳軒，不得〔一〇七〕。道行患熱，以衣為覆障。三千云：當畜善助〔一〇八〕，謂禪帶也。廣一尺，

長八尺，頭有鉤，三重，用熟韋〔一〇九〕。餘法如彼〔一一〇〕。應私屏處著之。寒雪國須襪，聽從非親俗〔一一一〕人乞作，不得餘用。

　　毗尼母：寒處，聽著俗人靴〔一一二〕。五分：作鞾太深，聽齊踝上〔一一三〕。比丘作靴，如靴法，不得〔一一四〕。若餘國著富羅〔一一五〕，若履〔一一六〕，更有所著，隨意著之。毗尼母云：所以脫革屣遶佛行者，以生俗人呵，言「起慢心」故。五百問云：淨潔靴鞋履，得著禮拜〔一一七〕。五分：得新履，令淨人著七步〔一一八〕。四分：聽為護身、護衣〔一一九〕、護臥具〔一二〇〕故，在寺內著一重革屣。若穿壞，以樹皮若皮補，以筋、以毛、以皮為縷線縫之。若得生皮，聽自柔治〔一二一〕。若使人柔竟，裁作一重革屣；不得著入聚落。文中：因在道，在聚落，脫革屣、偏袒有廢〔一二二〕，佛言：「若有所取與，隨時。」準此，開入聚落中不脫革屣、偏袒。明文證之。又，不得用雜色皮〔一二三〕。若持絹布作革屣帶，若編邊，若青、黃、赤、白色等作革屣等，並不合用。若得錦色革屣，壞色已，聽畜〔一二四〕。若以芒草等作革屣，亦不得。若在寺內，聽著蒲〔一二五〕革屣。若破，以皮著底。不得畜四種寶屐〔一二六〕。若木屐，開上大小便廁屐、洗足屐也。以外，一切屐〔一二七〕不得畜。

　　二、明作淨施法〔一二八〕

　　六門：一、制說意，二、三〔一二九〕施主差別，三、開說進不，四、說之法用，五、辨施主存亡所以，六、明失法不同。

　　初中〔一三〇〕

　　薩婆多〔一三一〕，問曰：「此淨施法真耶，假耶？」答：「一切九十六種外道無淨施法。佛大慈悲方便力故，教令淨施。是方便施〔一三二〕，非真施也。令諸弟子得畜長財而不犯戒。」問：「佛何以不直令畜長財，而彊與結戒，設此方便？」答：「佛法以少欲為本，是故結戒制令不畜。而眾生根性不同，悟入各異。如昔一時開七寶房舍〔一三三〕，比丘入中，便證聖道。所以隨其機報，先制後開。」「何故開十日？」答：「佛知法相，不緩不急，正開十日。使籌量布施人，縫治作衣，及說淨法。」

　　母云：若放逸不說淨者，以惡心故，不滿十日，皆犯捨墮〔一三四〕。

　　地持中，菩薩法亦有淨施法〔一三五〕。涅槃亦爾〔一三六〕。

　　二簡施主法〔一三七〕

　　就中，衣、藥、鉢、寶、穀米等，並須施主。

前明上三施主〔一三八〕。僧祇云：五眾得作〔一三九〕。善見云：展轉者，五眾中隨得一人作施主〔一四○〕；真實者，至一比丘所，不言對沙彌也。五分云：五人不應作〔一四一〕：一、不相識，二、未相諳悉，三、未相狎習，四、非親友同師，五、非時類〔一四二〕。復有四人：一、不能讚歎人〔一四三〕，二、不與人好名稱，三、應淨施五眾〔一四四〕，四、不得與白衣〔一四五〕。義準，前五真實淨主，後四展轉淨主。十誦：不得稱二三人作淨，應與一人〔一四六〕。若將他淨施物不還，應索取〔一四七〕；不得者，彊奪取。語言：「佛有教，為清淨故與汝，汝今將去，已犯吉羅。」自今已去，說淨者應籌量與一好人〔一四八〕。謂對首受淨者〔一四九〕。薩婆多：求持戒、多聞、有德者而作。除惡邪、四重、得戒沙彌〔一五○〕、聾盲瘂瞎、顛狂心、行別住、六夜五法人〔一五一〕等。為令清淨作證明，不生鬪諍〔一五二〕。如上等人，則不如法。非此人者，用為施主。後得物已，於一比丘邊，稱施主名而說淨。

錢、寶、穀米等，並以俗人為淨主〔一五三〕。涅槃云：雖聽受畜，要須淨施篤信檀越。薩婆多云先求知法白衣等，如後所說〔一五四〕。

三請法聽不

先明須請〔一五五〕。薩婆多云：應求多聞人等。若死、往他國者，更求清淨者作。欲令作證明，則名如法，故知對面請也。乃至錢、寶，亦言語令知比丘法，今以檀越為淨主。此明文開請。次明似不須請。五分云：於五眾中隨意與之〔一五六〕。似當時指示〔一五七〕。當部無文，隨二部用〔一五八〕。德望高遠，不可附及，依五分用。若可召請者，必須。

請法。應具儀至大德所，前告本意，許可已，然後說言：「大德一心念：我比丘某甲，今請大德為衣、藥、鉢，展轉淨施主〔一五九〕，願大德為我作衣、藥、鉢展轉淨施主。慈愍故。」三請。準善見文，五眾通得〔一六○〕。若至尼所，告云：「我今請比丘尼為展轉淨施主〔一六一〕，幸願為之。」下三眾例爾。請法無文，義加。真實淨者。善見對於比丘，以親對說淨。尼等四眾，無共作法，義不開。文云：「大德一心念：今請大德為衣、藥、鉢真實淨施主，願大德為我作真實淨施主。慈愍故。」三請。

實施主〔一六二〕者。多論云：先求知法白衣語之。若不知者，告令解之。至彼所云：比丘之法，不得畜錢、寶、金、銀、穀米等。今以檀越為淨施主，後得錢寶，盡施檀越。次明合說進不〔一六三〕。薩婆多云：錢、

寶、穀米，並同長衣，十日說淨。涅槃經云云。

四明作淨法

五分：獨住比丘心念說者〔一六四〕，具儀捉衣，心生口言「我此長衣，淨施某甲，從彼取用」，得至十一日〔一六五〕。」復如前威儀〔一六六〕，口言：「我此長衣，從某甲取還。」得至十日。復如初說〔一六七〕：「淨施與某甲，從彼取用。」如是捨故受新，十日一易〔一六八〕。僧祇：心念說淨，亦成犯吉〔一六九〕——內心說淨，而口不言，是名非法淨，越〔一七〇〕；若口說者，無罪。律中，捨故受新，十日一易。應是不說淨者〔一七一〕。或可說淨，故令展轉〔一七二〕。

對面展轉〔一七三〕者。

至一比丘所，具儀，手捉衣，口云：「大德一心念：此是某甲長衣未作淨，為淨故施與大德，為展轉淨故。」彼受請者言〔一七四〕：「大德一心念：汝有此長衣未作淨，為淨故與我，我今受之〔一七五〕。」當語言：「汝施與誰？」答言：「施與某甲。」為淨主名字。「大德一心念：汝有是長衣未作淨，為淨故施與我，我今受之。汝與某甲是衣，某甲已有。汝為某甲故善護持，著用隨因緣。」若鉢、藥，並準此。外三律〔一七六〕：由前對面作淨而生諍競〔一七七〕，因制不得對面使知；又，施主後知，恐犯長，佛言：「不應語令知，別處說之〔一七八〕。」善見，對面淨者：并縛相著，至一比丘所，胡跪言：「我有此長衣，為淨故，我今施汝。」正得賞護，不得用〔一七九〕。云何得用？若云：「此是我衣，隨長老用。」若爾者，得用。若正作法〔一八〇〕者，同前儀式：「大德一心念：我某甲有此長衣未作淨，為淨故，捨與大德，為真實淨故。」「二淨」，依四分文寫〔一八一〕。

二淨成就〔一八二〕者。善見：言「施與大德」「捨與大德」「與大德」等〔一八三〕，並成；若言「願大德受此衣」等，不成與〔一八四〕。真實受者，言「我取」「我受」者成〔一八五〕。若云「我當取」「欲取」等，不成受〔一八六〕。一說成，不須三徧。

五分漫標說者。具儀至比丘所，云：「長老一心念：我比丘某甲，此長財於長老邊作淨施〔一八七〕。」彼應問言〔一八八〕：「長老，此衣於我邊淨施，我持與誰？」答言：「於五眾中，隨意與之。」彼即語言：「我今與某甲。若須，從彼取用，好愛護之〔一八九〕。」謂展轉淨〔一九〇〕也。此淨法常須記施主及財物所屬〔一九一〕。又云：革屣令淨人著淨〔一九二〕。

錢寶淨法者。穀米等例同說。律云：當持至可信優婆塞若守園人所〔一九三〕，告云：「此是我所不應，汝當知之。」文中不云「令淨人持」，應須使俗人令知是物〔一九四〕。準僧祇，不信俗人使在前行，至淨主所，如前作法。若彼淨人得淨物來者，應受持之。餘有進不，隨相「三十」中廣明〔一九五〕。

五存亡進不〔一九六〕

僧祇：齊三由旬，知其存亡〔一九七〕。五分：知其在世、在道以不〔一九八〕。薩婆多：施主若死，若入異國，更求淨主等〔一九九〕。四分無文，隨意採用。

然淨施主法，必準論、律〔二〇〇〕。名行高尚者，令遠近通知。若汎爾恒人，同寺便成失法〔二〇一〕。以不知行業不應故。

六作法失不之義

僧祇，沙彌邊作淨：若受具，稱「無歲比丘」。若死者，得停十日，更須說淨〔二〇二〕。有人言：真實主亡，則失，展轉者不失〔二〇三〕。此未讀正律〔二〇四〕。文明二淨俱失，以並非正主。若不知施主存亡，便失淨法，不得過十日〔二〇五〕。薩婆多：施主若死，更求淨主。除錢、寶、穀米，一切長財，盡五眾邊作淨〔二〇六〕。二寶俗施主〔二七六〕，亦須十日內更請。十誦：若淨施主是弟子，被師呵責者，不得作淨〔二〇八〕，應更淨施餘人。施主若死，亦須更覓。施主亡者，物不入僧〔二〇九〕，以財屬他別人，假名施也。準此，前展轉不須者，謬矣〔二一〇〕。又，上文一人為主，不得稱「二三人」，便與五分漫標有違〔二一一〕。或是立法令取五眾，及至作法，常指一人〔二一二〕。善見〔二一三〕：若因淨施，方便藏匿不還，計直犯罪。故知屬本主。

僧祇：若衣多，忘不識〔二一四〕，應取一切衣集著一處，當捨言：「我此衣淨施與某甲〔二一五〕，我今還捨。」應更說之。四分：若忘者更說。論開忘後十日〔二一六〕。此謂可分別〔二一七〕者。

薩婆多〔二一八〕：若說淨財寶，及以衣財，若人貸之，後時寶還寶，錢還錢，乃至衣財相當者，不須說淨。若還不相似物，更須說淨〔二一九〕。以非異來〔二二〇〕，貪貯過少。

毗尼母：若衣已說淨及點淨，納未二淨者，縫衣著納，是名衣和合淨〔二二一〕。「點淨」如隨相中。五正色并上色錦，雖和合，不成〔二二二〕。若先以正、不正色染，後以餘色及正色染，是名色和合，得畜〔二二三〕。餘

廣如隨相中〔二二四〕。

【校釋】

〔一〕**謂百一供身，令受持之**　資持卷下一：「謂時須要用者，加受憶識，二俱通許，異前必受，故云『令』也。」（三六八頁中）

〔二〕**長物及餘，令說淨畜**　資持卷下一：「長物局衣，更收錢、穀等物，故云『及餘』也。」（三六八頁中）

〔三〕**百一物，各得畜一；百一之外，皆是長物**　資持卷下一：「初科。初通示名體。」（三六八頁中）

〔四〕**若似寶，入百一物數，不須說淨**　資持卷下一：「『若』下，別簡似寶。不得自畜，除行須之，具即得畜用。如水精、偽珠、銅鐵等物，如隨相『三十』中具明。」（三六八頁中）簡正卷一五：「玄云：如水精、琥珀等為數珠，入百一數，不須說淨。」（九一〇頁下）

〔五〕**餘者**　簡正卷一五：「即似寶重，皆名餘也。器謂瓶、鋺等非器，即銅鐵片等，皆施俗人。」（九一〇頁下）【案】多論卷五，五三五頁下。

〔六〕**若性不忍寒者，弊故衣，隨意重著**　鈔科卷下一：「『僧』下，廣列物數（二）。初，開許之物。」（一〇四頁中～下）簡正卷一五：「『僧祇』下，明開百一意。」（九一〇頁下）資持卷下一：「開許中。僧祇通示所開，不唯百一，義通餘長。」（三六八頁中）【案】「僧祇我」下分二：初，「僧祇我」下；二、「十誦諸」下。僧祇卷八，二九一頁上。

〔七〕**五分云**　簡正卷一五：「『五分』下，明百一物體。」（九一〇頁下）【案】五分卷二〇，一三八頁上。

〔八〕**三衣**　資持卷下一：「五分三衣，即是本制，同受持故，相從列之」（三六八頁下）

〔九〕**障壁蝨衣**　鈔批卷二四：「北人名壁蝨，南人名為木蝨，亦曰菇蝨。是衣名作『波利迦羅衣』者，私云：此翻『雜碎衣』，亦曰『助身衣』也。若欲受持，並先先（【案】『先』疑剩。）牒其衣名已，乃至『波利迦羅衣』持等者，只是百一之物是也。」（九七一頁上）扶桑記引會正：「北地多有蝨，以物障之。」（三〇〇頁下）

〔一〇〕**單敷衣**　簡正卷一五：「緣中為臥。僧臥具垢污，因制。為護僧臥具，故聽畜敦（【案】『敦』疑『敷』。）僧臥具上。」（九一〇頁下）

〔一一〕**蹲**　資持卷下一：「『市充』反，亦作腨腳、腨腸也。」（三六八頁下）

〔一二〕如此諸衣，若似衣，皆應受持　簡正卷一五：「若似衣者，餘一切衣也。『波利迦羅』，即百一通名，此云『助身衣』也。其色者，玄云：諸衣之色目，非謂青黃等顏色。」（九一○頁下）資持卷下一：「『如』下，結示諸衣。即前多種似衣，即後巾、囊等。」（三六八頁下）

〔一三〕某色　資持卷下一：「『某色』即牒衣目，亦合先云『大德一心念，我某甲是僧祇支』，方接餘文。」（三六八頁下）【案】「十誦」下，明受法須不，分二：初，「十誦諸」下；二、「善見三」下。十誦卷六一，四六六頁上。

〔一四〕「應五眾邊而受」，謂當法為言　資持卷下一：「上六字是彼文。下五字即鈔家點示，恐謂五眾互相對故。」（三六八頁下）簡正卷一五：「當法為言者，當眾目對，作法雜衣。」（九一○頁下）

〔一五〕三衣、雨衣、尼師壇等　資持卷下一：「三衣有失不失。『雨衣』已下，一向不失。」（三六八頁下）

〔一六〕道其名字　資持卷下一：「法中別牒也。」（三六八頁下）

〔一七〕手巾得畜二，雜衣隨多少　資持卷下一：「『手』下，次簡多少。手巾二者，擬更換故。雜衣，似針、線、囊、襆之類。」（三六八頁下）簡正卷一五：「隨多少者，此云補衣帛也。」（九一○頁下）鈔批卷二四：「雜衣隨多少者，私云：是小小補衣雜物也。」（九七一頁上）

〔一八〕餘衣　資持卷下一：「雨衣、坐具等」（三六八頁下）

〔一九〕七種衣　資持卷下一：「三衣為三，上六不係百一，故以六字結之。」（三六八頁下）

〔二○〕自外若受則可，不受無過　資持卷下一：「衣鉢制受，違則有過。（坐具亦爾，論中不言。）百一聽受，亦須加法，故云則可。若但憶識，不加亦許，故云無過。（古云『不受成上根』者，非。）」（三六八頁下）簡正卷一五：「不受無過者，衣鉢必須受持。餘百一等，若不受，亦不結罪。如前文云：作與不作，一切無罪也。」（九一一頁上）【案】多論卷四，五二七頁下。

〔二一〕沙彌畜上下二衣　資持卷下一：「沙彌中。初示制衣。」（三六八頁下）簡正卷一五：「如沙彌篇云：一鬱多羅，一安陀會。」（九一一頁上）

〔二二〕并畜泥洹僧　資持卷下一：「『并』下，即百一。」（三六八頁下）

〔二三〕自外一切，盡是長財　資持卷下一：「『自』下，即餘長。」（三六八頁下）

〔二四〕除錢、穀米　簡正卷一五：「須捨與俗，對俗說作，意不說即犯。不同長衣，得當眾開十日故除也。」（九一一頁上）資持卷下一：「施俗眾故。」（三六八頁下）

〔二五〕**唯捨作吉羅悔為異**　鈔批卷二四：「以沙彌未具戒故，所以與提為異。」（九七
一頁上）

〔二六〕**長衣法**　鈔科卷下一：「長物及餘，令說淨畜。」（一〇五頁中）【案】文分為
二：初，長相；次，說淨。初又分三：初，「鼻奈」下；次，「四分邊方」下；
三、「律云不得」下。

〔二七〕**長衣者，一日成故**　鈔科卷下一：「初服飾開制（二）。初約時顯相。」（一〇
五頁上）鈔批卷二四：「立云：由十一日不說，故犯，故曰也。（此非正解。）
今言，由初日得衣不說，積至十一日則犯，以呼初日為一日也。」（九七一頁
上）資持卷下一：「彼云：大衣五日成，七條四日成，五條二日成，長衣一日
成。若據通論，但使受持之外，俱名為長。今此且對受持，欲明長衣是餘小
物，故約一日可成，非謂不通大小。」（三六八頁下）簡正卷一五：「謂三衣財
體，終無犯長義，已外方名長財。」（九一一頁上）【案】明三種衣：初，僧祇
支；二、涅槃僧；三、「今時有」下餘衣。鼻奈耶卷六，八七四頁中。

〔二八〕**上狹下廣衣**　資持卷下一：「據下律文，從相為名。前翻掩腋，頗得其實。」
（三六八頁下）

〔二九〕**四分**　資持卷下一：「『四分』下，引示。初引三律明制法，後引僧祇示制量。」
（三六八頁下）簡正卷一五：「『四分』下，辨相。其相如覆膊（原注：『膊』
一作『髆』。下同。）。後光師裁作上狹下廣衣也。」（九一一頁上）【案】資持
中「三律」即四分、十誦、僧祇。四分卷四〇，八五五頁下；卷四一，八六三
頁中。

〔三〇〕**因入聚落，露胸臆，著僧祇支**　鈔批卷二四：「立明：此下，明尼事如此也。」
（九七一頁上）

〔三一〕**準此衣相，猶有覆肩之量**　簡正卷一五：「准肘量作，似覆肩衣相。」（九一一
頁上）資持卷下一：「上明本相，下示後改。」（三六八頁下）【案】十誦卷六
一，四九九頁中。

〔三二〕**此乃後魏中有師改法裁縫之，又出疏解廣明**　簡正卷一五：「後魏有僧祇師，
出疏明造衣法，只衣（【案】『衣』疑『依』。）四分，上狹下廣而作，但云如
法作。不牒肘量大小也。」（九一一頁上）鈔批卷二四：「云祇文具明尺量，四
分直云上狹下廣衣。後魏之中有師（九七一頁上）不依僧祇四肘、二肘，但依
四分上狹、下廣而作。然亦得受持，持時牒名，但言如法作，不得牒肘量大小
者也。」（九七一頁下）資持卷下一：「後魏即元魏，今時褊衫又復變也。疏

解，其文已亡。」（三六八頁下）

〔三三〕**內衣**　鈔批卷二四：「立明：今時裙是也。中天作別狀。如縵衣將以裹腰，腰繩韋（原注：『韋』疑『圍』。）之，收束遶腰也。」（九七一頁下）資持卷下一：「西國本無褌袴，即以此衣襯體著故。」（三六八頁下）扶桑記：「即涅槃僧也。」（二九九頁上）

〔三四〕**佛於僧前自著內衣，教諸比丘，因制戒**　鈔科卷下一：「初，示法制式。」（一〇五頁下）簡正卷一五：「初引僧祇等明著法。西土縵條，將以繞腰，腰繩遶上而來。佛教比丘，不令大高齊膝、太下齊踝，垂前兩角如魚尾，偏一角如象鼻，或隴起如多羅葉等。」（九一一頁上）鈔批卷二四：「案祇云：六羣比丘內衣或高或下，或作魚尾或作象鼻，或作多羅樹葉，為世人所嫌，云『猶如婬女』。舉過白佛。佛集諸比丘，於僧前自著內衣，告諸比丘：『汝等當知，如是著衣，因為比丘制戒，或高者齊膝也，下著（原注：『著』疑『者』。）齊踝也。魚尾者，垂兩角似魚尾也。象尾者，一角偏垂也。多羅樹葉者，隴起多羅樹葉也。』」（九七一頁下）資持卷下一：「制戒即眾學初戒。」（三六八頁下）【案】僧祇卷二一，三九九頁中。

〔三五〕**作時，著小泥洹僧**　鈔科卷下一：「『十』下，造作著用。」（一〇五頁下）資持卷下一：「十誦作時，即作務時。」（三六八頁下）【案】十誦卷六一，四六九頁中。

〔三六〕**持下著上**　簡正卷一五：「即倒著也。」（九一一頁上）

〔三七〕**當三繞，不垂兩頭**　資持卷下一：「『三繞』即約帶。準被（【案】『被』疑『疏』。），『當』上有『帶』字。」（三六八頁下）【案】三千卷一，九一六頁。

〔三八〕**餘法如彼**　資持卷下一：「『餘法』，後明露著泥洹僧。上無僧祇支，不得著袈裟，不得上塔至佛像、講堂、（三六八頁下）三師、上座僧前等。」（三六九頁上）【案】三千中後敘「露著泥洹僧有十事」「著三法衣有五事」等。

〔三九〕**大寒，得繫著腳**　簡正卷一五：「得繫腳者，摘復破繫兩膝邊。」（九一一頁上）鈔批卷二四：「謂摘裙後破繫著髈。如今人著方裙法，亦未著髈也。」（九七一頁下）資持卷下一：「謂繫裙裾以閉風故。」（三六九頁上）【案】五百問，九八一頁中。

〔四〇〕**反襆著**　簡正卷一五：「反襆者，不以帶束，但反襆上轉而已。」（九一一頁下）資持卷下一：「反襆著，謂不用帶繞，反襆抄之。」（三六八頁下）

〔四一〕**應作帶著**　鈔批卷二四：「此謂著涅槃僧帶也。若新作廣三指，今是得已，成

者小故，可三、四个合作也。」（九七一頁下）

〔四二〕**若得已成者，當二、三、四條之**　資持卷下一：「二、三、四條，以小無力，重加助之。條之，謂不使亂。」（三六九頁上）簡正卷一五：「四分：六群作廣長腰帶。佛言：不應作。廣三（【案】『廣』前疑脫『聽』字。『三』律作『二』。）指，繞腰三周。若得成已者，應二條等；若亂，聽縫合等。如文。輔篇記中，不許作『條』字，應作『牒』，謂得已成者，壞乃二、三、四牒，云為一。若三、四牒亂，以縫合之。今律文錯書『條』字也。」（九一一頁下）【案】四分卷四〇，八五五頁中。

〔四三〕**作玦鈕**　鈔批卷二四：「杜預注春秋云：玦，瓌如而玦（【案】『玦』疑『缺』。），不相連也。」（九七一頁下）資持卷下一：「玦如環，少缺，即同鉤類。由恐數繫易損故，以玦鈕束勒之。」（三六九頁上）

〔四四〕**今吳、蜀之僧，多有用此著裙**　資持卷下一：「吳即南方，蜀即川界。今時作裙，上施腰帶，即同此土俗女方裙。雖乖本制，而便於著用，少有不齊之過。」（三六九頁上）

〔四五〕**取衣從後岐間過，褔著前**　簡正卷一五：「後歧間過等者，免身形露故。」（九一一頁下）鈔批卷二四：「謂從背後過也。」（九七一頁下）資持卷下一：「士、五二律，岐間即兩服之中。」（三六九頁上）【案】五分卷二〇，一三八頁中。

〔四六〕**左揜其上**　資持卷下一：「謂先以左邊在內，掩向其右。後以右邊於上，掩從其左故也。前云襞頭近左。章服儀云：如俗所傳，左衽是也。今多右掩，頗乖此法。」（三六九頁上）

〔四七〕**當**　資持卷下一：「『當』即前也。」（三六九頁上）

〔四八〕**泥洹僧破，應權作俱修羅**　鈔科卷下一：「『十』下，毀破暫開。」（一〇五頁下）資持卷下一：「十誦俱修羅。經音義云：此翻為『圖』，像其衣形而立名也。（謂如『圖障』。）若準注文，即周圓縫合而無兩頭，名『俱修羅』耳。」（三六九頁上）簡正卷一五：「拘（【案】『拘』疑『拘』。）修羅，無正番，故引五分，明其衣相，即貫頭衣也。」（九一一頁下）【案】十誦卷四八，三四七頁中。

〔四九〕**俱修羅衣**　鈔批卷二四：「私云：亦名『厥修羅』，似裙而縫合，從頭上著之。十誦為裙破，開破著。五分因呵制，（九七一頁下）不許服也。」（九七二頁上）資持卷下一：「五分俗呵，則知『俱修』本同俗服，故並權開貫頭衣。古云：南海人開衫竇著之，穿頭先出，次出兩袖，謂之貫頭。」（三六九頁上）

〔五〇〕**是類女人裙** 資持卷下一：「今時女裙，亦不縫合。」（三六九頁上）

〔五一〕**今時，有著偏袒** 鈔科卷下一：「初，時用非法。」（一〇五頁中）簡正卷一五：「隨方辨相也。偏袒者，即今偏衫右邊也。准竺道祖錄云：魏宮人見僧自恣時，裸膊不生善，乃作施僧，縫在左邊，祇支連合成故，從相號曰『褊衫』。大德許新作者，統領得舉坐具例。」（九一一頁下）鈔批卷二四：「私云：近代有之，是隋文帝見諸大德寒者，即與作之，巧異俗耳。」（九七二頁上）資持卷下一：「偏袒，謂止存左袖，袒露右邊，即本祇支。」（三六九頁上）【案】「今時有」下，明餘衣，分三：初，「今時有」下；二、「十誦五」下；三、「中阿含」下。

〔五二〕**褡膊** 簡正卷一五：「亦似褊衫，但於左邊背上添葉，如覆膊一幅，短來褡向右膊上。大德云：……後人移安褊衫左袖上，呼為『播衣』也。即祇支中流出褊衫，褊衫中流出褡膊，褡膊中流出播子。然其曳幡，蓋出家偽，亦無所表。西土論師，但執赤幡故也。」（九一一頁下）資持卷下一：「亦即覆肩。此二（【案】與『偏袒』合稱。）雖是聽衣，但乖本式。」（三六九頁上）

〔五三〕**方裠** 簡正卷一五：「梁朝郡后施僧，即宮人上馬所著大裙，折腰開似於方相。」（九一一頁下）資持卷下一：「舊云女人上馬裙。諸裙自餘裙襜等。業疏云：且順律文，非俗非外。（準方俗所宜，義應得著。）」（三六九頁上）扶桑記：「襜，彙云：『蚩古』切。衣之蔽前者。郭璞曰：今蔽膝也。」（三〇一頁上）

〔五四〕**諸裠** 簡正卷一五：「更為隨時所作者。」（九一一頁下）

〔五五〕**臂衣** 簡正卷一五：「即臂袖衣也。」（九一一頁下）鈔批卷二四：「私云：今臂鉤是也。」（九七二頁上）

〔五六〕**蹲衣** 簡正卷一五：「即納勒袴等。皆是此方隨時而作，西土本無。」（九一一頁下）鈔批卷二四：「私云：近代有之，是隋文帝見諸大德寒者，即與作之，巧異俗耳。臂衣者，私云今臂鉤是也。然上諸衣，西國並無，此方古德作耳。」（九七二頁上）

〔五七〕**十誦** 鈔科卷下一：「『十』下，制斷俗外。」（一〇五頁中）簡正卷一五：「士誦下，明制不合著相。」（九一二頁上）【案】十誦卷二七，一九八頁上。

〔五八〕**五大色衣** 資持卷下一：「初即『色非』，毛氈『體非』，餘並『製造非』。」（三六九頁上）

〔五九〕**偏袖衣** 簡正卷一五：「即小袖也。」（九一二頁上）資持卷下一：「偏袖即偏袒。」三六九頁上）

〔六〇〕**複衣** 簡正卷一五：「即綿絮衣也。」（九一二頁上）鈔批卷二四：「立謂：複貯衣，今時綿絮衣是也。」（九七二頁上）資持卷下一：「複謂重袷。」三六九頁上）

〔六一〕**貫頭衣** 簡正卷一五：「貫頭衣是女人裙。」（九一二頁上）鈔批卷二四：「立謂：婦女裙是也。以著時貫頭而著，故曰也。」（九七二頁上）」（九一二頁上）

〔六二〕**兩袖衣** 鈔批卷二四：「立謂：俗人梓膊也。」（九七二頁上）資持卷下一：「但施兩袖，唯覆肩領，而無襟裾。」（三六九頁上）

〔六三〕**囊衣** 資持卷下一：「如帽、襪、手衣之類。」（三六九頁上）

〔六四〕**四分** 資持卷下一：「初示別制。前五『相非』，並是俗衣。餘是『體非』，並外道衣。」（三六九頁上）【案】本處鈔中四分引文是綜合簡略而成，律文中大都是「爾時比丘著……往佛所，白言：此是……願佛聽。佛言：不應著此衣，是白衣法。」四分卷四〇，八五八頁。

〔六五〕**褶** 鈔批卷二四：「音『習』，又音『汁』，謂大袖衣也。見應師經音義。」（九七二頁上）資持卷下一：「褶，謂短袴。」（三六九頁上）簡正卷一五：「褶者，諸說各殊，並未識相。今准衣服名義錄云此上古之裳也。周武王時，以布為之，名褶；敬王時，以縑為之，但不縫口，蓋庶人著也。羅章帝（【案】『羅』疑『漢』。）時，以綾為之，加下緣，謂之口，改名為袴，於端午日，賜與百寮水煞綾袴，意表清正理民等。（云云。）今時即無，或恐有者，亦不合故。『行騰』即引經。玄云：以經其踝上，騰擲而行，身輕故也。」（九一二頁上）

〔六六〕**行縢** 鈔批卷二四：「縢者，（『徒稜』反）。禮記注云：幅行，縢也，亦謂之行纏。釋名云：言纏裹其腳，可跳騰輕便也。」（九七二頁上）資持卷下一：「行縢即行纏。」（三六九頁上）

〔六七〕**汝等癡人，避我所制，更作餘事** 簡正卷一五：「被避我所制者，制即三衣一體，今避而不依，及畜諸長多物，名作餘事。」（九一二頁上）資持卷下一：「『汝等』下，引總制。律因六群起過，離隨制斷，復作餘衣。如是煩累，佛因總斷故云：避我制等如法治，即吉羅。」（三六九頁上）

〔六八〕**一切白衣、外道衣，並不得著；若著，如法治** 鈔批卷二四：「此言通輕重。若著俗人服，可如吉法治之；若著外道服，即如蘭法治也。」（九七二頁上）

〔六九〕**中阿含云** 鈔科卷下一：「『中』下，開畜之物。初明開意。」（一〇五頁中）簡正卷一五：「『中含』下，明接中、下之機，資身修道，即增長善法，許畜。反此不得。」（九一二頁上）資持卷下一：「開畜中。初科引經。得不兩意，隨

宜方便，無非為道。」（三六九頁中）【案】「中阿含云」下分二：初，「中阿含」下；二、「四分眾」下。中含卷二七，五九八頁下。

〔七〇〕眾僧得種種衣，開畜　資持卷下一：「四分中，初示僧物。」（三六九頁中）簡正卷一五：「『四分』下，明僧及別人所畜用物，王送貴價衣，准前即法衣也。不得在上引（原注：『引』一作『行』。）者，菩提王子請佛及僧，敦陳貴衣在地，請佛蹈上，佛令阿難卻之，為未來比丘故。」（九一二頁上）【案】「四分眾」下分三：初，「四分眾」下；二、「四分因」下；三、「四分給」下。四分卷四一，八六四頁中。

〔七一〕比丘須者，借著　資持卷下一：「『比丘』下，明開借，謂有緣故。」（三六九頁中）

〔七二〕若處所壞，得移餘處　資持卷下一：「開處所壞，即借衣處。移餘處者，謂暫置他處。」（三六九頁中）扶桑記引會正：「餘處即中間。」（二九八頁下）

〔七三〕若著僧衣，當好愛護，勿令汙泥，不得上廁　資持卷下一：「『若著』下，明愛護。」（三六九頁中）

〔七四〕為僧作時，得著僧衣，不得儭身　資持卷下一：「五分作務，開制同之。」（三六九頁中）

〔七五〕瓶沙王送所著貴價衣　鈔科卷下一：「『四』下，受畜貴物。」（一〇五頁下）資持卷下一：「次明貴物。初示開畜。貴價衣即同比丘三衣。西土國王、此方古者王臣，亦多著之。氍毹，即毛褥也。」（三六九頁中）鈔批卷二四：「私云：此是摩伽陀國主、闍王之父也。既見如來聽諸比丘受檀越衣，即持貴價衣，以施眾僧，佛令說淨畜。古德相承，依此文斷，謂是貴價俗衣，佛令說淨，即合輕分，故將一切白衣之服，例從輕攝。鈔主乾封年中（公元六六六年至六六七年），象天委示，云斷輕重有錯，指此文也。是翻譯之過，非律學者咎，所以重改。輕重儀謂王貴價衣乃是三衣，但為價貴故也。若將為俗衣，（九七二頁上）即例將一切俗衣分者，大錯也。」（九七二頁下）【案】列物中，次為貴價物。四分卷四〇，八五四頁下。

〔七六〕若大價衣在地，不得在上行　資持卷下一：「『若』下，制踐踏，恐損壞，故誡奢逸故。」（三六九頁中）鈔批卷二四：「私云：是菩提王子請佛及僧設食。覆露兩地，通敷貴繒，從於殿中列至寺之門首，請佛與僧蹈上而過。佛至衣邊，顧向阿難，令卻之。佛為未來弟子福薄難勝，故為後式。」（九七二頁下）【案】四分卷四〇，八五七頁中。

〔七七〕繡錦褥敷者，吉羅　鈔批卷二四：「此還是三衣名耳，豈有俗被而入分耶？」（九七二頁下）

〔七八〕俗人家中　資持卷下一：「決上得坐。以五分制犯，故知寺內不開，即下云『唯白衣舍無餘床褥可坐』是也。」（三六九頁中）

〔七九〕給住房比丘中　鈔科卷下一：「『四』下，聽畜諸物（二）。初，開畜眾物。」（一〇五頁下）資持卷下一：「給住房者，即制舊住待客比丘法，或彼有缺故。房衣即障幕等。」（三六九頁中）【案】「四分給」下分二：初，「四分給」下；二、「四分不」下。四分卷四一，八六〇頁中。

〔八〇〕複貯衣　資持卷下一：「複貯，如今時給絮衣也。」（三六九頁中）

〔八一〕禪帶　簡正卷一五：「謂坐禪久倦，將以束身助力。」（九一二頁上）鈔批卷二四：「私云：謂坐禪久倦，故將遶身著繩床坐也。又云：只將圍遶兩膝，從背後過也。或用麻作，或用綵帛作，可濶三四指也。」（九七二頁下）

〔八二〕腰帶　簡正卷一五：「即上三四條縫合者是。」（九一二頁上）鈔批卷二四：「私云：即今腰繩是也。」（九七二頁下）

〔八三〕裹　【案】「裹」，底本為「裏」，據四分律、大正藏本、敦煌甲本、敦煌乙本、敦煌丙本及弘一校注改。

〔八四〕凡寄衣白衣舍，必須染壞色作沙門衣法　資持卷下一：「寄俗須染者，有所別故。」（三六九頁中）

〔八五〕借俗人衣，不還則已　鈔批卷二四：「案五分文中，有五戒優婆塞被賊剝衣，來至諸比丘所借衣，比丘不敢與，便問佛，佛言：『聽借。若還，應取；若不還，則已。』已者，止也。」（九七二頁下）【案】「若不還，則已」義為：若不還即不再取回。五分文中是「若不還，則與」。五分卷二一，一四一頁。

〔八六〕不得皮上坐　鈔科卷下一：「『四』下，簡辨得不。」（一〇五頁下）簡正卷一五：「『四分』下，約皮物辨。」（九一二頁上）資持卷下一：「初簡皮敷。謂帶毛者。」（三六九頁中）【案】四分卷四一，八六六頁上、八六三頁中。

〔八七〕上色染衣　資持卷下一：「次，簡染色。」（三六九頁中）

〔八八〕上色錦衣　【案】「上」，底本為「土」，「錦」，底本為「綿」，據四分律、大正藏本及弘一校注改。

〔八九〕得畜蚊廚　資持卷下一：「開蚊廚，障哑囒故。」（三六九頁中）

〔九〇〕不得畜皮帽　資持卷下一：「制頭帽。」（三六九頁中）

〔九一〕若患瘡，得畜覆瘡衣　資持卷下一：「聽瘡衣，以病緣故。」（三六九頁中）

〔九二〕阿難得王貴衣，令佛蹈已　資持卷下一：「中含似決四分『上染錦衣』。」（三六九頁中）

〔九三〕餘衣準此　資持卷下一：「或似凡受貴物，皆須有德先著，故注準之。」（三六九頁中）

〔九四〕邊方比丘，曲開五事　鈔科卷下一：「『四』下，邊方曲開。」（一〇五頁上）簡正卷一五：「迦旃延在阿盤提國為億耳受戒，三季方得僧是（原注：『是』疑『足』。），因請五事。」（九一二頁下）【案】「邊方」文分為二：初，「四分邊」下；二、「律云東」下。四分卷三九，八四六頁上。

〔九五〕以僧少故，三年方集　鈔批卷二四：「是億耳比丘住西方阿槃提國，是迦栴延弟子，以是邊方僧少故，三年求僧，始得受戒。受戒之後，往見世尊。和上附白佛開五事。」（九七二頁下）

〔九六〕以彼方無餘臥具故　鈔批卷二四：「私云：阿槃提國唯著皮衣，故開為臥具。若有布絹處者，不得用之。」（九七二頁下）

〔九七〕聽比丘得衣入手，數滿十日　資持卷下一：「若手未捉，多日不犯。」（三六九頁中）

〔九八〕律云　資持卷下一：「『律』下，示中、邊分齊。」（三六九頁中）【案】四分卷三九，八三六頁下。

〔九九〕東方有國，名白木條　簡正卷一五：「律云：東方有國，名曰白木條，白木條外邊便聽。南方有塔名靜善，靜善外便聽。西方有山，名師利佛，佛人種外便聽。北方有國名柱，柱（原注：『柱』下疑脫『外』字。）便聽。貢職圖者，圖寫高職任人及附諸國來貢物數。圖云西方白木條國，貢朱駿白馬一疋、玉象一軀等，即驗知此處，在彼之東，屬邊方也。」（九一二頁下）資持卷下一：「律言東方，即中梵之東，白木條已內，皆屬五天境界。準應四方，皆有分齊，文略餘方。」（三六九頁中）

〔一〇〇〕梁時貢職圖　鈔批卷二四：「謂梁朝有白木條國人來此方，貢朱駿馬，云從西來。（九七二頁下）據此一言，此屬白木條東，定是『邊』也。」（九七三頁上）資持卷下一：「貢職圖，梁湘東王撰，一卷，號百國貢職圖。」（三六九頁中）

〔一〇一〕此在彼東　鈔批卷二四：「立謂：中國呼白木條為東，齊白木條東是邊地。此間武帝喚木條為西，明知此是『邊方』也。」（九七三頁上）資持卷下一：「謂此震旦又在白木條東，故指彼為西蕃也。」（三六九頁中）

〔一〇二〕而邊僧既多，用本開法　資持卷下一：「『而』下，決開制。初五（【案】『初、

五』指前邊方五事之第一和第五。）兩開，僧多還制，餘三永開。」（三六九頁中）

〔一〇三〕**不得畜師子、虎、豹、狙皮，野狐及餘不淨、可惡等皮**　鈔科卷下一：「『律』下，皮革靴履（二）。初，總示諸物。」（一〇五頁上～中）資持卷下一：「初科，為三。初制不畜。狙，『都達』反。山海經云：獸，形如狼。」（三六九頁中）簡正卷一五：「更約皮革以明。六群畜犬皮，師子、虎、豹、獺、野猪、野貓、狐等皮，佛言不應畜。文中，獺者，（『他輅』反。），形如小犬，居水食魚。律或作狙（『丁曷』），似獺未（【案】『未』疑『赤』。）首，今多作狙，（『七餘』反。）」（九一二頁下）鈔批卷二四：「狙，獸名也，似狼，赤首。獺，（『他褐』、『他轄』二反。）說文云：形小如犬，水居、食魚者是也。律文作『狙』，（『丁褐』反。）字林云：猲，（音『割』。），狙，獸名也，似狼赤首。狙，非字體也。」（九七三頁上）【案】「律云不」下分二：初，「律云」下；次，「毗尼母寒」下。四分卷三九，八三六頁下。

〔一〇四〕**除寶牀**　資持卷下一：「縱在俗舍，亦不得故。」（三六九頁中）

〔一〇五〕**不得乞生皮**　資持卷下一：「『不得乞』下，明乞用開制。」（三六九頁中）簡正卷一五：「六群見好班駁犢子，從乞。剝牛人信敬，乃剝與之。牛母遂到祇桓吼叫，因制也。」（九一二頁下）

〔一〇六〕**若戶樞不轉，若壞，聽以皮治裏之**　鈔批卷二四：「此意明戶樞澁不轉，用皮裹戶樞頭，令易轉也。」（九七三頁上）資持卷下一：「戶樞，即今之門臼。」（三六九頁中）

〔一〇七〕**若作帳軒，不得**　簡正卷一五：「准衣法，但言不得，不論皮與衣也。」（九一二頁下）資持卷下一：「帳軒，舊云即車上之屋，一頭低、一頭（三六九頁中）舉故。（或似今時床帳軒屋。）律因六群作帳軒如王臣，俗呵，而制。」（三六九頁下）【案】四分卷四一，八六二頁～八六三頁。

〔一〇八〕**當畜善助**　鈔批卷二四：「案三千威儀云，當畜『善助』。『善助』謂禪帶也。禪帶有五事：一者，當廣一尺；二者，當長八尺；三者，頭當有鈎；四者，當三重；五者，不得用生草。亦不得用金鈎，云坐禪人，恐睡至倒故，將熟麻帶，可三四寸闊，從後轉著膝過，束令不動，故云『善助』也。」（九七三頁上）簡正卷一五：「禪帶五相：一、廣一尺；二、長八尺；三、頭有鈎；四、當三四重；五、不得用金鈎。旋後轉向前勾，兩膝來全不動，故名『善助』也。」（九一二頁下）資持卷下一：「三千中『善助』者，用修禪故。」

（三六九頁下）【案】三千卷一，九一七頁中。

〔一〇九〕熟韋　資持卷下一：「熟韋，即已熏皮。」（三六九頁下）

〔一一〇〕餘法如彼　資持卷下一：「彼有五相：一、廣一尺；二、長八尺；三、頭有鉤；四、當三重；五、不得用金鉤。從後轉向，前句（【案】『句』疑『勾』。）兩膝過，束令不動，此非常用，故令屏著寒雪國開襪，即此方所宜。」（三六九頁下）【案】四分卷三九，八四九頁上。

〔一一一〕俗　【案】「俗」，底本為「使」，據大正藏本、貞享本、敦煌甲本、敦煌乙本、敦煌丙本及弘一校注改。

〔一一二〕寒處，聽著俗人靴　鈔科卷下一：「『毗』下，別明靴履（五）。初，開處。」（一〇五頁中～下）【案】「毗尼母寒」下分五，如鈔科所示。毗尼母卷四，八二二頁上。

〔一一三〕韝　鈔科卷下一：「『五』下，製造。」（一〇五頁下）資持卷下一：「亦作鞴，即靴勒也。」（三六九頁下）【案】五分卷二一，一四六頁下。

〔一一四〕靴法　資持卷下一：「靴法，謂俗中靴樣。」（三六九頁下）

〔一一五〕富羅　資持卷下一：「富羅，亦靴之類。」（三六九頁下）

〔一一六〕履　資持卷下一：「履，謂皮底鞋。」（三六九頁下）

〔一一七〕淨潔靴鞋履，得著禮拜　鈔科卷下一：「『五』下，作淨。」（一〇五頁下）資持卷下一：「五百問，示開著。」（三六九頁下）

〔一一八〕得新履，令淨人著七步　資持卷下一：「明淨法抑貪情故。」（三六九頁下）【案】五分卷二一，一四七頁上。

〔一一九〕護衣　資持卷下一：「初明革屣，後明諸屣。初中五段，初明聽著。」（三六九頁下）簡正卷一五：「護衣者，若約障塵染義袜，亦是衣。若以著袜踐地，後坐時，便觸身上衣，故聽畜草履并法也。」（九一二頁下）【案】「四分聽」下明雜相，分五：初，「聽為護」下；二、「若穿下」；三、「若得下」；四、「若使人」；五、「又不得」下。

〔一二〇〕護臥具　簡正卷一五：「無污法衣，故開著也。」（九一二頁下）【案】四分卷三八，八四五頁～八四八頁。

〔一二一〕若得生皮，聽自柔治　資持卷下一：「『若得』下，明入聚開制。前引制文。西土以著履為非禮，故不聽入俗，此方反之。後引開文，即皮革犍度，彼云：在道行脫革屣，取水與師，或失革屣、或毒虫齧。白佛。佛言：『不應脫革屣及偏袒。』祖師欲隨方土，令著履入俗，故注準之。」（三六九頁下）

〔一二二〕**偏袒有廢**　簡正卷一五：「西土以脫履、褊袒為敬儀。皮革中，因此道行，脫草履取水與師。或時失，或為毒虫嚙。白佛。佛言：『不用脫及褊袒。』故云有廢。即隨便遇物與師，不要脫草褊袒也。」（九一三頁上）鈔批卷二四：「勝云：或過中廢乞食等也。」（九七三頁上）

〔一二三〕**不得用雜色皮**　資持卷下一：「『又不』下，明著帶褊邊，謂以絹布等，作革屣緣也。」（三六九頁下）

〔一二四〕**若得錦色革屣、壞色已聽畜**　資持卷下一：「『若得』下，明雜屣聽不。」（三六九頁下）

〔一二五〕**蒲**　【案】底本為「葡」，據大正藏本、敦煌甲本、敦煌乙本改。

〔一二六〕**四種寶屣**　簡正卷一五：「金、銀、瑠璃及寶莊者。」（九一三頁上）鈔批卷二四：「四分皮革犍度中云：金、銀、瑠璃、寶四種，但寶是通名。」（九七三頁上）

〔一二七〕**屣**　【案】「屣」，底本為「智」，據大正藏本改。

〔一二八〕**明作淨施法**　鈔科卷下一：「開說淨。」（一〇五頁上）

〔一二九〕**三**　【案】底本為「二」，據敦煌甲本、敦煌乙本、敦煌丙本及義改。

〔一三〇〕**初中**　鈔批卷二四：「制說意者，礪云：凡淨施法，元主（原注：『元主』疑『無生』。）封滯，遠同大士離著之行。雖復未能，凡所受畜，悉為成就。但大慈方便，教作淨法，常作屬他之情，（九七三頁上）已無貯畜之過。餘（原注：『餘』疑『饒』。）益比丘，福利施主，異外離譏，故制法淨。多論九十餘種中無假，為此法異外故爾。」（九七三頁下）

〔一三一〕**薩婆多**　資持卷下一：「前明開說意，後明十日意。前中又二：初問真假，次問開意。」（三六九頁下）【案】多論卷四，五二六頁上。

〔一三二〕**方便施**　簡正卷一五：「大慈設教，作斯淨法，恒作屬他之心，自無貯畜之過。又得衣物資身，福利施主，免世譏嫌，故非真也。」（九一三頁上）

〔一三三〕**昔一時開七寶房舍**　鈔批卷二四：「案分別功德論云：天須菩提者，是王種也。所以名天者，此人五百世中常生天中，從天下生王家，食福自然。後自從佛出家，聞佛勅諸比丘曰：『夫為道者，當約身守節、糲衣惡食、草蓐為坐、大小便為藥。』聞佛此教，不堪忍，念在宮中，衣食細妙，欲還家。阿難語曰：『且住一宿，今當嚴辦供具。』即往王所，索種種寶蓋嚴飾備具。比丘於中，止宿得定，思惟四諦。至於後夜，即證羅漢，飛行虛空。佛語阿難：『夫衣食有二種：有親近，有不可親近。何者可親近？若著好衣，時益

道心，此可親近。著好衣時，損道心者，此不可親近。是故阿難，或從好衣得道，或從五納而得道者，所以悟之，在心不拘形服者也。』」（九七三頁下）【案】分別功德論卷五，四七頁。

〔一三四〕若放逸不說淨者，以惡心故，不滿十日，皆犯捨墮　鈔批卷二四：「由放逸故，入手不說即犯，不待十日。若謹護者，縱忘雖過十日，不犯，故知放逸義，不開忘也。」（九七三頁下）資持卷下一：「母論：貪物違教，即是惡心。準知，今時不說淨者，隨得成犯，不待過限矣。」（三七〇頁上）【案】毗尼母卷四，八二〇頁下。

〔一三五〕菩薩法亦有淨施法　資持卷下一：「地持論云：菩薩先於一切所畜資具，為非淨故，以清淨心捨與十方諸佛菩薩。如比丘將現衣物捨與和尚闍梨等。」（三七〇頁上）

〔一三六〕涅槃亦爾　資持卷下一：「涅槃云：雖聽受畜，要須淨施篤信檀越是也。今時講學專務利名，不恥五邪，多畜八穢，但隨浮俗，豈念聖言？自下壇場，經多夏臘，至於淨法，一未沾身。寧知日用所資，無非穢物，箱囊所積，並是犯財。慢法欺心，自貽伊戚。學律者，知而故犯，餘宗者，固不足言。誰知報逐心成，豈信果由種結？現見袈裟離體，當來鐵葉纏身為人，則生處貧窮、衣裳垢穢為畜，則墮於不淨，毛羽腥臊！況大小兩乘，通明淨法，儻懷深信，豈憚奉行。故荊溪禪師輔行記云：有人言，凡諸所有，非己物想，有益便用，說淨何為？今問等非己財，何不任於四海；有益便用，何不直付兩田？（悲敬。）而閉之深房，封於囊篋，實懷他想，用必招愆。（成盜。）忽謂己財，仍違說淨，說淨而施，於理何妨，任己執心，後生傚傚。（已上彼文。）故知不說淨人，深乖佛意。兩乘不攝，三根不收。若此出家，豈非虛喪？」（三七〇頁上）

〔一三七〕施主法　鈔批卷二四：「私云：即僧為展轉、真實、并俗，為三（原注：『三』鈔作『二』。）施主也。」（九七三頁下）【案】「簡施主法」，文分為二：初，「就中衣」下；次，「前明」下。

〔一三八〕上三施主　鈔科卷下一：「初，揀衣藥鉢施主（四）。初，明所對。」（一〇五頁上）簡正卷一五：「謂衣、藥、鉢，請道眾為施主。寶、珠等，請俗為施主。鈔據此門分科。云『前』至『淨』者，簡前三主也。」（九一三頁下）鈔批卷二四：「私云：即衣、藥、鉢三也。故下文云：寶施主者，則是後俗人施主也。立云：是真實、展轉、錢寶三也。」（九七四頁上）【案】「前明」

下分二：初「前明」下；次，「錢寶穀」下。初又分四，如鈔科所示。

〔一三九〕**五眾得作**　資持卷下一：「僧祇五眾語通，義是『展轉』。」（三七〇頁中）
【案】僧祇卷一九，三七九頁上。

〔一四〇〕**五眾中隨得一人作施主**　鈔批卷二四：「五眾中，隨得一人作施主。真實者，
至一比丘所者，礪釋名云：彼此傳施，迭為物主，故稱『展轉』。作法付彼
不虛，故曰真實。並是絕貪惠他，（九七四頁上）名為淨施。斯之二種，皆
是作法，不真屬彼。『若爾，何名真實？』答：『一往直付，物在彼邊。』問：
『方得用，故言真實？』『謂對展轉物不屬彼，故稱爾也。』不言對沙彌者，
謂真實淨主，要局當眾而作，故曰不對沙彌。」（九七四頁下）簡正卷一五：
「謂展轉五，即通淨眾。若至加法，隨意的指一人，作彼人物護持也。不言
對沙彌者，此約真實淨，必是當眾。今彼守護，不類展轉，於五中隨一即得
也。」（九一三頁下）資持卷下一：「善見兩分，通局可見。不言對沙彌者，
必應他師，謂同展轉，而用互對。如後正請，復注顯之。」（三七〇頁中）
【案】善見卷一四，七七二頁下。

〔一四一〕**五人不應作**　鈔科卷下一：「『五』下，揀可不。」（一〇五頁上）鈔批卷二
四：「此明真實淨主也。此等五人，既不相悉，又不狎習。謂附而近之習其
行（去聲），恐將我物畢竟不還，故云不應作也。」（九七四頁下）資持卷下
一：「初列相狎親也。」（三七〇頁中）

〔一四二〕**非時類**　鈔批卷二四：「或未具戒，或老少懸殊，故曰也。」（九七四頁下）
資持卷下一：「謂新舊不同，或尊卑有隔也。」（三七〇頁中）簡正卷一五：
「既是宿得，恐取衣難故。」（九一三頁下）扶桑記引資行釋「新舊不同」：
「上座下座也。夏臘不同，不便對說。」（三〇二頁下）

〔一四三〕**不能讚歎人**　簡正卷一五：「謂此人自小乘戒，見他淨施，不犯長罪，即好
名稱。今意不欲前人，有此名稱，故不得請也。」（九一三頁下）

〔一四四〕**應淨施五眾**　簡正卷一五：「謂此展轉通於五眾者，謂但五中隨與一人也。
玄云：此人自身不作淨施。五眾者，不合請，（不成正解。）不應與。有本
加『輕』字，非也。」（九一三頁下）鈔批卷二四：「謂展轉淨主，要是五眾
也。」（九七四頁下）

〔一四五〕**白衣**　簡正卷一五：「父、兄、弟及餘俗人等，不合施他也。次將五、四，
既屬二施，如文可委。」（九一三頁下）【案】五分卷九，六九頁上。

〔一四六〕**不得稱二三人作淨，應與一人**　鈔科卷下一：「『十』下，辨多少。」（一〇

五頁上）資持卷下一：「初，明淨主。」（三七〇頁中）簡正卷一五：「恐淨主身云六衣物混亂，不記色目也。」（九一三頁下）鈔批卷二四：「謂施主唯可一人。若三、五人者，以所說竟，為衣混亂，忽一人死淨法隨失，知何衣是。然施主死，更別請人，盡將衣物，更說淨畜，為此義故，唯得一人也。」（九七四頁下）

〔一四七〕若將他淨施物不還，應索取　簡正卷一五：「跋難陀淨施弟子衣，後嗔和尚不肯還衣，因奪故爭。白佛。因制須簡好人。」（九一三頁下）資持卷下一：「『若』下，簡對首。前引緣，違教故吉，決取應重。」（三七〇頁中）

〔一四八〕自今已去，說淨者應籌量與一好人　資持卷下一：「『自』下，明制簡。」（三七〇頁中）【案】十誦卷一六，一一五頁上。

〔一四九〕對首受淨者　簡正卷一五：「即所對作淨人也。」（九一三頁下）

〔一五〇〕除惡、邪、四重、得戒沙彌　鈔批卷二四：「得戒沙彌者，即學悔人也。」（九七四頁下）資持卷下一：「『除』下，次簡除。總十六種人，惡、邪、攝三舉，四重即二滅。得戒沙彌，即學悔五法者。正行二人行竟，二人及本日治人。」（三七〇頁中）

〔一五一〕六夜五法人　鈔批卷二四：「立謂：覆藏、覆藏竟，六夜、六夜竟，及正出罪，為五也。或可出罪一麤法，除此出罪，加本日治人，此等五人，不得作淨施主。」（九七四頁下）簡正卷一五：「五法人者，二正行，二行竟，并本日治。以上等人，不足數故。」（九一三頁下）【案】多論卷四，五二七頁中。

〔一五二〕為令清淨作證明，不生鬭諍　資持卷下一：「『為』下，示簡意。」（三七〇頁中）簡正卷一五：「恐上惡人認此物，便致淨也。」（九一三頁下）

〔一五三〕錢、寶、穀米等，並以俗人為淨主　簡正卷一五：「明錢寶對俗也。」（九一四頁上）資持卷下一：「錢寶等主必施俗人，復是真實義無展轉。」（三七〇頁中）

〔一五四〕如後所說　簡正卷一五：「下引多論說詞也。」（九一四頁上）

〔一五五〕先明須請　簡正卷一五：「多論但有請意。諸部無文，五分但言『隨至與之』，即似不請。」（九一四頁上）資持卷下一：「準多論文，道俗二主，並須面請。」（三七〇頁中）

〔一五六〕於五眾中隨意與之　資持卷下一：「五分文通似非預請。」（三七〇頁中）【案】五分卷九，六九頁中。

〔一五七〕似當時指示　鈔批卷二四：「謂五分文中，不須先請，至臨對人說時，隨指

施一人即得，故言似當時指示也。」（九七四頁下）

〔一五八〕當部無文，隨二部用　鈔批卷二四：「立謂：四分無請施主文，（九七四頁下）不明對面及遙請。今依五分、多論，若德望高遠，不可附近對面請者，可依五分遙請。若可召請，須依多論，面請方成，故曰隨二部用也。」（九七五頁上）資持卷下一：「注中兩存，各有所以。今若行時，隨用皆得。」（三七〇頁中）

〔一五九〕今請大德為衣、藥、鉢，展轉淨施主　鈔科卷下一：「初請道眾法（二）。初，展轉淨主。」（一〇五頁下～一〇六頁下）資持卷下一：「衣藥鉢者，戒本五長，並須淨施。衣中總收十日、月望、急施三種。」（三七〇頁中）【案】「請法」下分二，初請道眾，次請餘眾。初又分二：初展轉淨主，二真實淨主。

〔一六〇〕準善見文，五眾通得　資持卷下一：「次請餘眾，但同示告，理無具儀，止須一說。」（三七〇頁中）

〔一六一〕我今請比丘尼為展轉淨施主　鈔批卷二四：「要是當時無僧始開也。」（九七五頁上）

〔一六二〕實施主　資持卷下一：「請俗法中。初出請詞，亦止一說。」（三七〇頁中）

〔一六三〕合說進不　簡正卷一五：「明合說進不，隨也。謂其錢寶為開幾日，穀等為要說不要說。故引多論：一切皆須十日說也。」（九一四頁上）資持卷下一：「欲明此淨，正教所許，文證可見。」（三七〇頁中）【案】多論卷四，五二六頁中。

〔一六四〕獨住比丘心念說者　資持卷下一：「初引五分出法。正說分三。」（三七〇頁中）簡正卷一五：「作淨法。先明心念。云『五』至『轉』者，先依五分。羯磨疏云：既不對人，捨心難盡，且令轉換，得延時限。終須對說，方始究竟。（上是疏文）。」（九一四頁上）鈔批卷二四：「羯磨疏云：既是別人，捨心難盡，且令轉換，得延時限，終須對說，方始究竟。不如受衣非為遣著，但加聖法，隨身服用。故心念、受與對首同。就心念法，文分為三。」（九七五頁上）【案】「五分獨」下明衣物淨法，分二：初，「五分獨」下明心念；二、「對面展」下明對首。

〔一六五〕得至十一日　鈔批卷二四：「初遙施彼，得過制限，故云十一日也。」（九七五頁上）

〔一六六〕復如前威儀　鈔批卷二四：「後復還加，不越常開，故但十日，恐至明相，依教犯故。」（九七五頁上）資持卷下一：「『復如前』下，次復取還，不越常開，故但十日，恐至明相，成犯長故。」（三七〇頁中）

〔一六七〕**復如初說**　鈔批卷二四：「又說與彼，如前得過故文。」（九七五頁上）資持卷下一：「『復如初』下，又說與彼，如前得過。所以爾者，疏云：既是別人，捨心難盡，且令轉換，得延時限，終須對說，方始究竟。」（三七〇頁中）簡正卷一五：「作屬彼意，從彼邊取用，至十日後，卻標心從彼取，還在身邊貯畜。又得十日後，又將施與彼人。」（九一四頁上）

〔一六八〕**如是捨故受新，十日一易**　簡正卷一五：「謂將施他名捨故，卻從彼取，如初得，又名受新。（准此文意，但約一衣說也。）」（九一四頁上）鈔批卷二四：「又別致也：一是長衣，一是受持，更番受淨，不得過限。計受持者，不畏犯長。無奈淨者，將是過限。所以止在十日內轉，此上心念淨法，亦謂開緣，盡界無人。雖有愚塞，或是非數，求足回得。依前十日，方得加用。必忽他行夜分還集者，未得依此。」（九七五頁上）【案】五分卷九，六九頁上。

〔一六九〕**心念說淨，亦成犯吉**　資持卷下一：「次引僧祇。或示同開，或遮疑濫，恐謂心念，不須言故。」（三七〇頁中）

〔一七〇〕**內心說淨，而口不言，是名非法淨，越**　資持卷下一：「『內』下，釋成。」（三七〇頁中）簡正卷一五：「『內心』下，釋上僧祇犯吉所以。」（九一四頁上）【案】僧祇卷八，二九二頁下。

〔一七一〕**應是不說淨者**　簡正卷一五：「『律中』下，明捨故受新法也。律中者，牒上五分文也。應是不說淨者，大德云：羯磨疏中，通約三根人說。今此言不說淨者，是上、中二根人也。此類之人，從來不畜長物，無所說淨。今或有人施三衣等，受已即成長也。元本受持三衣，即不畏犯長。無奈長者，過日犯捨。所以十日內，更互轉易，作新方便也。」（九一四頁上）鈔批卷二四：「私云：此上五分有兩意，謂此人元不說淨，仍有一長袈裟。既至十日恐犯長，即捨。先持者受所長者，後至十日，又復易之，故云十日一易。（九七五頁上）若將十日一易語結上心念說淨人則不多，當但有年易三衣人也。此心念法，要至十日，明相未出前，界無人來，方得作也。」（九七五頁下）資持卷下一：「引本律顯別。應是不說淨者，疏云：一是長衣，一是受持，更番受淨，不得過限。計受持者，不畏犯長。無奈淨者，將是過限，（三七〇頁中）故限十日內轉之。」（三七〇頁下）【案】僧祇卷八，二九二頁上。

〔一七二〕**或可說淨，故令展轉**　簡正卷一五：「對下根人說也。染得本是畜長比丘衣，即合對首說淨。今既無人可對，恐過日有犯，且令心念，展轉互易。仍待有人對說，方始休息。捨故受新，與說淨雖不同，十日一易無別，故令展轉

也。」（九一四頁下）鈔批卷二四：「今據此言，鈔家雖出二意，亦難依用知之。」（九七五頁下）資持卷下一：「謂同五分以律語通，未敢一定，故兩存之。」（三七〇頁下）

〔一七三〕**對面展轉** 簡正卷一五：「對面約對首人，展轉約施主說。玄云，准羯磨疏中，有三展轉：一、肘（【案】『肘』疑『財』。）主，將付所對作人；二、對首人，遙指施主；三、淨主不知，卻付財主，作淨主物畜，皆為除嗔患故。此說淨法，依古文也。」（九一四頁下）鈔批卷二四：「羯磨疏云：就文為三。初明財主懼犯長過，捨物與人，為展轉淨。若不言展轉，謂真實故。」（九七五頁下）資持卷下一：「展轉為二。前出法中為三：初財主捨物，恐犯長故，而云展轉，簡真實故。」（三七〇頁下）【案】「對面展轉」下分三：初，「至一」下；二、「二、淨成就」下；三、「五分漫標」下。初又分二：初，「至一」下，展轉淨；二、「善見若」下，真實淨。

〔一七四〕**彼受請者** 資持卷下一：「『彼』下，受者反問。以言展轉，不自專屬故。」（三七〇頁下）鈔批卷二四：「言受請者。『言』下，明前『受財言』中展轉，不自專屬，（謂非專施我也。）更擬施人。人非獨許，（謂不得輒施餘人也，須施財主家。本請為施，為施主人也。）律取同意，故問本主『汝施與誰』。三、既定淨主，理須遙囑，更揲本緣，明曾為受。又牒前命，擬付淨主，且還付汝，當為淨主。善護持故，著用之言，隨時加減。」（九七五頁下）

〔一七五〕**汝有此長衣未作淨，為淨故與我，我今受之** 資持卷下一：「『大德』下，後明受者，遙囑淨主，還付財主，為彼守護。疏云：此有三轉，財主付淨為一轉淨也；淨者遙囑為二轉淨也；淨主不知，還付財主三轉淨也。俱淨貪著之意，故云淨也。」（三七〇頁下）鈔批卷二四：「此展轉者，初財主付淨者，此一轉淨也；淨者，又遙囑人，此二轉也；淨主不知還付財立，作淨主物，此三轉淨也。俱淨貪著之意。」（九七五頁下）

〔一七六〕**外三律** 簡正卷一五：「五、十、祇，為三也。律初緣以親對淨主作淨，被他古物，因諍。佛言：別對人，但稱彼名字，後語彼知，是第二緣也。後彼既知，疑恐犯長，因制不用令知，即三緣也。」（九一四頁下）資持卷下一：「『外』下，次引制緣。」（三七〇頁下）【案】外三律之說即是三緣。

〔一七七〕**由前對面作淨而生諍競** 鈔批卷二四：「謂本對此施主，作淨其施主。即云：汝既施我，即當屬我，因諍此物。佛言：『雖請為施主，不得對此人，作於淨法。又，莫令施主知，恐此人犯長。又，施主後知恐犯長。』」（九七五頁下）

資持卷下一:「初,制對面,即淨主前執據不還,故生諍競。」(三七〇頁下)

〔一七八〕不應語令知,別處說之　資持卷下一:「『又』下,後制不須。彼謂己物,故恐犯長。」(三七〇頁下)鈔批卷二四:「五分文中,(九七五頁下)是展轉淨施中明也。文言:彼受作淨施比丘,後以此事語所稱名比丘,恐犯長衣罪不敢受,不知云何。以是白佛。佛言:『不應語所稱名比丘也。』」(九七六頁上)【案】五分卷九,六九頁中。僧祇卷一九,三七九頁上。十誦卷一六,一一四頁下。

〔一七九〕正得賞護,不得用　鈔批卷二四:「此明真實淨人施主不得用他物也。」(九七六頁上)

〔一八〇〕若正作法　簡正卷一五:「真實說淨也。前引見論,但通明意耳。次從『若正作法』下,依四分加法,二法總總(原注:『總』疑『是』。)衣法中文。」(九一四頁下)資持卷下一:「初引示儀法。『若正』下,次出詞句。」(三七〇頁下)

〔一八一〕依四分文寫　鈔批卷二四:「謂展轉真實,是四分律文也。」(九七六頁上)資持卷下一:「注中,通示二法,不用他宗。」(三七〇頁下)

〔一八二〕淨成就　簡正卷一五:「辨成不相。」(九一四頁下)資持卷下一:「此明作法,言相通濫、成否之相。」(三七〇頁下)

〔一八三〕善見言「施與大德」「捨與大德」「與大德」等　資持卷下一:「『善』下,引示。初,明財主與詞,則通二淨。」(三七〇頁下)【案】善見卷一四,七七二頁下。

〔一八四〕若言「願大德受此衣」等,不成與　資持卷下一:「語似決施故。」(三七〇頁下)

〔一八五〕真實受者,言「我取」「我受」者成　資持卷下一:「『真』下,次明受者,答詞局簡實淨。以展轉法,無此答故。」(三七〇頁下)

〔一八六〕「我當取」「欲取」等,不成受　資持卷下一:「似非決受故。」(三七〇頁下)

〔一八七〕我比丘某甲,此長財於長老邊作淨施　資持卷下一:「初淨長財,文亦為三。初能施捨財。」(三七〇頁下)

〔一八八〕彼應問言　資持卷下一:「『彼應』下,受者審主,通指五眾,故云漫標。」(三七〇頁下)

〔一八九〕彼即語言:我今與某甲,若須從彼取用,好愛護之　資持卷下一:「『彼即』下,彼為轉施。言『某甲』者,任彼受者,趣與一人。」(三七〇頁下)【案】五分卷九,六九頁中。

〔一九〇〕**展轉淨**　資持卷下一：「對簡真實不通此法故。」（三七〇頁下）

〔一九一〕**此淨法常須記施主及財物所屬**　簡正卷一五：「以施主不定，或命終等，恐失淨法，所以常記。」（九一四頁下）資持卷下一：「由非別請，恐忽忘故。」（三七〇頁下）

〔一九二〕**革屣令淨人著淨**　鈔批卷二四：「此即當作淨也。」（九七六頁上）資持卷下一：「明淨鞋履法。」（三七〇頁下）【案】五分卷二一，一四七頁上。

〔一九三〕**當持至可信優婆塞若守園人所**　資持卷下一：「『律』下，示法。守園人，戒經所謂僧伽藍民也。文中但云『持至』，不顯自他故。」（三七〇頁下）【案】四分卷八，六一九頁中。

〔一九四〕**應須使俗人令知是物**　簡正卷一五：「雖開說淨，（九一四頁下）不得自畜。文雖不說，理合所使俗掌之。」（九一五頁上）鈔批卷二四：「立謂：佛無意，雖開說淨，還令俗賞。今說竟還在己邊畜者，亦犯也。」（九七六頁上）資持卷下一：「下約義，據文決之。令知是物，謂先須淨語也。」（三七〇頁下）

〔一九五〕**餘有進不，隨相「三十」中廣明**　簡正卷一五：「指愆、寶二戒也。」（九一五頁上）資持卷下一：「前云：若彼取還與比丘者，當為彼人物，故受敕淨人掌舉。（謂不解淨法，反還比丘也。）若得淨衣缽，應持貿易受持。」（三七〇頁下）

〔一九六〕**存亡進不**　鈔科卷下一：「辨施主存亡。」（一〇五頁下）資持卷下一：「進謂成主，否即不成。準文，存通進否，亡一向否。」（三七〇頁上）【案】「存亡進不」文分為二：初「僧祇齊」下；次，「然淨施」下。

〔一九七〕**齊三由旬，知其存亡**　鈔批卷二四：「謂齊此存亡可知，過此生死不辨也。以道路遠故，死後十日內不知，故不許也。以已竟，淨法盡失，新條更請施主而說淨也。多論：出外國、異方即失。祇文過三由旬則失，義稍急也。礪云：綾羅、綺繡、人髮、馬毛、獸皮、樹皮，犯捨墮衣等，不合作淨。施主若死、休道等，所有先淨施竟，物盡須對人說淨不者，犯於長也。」（九七六頁上）資持卷下一：「存亡中。僧祇：必在百二十里內。」（三七一頁上）【案】僧祇卷八，二九三頁上。

〔一九八〕**知其在世、在道以不**　鈔批卷二四：「若死，名不在世，若還俗，名不在道，皆失也。」（九七六頁上）資持卷下一：「五分取知，不定近遠。」（三七一頁上）【案】五分卷九，六九頁上。

〔一九九〕**施主若死，若入異國，更求淨主等**　資持卷下一：「多論：須在本國。然國

境廣遠，但約州郡，不可相聞，理須別請。」（九一五頁上）【案】多論卷四，五二七頁中。

〔二〇〇〕**然淨施主法，必準論、律**　鈔科卷下一：「『然』下，明簡德。」（一〇五頁下）簡正卷一五：「若不知死活，可准僧祇三由旬內。若知所在，乃依多論，異國方失。若定知死及休道，即依五分。此二律一論，文義雙明也。」（九一五頁上）鈔批卷二四：「謂量前僧祇、多論等文，皆須德遠者，（九七六頁上）方請之也。若死活難知，可依祇三由旬也。若死活易知，得依多論，出國方失也。」（九七六頁下）資持卷下一：「論即多論，律即十誦。」（三七一頁上）【案】簡正釋文中「休道」，意為出離僧團，回歸俗家。薩婆多毘尼毘婆沙卷第九，五六一頁上。

〔二〇一〕**若汎爾恒人同寺，便成失法**　鈔批卷二四：「濟云：此人既無名字，縱在寺中忽死，人亦不知，則失淨法，容不知也。」（九七六頁下）資持卷下一：「泛爾常人謂無名德者，恐疑同寺，不應失法，故注示之。」（三七一頁上）

〔二〇二〕**若死者，得停十日，更須說淨**　鈔科卷下一：「初，淨主死亡。」（一〇六頁中）資持卷下一：「僧祇文為二。初，令改名，謂作法時，應云『某甲無歲比丘』。『若』下，次，明失法。初，明死亡失。」（三七一頁上）鈔批卷二四：「案祇云，憂婆離問佛：『比丘長衣，何等人邊作淨？』佛言：『當於五眾邊作淨。』又問：『相離遠近，得從作淨？』佛言：『齊三由旬，知其亡。』波離又問：『長衣沙彌邊作淨，是沙彌受具足，當云何？』佛言：『稱無歲比丘，名作淨。』又問：『無歲比丘，若死者云何？』佛言：『得停十日，於餘知識邊作淨。』私云：先請沙彌為施主，後既受具，便成比丘。若對人作淨，問『汝施與誰』，答云『施與無歲比丘某甲』等也。」（九七六頁下）【案】僧祇卷八，二九三頁上。

〔二〇三〕**真實主亡，則失，展轉者不失**　簡正卷一五：「斥古言展轉不失之過。古云：展轉不對面作，非正主故不失。今破云未見祇正律。以二並非施主，故二皆失也。」（九一五頁上）鈔批卷二四：「此師意：真實對面作，死即無對，故失也。展轉不對面，但遙指，何勞更請，故不失也。」（九七六頁下）資持卷下一：「斥非。初，出異計。疏引云：真實主亡，則須改人展轉，非面復何勞也。」（三七一頁上）【案】注中分二，此為一，下釋為二。

〔二〇四〕**此未讀正律**　資持卷下一：「『此』下，據文斥。正律即指上文。既云若死更說理通二淨，何得專執？且真實法，五眾不互。上施沙彌，顯是展轉，故知

妄執，頗乖正量。」（三七一頁上）

〔二〇五〕**若不知施主存亡，便失淨法，不得過十日**　資持卷下一：「『若不』下，次，明不知失。」（三七一頁上）簡正卷一五：「若不知存亡者，此約展轉主。若是真實主，常須在近，如要取物用故。今云三由旬者，偏據展轉者論也。（九一五頁上）

〔二〇六〕**盡五眾邊作淨**　資持卷下一：「多論五眾邊，亦約展轉。」（三七一頁上）

〔二〇七〕**二寶俗施主**　鈔批卷二四：「有云：金銀為一，錢是一，故云二寶也。」（九七六頁下）資持卷下一：「即真、似也。上對五眾，而云除錢寶等。」（三七一頁上）

〔二〇八〕**被師呵責者，不得作淨**　資持卷下一：「十誦初約呵責失。」（三七一頁上）簡正卷一五：「謂施主是弟子，曾被師呵，後卻求作淨，即是相違，故不合應。通別求餘人作之。」（九一五頁上）鈔批卷二四：「謂施主是弟子，若被師呵責已，其師更不得對弟子作淨，更須別求餘人也。」（九七六頁下）

〔二〇九〕**施主亡者，物不入僧**　資持卷下一：「『施主』下，次，約主亡失。」（三七一頁上）鈔批卷二四：「施主亡者，物不入僧者，謂真實淨也。其人受他作淨物，（九七六頁下）未還他。今身既死，物在身邊，僧不合分，須還本主。」（九七七頁上）簡正卷一五：「暫與主持，准此皆是假名施也。前古人云：（九一五頁上）真實是財正主，死後通請展轉，非不要通請者，為謬也。若真實是正主，已後物合入僧，既不入僧，即知是假也。」（九一五頁下）

〔二一〇〕**準此，前展轉不須者，謬矣**　資持卷下一：「初重斥。彼謂：實淨物屬於他，故須更說。展轉在己，故不須之。然上十誦真實主亡物不入僧，可驗二淨並是屬己，義無偏判，故再斥之。」（三七一頁上）鈔批卷二四：「謂上文古師言展轉不失者非也。此既死後，及被師呵責，尚失施主，何得言死而不失也。又解，『準此』等者，准物不入僧，文皆假名施耳。何得前言真實，是財正主，死後可更請，展轉主不許請？若使真實，是正主亡，後此物何不入僧？既不入僧，俱是假施，何得不請也？」（九七七頁上）

〔二一一〕**上文一人為主，不得稱「二三人」，便與五分漫標有違**　資持卷下一：「『又』下，和會。初，示相違。上文，即前簡人中十誦文也。」（三七一頁上）簡正卷一五：「注文等者，和會前文也。謂前云不得稱二、三人，五分又云五眾，似有相違。今通會云：雖通言五眾，於五內無（原注：一『無』作『元』。下同。）須的指一人，亦與前云不得稱二、三人。」（九一五頁下）鈔批卷

二四：「此指前十誦也。注云便與五分漫標有違者，立明：五分不須預請，但臨時對他時，隨指一人，即既得成法。後時常記憶此物屬某施主，由施主不定故也。今十誦與此五分有違者，謂十誦不得請二、三人，應請一人。十誦、五分文二不同，故言相違也。」（九七七頁上）

〔二一二〕或是立法令取五眾，及至作法，常指一人　資持卷下一：「『或』下，義詳五分。謂前漫標，非是通指五眾。義猶未決，故云『或是』等。」（三七一頁上）鈔批卷二四：「此鈔主會二文也。謂五分漫標者，應是出法家通標五眾。若作法時，定指一人也。」（九七七頁上）

〔二一三〕善見　資持卷下一：「『善』下，引論。轉證顯非他屬。」（三七一頁上）【案】善見卷一四，七七三頁上。

〔二一四〕若衣多，忘不識　鈔科卷下一：「『僧』下，迷忘重說。」（一〇六頁中）鈔批卷二四：「謂衣財有說未說，既亂難分，今束一處，盡將對人，捨前淨法也。」（九七七頁上）簡正卷一五：「『僧祇』下，約多忌（【案】『忌』疑『忘』。），明其失相。謂衣財有說未說，相離難分。今一時捨，一時更說，謂不得重說，故須先捨再說。若不捨淨法，得罪毗尼。」（九一五頁下）

〔二一五〕我此衣淨施與某甲」　言淨施某甲者，牒本淨施主名也。皆謂不得重說，故捨之更說淨也。」（九七七頁上）【案】僧祇卷一九，三七九頁上。

〔二一六〕論開忘後十日　鈔批卷二四：「即是多論文也。」（九七七頁下）資持卷下一：「下引律、論，隨憶重開。」（三七一頁上）

〔二一七〕此謂可分別　鈔批卷二四：「謂此忘物決知未說，故得開十日也。此對前文明之。前文捨已更說者，則是有說、未說相混亂也。」（九七七頁下）

〔二一八〕薩婆多　鈔科卷下一：「『薩』下，貸易後還。」（一〇六頁中）

〔二一九〕若還不相似物，更須說淨　資持卷下一：「貸借後還。相當不說，如註所顯。互還須說，反注可知。」（三七一頁上）【案】多論卷四，五二七頁中。

〔二二〇〕以非異來　扶桑記：「會正：注非異者，言還物來時，體不別故，合在上不須說淨下注之。」（三〇三頁下）

〔二二一〕若衣已說淨及點淨，納未二淨者，縫衣著納，是名衣和合淨　鈔科卷下一：「『毗』下，二淨和合。」（一〇六頁中）資持卷下一：「初，明衣和合。文引縫衣著納。準論，若衣未淨納已，淨縫著亦然。」（三七一頁上）鈔批卷二四：「謂點一、說一，名為二也。」（九七七頁下）【案】毗尼母卷四，八二〇頁中。

〔二二二〕五正色并上色錦，雖和合，不成　資持卷下一：「『五』下，次，明色和合。

有二。初二句，明色衣和合。論云：舍利弗得上色，納縫著衣上，佛聽畜
之。（今文不引，注羯磨引之。）上色，錦色、白色，（三七一頁上）雖和不
應畜。（文簡錦白，今鈔通除五正。而上文開畜，應非好色。）」（三七一頁
中）鈔批卷二四：「上色謂真緋、正紫也。謂將五大上色及錦，和如法壞
色，成和合淨。以五大上色更互自和故，不成和合淨也。」（九七七頁下）
簡正卷一五：「謂將五大上色，自互和合，不成色和合淨。若將五大色及錦
和如法色，即成色和合淨也。」（九一五頁下）【案】「上」「錦」，底本作「土」
「綿」，據大正藏本改。

〔二二三〕若先以正、不正色染，後以餘色及正色染，是名色和合，得畜　資持卷下
一：「『若』下，次，明染色和合。先以正不正者，謂先正染，對下餘色，即
不正也。先不正染，對下正色。」（三七一頁中）

〔二二四〕餘廣如隨相中　資持卷下一：「指如隨相，即『新衣戒』。」（三七一頁中）

二、糞掃衣

制著意〔一〕

此乃世人所棄，無復任用，義同糞掃。論云〔二〕：一、體是賤物，離
自貪著；二、不為王賊所貪；常得資身長道，又少欲省事，須濟形苦。
故上士著之。

十住婆沙云著糞掃衣十種利〔三〕：一、不以衣故，與在家者和合
〔四〕；二、不以衣故，現乞衣相〔五〕；三、亦不方便說得衣相〔六〕；四、
不以衣故，四方非法求索〔七〕；五、若不得衣，亦不憂；六、得亦不喜；
七、賤物易得，無有過患；八、順行初受四依法〔八〕；九、入麤衣數中
〔九〕；十、不為人所貪奪。

言衣體者

四分十種〔一〇〕：謂牛嚼衣、鼠嚙衣、火燒衣、此三，彼國衣有者諱，故
棄之。月水衣、產婦衣；若神廟中衣，為鳥銜、風吹離處者，得取〔一一〕；
及塚間衣〔一二〕、求願衣〔一三〕、往還衣〔一四〕。至塚上返將來。如上是也。
不問新淨，上色不得直用，須作袈裟色受持。又，不得取未壞死人衣
〔一五〕，善見：下至一針許壞。若塚間得錦文臥氈、褥枕、氎氈、獨坐牀，
唯除皮繩、髮繩〔一六〕，餘者應畜。又得輦蓋、步挽車、水瓶、澡罐、
杖、扇、鑊、鉤、刀、鎖，亦得畜。得錢，打破自持作銅用。取糞掃物
時，本無共要〔一七〕。往塚取衣，不得遙占〔一八〕云「是我許」，隨先至者

得。若已移離舉置，屬前移主〔一九〕。不得取神廟中衣。

比多有上品行人，入諸神廟，剝脫形像衣服，收束幡蓋繒帛。佛制不為，理有深致。若癡而輒取，犯於盜罪〔二〇〕。必知而為之，不無相惱〔二一〕，致有避神主面〔二二〕藏身劫奪者，是重波羅夷。如隨相中。

十誦：取未壞死人衣，得偷蘭〔二三〕。善見：死屍有小瘡如針頭，皮未斷，令俗人取。十誦，四種糞掃：一、塚間裹死人；二、裹死人已，持來施比丘者；三、無主衣〔二四〕；四、土衣〔二五〕，謂巷陌若塚間，有棄弊物者。

四分：得糞掃衣，浣染，四角頭點作淨畜。若得貴價革屣，雖重開畜〔二六〕，佛言：「以是糞掃〔二七〕故。」

【校釋】

〔一〕制著意　鈔批卷二四：「礪云：謂世人所棄，義同糞掃，故曰也。亦可從處作名，謂是糞掃處拾得，故曰也。」（九七七頁下）【案】明意文分二：初，「制著意」下；二、「十住婆」下。

〔二〕論云　資持卷下一：「『論』下，顯意。論即多論，文有三意。初二滅惡，除自他貪；後一生善。」（三七一頁中）

〔三〕十住婆沙云著糞掃衣十種利　鈔科卷下一：「『十』下，引示利益。」（一〇六頁中）資持卷下一：「十利亦不出上三意。前六即同初意，十即次意，七、八、九即後意。」（三七一頁中）【案】十住婆沙卷一六，一一四頁下。

〔四〕不以衣故，與在家者和合　簡正卷一五：「既不求衣，必不交遊聚落會。」（九一五頁下）

〔五〕現乞衣相　簡正卷一五：「離寒暑。」（九一五頁下）

〔六〕不方便說得衣相　簡正卷一五：「離激發。」（九一五頁下）

〔七〕四方非法求索　簡正卷一五：「離四方。通使非法求衣，即四邪、五邪也。」（九一五頁下）

〔八〕順行初受四依法　資持卷下一：「以初受具時，即說四依法故。」（三七一頁中）

〔九〕入糞衣數中　資持卷下一：「即預糞衣頭陀也。」（三七一頁中）

〔一〇〕四分十種　簡正卷一五：「十中，闕第九王職衣。玄曰：西土棄之，此方棄。僧俗不同，所以不出。」（九一六頁上）鈔批卷二四：「四分律中，明糞掃衣相，有十種別：一、牛嚼衣，二、鼠嚼衣，三、被火燒衣，四、月水衣，亦云

婦人顯節操衣，五、產婦衣，六、神廟中衣為鳥銜風吹離處者，七、冢間衣，八、求願衣，九、受職衣，十、往還衣。」（九七七頁下）資持卷下一：「月水、產婦、塚間、往還，皆人所惡故。神廟離處、山澤林野、祭神求願而棄擲者，此二並無主故。文欠第九王職衣，傳文之脫，無別所以。謂加官易服，則棄其舊者。（古云『此方不行，故略之』者，非。如牛嚼等，此方豈行耶？）」（三七一頁中）【案】言衣體，文分為三：初，「四分十」下；二、「十誦取」下；三、「四分得」下。初又分二，本句及下為初，「比多有」下為次。

〔一一〕**為鳥銜、風吹離處者，得取** 簡正卷一五：「若未離處，猶囑非人為主故。」（九一五頁下）鈔批卷二四：「故知非鳥銜風吹，未離本處，定屬非人，故不得取也。」（九七七頁下）

〔一二〕**塚間衣** 簡正卷一五：「或裹死人，或隨送死屍，而棄彼也。」（九一五頁下）

〔一三〕**求願衣** 簡正卷一五：「或往鬼神所，或水邊、樹下、路側等，求願了，即棄也。」（九一五頁下）鈔批卷二四：「立謂：將衣往鬼神所求願後，即棄樹上者，得取。以人捨棄故，（九七七頁下）亦不屬非人。」（九七八頁上）

〔一四〕**往還衣** 鈔批卷二四：「賓云：西方送葬，持疊作幡，便棄冢間，不復收取。既是無主，比丘得取。琳云：俗人墓所招魂衣是也。立謂：即裹死人，衣將還施比丘得取也。」（九七八頁上）

〔一五〕**不得取未壞死人衣** 資持卷下一：「『又不』下，次示開制。」（三七一頁中）鈔批卷二四：「案五分云：時有比丘道行，去冢不遠，見未壞死人有衣，即往取持去，死人即起，語比丘言：『大德，莫持我衣去。』比丘言：『汝死，何處有衣？』故持去不止。時死人逐比丘，至祇洹門外，腳趺倒地。餘比丘見，問此比丘，具以事答。諸比丘白佛。佛言：『不應取未壞死人衣。』故五分云：是起屍鬼入其死人身中，所以屍逐比丘，至僧坊門，為善神不聽入故，以打倒也。」（九七八頁上）簡正卷一五：「四分：比丘道行，見未壞死人衣，即取持去，死人起逐，至祇桓門外倒地，因制。」（九一六頁上）

〔一六〕**唯除皮繩、髮繩** 簡正卷一五：「一為招譏，二多出細虫故。」（九一六頁上）

〔一七〕**取糞掃物時，本無共要** 簡正卷一五：「准律有兩句：一、共要，二、遙占。（『友艷』反，占，護也。）要中兩句：一、不共要，先取者得；二、共要，雖先得，亦須共分。鈔文當初句也。」（九一六頁上）

〔一八〕**不得遙占** 簡正卷一五：「『遙占』亦二句。時有比丘往塚，取糞掃衣。纔遙見衣，便作占心。語第二比丘云：『此是我衣。』第二比丘便疾走往取，因茲喧

爭。佛言：『糞掃衣先（【案】『先』疑『無』。）主，屬先取者。』鈔舉此句。
次句，二人俱遙占俱往雖共爭。佛言：『隨多少共分。』」（九一六頁上）

〔一九〕若已移離舉置，屬前移主　簡正卷一五：「玄曰：謂比丘先曾移動此物，已屬
已定，但未及將歸。偶共一比丘收拾，遙掃衣物，將先因藏衣之所遙見，即
言：『彼是我衣，汝不得取。』即判屬前移者，後人不合也。」（九一六頁上）

〔二○〕若癡而輒取，犯於盜罪　資持卷下一：「似約無守護，望非人結蘭。」（三七一
頁中）

〔二一〕必知而為之，不無相惱　資持卷下一：「謂知有主管，故盜犯重。」（三七一頁
中）

〔二二〕避神主面　簡正卷一五：「即約守護主也。」（九一六頁上）資持卷下一：「神
主即今守廟者。」（三七一頁中）

〔二三〕取未壞死人衣，得偷蘭　資持卷下一：「初制不取未壞。」（三七一頁中）【案】
十誦卷三九，二八二頁上。

〔二四〕無主衣　簡正卷一五：「或隨所在懸樹，或樹下、水傍，無守護主，名無主衣。」
（九一六頁上）【案】十誦卷二七，一九五頁上。

〔二五〕土衣　簡正卷一五：「棄在糞壞中，為土所污故。」（九一六頁上）鈔批卷二
四：「立謂：為土所污，故名土衣也。謂末利夫人，以信敬三寶故，在高樓上
見諸比丘在巷中拾糞掃衣，即使人將新衣往施大迦葉。大迦葉常著糞衣，而不
受之，以少欲故。夫人便將雜物或一尺、三寸、五尺割破，令人棄泥土中、糞
掃中，擬諸比丘方便捨，得將作衣也。」（九七八頁上）【案】「土」，底本為
「士」，據大正藏本、敦煌甲本、敦煌乙本、敦煌丙本及弘一校注改。

〔二六〕雖重開畜　資持卷下一：「『雖重』，謂貴重也。」（三七一頁中）

〔二七〕以是糞掃　資持卷下一：「準知，拾糞掃者，乃通眾物，不獨在衣。但人所棄，
不必麤弊。」（三七一頁中）

三、檀越施衣〔一〕

有二，謂時、非時〔二〕也。

言時施〔三〕者，謂夏竟，無迦絺那衣一月，有衣五月，是佛饒益諸
比丘五利賞勞之時，故名「時施」。唯局前安居人。言「非時施」者，謂
一年之月，無簡冬夏，有緣即施，不問時節，故曰「非時施」也。

今次開位，則有四別〔四〕。

就「時施」中，分二。

初，時現前〔五〕者。施主將衣物至安居處，數安居人多少，各分衣物是也。不須羯磨，直爾分之。四種「定」〔六〕故：一、時定〔七〕，同是七月十六日。若夏未滿，受衣得罪。二、處定〔八〕，同此界內前安居人。三、人定〔九〕，非外界者，現前同住。四、法定，皆直數人，相參墮籌分〔一〇〕。四分：不得異處安居、異處受衣〔一一〕；乃至安居未竟，亦不得乞衣受衣〔一二〕。又云：僧得安居衣，破為二部，令數人多少分〔一三〕。又云：以三衣施佛，諸比丘人與兩端氎，為安居〔一四〕故。若留夏食而分者，佛言：「食隨施主意，不應分〔一五〕。」

二、時僧得施〔一六〕者。謂施主布施〔一七〕，該通一化安居之人，是僧皆得，故曰「僧得」。作法之時，須僧羯磨〔一八〕。律云：得夏衣未分便行，後分夏衣，忘不留行者分，佛言「成分」〔一九〕；又云：若一比丘安居，大得僧夏衣，應心念口言受之〔二〇〕。若時中不分，流入八月十六日非時分者，即作非時僧得施法〔二一〕。以前安居，移至他方，不得衣分〔二二〕，佛罰諸住人，還使通分〔二三〕。僧祇云：若安居時衣，沙彌持戒，能作淨，得比丘意，隨意與〔二四〕。五分：難事破安居，得受安居衣施，住日多處取〔二五〕。

非時中，亦二。

初，非時現前〔二六〕者。施主召僧至宅，就寺設供，數人多少，隨物而施。律云：造池，造井，施縷等，因而施物〔二七〕。又云：諸檀越大送好衣與諸比丘，佛令數人多少〔二八〕——若十人為十分，乃至百人為百分。好惡相參，令不見者擲籌〔二九〕。若大價不可分者，聽裁破分，應以刀截衣〔三〇〕。十誦〔三一〕：若時、非時僧施，乃至亡人衣，一切布施物。沙彌若立若坐，檀越次第自布施多少，屬沙彌。若檀越不分別〔三二〕，分作四分，三分與比丘，第四分與下三眾。五分：一比丘分與三沙彌〔三三〕，亦同。僧祇：若沙彌得意者，等與，若半等〔三四〕。準此，諸部二種現前等與，二種僧得隨僧和合與〔三五〕。四分、五分，但是僧得施，下至淨人，皆受其分〔三六〕。如下「亡人物」中分之。

次，非時僧得施者。謂施主運心周普，通該三時，不局一界〔三七〕。將物至寺，或在俗家，召僧鳴鐘，以財用施，便羯磨斷〔三八〕之，如「分亡人輕物法〔三九〕。」律云：有住處現前僧，大得衣物、可分之分物，時有客比丘數數來，分衣疲極，佛令差一人白二羯磨分〔四〇〕。

二部互正，亦有四種法〔四一〕。

四分、十誦〔四二〕：若施比丘僧，乃至無一沙彌，若施尼僧，乃至無一沙彌尼，如是五眾互取，就寺不簡僧尼等別〔四三〕，皆僧得現前，同合受故。莫非俱是福田，故二眾互受〔四四〕。

五百問云：有人施僧物後，更比丘來，及在座，打椎，應得；不打不合〔四五〕。若有餘贐物，本道人已去，後人應問〔四六〕。若當來，不合。若永不來，呪願取〔四七〕。若或來，不得取，犯捨墮〔四八〕。知死而取，犯棄〔四九〕，僧物故。

【校釋】

〔一〕**檀越施衣**　簡正卷一五：「寶云：具足梵語『陀那鉢衣』，或云『檀那』、亦云『檀越』，皆訛略也，此番為施主。如律，因耆婆為緣，（九一六頁上）後即國王、大臣施僧，佛言並開受等。」（九一六頁下）

〔二〕**時、非時**　鈔批卷二四：「礪云：一、為遂前人請故；二者，但糞掃衣。知足行勝，利他義微。若論施衣，利兼自他，是故世尊聽受施也。」（九七八頁上）

〔三〕**時施**　鈔科卷下一：「初，總釋名義。」（一〇六頁上）簡正卷一五：「為安居故，施名『時』，即一月、五月。反此，名『非時』也。」（九一六頁下）鈔批卷二四：「謂夏竟，無迦提一月、有衣五月。是佛饒益諸比丘等者，私云：雖是時中，若不為安居故施，亦名『非時施』。雖是為安居，入非時分施者，亦名『非時』，不名『時施』也。礪云：時施者，要在一月、五月時中得者，是名『時施』，即時現前僧得。俱爾要以為安居，故施具上二事，名為『時施』。若不為夏勞，名『非時施』也。問：『何故名時施也？』『謂迦提一月。若有衣五月，此中佛開比丘受五利之施，名為時也。』五利賞勞之時，名時施者。立云：欲明此五利，雖局前安居人，以分物時還通後安居人也。」（九七八頁下）資持卷下一：「時施，則有二局：一月、五月謂『時局』也；前安居人謂『人局』也。『非時』反上。時通一年內人不約安居。準此互論，則『時』中有『非時』，即一月、五月，不為安居。『施非時』中有『時』，如急施是也。」（三七一頁中）

〔四〕**今次開位，則有四別**　簡正卷一五：「大德云：立此四種之施，皆約施人心通局以設。謂俗人將物來，不解自、別僧，即須審觀前境識心。只如『非時』將來，即須問彼：『為施此寺現在僧？為普施一切僧？』若言『但施現在僧』，即名『非時現前』；若云『並施一切僧』，乃曰『非時僧得』。又如『時』中，施

主將物來施僧，亦須准問：『為施此界坐夏僧？為通施一切安居僧？』若言『但施此僧』，即名『非現前』；若云『普施』，即號『時僧得』。一切臨時處分，不越四門也。」（九一六頁下）

〔五〕時現前　資持卷下一：「初示名相。安居是『時』，數人即『現前』。」（三七一頁中）【案】「時現前」一節，資持科文為二：一者，「施主」下，明四定；二者，「四分不」下，證四定。資持釋文中「數人」，即點算人數。數，動詞。下文幾處「數」字，也同此義。

〔六〕四種「定」　鈔科卷下一：「初，出體示法。」（一〇六頁下）簡正卷一五：「四法定者，即此隨籌是也。」（九一六頁下）資持卷下一：「安居是時數，人即現前。」（三七一頁中）

〔七〕時定　鈔批卷二四：「除非時施也。謂七月十五日已前受者，名非時施。古來諸師，亦有十五日自恣竟，受衣將作時施者，一向非時也。以夏分未盡，要明相出入十六日，方名時施耳。」（九七八頁下）

〔八〕處定　鈔批卷二四：「局此界前安居人，簡他界人也。」（九七八頁下）

〔九〕人定　鈔批卷二四：「非界外者，現前同住者。此簡界外之人，非名現前也。」（九七八頁下）

〔一〇〕法定，皆直數人，相參墮籌分　鈔批卷二四：「深云：古來有師立羯磨分之，今鈔主意，別既有四定，何須作法？」（九七八頁下）簡正卷一五：「法定者，即此隨籌是也。」（九一六頁下）

〔一一〕不得異處安居、異處受衣　鈔科卷下一：「『四』下，引文顯相。」（一〇六頁下）資持卷下一：「初證處定。」（三七一頁中）簡正卷一五：「因跋難陀此處安居已，又往異處受衣，故制。引此為證前處定。」（九一六頁下）

〔一二〕乃至安居未竟，亦不得乞衣受衣　資持卷下一：「『乃』下，證時定。」（三七一頁中）【案】四分卷一〇，六三一頁上。

〔一三〕破為二部，令數人多少分　資持卷下一：「『又』下，證法定。」（三七一頁中）簡正卷一五：「破為二部者，約邪正以辨，分為二分。」（九一六頁下）鈔批卷二四：「此約邪正以辨。謂施主存心施僧、安居人，即須分為二分。一分與調達部，隨彼自分之。由施主心普施，故分與也。律中，就先破後得，施（【案】『施』前疑脫『先』字。）後破，各有差別。下更明之。」（九七九頁上）【案】四分卷四一，八六五頁下。

〔一四〕以三衣施佛，諸比丘人與兩端氎，為安居　資持卷下一：「『又』下，證人定。」

（三七一頁中）鈔批卷二四：「『謂四分律中，毗蘭若婆羅門，請佛及五百比丘夏安居，擬供養，後為魔入，其心忘卻其（【案】『其』下疑脫字。）。佛一夏唯食馬麥。既安居竟，佛令阿難報婆羅門云：『佛夏竟，今欲遊行。』婆羅門即語，來至佛所，求哀懺悔，即設供養。佛為說法，即施佛三衣。餘比丘各得兩端氎。比丘不敢受，佛言：『聽取。』此為夏安居，故施。今引此文，明知是時中現，前施不作法也。」（九七九頁上）【案】四分卷一〇，六三〇～六三一頁；卷四一，八六五頁下。

〔一五〕**食隨施主意，不應分**　鈔批卷二四：「立云：此明施主亦是請僧安居，以給僧食。僧既夏竟，有餘長食，比丘欲分，施主不許。佛言：『隨施主意，不應分。』今引此，證安居物，皆由施主意故，不須作羯磨也。又一解云：所以引上二文二者，謂上既明時現前物，令僧自平等分之。今此則是施主，雖將來施僧，施主仍自分處不等與者，隨施主意也。不得同上，要必平均，約緣簡異，故明之也。」（九七九頁上）資持卷下一：「夏食，謂所餘齋糧，（三七一頁中）衣有別屬，食味是通，故分不分異也。」（三七一頁下）

〔一六〕**時僧得施**　鈔批卷二四：「礪云，准律有三種：第一，二部攝法；第二，二部互攝；第三，邪正以辨。第一，二部攝法中，有言須作法，有言不須作法，此一古來諍論。今礪云：以時勞定故，並數人分。亦有人釋，時僧得者，以施心通普，故亦須法定。（謂須羯磨也。）故下文言：有一比丘安居，大得夏安居衣物。佛言：『彼比丘應心念、口言。』受既有心念，明知若有人，須對首羯磨，故亦須法。礪即問：『若言須作法分者，所以得囑授取耶？』頗有要須作法，而不及法得，囑取者用此法何為，故定不爾。心雖普及，施主得僧田之福，（謂施主心通者，欲令得福多耳。）為止貪故，不聽異處受衣。（謂據律文，不聽此界安居，餘處受衣，此自意解也。）以佛定判，局所取故，不假作法，但須消故。一比丘心念受文者，非心念法。謂興念屬己可知。（然上二判，礪釋為非，何得心念？文云：興念屬己。律文現令心念口言，明是作法，如何巧作會通？今鈔意定，須加法也。）古師判云：不聽異界安居、異界取衣者，謂時現前，若時僧得，界外來人及法亦得，故知知須法。礪不許之，云：若不聽取是時現前者，屬人既定，是人皆如，何須佛判？故知不爾。第二，二部互攝者。礪云，如五分說：非安居，施比丘僧；無比丘僧，尼應分。（九七九頁下）非安居時施尼，無尼，比丘僧應分。又云：安居時得施，皆亦如是。互屬定訖，當部分之。作法不作法，人解不定，如前說。第三、邪正以辨。礪云：

若得夏衣破，破已得物，或得已破，破得此三，並數人分。但是約時、局處，受人為定。故爾，若作而解義者，不異非時僧得也。此且約不作法者言之。若二種現前，亦有三門，或一部或二部，並數人分。若邪正分別請，請邪正二部，對面行施，應問『施主隨所說受』，若言『不知』，或言『俱與』，並數人分。律云：得夏衣未分便行，乃至不留，行者分者。礪執此文，云不須作法。既許囑授取，用法何為？今宣不同，謂必須作法開行人分者，謂是安居之人，夏坐有功，故開分也。亦如看病，為病人衣、藥、草也。時不在，僧後分衣，犯，得其分故。今雖行夏坐有功，囑取何失？」（九八〇頁上）【案】本節資持科文為三：一者，「謂施主」下名體；二者，「僧祇云」下；三者，「五分難」下。

〔一七〕**施主布施**　鈔科卷下一：「初，出體示法。」（一〇六頁下）資持卷下一：「初文，為二。前示名『體』，『安居』是時，『該通』是僧，得此但時定，餘三不定。」（三七一頁下）

〔一八〕**作法之時，須僧羯磨**　資持卷下一：「『作』下，次明分法。注羯磨云：如非時僧得施法。」（三七一頁下）簡正卷一五：「大德云：破古師也。古云：但同『時現前』。直爾（九一六頁下）而同分，不須作法。所以爾者，謂律依法中，無羯磨文，但有興心作念，不要強加羯磨。及飾宗同此。今難云：『律曉有心念之法，無約無僧，即反顯為僧，豈無羯磨？』『今師必須羯磨，攝入現前，若直分之，恐違教也。』下引三節之文，總為證其有法。從『律云』下，是第一節。又，據文中，自有三段：初有比丘，未分夏衣便去，去後，僧遂分衣，不留他分。彼還來，便嗔責云：『我在此安居，合得分，待我去後便分。』諸比丘生疑，不知成分不。佛者（原注：『者』字疑剩。）言『成分』。二云：時比丘未分衣，有事出界去，漫屬人『令為我受衣』。彼不與受，比丘擬（原注：『擬』疑『疑』。），白佛。佛言『成分』，但彼不合漫喻。三云：有比丘受彼屬後，遂忘為他受分，生疑，問佛。佛言『成分』，但是受囑者，過。以其夏坐有功，合得分故。准此三段之文，既一一皆言『成分』，證有法者，即含稱分也。（上引第一節文云。）二、從『又』下云，（【案】『下云』疑『云下』。）引第二節，有法聞也。律，時有比丘獨一園住，夏竟，有人持物來施，開心念受，餘比丘來不應通分。准此，一人既開心法，反顯二人即合對首。四人已上，理須羯磨也。三、『若時中』下，引第三節有法文也。律云：七月十六日，有人施物，（九一七頁上）舊住人見客未散，有慳嫉心，不肯分之，留至八月

十六日待客去後，作非時現前分，佛遂罰。彼貪心，卻作非時僧得，普召十方，共分此物。准此。既時中不作法分，便非時令作羯磨。反顯時中若分，亦合有法。」（九一七頁下）

〔一九〕得夏衣未分便行，後分夏衣，忘不留行者分，佛言「成分」　鈔科卷下一：「『律』下，引雜相。」（一〇六頁中）資持卷下一：「初科，前明須法。古謂不須羯磨，如疏斥之。未分便行者，即同安居人先出界去。言『成分』者，由身出界，不妨作法故。」（三七一頁下）【案】四分卷四一，八六五頁上～中。

〔二〇〕若一比丘安居，大得僧夏衣，應心念口言受之　鈔批卷二四：「據此文意，要須作法。若如礪判，奈此文何！」（九八〇頁上）資持卷下一：「『又』下，次明心念受者，應云『此是我物』。三說。」（三七一頁下）

〔二一〕若時中不分，流入八月十六日非時分者，即作非時僧得施法　資持卷下一：「『若時』下，次明時定。律因舊住時中不分，意令客去，人少物多。」（三七一頁下）鈔批卷二四：「即作非時僧得施法者，立明：有主客共安居，得時中施物。以夏竟，客比丘欲去，令主人分衣，主人不肯分之。意令客去後分，欲自入己。客既去已，（九八〇頁上）至八月十六日後，佛令作非時僧得施，以罰此主人。比丘故不與屬己，須集一化，通分此物。欲明既是時中僧得物，還須時中分。既不八月半分者，入非時分。便依非時，僧得施分也。」（九八〇頁下）

〔二二〕以前安居，移至他方，不得衣分　鈔批卷二四：「立明：是上客比丘也。為此，主人不肯分之，客即移至他處，又不及彼分衣也。」（九八〇頁下）

〔二三〕佛罰諸住人，還使通分　資持卷下一：「佛罰之者，以非時人多，得物反少，故知此施，必在時中。既轉同非時，則須羯磨，義復明矣。」（三七一頁下）

〔二四〕隨意與　資持卷下一：「隨意與者，或等、或分也。」（三七一頁下）【案】僧祇卷二九，四六一頁中。

〔二五〕難事破安居，得受安居衣施，住日多處取　簡正卷一五：「彼云：有一外道弟子於佛法中出家，彼親族言：『如何捨羅漢道，於沙門釋子中出家？當還取之。』又念云：『彼若知者，或逃避，可安居時往取，必獲無擬。』彼聞白佛。佛聽破安居去。便從一住處，至一住處。不知何處住衣（原注：『衣』上疑脫『受』字。），佛言：『住日多處取。若二處日等，各取半。』准此，是逢難移夏，許受衣也。」（九一七頁下）鈔批卷二四：「住日多處取者，謂難事移夏，若住處日多者，取衣。若二處住日等者，各謂局施界內僧也。」（九八〇頁下）

資持卷下一：「住日若等，即二處受。以是難緣不成破故。據此，時現前施，亦應得受。」（三七一頁下）

〔二六〕**非時現前** 鈔批卷二四：「事同今時俗家供設齋會得物者是也。」（九八一頁上）【案】本節文分為二：一、「施主」下；二、「十誦若」下。

〔二七〕**造池，造井，施縷等，因而施物** 資持卷下一：「引律緣，因事而施，顯是非時。」（三七一頁下）【案】「非時現前」，文分為二：初，「施主」下；次，「十誦若」下。四分卷一八，六八六頁下。

〔二八〕**諸檀越大送好衣與諸比丘，佛令數人多少** 資持卷下一：「『又』下，次引分法。」（三七一頁下）【案】四分卷四〇，八五五頁下。

〔二九〕**好惡相參，令不見者擲籌** 鈔批卷二四：「礪於此二種現前中，有四句料簡：（九八一頁上）一、及施及分，二、及施不及分，三、及分不及施，四、俱不及。四中，前二得分，以及施為定故；下二不得，以不及施故。二種僧得，亦有四句，後當明之。」（九八一頁下）

〔三〇〕**若大價不可分者，聽裁破分，應以刀截衣** 簡正卷一五：「大價衣者，即貴價堪直錢物，令斬截破分等。」（九一七頁下）鈔批卷二四：「立謂：如衣段貴故堪錢，名大價衣。今既不可總與一人，故令段段截分也。」（九八一頁下）

〔三一〕**十誦** 資持卷下一：「初明與三眾法，本出二種僧得。今欲例同二種現前，故此引之。初明檀越自分。」（三七一頁下）【案】十誦卷二七，一九八頁下。

〔三二〕**若檀越不分別** 資持卷下一：「『若檀越』下，次明比丘為分。後引二律，會同可解。然諸文通泛故，注以決之。」（三七一頁下）鈔批卷二四：「立明：施主將物付比丘，聽自分之，則不明與沙彌等分。應三沙彌，共一大比丘分也。」（九八一頁下）

〔三三〕**一比丘分與三沙彌** 鈔批卷二四：「羯磨疏云：沙彌同位，僧因相假，但以位卑行缺，故有降也。」（九八一頁下）【案】五分卷一七，一一八頁下。

〔三四〕**若沙彌得意者，等與，若半等** 鈔批卷二四：「莫非福田同應供也。」（九八一頁下）僧祇卷二九：「佛言：若得比丘意，應與。若半、若三分之一，得比丘意者，持戒能作淨事。優波離復白佛言：『云何與沙彌非時衣分？』佛言：『等與。若沙彌得多衣，畏作非法去者，若與半、若與三分之一。」（四六一頁）【案】僧祇卷二九，四六一頁中。

〔三五〕**諸部二種現前等與，二種僧得隨僧和合與** 鈔批卷二四：「立明：二種現前物，隨施主意，得等與沙彌也。二種僧得隨僧和合者，立明：上二種現前，隨

施主意，令一種僧得，由當時僧和白量處，等與半與皆得，以施主將物望僧而施，故由僧也。」（九八一頁下）簡正卷一五：「隨僧和合與者，以二種僧得，施主望僧而施，故由僧也。准如律文，若僧和合等與。若不和與半。又，不聽應三分與一，若不與，不應分。准此先和平等分漸減。」（九一七頁下）

〔三六〕四分、五分，但是僧得施，下至淨人，皆受其分　資持卷下一：「『四』下，後分淨人，注指如後。」（三七一頁下）鈔批卷二四：「羯磨疏云：守寺淨人應等與，乃至五分中與一分者，體非福田，以供僧勞，望僧故合也。律中云若不與不應分者，以制在僧，僧須周給。今但繼於上尊，不兼及下，失於僧和無礙，即非僧義。雖分不合，又是盜攝也。立明：（九八一頁下）此言合多事務，若僧寺有女淨人，不合得分，以不合畜故。尼寺反此。又雖是男淨人，以供僧有勞者得。若小，若老不合。又，分衣時，在界內者得，出外不得。」（九八二頁上）

〔三七〕通該三時，不局一界　資持卷下一：「初，示名相。『三時』總指一歲，以釋非時。不局一界，通攝十方，即明僧得也。」（三七一頁下）簡正卷一五：「通三時者，不局夏止也。」（九一七頁下）鈔批卷二四：「謂施主運心普周，通該三時者，即春、夏、冬也。謂施主運心彌廓，時通十二月，人及一化，奉施者是。礪准律文，此非時僧得施，有其四別：一、施常住；二、界得同有分，故須法約，為此不同也。今為四不定，故作法以定。餘二現前，是人定故。」（九八二頁上）

〔三八〕斷　資持卷下一：「『將』下，次明分法。『斷』字，上呼，止也。」（三七一頁下）

〔三九〕分亡人輕物法　資持卷下一：「白二同下『分亡物法』，但改緣云『此住處僧，大得可分衣，現前僧應分』等。」（三七一頁下）簡正卷一五：「寶曰，此不云羯磨文，指下分亡人輕物中，相同此也。但少異耳。若分亡人輕物中，即此云『住處比丘，（九一七頁下）今過所有衣物，現前僧應分』。若非時僧得中，即云『此住處現前僧應分』，餘並同也。所以此不出文者，謂律非時僧得，亦有羯磨，亡人輕物，亦有羯磨，然亡人物中雖有，文非巧勝。信事之者，相承但依非時僧得施法文分亡輕物。古人現見非時僧得羯磨與亡人物同，遂執云亡人物。既輕重兩分，今非時僧得。若有重輕，亦須兩制。（新章疏云同此見也。）今云，非時僧得，與亡人輕物四別：一、存亡人別，非時僧得現存故，捨（原注：『捨』上疑脫『二』字。）不捨別，非時僧得，是施主自捨，亡人

物是別人代捨。三、通局別，非時通七，亡人物唯五。四、獲福別，非時僧得，施人現在。准經七分，全收五眾故。既亡人四，三獲一。所以亡人之物，重入常住，輕入現前。非時僧得，檀越標心，施一切僧，豈局重輕？並同一攝，隨施主意也。問：『律制作法，但分輕物，今施或有重物，不可作法分重耶？』答：『准律，但不許分金、銀、錢、珠、瓔珞等，餘被褥、蚊蟵、帳子等，不言不許斷重，故知通也。』」（九一八頁上）

〔四〇〕**分衣疲極，佛令差一人白二羯磨分**　鈔批卷二四：「立明：非時僧得施，即亡人物等。分物未了，有客比丘來已復須分。如是數數來，令僧疲苦，佛令自今已後，當作羯磨，攝入現前。（九八二頁上）不及法者，不令得分。」（九八二頁下）【案】四分卷四〇，八五八頁下。

〔四一〕**二部互正，亦有四種法**　資持卷下一：「謂檀越通施僧尼，隨來者得，故云『互正』。言四種者，謂二部僧，得二部現前，各有時、非時故。」（三七一頁下）簡正卷一五：「上明一部，且據僧論。若有施主，尼亦同上。今說若普施二部僧，若互闕者，便互為正立。若唯僧，無尼三眾，即僧為正。若唯尼，無僧二眾，即尼為正。四種者，即時、非時，各現前及僧得也。總分七句：一、雖施二部僧，而僧多尼少；二、無大尼，但有下二眾；三、無大尼、式叉，但有沙彌尼；四、無二、三眾，唯僧自攝；（鈔後舉此第四句。）五、僧少尼多；六、無比丘，但有沙彌；七、全無僧二眾，但尼為正主。（鈔舉此第七句。）」（九一八頁下）鈔批卷二四：「深云：謂二種現前，二種僧得施，故曰四也。立云：四種者，以施本心，通施一化僧尼。今若唯有僧，無尼，但有式叉及沙彌尼，亦攝一大分，是一也；二、若唯尼，無僧，但有沙彌，亦攝一大分；三、若唯僧，無尼三眾，僧即自攝；四、若唯尼，無僧家二眾，尼得自攝。故曰四種。亦有本作『互正』字，謂二部互為正主：無尼有僧，僧是正主受也；無僧有尼，尼是正主受也。又云：若有兩眾，各自取分為正，若單有一眾，隨即攝偏屬，名曰互也。今時若施一部，謂或時施僧者，下至一沙彌，亦得受。或時施尼下至一沙彌尼，亦得受。若施二部者，或時來僧尼寺，或住其家中施。應鳴鐘集已，分此物為兩分：一分與僧，一分與尼。尼中無人，下至一沙彌尼，亦得取一大分。僧家亦爾，雖各取得，須還本寺，各更鳴鐘，集眾作法分之。有若本施時，雖通二部，若唯僧無尼，僧得自攝，不（原注：『不』疑『下』。）至沙彌亦得攝取。若唯尼無僧，下至沙彌爾（原注：『爾』疑『彌』。【案】『爾』疑剩。），亦得攝取，以俱福田故。然雖得己物，入其重物，要入常住。今時得

僧家作法，尼直依僧羯磨竟即分者，一向非法。（九八二頁下）然於中復有邪正分別，如前已辨。羯磨疏云：二部僧得施者，以本通施故，無尼三眾，亦總屬僧，無僧二眾，亦總屬尼，所以不計人數。而約部為二分者，由僧尼位別，本主標通，望僧行施，故約部也。二眾互無互得受者，據望福田通，僧義不異。若不互受，恐失福緣，故開互取也。以心通一化，隨預僧海，咸霑受故。若不法約現僧，無義可分，作法之始，還如『亡物輕法』。」（九八三頁上）

〔四二〕**四分、十誦**　鈔科卷下一：「初，二部互。」（一○七頁中）資持卷下一：「初別示互正。律云：時有住處，二部僧多得可分衣物，僧多尼少。佛言：分作二分；若無尼，純式叉、純沙彌尼，亦分作二分；若無尼、三眾，比丘僧應分。（此僧為正。）若尼多僧少，（三七一頁下）若無僧乃至沙彌，亦為二分；俱無二眾，比丘尼應分。（此尼為正。）」（三七二頁上）【案】四分卷四一，八五九頁下。十誦卷六一，四六三頁中。

〔四三〕**如是五眾互取就寺，不簡僧尼等別**　資持卷下一：「『如』下，總示分法。初明本部各分。注羯磨云：至當部中，皆須作羯磨分。『不』下，顯互取之意，非謂五眾得同作法。」（三七二頁上）

〔四四〕**二眾互受**　簡正卷一五：「約福田義通，故開互取也。」（九一八頁下）

〔四五〕**有人施僧物，後更比丘來，及在座打稚，應得；不打不合**　鈔科卷下一：「『五』下，當部互。」（一○七頁中）資持卷下一：「初，明受施作相。及在座者，謂就本座而施者。」（三七二頁上）簡正卷一五：「謂僧雖未散，已作法攝入現前。若有客後到，不合得分。今若欲與，應須打槌，和僧乞與。若不和僧，便成盜現前僧物故。」（九一八頁下）鈔批卷二四：「案彼論云，問：『有人寄物施一處僧，物至後，更有比丘來。分時在座，應得分不？』答：『打揵搥應得，不打不得。』（文齊此述。）相承解云：有施主施僧物，分時須打揵搥。後有客來，若及前揵搥，即合得分。若不及揵搥，不合得分。（未詳。）」（九八三頁上）【案】「不打不合」即「不打不應該得」。五百問，九七七頁上。

〔四六〕**若有餘嚫物，本道人已去，後人應問**　資持卷下一：「『若有』下，次，明取他遺物。謂比丘受請在白衣舍，去後遺物。後來比丘，或因俗施，受取進否，故須明之，知來犯墮。由是他物，不合取故。但俗所施，不成盜重。知死犯棄者，縱是他施，亦合僧分。」（三七二頁上）鈔批卷二四：「案彼論云，問曰：『衣有餘嚫物，本道人去，與後人，後人得取不？』答：『應問主人，本道人當來不？答言永不來，便呪願取；若言或來，不得取，活取犯捨。知死，取犯棄，

是僧物故。』（文直此說。）立云：解呪願者，願某人在道平安吉利等，然後取也。」（九八三頁上）

〔四七〕若永不來，呪願取　簡正卷一五：「玄云：謂此人在僧中，同受衣施，未及分物，便即遠行。今留彼分，彼既已遠，永不還來，即於此物，已作捨心。今將此分，通與後人，願其在道安穩，故云呪願。或可呪願本施主。如律云：若為利故施，此利必當得等一偈也。」（九一八頁下）

〔四八〕若或來，不得取，犯捨墮　鈔批卷二四：「由是迴僧物故。」（九八三頁上）

〔四九〕知死而取，犯棄　簡正卷一五：「准約重物，望常住結。今引此文，通辨前時施義。前是作法，分竟白乞，後是留行者分。（九一八頁下）不來，得與後人也。」（九一九頁上）鈔批卷二四：「謂既死屬僧常住，（九八三頁上）今將入己，故夷。然相亦難知，可斥也。」（九八三頁下）

四、明亡五眾物〔一〕

既財是小人所利，非大士所懷〔二〕。然出家濟遠〔三〕，經勞涉樂〔四〕，俗譽非慕〔五〕，唯存出道者，則蕭然〔六〕世表，塵染不拘。而情性未融、素非清潔者，唯利是親，全無道志〔七〕。然上、下二士，竝預法流〔八〕：上達立法以濟器，下達受法而隨懷〔九〕。俱須兩順佛法，用通一道淨行〔一〇〕。

然亡僧衣物，處斷多途，竝謂指南，俱呈「至說」〔一一〕。但由教有輕重，機悟淺深，如「序」所明，其例有六〔一二〕。至論決斷，每有遲疑〔一三〕。臨事詳之，在於輕重〔一四〕。

今既事務繁雜，非諸門無以別之，且張十門，用開進不〔一五〕：一、制入僧，餘處不得；二、對亡者分法不同；三、同活、共財不同；四、囑授是非；五、負債還不；六、定物重輕；七、具德賞勞；八、分物時節；九、正加分法；十、雜明受物。

初門制意者

所以五眾亡後，皆入僧者？生則依三寶出家，而物不入佛、法〔一六〕。以出家六和，同遵出要，身行所為，莫不為僧法所攝。故人施佛、法，比丘無分；若施僧者，依位受之〔一七〕。

亦不屬俗，非福田故。僧祇：阿若憍陳如空林中入涅槃，牧牛人送衣物與王〔一八〕。王即評直五錢，依法斷還沙門，乃至佛言「屬僧」。十誦：跋難陀死，衣物直四十萬兩金，國王、剎利種，及諸親里各欲收

取〔一九〕。佛言：「王賜諸臣，比丘不得；乃至親里集會，不見喚及。僧家財法並同，俗人不合，此屬僧物〔二〇〕。」

二、對人死分法不同。

十種斷別〔二一〕。

一者糞掃取〔二二〕。如五分：界內，水漂死人，衣挂樹枝，隨見者取之〔二三〕。

二入當時現前僧〔二四〕。如十誦：學悔沙彌尼死，被擯比丘死，守戒比丘死，隨更互直取〔二五〕。

三入同見僧。如四分：邪、正二部，各執是非，其人中道死、至彼死，皆同見自分〔二六〕。

四入功能僧。如四分：被舉比丘死，衣物入同羯磨舉僧〔二七〕。

五入二部僧〔二八〕。如五分：獨住比丘死。薩婆多：二界中間死。四分：無住處白衣家死，五眾先來者得〔二九〕。

六入面所向處僧〔三〇〕。如多論：二界中間，隨面向處，僧應取。

七入和尚〔三一〕。僧祇中：沙彌死，衣物入師和尚等〔三二〕。謂令和尚分別財體，以師物自入，沙彌物入僧〔三三〕。十誦判同比丘〔三四〕，五分亦爾〔三五〕。莫問有戒無戒，竝斷入僧，依法分之，以同利養。

八入所親白衣〔三六〕。薩婆多：滅擯比丘死，將衣鉢付生緣〔三七〕。以生不同財法。

九隨所在處得。如十誦：有比丘持衣寄阿難，三處共爭，謂能寄人、所寄者、寄物處〔三八〕。佛言：「屬阿難處僧，界內現前僧應分〔三九〕。」以寄人不寄處〔四〇〕故。準此：寄處不寄人者，物處僧得〔四一〕。

上來九種，直爾分之〔四二〕。第十，一和清眾死，方入羯磨〔四三〕。

三、同活共財不同〔四四〕

若師本意，正與弟子衣食，不共同活。已與者，得；未與者，師亡已後，悉皆入僧。實非同生，假冒取僧物者，犯重〔四五〕。

若師本契，所有財物，決心同分，看如兒想，終無分隔〔四六〕。此若互死，任情多少，隨身服用，一切入僧〔四七〕。

若師徒共契，財物共有，各別當分；且在一處，別活、反道〔四八〕，悉共半分，是名「共活」。若分其物，準俗制道：已著之衣服、已用之器物，各屬隨身，竝未須分〔四九〕。餘有長財，依式分半〔五〇〕。

若不同活，又非共財，妄言取分，能所俱犯〔五一〕——重則犯重，輕則偷蘭。善生經中，亦有兩斷，竝據輕物〔五二〕。

四、囑授是非〔五三〕

四句分之：一、囑授善惡，二、人物差別，三、重單囑授，四、成不之相。

初中，有四：一、囑授善者。自知昔來非法儲積，唯結不善，今若命終，無一隨者。不如破著捨貪，順本初受〔五四〕，便決誓願，以財付他。生福上處，故是善〔五五〕也。二、不善者。恐此財物，死後僧得，慳貪俗態〔五六〕，妄授白衣，謂言勝善——此囑非善。三、不囑善者。若病篤之時，唯存出道，於此身中，空無無漏〔五七〕，以此恨歎。常知偽財本非真要，縱有勸囑，便在愛增〔五八〕。但論前業福道，此財佛已誡斷〔五九〕。如此而終，不囑亦善。四、不囑不善。謂前心欲捨，後便慳覆，展轉互生〔六〇〕，不能自決，遂便捨命，是不善也。五百問中，比丘愛銅盌事及慳衣事〔六一〕，如隨相說〔六二〕。

二差別〔六三〕者。一、人物俱現，是囑是授〔六四〕。奴婢、田、宅、車、牛、莊園等重物〔六五〕，及輕物不可轉者，如氍氀、布帛之例〔六六〕。名囑。二、可付與。如絹匹、衣服、寶物等，是授。三、人物互現，或俱不現〔六七〕。是囑非授。以人在他邦，餘物別處等。四、非囑授〔六八〕者，任僧準式，如前說〔六九〕也。

三重囑授相〔七〇〕。僧祇：囑與眾多人，最後人得〔七一〕；授與眾多人，在前者得。準此決犯〔七二〕：如決心與他，自言先出，或對人陳，隨一許竟，後便差損，理是他財；因不付他，或轉餘施，財主犯重〔七三〕。由決心與他，屬彼已定，後乖本意，迴他入已，損他犯重。後人受施，如法受之，從賊得物，佛開取用故也。善生云：先許他一衣，後便餘大德來，轉以施之，是得偷罪。明了論：決心捨已，不犯長〔七四〕。

四成不相者。凡言囑授，正是捨財相應心〔七五〕；要心決與生福勝處，定無變悔，皆悉成就。若云〔七六〕「此物死後與我作墓、買棺槨、碑碣、作像、寫經、供僧」等事，竝不成就——以未死是物主，定不自分；死後更有主來，處斷不依前法〔七七〕。若犯王法，知明日、晚間必死，今日、中前隨時，竝成，由未死前心決成主〔七八〕。若以財物令人造像〔七九〕，施僧齋供，「使我眼見」，因即命終者成。若言「死後」，同前

浮漫〔八〇〕。故諸部明示。四分云：若臨終時，囑物與佛、法、僧，「若我死後與」等，佛言：「一切屬僧。」以心不決故。十誦大同，唯三衣六物，不應自處分〔八一〕。僧祇：若未付財，或得已，不作淨，還置病人邊，竝不成〔八二〕；若作淨已，置邊者，得〔八三〕。若言「我死當與，若差即〔八四〕捨」，竝不成。五分：若生時已與人，而未持去，僧應白二與之〔八五〕。

五、負債進不者

先以義分。若佛、法、別人負亡人物，亡人負佛、法、別人物〔八六〕，並含輕重者。有則相當還，無則交絡還〔八七〕。以竝收入，須依本物，重則入常住，輕入現前僧〔八八〕。若先負輕物，今追得重，還須賣取輕物，依法分之；若本負重還輕者，入常住僧中，不同共僧之法〔八九〕。若常住僧負亡者重物，不須索取。以還入常住故。若負輕物，追入現前僧；得重物還者，依前易取輕物分之；若全無可得者，便止〔九〇〕。

十誦云〔九一〕：若比丘生時負三寶物，應歸〔九二〕；若三寶貸比丘物，索取入現前僧〔九三〕。故知竝索，依本而斷〔九四〕。乃至四方、現前、客舊比丘等，亦同上〔九五〕。若賒酒不還，便死，取衣鉢還〔九六〕；若無者，取僧物償，恐出諸比丘惡名聲故。亦不言常住、現前之別，至時隨緣〔九七〕。若先與他衣價〔九八〕，死時還索取；取他衣未與價，若死還本衣，無者〔九九〕賣衣鉢還。又，債息異處有五句〔一〇〇〕：一、衣鉢寄在餘處，身在餘處死，隨物處僧得〔一〇一〕；二、負債處、死處，負債處僧得〔一〇二〕；三、死處、出息處、保任處，保任處僧得〔一〇三〕；四、死處、質物處、取錢處，質物處僧得〔一〇四〕；五、死處、取錢處、執券書處，執券處僧得〔一〇五〕。此中文猶不了〔一〇六〕。若息物在俗邊，索未得者，可準十誦，依券徵取。若物在僧邊者，亡後，隨物處僧得〔一〇七〕；終不得以券書故，攝他異界僧物。如初句斷，以彼此俱僧〔一〇八〕故。若論重物，亦不得取，以不聽移此僧物而送彼僧，除羯磨法〔一〇九〕。若負物在俗，同無住處，五眾先來者得，重物隨見者送寺〔一一〇〕。若多人所知、共爭不決者，如十誦「五斷〔一一一〕」，或同前人、處二寄斷〔一一二〕。

毗尼母：若有生息物在外〔一一三〕，遣寺內僧祇淨人推求取之，入此寺常住僧。

五百問云：比丘借人物，前人死，要須白僧，得取本物；不白而取，

得罪〔一一四〕。若僧不與彊取，或僧知而不還，自他俱犯〔一一五〕。

祇云：若索債者，當看前人持戒，可信者與，不可信者，不應與〔一一六〕。若有可信人證明者，應與，不信證者，不應與〔一一七〕。

六、定輕重者

然此亡物，諸部未融，隨情難信〔一一八〕。理須隨本受體，何律受戒，即以此律而定重輕。若亡人不憶，看病未知，則隨別住何部行事，即以此部處斷是非〔一一九〕。不得自垢心行，妄興與奪〔一二○〕。實從四分而受，當寺行之，便隨貪欲多判輕物入僧，便準十誦〔一二一〕：此由貪故犯，非由教是罪〔一二二〕。

今於斷割之前，豫須總位〔一二三〕。然隨持律，六種不同，如「序」中列，及論附事，三階處決〔一二四〕：

一者唯用四分一律〔一二五〕。

有則依文而用，無則不取外宗。故律中，十三章門判物皆盡，唯有重輕二別〔一二六〕。若決判者，一切衣、鉢、坐具、盛衣貯器、針筒、俱夜羅器〔一二七〕、氍氀應量、剃刀等物，入輕。餘者，一切器物之中不列名者，竝判入重〔一二八〕。若有道俗衣服者，入輕〔一二九〕。準氍氀量，過則入重。此一家正斷，亦無與二，不可抑奪〔一三○〕。

二者四分先準，諸部類分，義決有無，旁出輕重〔一三一〕。

初，略分三〔一三二〕：

一佛所制畜〔一三三〕：如六物等，資道要務，一向入輕。

二制不聽畜：如田園、奴婢、畜生、金、寶、穀、米、船、乘等，妨道中最，不許自營，準判入重。此上二判，通一切律。

三佛開聽中，義含輕重〔一三四〕。如長衣、百一，及以器物，隨身眾具，以物乃妨、長，容得濟形資道，此則判有不同〔一三五〕。今且依鈔者一意，位分三別：一者性重〔一三六〕，如一切銅、鐵、木、石、盆、瓶、釜、鑊、車、輿器物，以體是重物，不堪隨道，準判入重。二性輕〔一三七〕者，百一眾具，可得隨身，布、絹，莫問多少〔一三八〕，準判入輕。三從用輕重〔一三九〕者：或事重用輕〔一四○〕，如剃刀、函石、盛衣、貯器，及以針筒、銅盌、匙、筯、鍵鎋等器，入輕；或事輕用重，如大小帳蓋〔一四一〕、行障、枕扇〔一四二〕、氍褥、牀席〔一四三〕、俗人衣服，竝是妨礙，入重而斷。

但以教網具周，必須文顯〔一四四〕。然又聚類，七種分之，後必有事，依門自判。準用十誦律中瓦木等色，隨事分物〔一四五〕。今亦附事廣明。

十誦：病人死，看病者取其衣物，浣洗暴卷擗揲，徐擔入眾〔一四六〕。毗尼母云〔一四七〕：並取衣物，在僧前已，遣一人分處可分物、不可分物，各別著一處。如是云云。何名重物？以物重故〔一四八〕。廣明別相，如彼說。

第一，絲麻毛綿所作〔一四九〕

四分中：坐褥、臥褥入重〔一五〇〕。並謂表裏有綿帛裝治〔一五一〕者。氍氀長五肘、廣三肘，毛長三指，入輕〔一五二〕。此寒雪國中曲開氍氀，相同袈裟，條葉具足，毛內葉外〔一五三〕。乃至皮作亦然，故開皮為臥具〔一五四〕，此即三衣也。被是重物，不可例之〔一五五〕。以僧祇中有氈僧伽梨故。自餘準此為量〔一五六〕。被及被單入重〔一五七〕。薄頓氈，堪可疊披入輕〔一五八〕。氍氀錦繡等，綺色分明，入重〔一五九〕。律令壞色著之，猶同三衣相〔一六〇〕也。綾羅入輕〔一六一〕。律開受王大價衣，及施主種種好衣〔一六二〕。文中乃不明了，不妨含於貴價交袯等入輕〔一六三〕。下文聽著大價疏衣〔一六四〕也。

僧祇：覆瘡衣、雨浴衣、漉水囊、二種腰帶〔一六五〕、臥具，入輕。五分：劫貝、單敷、儭身衣〔一六六〕，針線囊、鉢囊、革屣囊，入輕。準此，被單雖是從被，猶同儭身，單敷不異，可類在輕〔一六七〕。錦綺、毛毯〔一六八〕，若氈、蚊廚等入重。準此，四分減量者入輕〔一六九〕；必依量，硬厚入重，不堪披著〔一七〇〕。不同氍氀法服，厚頓可服。罽毲類同錦繡〔一七一〕。雖是小氈，而屬牀几者，相隨入重。五大色衣入輕〔一七二〕。律中，上色染衣，上色錦衣，聽作袈裟色畜。若真緋等，判入重者，黃、白不應入輕〔一七三〕。白色，佛制不著，尚判絹布入輕，例於黃、青、赤，亦應分也。「若爾，氍氀佛制量入輕，不云色者，何判入重〔一七四〕？」答〔一七五〕：「彼離綺錯，外同三衣，條葉具足，同故入輕。準五分文，必純色者，準律非重。」絲麻縷線，不問多少，義準入輕〔一七六〕。必含繭含稭，便入重色〔一七七〕。盛衣袋者，前至臍，後至腰〔一七八〕。準五分，入輕〔一七九〕。連袋、長袋、被袋〔一八〇〕等入重。一切俗服、襦襖之類，已壞色、折破，入輕〔一八一〕。猶是白色俗衣用服者，入重〔一八二〕。雜綵色線靴鞋，及餘男女衣服、補方巾、袋等，並入重〔一八三〕。繡綺鉢袋，隨

鉢者，入輕〔一八四〕。

第二，瓦、石、鐵、木、竹等所作〔一八五〕

四分〔一八六〕：銅瓶、銅盆、繩牀、木牀、水瓶、澡鑵、錫杖、扇、斧、鑿、燈、臺、枕、車輿，及鐵、皮、竹、陶、木五種作器入重。此五種作器，竝謂能造物具，故律云：木作器狼藉，無安置處，佛令作皮囊盛之〔一八七〕。非謂所造之物。則通輕重，佛則不判〔一八八〕。剃刀入輕〔一八九〕，錢寶等入重〔一九〇〕。下文，塚間得錢，壞相作銅用〔一九一〕。

十誦〔一九二〕：刮汗箆、灌鼻箭、熨斗、香爐、熏鉢鉤、壁上鉤〔一九三〕、禪鎮〔一九四〕、匙、鉢支〔一九五〕及鉢、小鉢、半鉢〔一九六〕，鍵鎼、小鍵鎼、鉗、鑷、截爪刀子、截衣刀、戶牌〔一九七〕、曲戶鉤等，入輕。若水精、貝、齒、角作器，謂如前小者，入輕〔一九八〕；以外過半斗以上，入重。半斗〔一九九〕者，姬周所用斗。一切染色〔二〇〇〕，若煮、未煮不應分。僧祇〔二〇一〕：錢、金銀、真珠、瑠璃、珂貝〔二〇二〕、珊瑚、頗梨、車渠、馬腦、玉石，入重。臥牀、坐牀、木盤、木瓶、木盆、竹筐、竹筥亦爾。過量白鉢、瓷瓦、鐵等〔二〇三〕，入重。準此，過量好鉢亦重，佛制不用〔二〇四〕。善見：針線應分〔二〇五〕。入楞伽云：為割截袈裟故，聽畜四寸刀，頭如月刃〔二〇六〕。若生時造送終調度，竝入重〔二〇七〕。櫃簏、屏風障子及諸鎖鑰入重，以妨長故。戶鉤準輕，亦有相隨入重〔二〇八〕。四分：俱夜羅器，即應量減量鉢椀等，十誦入輕〔二〇九〕。若是夾紵、銅鉢等，亦判入重〔二一〇〕。供養香爐，輕可隨身，入輕〔二一一〕，準上十誦〔二一二〕。有寶裝校，入重，以「捉寶戒」制故〔二一三〕。若重、大者，入重。根本為佛、法而作，不自攝者，隨本處安置，不得追奪；若隨緣改賣不定者，如上處分〔二一四〕。經架、香案、經函之屬，輕可隨身，同上入輕〔二一五〕；各有別屬，亦隨本位。佛牀經巾之屬，亦隨本入佛、法；無定者，入重。數珠入輕〔二一六〕。別屬〔二一七〕也。

第三，田土、園林、房舍等〔二一八〕

四分云：伽藍及屬伽藍果樹，別房、屬別房物〔二一九〕。若捨布絹為己造房，若已易得重物者入重〔二二〇〕，死時猶是輕物者聽分〔二二一〕。若捨輕重物入佛、法者，不合追取〔二二二〕；為佛、法有別主故，還隨亡者處分。若定莊嚴房舍，如障幔承塵等，即入屬房物攝〔二二三〕。若當處三時分房〔二二四〕，無定客主者，依本安置；若無法者，僧家摘取入常住

用〔二二五〕。

十誦：赭土染色入重〔二二六〕。準此，雌黃、白堊同之。

第四，皮革〔二二七〕等

四分：皮衣、樹皮衣等，一切不得著〔二二八〕。則入重。

十誦〔二二九〕：皮物者，盛油囊受半斗以下、繫革屣韋、靴韋、簏韋〔二三〇〕、熟韋〔二三一〕、裹腳指韋，應分。以外入重〔二三二〕。平靴、斜靴入重〔二三三〕，非道服故；餘者入輕〔二三四〕。毘尼母云：經律先有付囑處，即付彼〔二三五〕；若無付囑，隨能受持者與之〔二三六〕，不應分賣也。俗書、素畫入重，紙、筆、墨等，準入輕〔二三七〕，以堪附道法故。盛澡豆者，唯是器用〔二三八〕。十誦準斷〔二三九〕。

五、畜生〔二四〇〕者

毘尼母云：駝、馬、驢等，與寺中常住僧運致。若私有小寺〔二四一〕，園果、堂房、瓶、盆之屬，養生之具，此現前不得分，屬四方僧。何者名養生之具？人畜所須〔二四二〕。非養生具者，非人畜所須〔二四三〕也。

六、人民奴婢

四分云：僧伽藍人入重〔二四四〕。所有私物，不問輕重，竝入私己〔二四五〕。若僧家奴婢死者，衣物與其親屬〔二四六〕；若無者，常住僧用。私奴死者，義準有二〔二四七〕：若同衣食，所須資財，自取入己，隨任分處〔二四八〕；若不同活，直爾主攝與衣食者，死時資財入親〔二四九〕——無者，同僧院內無主物，入常住〔二五〇〕。入親者，準滅擯比丘，若死，衣物入親；若僧供給，則不同之〔二五一〕。

毗尼母云〔二五二〕：若有奴婢，應放令去〔二五三〕；若不放者，作僧祇淨人〔二五四〕。準此「放去」，謂賜姓入良〔二五五〕。後終依律〔二五六〕。

七、四藥者

無問生熟，穀米、飯醬、湯丸、膏煎，竝入重〔二五七〕。雖有殘宿、惡觸，亦無有失。明了論、薩婆多云：以死時心斷，清淨故，則無宿、觸、販賣、不淨〔二五八〕也。

十誦、伽論：若僧中請食已，命過，同「分衣法」〔二五九〕。令現前分處，入重〔二六〇〕。前已命過，後得食者，還歸本處〔二六一〕。受他施衣，亦爾。

餘有不盡之文，事不可委，具如別判輕重物中〔二六二〕。亦須類知，

而通解也。

三者，通用律藏廢立正文及事要者，不必承用四分為定〔二六三〕。如澡罐、錫杖、扇〔二六四〕、針、諸錐、截刀子等，餘律判入輕，則亦類用。文義廣括，如別卷述〔二六五〕。且依第二，足為龜鏡〔二六六〕也。

七、具德賞勞

四分有二「五德」。

初五，明病人難看而能看，表瞻病者「德滿」：一、所不應食而欲食，不肯服藥；二、看者有志心，而不如實語〔二六七〕；三、應行不行，應住不住；四、身有苦痛，不能忍；五、少能堪能而不作，仰他作，又不能靜坐止息內心〔二六八〕。次五，明看者「行滿」：一、知病人可食不可食，可食應與；二、不惡賤病人大小便、唾吐；三、有慈愍心，不為衣食；四、能經理湯藥，乃至差、死〔二六九〕；五、能為病人說法，令病者歡喜，己身於善法增益〔二七〇〕。

有此五法，應與病人衣物。若小瞻視，佛判不許。五分：多人看病，與究竟者〔二七一〕。僧祇「四種」：一、暫作，二、僧次差看，三、自樂福德，四、邪命而作〔二七二〕，竝不合得。若看犯王法死者，亦不合賞〔二七三〕。若欲饒益病者，欲令速差，下至然一燈，遇終者，應得此物。餘如瞻病法中。

次明所與物

律中，不論德有上下，但與受持衣物〔二七四〕。若不知何者受持〔二七五〕：當極上看病，與上三衣；中、下看病，與中、下衣。十誦：先問受持何衣鉢，一一別問〔二七六〕。若不問不知，或不信〔二七七〕者，與不好不惡六物。薩婆多：重縫三衣，不以針刺著者，不入看病人〔二七八〕。若先已刺著，有緣分持，衣主死，亦合賞之。四分：六物〔二七九〕者，三衣、盛衣器襆，鉢及袋、坐具、針筒也。

義準：德具、六物不具等〔二八〇〕四句〔二八一〕：初，德物俱具，依法與之〔二八二〕。若德具、物不具，乃至俱缺，竝隨事商度〔二八三〕。若德缺、物具，理非賞法，而事勞有功，亦須優及〔二八四〕。並束入現前羯磨〔二八五〕，隨德有無，取物量行，和僧乞與，事情通敏〔二八六〕。

簡人進不〔二八七〕

五分、十誦：七眾看比丘病，唯二眾得〔二八八〕——沙彌及比丘——

餘五不合。尼中三人得，餘四不合〔二八九〕。雖父母兄弟，不應與。謂
勞畢竟不滿〔二九〇〕。<u>摩得伽</u>云：白衣看比丘病，應與少許，尼三眾同之
〔二九一〕；沙彌應盡與。<u>五分</u>、<u>十誦</u>：與沙彌，同等大僧。準此，若眾多
比丘、沙彌看病，應與究竟〔二九一〕者；若齊究竟，應與一人已，屏處分
之〔二九三〕。

<u>十誦</u>云：若看病者出行為病人乞衣藥者，留還付之〔二九四〕。亦可攝
入現前，唱和付與〔二九五〕。若餘處安居來看病者，合賞〔二九六〕。<u>伽論</u>：
外界看者，亦合賞之〔二九七〕。

八、分之時節

五眾若死〔二九八〕。<u>僧祇</u>：不應即閉其戶。彼有共行弟子〔二九九〕，持
戒可信者，與戶鉤；若不可信，持戶鉤付僧知事人已，供養舍利〔三〇〇〕
料理竟。若弟子持戒可信者，使出衣；若不可信，應使知事人出衣，然
後僧分。

<u>十誦</u>云：諸比丘在屍邊分衣，屍起護物，佛令死屍去後，若僧在異
處，應分〔三〇一〕。<u>毘尼母</u>云〔三〇二〕：分比丘物者，先將亡者去藏已，送
喪僧還，來至寺，取亡人物著僧前，然後如上，依法集僧分之〔三〇三〕。

九、明分法

有二：先集錢財衣物，二、加法分之。

初中

瞻病者，將亡人輕重之物，竝集僧中。若不勝舉〔三〇四〕，牀、甕、
屋舍、園林、牛、奴等，並須歷帳〔三〇五〕對僧明讀，令知其多少。

初明立法：羯磨、對首、心念三法。

初中。若五人者，得作賞勞、分衣二法〔三〇六〕。若四人者，正得用
直分一法〔三〇七〕，如後明之。

今明五人以上僧法〔三〇八〕：乃至心念一人，前緣一同此例〔三〇九〕。

前集財已，後鳴鍾徧召，一同僧式〔三一〇〕。不得閉門限客，假託昏
夜，意遮十方，竝非眾法。非上緣〔三一一〕者，自淨其心。

僧徒集已，彼瞻病人在衣物所，具儀捨之。「大德僧聽：比丘某甲命
過。所有若衣，若非衣，此住處現前僧應分。」三說。<u>律</u>明六物，準<u>論</u>不必
須集〔三一二〕。

眾中持律上座，即處判之〔三一三〕。先問僧中，誰知亡者負三寶、別

人物，又，誰知三寶、別人負亡者物，一一撿問，有者如上處分。次明囑授雜相，同活、共財二別，竝準上斷已〔三一四〕。次定輕重訖，如上分之〔三一五〕。重者一處，依名抄記；輕物一處，依名抄之。竝問看病者：「不將亡者輕重財物送喪不？」有者，索替入法已，三唱和還〔三一六〕。若無者，先當作賞勞法。

但「五德」難具，不具不合依賞。今時行事，對眾問「具德以不」。若答「具」者，此乃自伐其功，俗人所恥〔三一七〕；若不答「具」，有功無賞，違佛正制。與奪得所，出自僧中〔三一八〕。故律云〔三一九〕：僧得自在，若結不結，隨意也。今亦未須問德。律無正文。

若知辛苦有功者，上座告云〔三二〇〕：「長老看病有功，佛令優賞，當胡跪受羯磨也。」看病者謙退，陳訴〔三二一〕：「無德有愧，不堪重賞。」僧當抑伏令受〔三二二〕。然後索欲問和，答：「作賞看病人六物羯磨。」即白二與之。

「大德僧聽：比丘某甲命過〔三二三〕，所有三衣、鉢、坐具、針筒、盛衣貯器，隨有言之。此現前僧應分。若僧時到，僧忍聽。僧今與看病比丘某甲。白如是。大德僧聽：某甲比丘命過，所有大衣、七條、坐具，餘者如上。此現前僧應分。僧今與某甲看病比丘。誰諸長老忍『僧與某甲看病比丘七條、五條、鉢及袋、衣襆』餘如上。者，默然。誰不忍者說。僧已忍『與某甲看病比丘衣、鉢、坐具、針筒、盛衣貯器』竟。僧忍默然故，是事如是持。」盛衣者，即衣襆也。貯器者，鉢袋。若有多箱襆、巾帊、袋絡者，應取常所服用一事賞〔三二四〕。若三衣各盛者，三襆得與之〔三二五〕。

次分輕物

律令白二差人〔三二六〕。今時行事，但取知僧事者，或臨時口差，不用羯磨，違法，通得〔三二七〕。持律者，先知不具德者、沙彌法等〔三二八〕。多論云：三衣餘處者，索來此賞；若此德不具，即隨彼分〔三二九〕。故知通博，用和現物〔三三〇〕。若三肘五肘外長，隨多少，應白僧令知，和合與者好〔三三一〕。十誦：沙彌死，所著內外衣與看病人，餘輕物僧分〔三三二〕。羯磨云：「某甲沙彌死，所有內外衣及非衣。」餘竝同大僧法。

今時行法者，命知事人在僧前胡跪，白二與衣〔三三三〕。律中文少不具〔三三四〕，今準「非時僧施法」。文云：「大德僧聽：比丘某甲命過，所有若衣，謂堪著用者。若非衣，謂鉢器衣財等。現前僧應分。若僧時到，僧忍聽。僧

今持是衣物與比丘某甲，某甲當還與僧。白如是。大德僧聽：比丘某甲命過，所有若衣，若非衣，此現前僧應分。僧今持與比丘某甲，某甲當還與僧。誰諸長老忍〔三三五〕『比丘某甲命過，所有衣物，現前僧應分，僧今持此衣物，與比丘某甲，某甲當還與僧』者默然。誰不忍者說。僧已忍『持此衣物與比丘某甲，某甲當還與僧』竟。僧忍默然故，是事如是持。」

作法已，即數僧數，量其衣物相參，擲籌取分〔三三六〕。五分：若衣少，不足者，和僧與一無衣比丘。善見云：若一衣極好，眾並有衣，準律，分破行之〔三三七〕。從上座行之，須者直付〔三三八〕。若衣物極多，徒眾有法，準聖教分之〔三三九〕。此是非時僧得施，功德徧十方僧。不須造像設齋，更生漏過〔三四〇〕。以出家人修智分業，不以福分為懷，縱設〔三四一〕，違佛本制。諸部但明分用，凡智不過聖心〔三四二〕。若外界不集〔三四三〕者，僧祇：為病人求衣藥，及為塔，為僧知事，雖當時不在，並應與分。此謂差眾使者，得。若私營佛法，不合〔三四四〕。次明與沙彌、淨人分〔三四五〕。四律並云：若僧和合，等與，乃至四中與一，淨人五中與一〔三四六〕。若不與者，不合分；若分，得罪。自餘廢立，如疏、鈔中〔三四七〕。

如是總計大數，抄名記數，然後品物付之〔三四八〕。

律無賣物分法。今時分賣，非法非律。至時喧笑，一何顏厚〔三四九〕！佛令分付，為息貪情，令各自省。今反樂笑，不惟終始〔三五〇〕。此習俗生常，乃無悛革，望諸有識，深察斯過。

若五人共住，一人死〔三五一〕。衣鉢直三人口和賞勞已〔三五二〕，餘諸輕物〔三五三〕，依母論，四人直作分衣羯磨。文中，除「僧今持此衣物與某甲，某甲當還與僧」等字，餘同前法。作此法已，未得分入手來，有客僧入界，並須更共作法分之〔三五四〕。故律「非時僧施」中亦爾〔三五五〕。故令與一人分之，今無人故，須更分之。有人無想，不成〔三五六〕。

二明對首法

毗尼母云：四人共住，一人死，三人應展轉分〔三五七〕。應二人口和，以衣賞看病〔三五八〕者，餘物三人彼此相語云：「二大德憶念：此物應屬我等。」餘二人亦如是，三說。若三人中一人死，先取衣鉢直付〔三五九〕；餘物二人展轉如上法〔三六〇〕。四分文中，直明彼此三語受共分，文詞如

論說〔三六一〕也。

三明心念法

毗尼母云：一相應法者，二人共住，一人死〔三六二〕，在者作念：「此亡比丘物，應屬我〔三六三〕。」作此說已，後來人不得分〔三六四〕。理須入己。

四分：一人受僧施中〔三六五〕，應心念口言「此是我分」，得也。

問：「羯磨文中『非衣』者，此何衣耶〔三六六〕？」

答：「律不顯相。文云：時有將非衣作鉢囊、革屣囊，佛言：『不應作之。』又云：『與比丘尼非衣。』亦不知何等衣也。今但通而述之，無妨彼此俱攝〔三六七〕。」

十、明雜分物法

若在私莊寺致死，或作僧使，在莊檢校而死〔三六八〕：若有家人及比丘守者，重物入亡者本寺，輕物隨現分之，亦不得尼眾分〔三六九〕也；縱令近僧來攝重物，亦不須與，以非佛正制。若亡者無住處，而隨有常住處，隨近通攝。寺無僧法，亦不得取〔三七〇〕。若無比丘守掌，同白衣家法〔三七一〕。

四分：若比丘在無住處，白衣家死，彼有信心檀越，應掌錄此物〔三七二〕。若有五眾先來者，應與〔三七三〕；若無來者，應送與近處僧伽藍僧。準此文者〔三七四〕，若比丘共尼同至，隨所同眾死，各自取之，不得共分此物。當部亦不須加法，直爾攝取；不同共住，閑豫加法也。重物如上量之，隨情遠近〔三七五〕。若至白衣家，知有亡物，必須捉執作屬己意，方成；雖見，不得〔三七六〕。縱捉入手，而俗人自攝入己，此則屬俗已定，盜僧成就，亦不得反奪〔三七七〕。當勸示之與僧，令無業道。僧得作俗人物受。

僧祇：比丘持他衣行，衣主命過，便將衣別受，不與同界比丘，越〔三七八〕。準四分不成，有比丘無想〔三七九〕。若作羯磨已，量影，恐客比丘來，應知在羯磨前後〔三八〇〕。謂攝僧界大，不知僧有無。律中，有比丘無想，別眾分衣不成〔三八一〕。

問：「將亡人物出界分，成不〔三八二〕？」答〔三八三〕：「四分：若衣物難分，當唱令來某處，某時分〔三八四〕。若遣人來，若自來，應與分者，得〔三八五〕。諸部結犯，不云得成〔三八六〕。僧祇受衣如法者，或是同活同意〔三八七〕耳。十誦云：比丘寄衣鉢與尼者，應索取，比丘分之〔三八八〕。尼

寄比丘物，亦爾。不同白衣家法〔三八九〕。」

問：「將亡人物入界，其內比丘不知，還將出界，得先見者分不〔三九〇〕？」答：「得受。由當界不知，分時同法故〔三九一〕。」

四分律刪繁補闕行事鈔卷下之一

【校釋】

〔一〕亡五眾物　鈔批卷二四：「礪云：義同非時僧得施也。然在生修道，仰衣物以資身，今報盡數終，無常對至，是以聖人修長壽之果，而不養蕉沫之身。既死已後，處斷有方，故於衣法之中，便解亡五眾物。」（九八三頁下）【案】「亡五眾物」，釋文分二：初，「既財是」下；二、「初門制」下，又分為十，如鈔所列。

〔二〕既財是小人所利，非大士所懷　鈔科卷下一：「初，明兩機相濟。」（一〇七頁上～中）鈔批卷二四：「『大士』謂菩薩也。謂大士貴之以道，小人重之以財，故俗言：君子樂道，小人受（原注：『受』疑『愛』。）財。況出道高僧，而塵累於衣食矣。」（九八三頁下）資持卷下一：「上二句，示財物利宜也。……初，明上士慕道。」（三七二頁上）【案】從「既財是小人所利」至「臨事詳之，在於輕重」，明文所立意。

〔三〕出家濟遠　簡正卷一五：「極救六趣四生，願俱出離三有故。」（九一九頁上）鈔批卷二四：「擬救拔三途六道，使離苦解脫，故曰濟遠。」（九八三頁下）資持卷下一：「『然』下，敘人根。初明上士慕道。『濟遠』謂越二死海濟度也。……上四句敘其志，下二句明其行。」（三七二頁上）

〔四〕經勞涉樂　簡正卷一五：「三僧祇劫苦行名『經勞』，證得佛果是『海樂』（【案】『海』疑『涉』。）。」（九一九頁上）鈔批卷二四：「出家之士，能持戒一食、頭陀苦行、修學萬德，動（【案】『動』疑『歷』。）經三大阿僧祇劫，此乃勞苦為因，故曰『經勞』。方證五分法身，招涅槃之果，故曰『涉樂』。」（九八三頁下）資持卷下一：「『經勞』謂歷於苦事。『涉樂』謂趣於無為。」（三七二頁上）

〔五〕俗譽非慕　簡正卷一五：「名譽利養，是俗所忻，非僧攀慕。若存求道之心，不為六塵拘礙。」（九一九頁上）鈔批卷二四：「謂俗中名譽利樂，非所忻慕也。云何名譽？所謂過德而談，名之曰譽。西京江村慈善闍梨用六字為句，謂：『出家濟遠經勞』為一句，『涉樂俗譽非慕』為一句，謂世間五欲之樂及名

勞，非所慕也。」（九八三頁下）資持卷下一：「『俗譽』即世間名聞。」（三七二頁上）

〔六〕蕭然　資持卷下一：「『蕭然』即脫離之貌。」（三七二頁上）

〔七〕情性未融、素非清潔者，唯利是親，全無道志　資持卷下一：「次，明下士希利。融，通也。」（三七二頁上）簡正卷一五：「融，和也、會也。素，本也。若情性未能融會於道，即本非清淨潔白之流，唯貪於利故也。」（九一九頁上）

〔八〕然上下二士，竝預法流　資持卷下一：「『然』下，明相濟。」（三七二頁上）鈔批卷二四：「謂上列二種人：一是高節，銷然世表；一是情性未融，素非清潔。（九八三頁下）此既根性不同，佛則制聽兩異。上根制畜三衣，下品開畜諸長。雖分兩途，皆遵佛意，莫非俱修一實之道也。」（九八四頁上）

〔九〕上達立法以濟器，下達受法而隨懷　鈔批卷二四：「上達立法以濟器者，立謂：依四依節儉之法，以濟形器也。下達受法而隨懷者，立謂：順受開法畜長等，與其受用，以隨其所懷也。」（九八四頁上）簡正卷一五：「上達者，前修諸古德，各著述章疏，處量輕重，以濟機器。如序中云『世中持律，略有六焉』等是。下達者，後來習學之疏（原注：『疏』疑『流』。），雖受行此法，而順懷自然別也。」（九一九頁上）資持卷下一：「論語云：君子上達，（達仁義也。）小人下達。（達財利也。）今借彼語，用目二機，謂上士雖輕於利，當行法以利人，故云濟器。下根雖重於財，當依法而稟行，故云隨懷。」（三七二頁上）

〔一〇〕俱須兩順佛法，用通一道淨行　簡正卷一五：「立法須兩順：一、順受體，二、順本宗，隨行受法。（此約二達，立法兩順也。）受法亦須兩順：（原注：『順』下疑脫『一順』二字。）本受之宗，二順本體隨行。（此約下達受法已說。）故鈔著『俱』字，意收上、下也。如此所行，方能通得一道，隨戒淨行也。」（九一九頁上）鈔批卷二四：「立明：上列二種人，雖復有異，俱順聖心，無違佛法，故言用通一道淨行也。」（九八四頁上）資持卷下一：「然上士不可以輕利而棄法，下流不可以重財而任情，故云『俱須』等。通謂流通。一道淨行，即分衣法。三世同遵，故云『一道』。離塵遣著，故曰『淨行』。」（三七二頁上）

〔一一〕竝謂指南，俱呈「至說」　鈔科卷下一：「『然』下，示昔斷多途。」（一〇七頁中）資持卷下一：「初，敘諸師處斷。指南者，古有作指南車，亦名司南，以示迷方者。」（三七二頁上）簡正卷一五：「今云指南，意取稽古定義。呈，

顯也。至，極也。古德皆言自己所判各為定義至極之說。」（九一九頁下）鈔批卷二四：「謂古來諸斷者多家，各自稱是也。濟云：如漢時諸人皆作指南車，並不得體。或指西（【案】『西』後疑脫『漢』字。），唯張手子作，獨指南也。案書中，指南車起於黃帝，帝與蚩尤戰於涿鹿之野。蚩尤作大霧，兵士迷於四方，帝以指南車，以示四方。又云：爾氏獻白雉，還恐或（【案】『或』疑『惑』。），周公為作指南車以送之。今尚方監北門中，有指南車，車上有仙人，持信幡。車行東西，人恒指南。又云：管仲所造。俱呈至說者，謂諸師處斷異途，俱騁其妙，云『我所斷是有至到、有趣指』也。」（九八四頁上）

〔一二〕但由教有輕重，機悟淺深，如「序」所明，其例有六　資持卷下一：「『但』下，示各執所以。六師持律，尋序可見。」（三七二頁上）鈔批卷二四：「謂如上卷十門中，列六師持律，執見不同。」（九八四頁上）

〔一三〕至論決斷，每有遲疑　資持卷下一：「『至』下，點古未詳。」（三七二頁上）簡正卷一五：「儀曰：但為物類難收，諸部互缺，現有儲畜，教不備載。約文附事，監委縱思，指事渾然，眇同河漢。」（九一九頁下）【案】簡正釋文中「儀」即量處輕重儀，唐道宣輯撰。

〔一四〕臨事詳之，在於輕重　資持卷下一：「『臨』下，示今要旨。」（三七二頁上）

〔一五〕今既事務繁雜，非諸門無以別之，且張十門，用開進不　鈔科卷下一：「『今』下，顯今宗所立。」（一〇七頁中）資持卷下一：「十門，初二及十，各局一門。『三』下七科，次第行事。」（三七二頁上）

〔一六〕生則依三寶出家，而物不入佛、法　資持卷下一：「『生』下釋通。又二，初，約義定。」（三七二頁上）【案】本句及下為回答上二句之問。分二：初，「生則」下，次，「以出家」下。

〔一七〕故人施佛、法，比丘無分；若施僧者，依位受之　資持卷下一：「『故』下，引決。」（三七二頁上）簡正卷一五：「依位受之者，儀云：生則依僧獲利，死後還及（原注：『及』疑『反』。）入僧。二僧壞受用之資，兩施荷福流之潤。」（九一九頁下）

〔一八〕阿若憍陳如空林中入涅槃，牧牛人送衣物與王　資持卷下一：「『僧』下，引示。僧祇具云『阿若多』，此翻『解本際』，又云：知無知空無故。憍陳如，此（三七二頁上）云『火器』。其先事火故。十誦初引緣起。跋難陀，此云『歡喜』，剎利種即諸釋種王子。」（三七二頁中）鈔批卷二四：「案祇云：陳如每到時，乞食入聚落。（九八四頁上）得食已，還至曠野牧牛羊家。時牧牛人婦

名<u>尸婆離</u>，信心歡喜，供給乳酪。食已，還住處。便作是念：『用此苦器，久在世為。』猒患此身，便持衣鉢著一處，在林樹下，以頭枕象團，右脇著地，一心不亂，即入涅槃。時牧牛家至時望來，敷床掃地。既過時不來，便自念言：『將非病耶？或惡虫所傷？』即往看之。見樹下臥，謂言睡眠，至邊立聽，不聞喘息。以手摩心，身體已冷，便言奇哉，便供養舍利。夫婦取斧斫薪，即便闍維，收其衣鉢送<u>王</u>。王即平此衣，價直五錢。斷官言：此沙門無常，衣鉢還歸比丘。佛言：『屬僧。』」（九八四頁下）【案】<u>僧祇</u>卷三一，四七八頁下。

〔一九〕**跋難陀死，衣物直四十萬兩金，國王、剎利種，及諸親里各欲收取**　<u>鈔批</u>卷二四：「<u>案十誦</u>云：釋子<u>跋難陀</u>死，衣鉢直四十萬金。<u>憍薩羅國王波斯匿</u>言：『是人無兒故，是物應屬我。』佛遣使語王言：『<u>王</u>賜城邑聚落，人稟頗少，多與<u>跋難陀</u>分不？』王言：『不與。』佛言：『誰力故令得生活是應分。僧力故，令應取。』王聞此教便止。諸剎利輩言：『是比丘與我同性、同生、同剎利種，是衣物應屬我。』佛遣使語剎利言：『汝等作國事、大事、官事，頗問<u>跋難陀</u>不？』答言：『不問。』『<u>跋難陀</u>不在時，汝作官事，頗待<u>跋難陀</u>不？』答：『不待。』」（九八四頁下）佛言：『<u>跋難陀</u>共僧羯磨，若不在時，僧不羯磨，是物應屬僧。』剎利聞佛此教便止。又，有諸親族中表內外，皆言：『<u>跋難陀</u>是我如是如是親，此物屬我。』佛遣使語言：『汝嫁女娶婦，會同取與錢財，頗待<u>跋難陀</u>與分不？』答：『不。』佛言：『諸與<u>跋難陀</u>衣食分者，應得此衣物。<u>跋難陀</u>，僧與食故，是衣物應屬僧。』親族聞之便止。」（九八五頁上）<u>資持</u>卷下一：「<u>跋難陀</u>，此云『歡喜』。剎利種，即諸釋種王子。」（三七二頁中）【案】十誦卷六一，四七八頁下。

〔二〇〕**僧家財法並同，俗人不合，此屬僧物**　<u>資持</u>卷下一：「『僧』下，次明唯屬於僧。分法十種，隨難釋之。」（三七二頁中）

〔二一〕**十種斷別**　<u>鈔批</u>卷二四：「前九無羯磨法，直爾取之。後一，僧法取也。（一往言耳。）」（九八五頁上）

〔二二〕**糞掃取**　<u>簡正</u>卷一五：「彼律二十一云：比丘為水漂死，衣、鉢掛界內樹枝上。比丘見謂：『入僧界內，應屬僧，不取取（原注：『取』疑『敢』。）。』白佛。佛言：『糞掃取。』」（九二〇頁上）【案】四分卷三九，八五〇頁中。

〔二三〕**界內，水漂死人，衣挂樹枝，隨見者取之**　<u>鈔批</u>卷二四：「案五分二十一云：時有比丘，水所漂殺，衣鉢掛著界內樹枝。諸比丘見，謂：入僧界內，應屬僧，

不敢取。以是事白佛。佛言：聽作糞掃衣想取。」（九八五頁上）【案】五分卷
二一，一四三頁中。

〔二四〕入當時現前僧　簡正卷一五：「十誦云：學悔人死，當時現前僧應分。」（九二
〇頁上）鈔批卷二四：「立謂：應作『現』音，謂當時現前人也。」（九八五頁
上）

〔二五〕學悔沙彌尼死，被擯比丘死，守戒比丘死，隨更互直取　鈔批卷二四：「案十
誦云，佛語諸比丘言：有住處，一守戒比丘，一被擯比丘共住。若守戒比丘
死，衣物屬被擯比丘；若被擯比丘死，衣物屬守戒比丘。若擯比丘來，不應
與。如是，一守戒，二被擯，共住亦爾。一守戒，三被擯，亦同上。二守戒、
一被擯，二守戒、二被擯，二守戒、三被擯、四被擯，亦。三守戒、一被擯，
三守戒、二被擯、三被擯、四（九八五頁上）被擯，亦爾。四守戒、一被擯，
乃至四被擯，亦爾。次，將『被擯』作頭，亦然。文中但明二種人，不明『學
悔』。撿上下文，不見此義，鈔意未詳。立云：守戒謂清淨比丘也。但為三人
同住，互不相足，不得作法，即是現前直爾取也。此三人同住、一人身死，衣
物直屬二人。若納餘部，滅擯人死物，入所親白衣，以生時不同僧利故。今無
白衣，故屬當時現人。又，若守戒人死，其學悔滅擯同共見者，各分取半分入
己。『學悔』等死例然。」（九八五頁下）簡正卷一五：「謂當時現前，更無別
人故，得更互直取。若有守戒及殯者，准守戒約取，以是持戒人合攝故。」（九
二〇頁上）資持卷下一：「『被擯』，即擯出、非滅擯也。『守戒』即清淨。此三
同處，隨有死者，存者取之。」（三七二頁中）【案】底本「沙彌」後有「尼」
字，據十誦、大正藏本、貞享本、敦煌甲本、敦煌乙本、敦煌丙本及弘一校注
刪。「被」，底本無，據大正藏本、貞享本、敦煌甲本、敦煌丙本及弘一校注
加。十誦卷二八，二〇三頁。

〔二六〕邪、正二部，各執是非，其人中道死、至彼死，皆同見自分　鈔批卷二四：「如
邪正二部者，立明：即調達為邪部，正部可知。若有人死，隨其邪正自分，不
合同法。礪疏引四分云：若背正向邪，物入邪部，原其本心，邪正路乖，為是
衣鉢隨意所往處得。若從邪向正，物入正部。律文無此句，是略耳。又直據隨
身衣，如前所判，已外之物，或可不定。十誦云：受法比丘，不受法眾中死，
其衣鉢物，喚受法比丘還之。若彼不來取者，即不受法眾中作四方僧臥具。若
不受法比丘於受法比丘中死，反說可知。（『受法』者，謂受五邪法耳。）立
明：邪部歸正，正部向邪。（九八五頁下）未至中（原注：『中』字疑在『路』

－2482－

字上。）其所路而死，屬所向之處，以心決故。若至彼部，同不須論，一向入彼。私（【案】『私』後疑脫『云』字。）：若邪部人，背邪向正，衣物猶在邪部，物則屬正，正向邪亦爾。」（九八六頁上）簡正卷一五：「隨邪、正二部自分也。若背正向邪，或去己到彼，或在中道，皆屬標心，所向處得。若邪人在正部中死，即喚彼邪人來取。若無人來，應作四方僧敷具，不得分。若正在邪死，亦爾。」（九二〇頁上）資持卷下一：「云中道死，謂往而未達。」（三七二頁中）【案】「中道死」即死於途中。四分卷四一，八六五頁下。

〔二七〕**被舉比丘死，衣物入同羯磨舉僧**　鈔批卷二四：「礪云：此被舉人死者，佛言『隨所共同羯磨舉僧，應與』。諸師解此語不同。一釋，謂同被治人。所以爾者？治舉已後，財法不同，何因死誰？又一解云，入賞勞僧，亦名功能僧。亮問：此被舉人於己無潤，何得望僧？僧是功勞，僧既治他，乃成損他，何名賞勞功能也？解云：約僧中自是功勞，非望所治，稱有功勞也。以如法僧治罰功故，但令當時預舉羯磨，即有物分，故言隨所同羯磨，舉僧應與。僧祇不爾，故彼律第二十六云：彼舉比丘病，不應看得，語親里看。若無常者，僧不應分其衣鉢，不應與，燒身取其所眠床，以屍著上，衣鉢繫咽，曳床而出，唱是言：『眾僧事淨，眾僧事淨，棄野田中，於此人不應起惡心。』何以故？乃至燋炷不應起惡，應作是念：『莫令後人習此邪見。若施牛人、斫材人、持此衣來施者，即作彼檀越物故，受之無犯。」（九八六頁上）資持卷下一：「被舉即三舉。唯本作法者，得之。」（三七二頁中）

〔二八〕**二部僧**　簡正卷一五：「僧、尼，二也。五分云：若比丘住處，非安居時，比丘命終，無比丘者，比丘尼應分。尼死亦爾。」（九二〇頁上）鈔批卷二四：「立明：即大僧及沙彌為一部，尼家三眾為一部。下文云五眾前來者得與，即其事也。」（九八六頁下）

〔二九〕**無住處白衣家死，五眾先來者得**　鈔批卷二四：「礪云：四分：比丘在無住處死，彼有信樂優婆塞，若守園人，被（【案】『被』疑『彼』。）應賞錄。若出家五眾，前來者得，以物在俗處，恐用而獲罪，故入五眾，先來者得。無問重輕，入先來人，但輕物入己，重物非屬人物故，隨先來者處分，還入常住。以其先時依二部僧得施物故，身亡之後，還入二部。若無前來，送與近處二眾，唯取近處，不簡僧尼。賓云：古今諸師皆言輕物入先見者，重物則隨先見者處分，還入常住。今詳不然。文云：五眾先來者得，何處令入常住？但輕重盡入己，於理無失。若道路死、獨住死、私莊死，類如判。若互在僧尼二處，即不

同此。故十解（【案】『解』當作『誦』。）互寄死者，有住此一比丘死，是比丘衣物寄尼精舍。佛言：『比丘僧處應分，皆送與亡者本寺。若不知處，送與隨近大僧，不得入尼寺，及以私用。』下尼寄比丘亦爾。又，住處一比丘尼死，物先寄僧精舍。佛言：『比丘尼僧應分，以其二眾並知法故。不同俗處，恐白衣損用僧物，故五眾互得。』（九八六頁下）今此二眾，知法是不同，故須還依死處同類分之。又以死處有比丘故復異。獨住死者，有人問曰：『五眾先來得衣作以不？』有人云：『不須作法。若須法者，一人前至未得作法，須臾復有人來亦得其分。何得名先來者，故知無法。』有人解云：『作法為善，文令與先來者，隨先作法者與之。』『若爾，既言五眾，下三眾有法以不？』答：『有戒沙彌，義合作法。若無戒者，義無有法。若准鈔意，不須作法。又，可亦須作法。』」（九八七頁上）簡正卷一五：「准下文，須執促作屬己，以方成難見不得。」（九二〇頁上）【案】四分卷四一，八五九頁下；十誦卷六一，四六九頁。

〔三〇〕入面所向處僧　簡正卷一五：「准多論，有比丘將衣鉢行向彼寺，未至彼，於二界中間死。佛言：『隨所去處僧得。』首疏云：若不知所去處，隨面向何方而死，屬彼寺僧得。鈔亦同之。（九二〇頁上）若無此二，隨近處僧得。」（九二〇頁下）鈔批卷二四：「立明：彼有比丘，將衣鉢行向彼寺。未至彼，於二界中間死。佛言：『隨所去處僧得。雖未至彼，以決心去故。』謂所向處僧界中得分此物也。又一解，取死者死時，屍面看東西之向也。恐此解非。忽然仰面死，義即敗也。」（九八七頁上）【案】多論卷四，五三〇頁下。

〔三一〕入和尚　簡正卷一五：「若准四分，直入和尚，以順育息重也。鈔取他部，約利促（原注：『促』疑『從』。）僧得故。」（九二〇頁下）

〔三二〕沙彌死，衣物入師和尚　鈔批卷二四：「案祇云：舍衛城有沙彌死，諸比丘問佛：『此衣物應屬誰？』佛言：『應屬和上。』文齊此述。」（九八七頁上）【案】僧祇卷三一，四七九頁中。

〔三三〕謂令和尚分別財體，以師物自入，沙彌物入僧　資持卷下一：「『謂』下，次釋。恐謂一向入和尚故。」（三七二頁中）鈔批卷二四：「此非祇文，後人義述耳。首疏引僧祇疏云：言入和上者，令和上（【案】『上』行事鈔作『尚』。）分別師物入己。沙彌物，應入僧作法，不必一切入師。（九八七頁上）賓破此解云：文中，判和上即令與僧，亦應五分糞掃想取應非自入。今詳僧祇判令屬和上者，蓋是賓師息（【案】『息』疑『自』。）訓也。『若爾，比丘身亡，亦應

聽其師取，以同有息故？』答：『理亦應開。且就無教，判為不與。』」（九八
七頁下）

〔三四〕**十誦判同比丘**　鈔批卷二四：「<u>立</u>謂：沙彌死，衣物屬僧分之，同大僧死法也。
莫問有戒無戒，莫非形同法同，皆須依僧法也，以同僧利養故。<u>礪</u>云：沙彌死
者，此律無文。<u>祇</u>文入和上，<u>五分</u>、<u>十誦</u>同比丘法。今人行事，多集大僧，同
大僧法，分之無妨。<u>十誦</u>：<u>憍薩羅國</u>有沙彌死，諸比丘不知云何。佛言：『所
著內外衣，應白二與看病人。餘輕物僧應分，重物不應分。』准此，下三眾類
皆同。然行事住（原注：『住』疑『任』。）依一部。」（九八七頁下）<u>資持</u>卷
下一：「上文引證。既同比丘，故知入僧。」（三七二頁中）【案】<u>十誦</u>卷二八，
二〇三頁上。

〔三五〕**五分亦爾**　鈔批卷二四：「<u>案五分</u>云：沙彌死者，若生時已與人，應與，若不
與，現前僧應分。」（九八七頁下）【案】<u>五分</u>卷二〇，一九三頁上。

〔三六〕**入所親白衣**　資持卷下一：「入俗，僧無分義。」（三七二頁中）

〔三七〕**滅擯比丘死，將衣鉢付生緣**　鈔批卷二四：「<u>礪</u>云：此是犯重人死。有其三別：
若未擯者，<u>多論</u>云同於常判。<u>賓</u>曰：同清淨僧死也。二、若已作法擯，入親近
白衣。（即此鈔列此也。）<u>賓</u>述<u>唐三藏</u>云：<u>西方</u>至今，猶行擯法。寺中若有一
人出外作重罪已，不許入寺，但令別人還其房，取衣鉢送出門外與之。（九八
七頁下）若在寺中作過，被人舉至僧中，勘問得實，更不許還房。即遣別人至
房，取衣物還之，駈出寺門。大眾盡上門樓望之，欲勵其後人也。然<u>西方</u>人，
執見心重，一切道俗知此僧被擯已，盡不共語，不與往還。兄弟父母，亦不耐
見，乞食亦不得。設復還俗取婦，世人男女不共婚嫁，女不嫁之。但其被擯
者，眾人自作田業而覓活。（云云。）三、學悔死。<u>十律</u>：入死時現前僧也。
<u>四分</u>云：若呵責擯出，依止遮不至白衣家，四羯磨人，及別住之例，同清淨人
死判之。」（九八八頁上）

〔三八〕**謂能寄人、所寄者、寄物處**　簡正卷一五：「彼云：<u>牟羅比丘</u>死，衣鉢本寄<u>阿
難</u>，三處共爭。如文判。」（九二〇頁下）鈔批卷二四：「<u>立</u>云：欲明亡比丘本
住處，名『能寄人』。言『所寄者』者，即<u>阿難</u>處也。言『寄物處』者，即<u>阿
難</u>送寄之處也。」（九八八頁上）【案】<u>十誦</u>卷六一，四七〇頁中。

〔三九〕**屬阿難處僧，界內現前僧應分**　鈔批卷二四：「<u>案十誦</u>云：有一比丘死，是衣
物本寄<u>阿難</u>。其亡比丘在異處死，<u>阿難</u>在異處住處，寄衣物又在異處。其死
處及<u>阿難</u>所住處，並受寄衣物處，各言合屬我住處。佛言：<u>阿難</u>所在處界內

現前僧應分。立謂：此比丘將衣物寄阿難，阿難出行去，將此衣送寄餘處比丘，後時本衣主死，三處共諍，謂本亡者住處，及阿難身處。又，阿難所寄之處共諍，（九八八頁上）佛判屬阿難身處僧得，由當時寄人故也。」（九八八頁下）

〔四〇〕**以寄人不寄處**　簡正卷一五：「『以寄人』下一句，今師語也。」（九二〇頁下）

〔四一〕**寄處不寄人者，物處僧得**　簡正卷一五：「有比丘，但借彼房自鏁閟物，不令他主管，但名寄處，死後隨物處僧得也。」（九二〇頁下）

〔四二〕**上來九種，直爾分之**　鈔科卷下一：「『上』下，入羯磨分。」（一〇七頁下）簡正卷一五：「且約初緣言之。若後分之，即有作法者，如第六、七、九，皆須作法，今對下一清眾，故云『直爾』。」（九二〇頁下）鈔批卷二四：「深云：其十種分法不同，前九不須羯磨，直爾得取。」（九八八頁下）資持卷下一：「直爾分者，謂隨於本界，據現而分，不作羯磨。」（三七二頁中）

〔四三〕**一和清眾死，方入羯磨**　簡正卷一五：「『一和』，簡邪正二部。『清眾』，簡擯舉等人。搜玄云：『清』字，簡擯舉人；『眾』字，簡異上來一人也。（不及前科。）」（九二〇頁下）鈔批卷二四：「礪云：謂是一部和合清淨人死也。言『一部』者，簡其五眾前來者得之文也。言『和合』者，簡非邪正二部也。言『清淨』者，簡非上來滅擯、被舉人等也。」（九八八頁下）資持卷下一：「下二句正示，即後所明，對前一、三、五、六、九，故云一和。對前二、四、七、八，故云『清眾』。前九並是直分，故云『方入』。（舊云前九直爾者，望一期攝入為言。若細推之，約攝歸後。須作法分，公違正言。其謬甚矣。）」（三七二頁中）

〔四四〕**同活共財不同**　鈔批卷二四：「此是二義。言『同活』者，謂不同（原注：『同』疑『問』。）已他多少者，如兒想以己之物，還如彼有也。言『共財』者，則是互出互用，但共同一處。若死後，各半分也。立明：若同活死，其亡者隨身衣，必定屬僧。若餘物，住在人多少分處，將與僧分也。若共財者，謂無與師契。雖有此物，若死、若罷道，當對半分。今若互死，其隨身衣物，固然屬僧，所有貯畜，各須半分。」（九八八頁下）【案】本「同活共財不同」文，資持、鈔科分四，如下四個自然段按序釋之。簡正分三，即後二合一。

〔四五〕**實非同生，假冒取僧物者，犯重**　資持卷下一：「同生，『生』，亦『活』也。假冒，謂虛誑也。」（三七二頁中）簡正卷一五：「輕物約作法已論。若重物定得重罪。」（九二〇頁下）鈔批卷二四：「立明：實非同活共財，假冒云是也。」（九八八頁下）

〔四六〕若師本契，所有財物，決心同分，看如兒想，終無分隔　簡正卷一五：「『若師本契』下，第二段明共活。」（九二〇頁下）

〔四七〕此若互死，任情多少，隨身服用，一切入僧　資持卷下一：「『此』下，示分法。任清（【案】『清』疑『情』。）多少，謂餘財也。隨身服用，即亡者物也。」（三七二頁中）簡正卷一五：「謂諸浮財任在者，情懷處分。若亡人隨身自受用衣鉢等物，一切入僧。」（九二〇頁下）

〔四八〕別活、反道　鈔批卷二四：「謂各自作活及罷道也。」（九八八頁下）資持卷下一：「謂本立要預約後事。」（三七二頁中）

〔四九〕若分其物，準俗制道：已著之衣服、已用之器物，各屬隨身，竝未須分　鈔科卷下一：「『若』下，各分同活。」（一〇七頁中）資持卷下一：「『若』下，分法。言準俗者，俗法爾故。已用服器未須分者，各屬定故。」（三七二頁中）鈔批卷二四：「立明：俗中法式亦然。若共財之人，若是亡者，隨身衣服器物屬僧，餘物半分。」（九八九頁上）

〔五〇〕餘有長財，依式分半　資持卷下一：「即準俗法。」（三七二頁中）簡正卷一五：「『若師徒共契』下三段，明共財。此若一死亡，著衣服，隨身定者入僧。生人亦爾。隨身所有，一任自收。餘有共財，即須分半入僧，生人自收一半。」（九二〇頁下）

〔五一〕若不同活，又非共財，妄言取分，能所俱犯　鈔科卷下一：「『若』下，不同妄取。」（一〇七頁中）簡正卷一五：「『若不同活』下，通明非相。能所俱犯者，『能』屬處判之人，約知說；『所』謂所取物者，約假冒也。」（九二一頁上）鈔批卷二四：「立明：且如亡師臨終時，與弟子相知（原注：『知』疑『和』。）：『我亡之後，汝可云共活，令汝多得我物。』既作斯計，弟子依之。今若得物，師、弟俱犯。若得重物夷，得輕物蘭。和上生前不合斷他死後之事，由亡後屬僧已定。預斷不成，師、弟俱犯，故言『能所』。師是『能』，弟子是『所』。」（九八九頁上）資持卷下一：「『能』即眾主輒斷，『所』謂妄取物者。」（三七二頁中）

〔五二〕善生經中，亦有兩斷，竝據輕物　簡正卷一五：「約未作法得蘭，作法已，滿五得重。」（九二一頁上）鈔批卷二四：「立明：彼經中亦斷得夷、得蘭。然約輕物上斷之，若羯磨竟，攝入現前，則望僧滿五，得重。若未羯磨，望僧不滿五，得蘭。」（九八九頁上）資持卷下一：「『兩斷』即夷、蘭也。上約重輕二物。經中唯就輕物，但望羯磨前後分之。」（三七二頁中）【案】優婆塞戒經卷

六，一〇六八頁下。

〔五三〕囑授是非　鈔批卷二四：「礪云：囑有善不善，不囑亦有善不善，故有四句。」
（九八九頁上）

〔五四〕順本初受　簡正卷一五：「順初受時，四依行故。」（九二一頁上）

〔五五〕生福上處，故是善　簡正卷一五：「將財付他，生有漏福，得上處天堂。」（九
二一頁上）資持卷下一：「生福即現因。上處期後報，謂善道也。」（三七二頁
下）

〔五六〕俗態　鈔批卷二四：「俗態者，意也。又解：秉常志不改，曰態。」（九八九頁
上）

〔五七〕空無無漏　資持卷下一：「此身未得無漏聖道，故云空無無漏。」（三七二頁
下）

〔五八〕縱有勸囑，便在愛增　資持卷下一：「勸囑，謂他人相勉。『增』字寫誤，合作
『憎』，或與不與心不等故。」（三七二頁下）

〔五九〕但論前業福道，此財佛已誡斷　資持卷下一：「前業，謂向前所作福業，或修
聖道。佛誡斷者，判歸僧故。」（三七二頁下）

〔六〇〕謂前心欲捨，後便慳覆，展轉互生　簡正卷一五：「前以欲捨，是開展施心，
後起慳心，轉其前意，即是互生。」（九二一頁上）資持卷下一：「初示相。慳
施二心，起滅不常，故云展轉。後引事證，二緣並出」（三七二頁下）

〔六一〕比丘愛銅盌事及慳衣事　資持卷下一：「五百問論，彼云：昔有比丘，念著銅
碗，僧分物時，便來求碗，僧遂還之，舌舐放地，臭不可用等。又有比丘，喜
樂衣服，因病致死後，化為蛇來纏衣等。『銅碗』見瞻病篇，『慳衣』在對施
篇。」（三七二頁下）【案】五百問，九八二頁下。

〔六二〕如隨相說　簡正卷一五：「玄云：慞指也。『愛衣』如下對施中，『愛銅銚』如
瞻病法。（如下具述。）」（九二一頁上）資持卷下一：「或即指下隨篇事相，或
是傳寫之謬。（舊云指文誤者，或云後失修者，未必然也。）」（三七二頁下）

〔六三〕差別　簡正卷一五：「人與物相對辨也。」（九二一頁上）

〔六四〕人物俱現，是囑是授　簡正卷一五：「是受愛物，『人物』是所與物，得名囑
授。雖人物俱現，若物重不可轉者，及轉物布成筒絹成束等，但名囑也。如絹
疋及衣服、寶、念珠等，親付與名授，不必要囑也。」（九二一頁上）資持卷
下一：「上二句通標。是囑，即標當科；是授，探示第二。」（三七二頁下）

〔六五〕奴婢、田、宅、車、牛、莊園等重物　資持卷下一：「以初諸重物，止可囑與，

次是輕小，可以親授故。」（三七二頁下）

〔六六〕**如氈毹、布帛之例**　鈔批卷二四：「深云：謂在匱中，不可得授，但得是囑，義同於授，故曰是囑是授。」（九八九頁下）

〔六七〕**人物互現，或俱不現**　資持卷下一：「此總三句，互現有二，謂：人現，物不現；（物在別處。）物現，人不現；（人在他邦。）人物俱不現。（人在他方，物亦別處。）如上三句，止可囑之。上句，面囑所與。下二，但囑餘人。」（三七二頁下）簡正卷一五：「人在病者前，物在餘處，或物在病人邊也。」（九二一頁上）鈔批卷二四：「立明：或時人在病者邊，物在餘處；或時人在餘方，物在病人邊也；或俱不現。」（九八九頁下）

〔六八〕**非囑授**　鈔批卷二四：「謂所囑人在餘方，物又非現前，但得囑，此是人物俱不現也。」（九八九頁下）

〔六九〕**如前說**　簡正卷一五：「如上『一和清眾死』，羯磨分也。」（九二一頁上）資持卷下一：「『指前』即不囑亦善句也。」（三七二頁下）

〔七〇〕**重囑授相**　資持卷下一：「重授，謂先已授人物未持去，復授餘人。屬初人定，後授不成。」（三七二頁下）【案】「重囑授相」即「重囑」、「重授」二者之相。「重」，音蟲。本節分二：一者，「僧祇囑」下明相；二者，「準此決犯」下明判。

〔七一〕**囑與眾多人，最後人得**　簡正卷一五：「最後受囑導，即命終定無改轉，故後人得也。」（九二一頁上）鈔批卷二四：「有云：計理而論，最後者得。但是違契，屬病人故。」（九九〇頁上）

〔七二〕**準此決犯**　鈔批卷二四：「謂亡人先囑此人，遂不與，更囑與餘人，（九八九頁下）亡人犯重。授亦如是。已授與前人，更奪便重。」（九九〇頁上）

〔七三〕**財主犯重**　簡正卷一五：「即病人迴物與後人，望前人邊得盜罪。」（九二一頁下）

〔七四〕**決心捨已，不犯長**　資持卷下一：「了論，證不屬已。」（三七二頁下）

〔七五〕**凡言囑授，正是捨財相應心**　鈔科卷下一：「初，正顯成不之相。」（一〇八頁中～下）資持卷下一：「初明成相。」（三七二頁下）【案】「成不相」文分二：初，「凡言囑」下；次，「故諸部」下。初又分二：初，「凡言」下；二、「若云此」下。「成不相」，即「成」與「不成」二者之「相」。

〔七六〕**若云**　鈔科卷下一：「『若』下，約未死準同。」（一〇八頁下）資持卷下一：「『若』下，次敘不成相。上以義判。」（三七二頁下）

〔七七〕死後更有主來，處斷不依前法　資持卷下一：「下出所以。生存屬己，死後屬僧。更有主者，即五德也。」（三七二頁下）

〔七八〕由未死前心決成主　資持卷下一：「次科。初，明囑授與人。」（三七二頁下）

〔七九〕若以財物令人造像　資持卷下一：「『若』下，次，明囑他營福。」（三七二頁下）

〔八〇〕同前浮漫　鈔批卷二四：「深謂：若言死後，則不成。事同前文中『與我死後造經像』等不成。」（九九〇頁上）

〔八一〕十誦大同，唯三衣六物，不應自處分　鈔批卷二四：「立謂：未死不得離三衣。若將與人闕衣，則得闕衣、壞威儀二罪。若生前與他，犯此二罪；若言死後與汝，又復不成，以死後屬看病人，看病人若無德，則屬四方僧。」（九九〇頁上）資持卷下一：「佛制賞看病故。」（三七二頁下）

〔八二〕若未付財，或得已，不作淨，還置病人邊，竝不成　簡正卷一五：「無證據故。」（九二一頁下）鈔批卷二四：「礪疏云：祇律有三句。初，囑未與。謂病人語比丘：『看我當與長老衣鉢，死後僧集分衣。』看病者言：『是人在時，言與我衣鉢。』白佛。佛言：『不應與。』次句，與已而未說淨。還置病人邊，佛言：『不應與。』次句，與即說淨。佛言：『應與。』」（九九〇頁上）【案】僧祇卷三一，四七九頁中。

〔八三〕若作淨已，置邊者，得　簡正卷一五：「有對首人與證故。」（九二一頁下）

〔八四〕即　【案】底本為「即不」，據僧祇律、敦煌甲本、敦煌乙本、敦煌丙本刪「不」字。

〔八五〕若生時已與人，而未持去，僧應白二與之　鈔批卷二四：「礪云：五分若生時已與，而未持去者，僧應白二與之。此律不論無問、將與不將，及淨與不淨。若成一向與，不同僧祇，但成直付，又異五分。立謂：五分令僧白二者，以亡者與前人物已成，但在亡者邊未將去，今將去（原注：『今』等三字疑衍。）今將與，但恐人疑，故白二與之。又，復上來預是囑授，皆須白二與之，以取當時僧和故。（未詳。）」（九九〇頁上）資持卷下一：「五分令作法者，恐僧不知故。」（三七二頁下）【案】五分卷二〇，一三九頁上。

〔八六〕若佛、法、別人負亡人物，亡人負佛、法、別人物　鈔科卷下一：「初，總約佛法，別人以明。」（一〇八頁下）資持卷下一：「初科，前明互負。」（三七二頁下）【案】「負債進不」文分為二：初，「先以」下；次，「十誦云」下。初又分二：初，「先以」下；次，「若本負」下。「別人」義為「區別於人」。

〔八七〕**有則相當還，無則交絡還**　資持卷下一：「『有』下，示還法。初，通示對互。負重還重，負輕還輕，故云『相當』。重輕互還，名為『交絡』。」（三七三頁上）

〔八八〕**以竝收入，須依本物，重則入常住，輕入現前僧**　資持卷下一：「『以』下，別釋互還。『並收入』者，謂判歸二僧故。『依本』者，推本所負故。」（三七三頁上）簡正卷一五：「須依本物者，謂欠（原注：『欠』疑『負』。）重還輕，輕入常住。若負輕收得重物，買取輕分。」（九二二頁上）

〔八九〕**若本負重還輕者，入常住僧中，不同共僧之法**　鈔科卷下一：「『若』下，別據常住以辨。」（一〇八頁下）簡正卷一五：「謂本負重，今雖追得輕，亦須入常住，不得同於輕物十方現前僧共有。以此本是重物故，須入常住也。」（九二二頁上）鈔批卷二四：「謂常住先負亡人重物，今將輕物還，此物還追入常住，不得同現前僧分之。若常住負亡人輕物，今將重物還，要易取輕物分之。前句不同此句，故曰不同共僧之法也。」（九九〇頁下）資持卷下一：「負輕還重，則以重歸輕；負重還輕，則以輕歸重。對文可了。輕物十方共分，名共僧法。此入常住，故云不同。」（三七三頁上）

〔九〇〕**若全無可得者，便止**　簡正卷一五：「謂常住負亡人輕物，常住貧靈（原注：『靈』疑『虛』。下同。）又無人為還、又無覓處，使止不犯。」（九二二頁上）鈔批卷二四：「謂常住既貧，雖負亡者物，無人為還，又無覓處，便止不還，無犯也。」（九九〇頁下）資持卷下一：「無可得者，謂常住匱乏也。」（三七三頁上）

〔九一〕**十誦云**　資持卷下一：「十誦，初科四節。」（三七三頁上）鈔批卷二四：「案十誦云：有比丘屬塔物自貸用，此比丘死，諸比丘不知云何。佛言：『衣鉢物，還計直輸塔，餘淺（【案】『淺』疑『錢』。）僧應分。』又有一比丘，衣、鉢、物為塔用，此比丘（原注：『丘』下疑脫『死』字。），乃至佛言：『僧物計直還取現前僧分。』又有一比丘，貸取四方僧物私用，此比丘死，諸比丘不知云何。佛言：『財物還，計直輸四方僧，餘殘（【案】『殘』疑『錢』。）現前僧應分。』又有一比丘，衣、鉢、物貸與四方僧用，此比丘死。乃至佛言：『應取四方僧物計直還，現前僧應分。』客比丘、舊比丘亦如是，文中直作如此說。」（九九〇頁下）【案】「十誦」下，文分為四：初，「十誦」下；二、「母論」下；三、「五百問」下；四、「僧祇明量」下。「十誦」引文分四，如下資持所示。十誦一節，文分為二：初，從「若比丘生時」至「執券處僧得」為十誦引文，

顯相；二、「此中文」下，決通後句。士誦卷六一，四六七頁下。

〔九二〕若比丘生時負三寶物，應歸　資持卷下一：「初，對三寶互負。應歸即還三寶。」（三七三頁上）

〔九三〕索取入現前僧　資持卷下一：「謂索來判處言濫，故特注顯。或可前云常住負重物不須索取，今準士誦，以決前義。」（三七三頁上）

〔九四〕依本而斷　簡正卷一五：「注文釋成前戈（【案】『戈』即『義』。）須依本物而斷，乃至越其常住常住田園等物，取四方現前僧物，皆同於上。士誦：有比丘貸四方僧物私用，死後不知如何。佛言：『以財物計直，輸四方僧，餘殘（【案】『殘』疑『錢』。）現前僧應分，等四方僧。客比丘貸物用等且爾。」（九二二頁上）鈔批卷二四：「謂依本貸時，為是重物、為是輕物，今索得來，依本重斷也。」（九九〇頁下）

〔九五〕乃至四方、現前、客舊比丘等，亦同上　資持卷下一：「上通明三寶。『乃至』下，別舉僧別。並須索入，故云『同上』。」（三七三頁上）

〔九六〕若賒酒不還，便死，取衣鉢還　資持卷下一：「『若』下，次，明負酒債。」（三七三頁上）鈔批卷二四：「案士誦云：有一比丘，賒沽酒未償，便死。酒主從諸比丘責償，諸比丘答言：『此比丘在時，何以不責？』酒主言：『汝不償酒價者，出汝惡名聲：釋子沙門飲酒，不肯償價。』諸比丘不知云何。佛言：『是比丘有衣鉢物，應用償；若無物，應取僧物與償。何以故？恐出諸比丘惡名聲故。』賓云：律文雖此說，不言『常住』『現前』之異。今以義求，取現前僧物，還之為勝也。」（九九一頁上）

〔九七〕亦不言常住、現前之別，至時隨緣　簡正卷一五：「現前和之，與還為勝。若無現前物，將常住物還。」（九二二頁上）資持卷下一：「注中，決上僧物應取十方、現前物還。必無現前，方聽常住，故云隨緣。遮譏護法，事重故開。」（三七三頁上）

〔九八〕若先與他衣價　資持卷下一：「『若先』下，三、明互負衣直。」（三七三頁上）

〔九九〕無者　資持卷下一：「『無』者，謂衣不在也。」（三七三頁上）

〔一〇〇〕債息異處有五句　資持卷下一：「『又』下，四、明異處差別。彼律，五句並因跋難陀為緣。」（三七三頁上）簡正卷一五：「債息者，謂亡人債息，即亡人在日，出物與他求利，有多處不同，亡後共爭，因有五斷。」（九二二頁上）鈔批卷二四：「即士誦跋難陀債負出息，合有五句也。」（九九一頁上）

〔一〇一〕衣鉢寄在餘處，身在餘處死，隨物處僧得　鈔批卷二四：「謂比丘將衣寄

東寺，身在西寺死，二處共諍，佛判物處僧得。」（九九一頁上）資持卷下一：「因寄物處、死處，比丘共爭。佛言：寄物界內，現前僧應分。」（三七三頁上）簡正卷一五：「十誦五十七末文，跋難陀將衣鉢寄餘處，身在餘處死，兩處共爭。佛言：『衣、鉢，界內現前僧應分。』（九二二頁上）謂彼界纔死，此僧即攝。」（九二二頁下）

〔一○二〕**負債處、死處，負債處僧得**　簡正卷一五：「出息出錢處也。負債處界內應分，以所負之物，在彼界故。物主既亡，物無別屬，入彼僧也。」（九二二頁下）鈔批卷二四：「有別人負亡人物。今既亡後，死處與負債處共諍。佛判負債處僧得。」（九九一頁上）資持卷下一：「彼云跋難陀衣鉢物，處處出息與人，（即負債處。）在異處死，二處共爭，佛判如文。（上二句二處爭。下三句即於第二句上各加一處。）」（三七三頁上）

〔一○三〕**死處、出息處、保任處，保任處僧得**　簡正卷一五：「謂跋難陀付而（原注：『而』疑『與』。）異界同友比丘，保掌任持，生舉與人求利，名『保任處』。即今行頭（【案】『頭』疑『時』。）為他犯錢、放課等是。諸界比丘來此保任比丘處取錢，諂彼取錢界為『出息處』。死後三處共爭，皆言我界合得，佛判保任處僧得。謂此物由保任人作主故，亦同寄阿難處斷。（上正解。）古云：是契劵上保人，名為『保任處』。搜玄破云：律文自為劵書處三句，劵書上豈無保人名字？既判劵書處僧得，明知非也。若但有劵書無保，此劵無證，於理何憑？若但為保無劵，空保用何揀物？又，保人無意，只為保，實非靈，揀物不得。」（九二二頁下）鈔批卷二四：「謂比丘生錢與他，他得比丘錢，此得錢處，名為『出息處』。又有保人，今比丘死後三處共諍，佛判屬『保任』僧得，不屬取錢處，又不屬死處。由今時出息，若不還者，保人代出。今若死後，故屬保任處僧分。有人云：此是出息與俗人，焉有別住處比丘為保？即屬此保任比丘住處僧分之耳。」（九九一頁上）資持卷下一：「第三加保任處，謂比丘為彼保掌出息也。」（三七三頁上）

〔一○四〕**死處、質物處、取錢處，質物處僧得**　簡正卷一五：「質胎所在處也。謂比丘有錢出，云質前人也。來此取錢，諂取錢人界為取錢處。其質胎別在界中，為質物處。身在異界死，名死處。佛判質物處僧得，謂此質物與僧同處故。若是輕，得錢來贖，應市輕物僧分；若是重質，以錢來贖，須入常住；若不來贖，隨質輕重判。」（九二二頁下）鈔批卷二四：「此謂是亡人生時質。生時質處，名為質物處。前人將物來質覓錢，名為取錢處。今比

丘在餘處死，三處共諍。佛判物屬本質庫處僧得也。有解云：謂亡比丘有物，與別住處比丘收質，即收質比丘處僧應分。然取錢處，疑是俗人取錢，若是僧處，彼應合得。」（九九一頁下）資持卷下一：「謂以財物在異處，質與人也。」（三七三頁上）

〔一○五〕死處、取錢處、執券書處，執券處僧得　資持卷下一：「加執券書者，即為財主掌計簿籍也。」（三七三頁上）簡正卷一五：「券者，支分契也。（九二二頁下）半分曰券。契者，要約也。謂比丘將錢出息與他，彼人來此取錢，名取錢處。其半分券書，別在一界，名半分書處。身在餘處，死名死處。三處共爭，判半分書處僧得。謂有契半券分，在此界中，與僧同處，故持此券，依數徵彼物也。玄云：此之五句，輕重俱揀。下文引十誦云：有比丘病，眾僧分食，看病人為取飯來，比丘已死，不知云何？佛言：『若先後得飯，應還本處；若請得飯，後無應同比丘物。』（已上律文。）鈔注云：今現前僧分處入重。准此，驗前五句，皆言界內。前比丘分者，令現前分處，入輕入重，非謂一向入輕也。」（九二三頁上）鈔批卷二四：「謂此句與前第三句同，准保任處，當其執券書處，前則屬保任，此屬執券書。『券』字，體半下作『分』，曰半分。（『去願』反。）五句之中，義猶未了，故鈔家自簡（云云）。礪亦云：以理推究，或不同彼。若白衣家出息物，在彼人邊未得者，容准十誦，或依券書等償之。若物在僧住處，比丘亡後，並應隨處所在僧得。恐不得，依券書等，互攝此物。以其彼此俱是僧故，容將此僧物，以屬於彼。」（九九一頁下）

〔一○六〕此中文猶不了　鈔科卷下一：「『此』下，決通後句。」（一○八頁中）資持卷下一：「次科。初句指破。」（三七三頁上）簡正卷一五：「二、約義重斷。」（九二三頁上）

〔一○七〕若物在僧邊者，亡後，隨物處僧得　簡正卷一五：「上但通辨五處僧得，不論物在何處，是不了。今云物俗處，得以券書徵之，以彼非福田。若物在僧界中，即隨物處僧得也。」（九二三頁上）

〔一○八〕如初句斷，以彼此俱僧　資持卷下一：「『如』下，三、明別斷。上明入僧。」（三七三頁上）鈔批卷二四：「謂隨物處僧得，不可屬於券書處也。」（九九一頁下）

〔一○九〕除羯磨法　簡正卷一五：「除羯磨法者，如前云：欲將此界僧食濟及彼僧，須羯磨和與之，以僧物不許出界故。」（九二三頁上）

〔一一○〕若負物在俗，同無住處，五眾先來者得，重物隨見者送寺　資持卷下一：

「上明入僧。『若負』下，次明在俗。前約直取。」（三七三頁上）簡正卷一
五：「謂前五句但約僧界明之。若負物在俗邊，律雖無文不可，此約義兩斷：
若約無爭，即同四分無住處，命過斷之，隨於五眾，先來攝得輕物。（九二
三頁上）若論重物，隨先來者送寺；若多人共爭，各執道理不同，則准十誦
五斷。謂物在俗家，比丘寺內聚落中，先為僧共死處比丘諍，即依十誦初斷
物處僧斷。若白衣家負比丘債，比丘寺中死，兩處僧共諍，亦負債處僧得。
或保任及質物半券書等。三處僧共諍，亦質物保任處券書所僧得，或同前人
處得。」（九二三頁下）

〔一一一〕五斷　資持卷下一：「前約直取。『若』下，後斷互爭。十誦五中，準後三斷。
人、處二寄，即分法中寄人不寄處、寄處不寄人二斷也。」（三七三頁上）
鈔批卷二四：「謂若也多人來諍不決，可依前五句斷之。或同前入處二寄者，
立謂：如上阿難受寄之文，或寄處不寄人，或寄人不寄處，隨寄斷屬，皆謂
多人來諍不決，可依此斷。」（九九一頁下）簡正卷一五：「若多人共爭，各
執道理不同，則准十誦五斷。謂物在俗家，比丘寺內聚落中，先為僧共死處
比丘諍。即依十誦，初斷物處僧斷。若白衣家負比丘債，比丘寺中死，兩處
僧共諍，亦負債處僧得。或保任及質物半券書等，三處僧共諍，亦質物保任
處券書所僧得，或同前人處得。」（九二三頁下）

〔一一二〕二寄斷　簡正卷一五：「如上分法第九，隨在處得中，寄處不寄人物處僧得。
若寄人不寄處人處得，本文約僧界為言。今約在俗家者，如比丘將物寄張比
丘，此人自將又轉李檀越舍。本主於寺死，三處有僧，皆言我合得，便判與
張比丘界內僧得，以寄人不寄。若彼比丘在亡人家內住，知此家堅蜜，借
房自鑰同物，不令房主主持。此比丘於寺中死，兩處有僧共諍，依前寄物處
僧得，以寄物處有僧先揀故。」（九二三頁下）

〔一一三〕若有生息物在外　鈔科卷下一：「母論明遣索。」（一〇八頁中）簡正卷一
五：「『毗尼母』下，證前律文不了。若物在俗處，索未得者，可依十誦，依
券徵錢。」（九二三頁下）資持卷下一：「『生息在外』，即俗人處。」（三七
三頁中）【案】毗尼母卷三，八一五頁中。

〔一一四〕比丘借人物，前人死，要須白僧，得取本物；不白而取，得罪　鈔科卷下
一：「五百問明物主索取。」（一〇八頁中）簡正卷一五：「『五百問』下，明
將物借人，前人死後，欲取時須白僧，不白得吉。僧知不還，犯重。」（九
二四頁上）資持卷下一：「謂以物借他。言得罪者，彼云：一切不得自取，

犯吉。白眾，眾還得取，眾不還犯吉。（結僧罪也。）」（三七三頁上）【案】
五百問，九八九頁下。

〔一一五〕自他俱犯　資持卷下一：「若眾不與，強取犯墮，故云『自他俱犯』也。」
（三七三頁中）簡正卷一五：「約僧中能斷律主為『自』，所是眾僧為『他』，
皆有隱欺之罪。（上依搜玄，皆約僧中，以辨自他也。）寶云：若僧不與，
強取為『自』，（九二三頁下）他僧知而不還為『他』，二俱有犯也。（此亦自
是一途。）祇云：下本文是收亡者物時，有比丘言『我亦有物在中』，故有
斯判。今准索債，亦同此判。今准索債，亦同此判。（原注：『今』等八字疑
衍。）恐後靈偽，又無好人證明，不得與也。」（九二四頁上）

〔一一六〕若索債者，當看前人持戒，可信者與，不可信者，不應與　鈔科卷下一：「僧
祇明量彼可信。」（一〇八頁中）資持卷下一：「僧祇索債，謂有比丘死，餘人
來索，事客同濫，故制觀量。」（三七三頁中）【案】僧祇卷三一，四七九頁中。

〔一一七〕不信證者，不應與　鈔批卷二四：「謂既非可信，又無好人為證，故不得與。
『已』下，定其輕重義也。」（九九二頁上）

〔一一八〕然此亡物，諸部未融，隨情難信　鈔科卷下一：「初，明約教處判。」（一〇
八頁上）資持卷下一：「初科為二。初正判，⋯⋯初中，前明據體，受隨相
應故，後約隨處現僧同見故。」（三七三頁中）簡正卷一五：「定宗也。未融
者，未能融會四律律文，但隨己情而斷，難可信用。」（九二四頁上）鈔批
卷二四：「立明：如四分中，一切器皿入重。十誦明斗量，兩分輕重，為此
等例，名為未融。今則取亡人隨何律受戒，依部而判。」（九九二頁上）【案】
「輕重」文分三：初，「然此亡」；二、「今於斷」下；三、「一者唯」下。初
本節資持科文為二：一者，「然此亡物」下；二者，「不得自」下。

〔一一九〕則隨別住何部行事，即以此部處斷是非　簡正卷一五：「玄云：亡人既也不
憶，看病又不可知，約亡人在生時隨何部行事，即驗知生前受體，以判重輕
為是。反此即非。（止且一解。）今依天台所稟，云隨別住者，即是攝僧界
也。既不委云（原注：『云』疑『亡』。）比丘是何部律受戒，今但且依此別
住界中眾僧等，尋常行事，處判輕重之律。若知他受體元是十誦、僧祇等，
即須依彼以定輕重也。」（九二四頁上）

〔一二〇〕不得自垢心行，妄興與奪　資持卷下一：「『不』下遮非。⋯⋯遮非中。初，
遮其妄情。」（三七三頁中）簡正卷一五：「四分：入重物多輕少；十誦：入
輕多重少。今既是四分受體，便妄引十誦，判重入輕，必是十誦受體，即合

准判入輕。今妄引四分並入重，此等皆是內心別有所為之處，是以如此判量，故云『妄興與奪』也。故儀云：然以人情忌狹，擁結非無，若知事者，則親常住，輕亦重收。若有別僧，則私利己，重亦輕攝等。」（九二四頁上）

〔一二一〕實從四分而受，當寺行之，便隨貪欲，多判輕物入僧，便準十誦　資持卷下一：「『實』下，示其濫用，如下所引。四分衣鉢等外，多判入重。十誦餘物，多是歸輕。今欲多得衣分，乃背受隨，輒用十誦。」（三七三頁中）簡正卷一五：「當（平呼）自行之者，謂實從四分得戒，當體四分自己宗中以論輕重行事也。（此依大德所解也。）諸記之中，皆云當（去聲）寺，即本寺也。謂處人知於僧務，意為寺家多判輕入重等。（非解也。縱鈔文多作『寺』字，即錯書。薀本內但是字。自知之。）」（九二四頁下）

〔一二二〕此由貪故犯，非由教是罪　資持卷下一：「推過歸心，以判重為輕，皆犯夷重。輕重儀云：然以人情忌狹，擁結非無，知事則親常住，引輕入重，別僧則私自利，引重從輕是也。」（三七三頁中）簡正卷一五：「謂不開聖教結犯，但是斷量之人，貪心上結也。」（九二四頁下）鈔批卷二四：「立明：教中雖斷輕重不同，今則依當宗受體則是。若曲情依別部斷割，知事則親常住，引輕從重，別人則私自利，引重從輕。此乃自招罪罰，非是教中有罪失也。」（九九二頁上）

〔一二三〕今於斷割之前，豫須總位　鈔科卷下一：「『今』下，述意總標。」（一〇八頁上）資持卷下一：「『豫』合作『預』。」（三七三頁中）

〔一二四〕六種不同，如「序」中列，及論附事，三階處決　簡正卷一五：「如序中列者，即第四門六師也。三階處決者，於六師中，第一師唯用四分；第三師先准四分，通取諸部相添；第五師通用律藏。今此但作三段階級。」（九二四頁下）鈔批卷二四：「謂上卷古來持律有六師各執也。今束此六，以為三階：一則唯用四分，有則依之，無則不明；二者先用四分，餘部義類兼明；三者通用律藏，廢立正文。如先統師（【案】『先』疑『光』。），多依第一門。如礪師斷輕重中，一切瓮瓶不同。十誦以量限約，不問大小，咸斷入重之。部部不同，非為此部不了。十三章門者，輕重儀中，具依律錄。今此不出。」（九九二頁上）資持卷下一：「總撮六見，不出三階。」（三七三頁中）

〔一二五〕唯用四分一律　鈔科卷下一：「初，唯取四分，不取外宗。」（一〇八頁上）簡正卷一五：「此初師為第一階也。」（九二四頁下）【案】「一者」下分三：初，「一者」下；二、「四分」下；三、「三者通」下。

〔一二六〕十三章門判物皆盡，唯有重輕二別　資持卷下一：「第一師，初科十三章者：

－2497－

一、是僧伽藍；二、屬僧伽藍、園田、果樹；三、多有別房；四、屬別房物；
五、瓶、盆、斧、鑿、燈、臺；六、多諸重物，（即成衣、眾具等，如文所
列；）七、繩床、木床、臥具、坐褥；八、伊梨延陀，（此鹿王名，謂鹿皮
類。）耄羅、耄耄羅，（此二皆獸名，儀云：狀如虎、兒、豹、貘之類。皮
厚毛軟，可坐。）九、守伽藍人；十、車輿；十一、水瓶、澡鑵、錫杖、扇；
十二、諸雜作器，（竹木等作具；）十三、衣鉢等，如文所引。律斷前十二
皆重，後一屬輕，故云唯有重、輕二別也。」（三七三頁中）

〔一二七〕俱夜羅器　資持卷下一：「初明輕物，即第十三一章門也。俱夜羅，儀云此
翻隨鉢器。」（三七三頁中）簡正卷一五：「鍵鎝小鉢，助鉢用故。」（九二
四頁下）

〔一二八〕餘者，一切器物之中不列名者，竝判入重　資持卷下一：「『餘』下，次明重
物，即總前十二門也。」（三七三頁中）

〔一二九〕若有道俗衣服者，入輕　資持卷下一：「『若』下，別簡衣服。」（三七三頁
中）簡正卷一五：「玄問云：『既是俗服，何在輕收？』答：『此雖是俗服，
蓋是王臣所著法衣，同氈氍量入輕。』」（九二四頁下）

〔一三〇〕此一家正斷，亦無與二，不可抑奪　鈔科卷下一：「『此』下，結示。」（一
〇八頁下）資持卷下一：「『此一家』者，即指上判。無與二者，謂與今同也。
但彼不用外宗，未為盡善。不可抑之，為非奪之不存，故云也。」（三七三
頁中）簡正卷一五：「此師但依四分，而斷不取外宗，都絕是非，故云『無
二不可』。四分無處，抒其令用外宗。又，不可奪其不用，故云也。」（九二
五頁上）鈔批卷二四：「立明：此師依一部偏斷，亦通無有差二也，不可道
他是，不可道他非。不可抑奪者，謂不可判將作莫抑他理奪他理也。私云：
此人依律所列，輕者斷經，餘不列重。元不取外宗以會通，喚不取外宗，名
為『無與二』也。既依律斷，亦無由抑，奪其理也。」（九九二頁下）

〔一三一〕四分先準，諸部類分，義決有無，旁出輕重　簡正卷一五：「標第二師，（即
第二階也。）義決有無者，如四分判被單入重，今類准五分，單敷儭身衣，
即合入輕。（此於重中，傍出輕也。）又，四分別小甄入輕，若隨床机者，
即須入重。（此於輕中，傍出輕也。）已外皆此例之。」（九二五頁上）資持
卷下一：「初科三義。據體立宗，故四分先準。本宗既闕，取外相成，故取
諸部。本異俱無，仍加義決。下之二種，對上本宗，故云『旁出』。旁，即
兼也。」（三七三頁中）

〔一三二〕**分三** 簡正卷一五：「且依四分，自分三別。（玄記錯科本衣。）」（九二五頁上）資持卷下一：「三科各出所以。前二輕重，各定諸部皆同。後一反之，故須列判。」（三七三頁中）【案】「初略」下分三：初，「一佛所」下；二、「二制不」下；三、「三佛開」下。

〔一三三〕**佛所制畜** 鈔科卷下一：「初，佛所制畜。」（一○八頁下）簡正卷一五：「衣鉢如鳥二翼，此定入輕。」（九二五頁上）

〔一三四〕**佛開聽中，義含輕重** 簡正卷一五：「許一畜物中，則不定。准物乃妨。義合（【案】『合』疑『含』。）輕重者，玄云：如中品人，開畜一百（【案】『百一』疑倒。）、供身具，即須聽畜物中。有似寶道具，則含輕重。若據似寶體即重，作念珠等即輕也。或有云：蚊蟵等是重，已外隨身服用是輕，亦得。」（九二五頁上）

〔一三五〕**此則判有不同** 簡正卷一五：「首、勵（【案】『勵』疑『礪』。）等疏，各有處量輕重儀，互說不定等是也。長於上根四衣行，但三衣人則成妨道，於受用邊，即成餘長。若於中下根人，客得濟形資道有益，故開自分三位，簡去異說故。」（九二五頁上）

〔一三六〕**性重** 簡正卷一五：「體性是重故。」（九二五頁上）

〔一三七〕**性輕** 簡正卷一五：「體性是輕故。」（九二五頁上）

〔一三八〕**莫問多少** 簡正卷一五：「破古也。古云：多則入重，如百疋等，少（九二五頁上）則入輕。今云：可資身修道，故一向入輕。」（九二五頁下）

〔一三九〕**從用輕重** 資持卷下一：「從用二句，應具四句，俱重、俱輕，舉事配之可解。事重，事即物體。用輕，謂資身助道；用重，謂恣情廢業。」（三七三頁下）

〔一四○〕**或事重用輕** 簡正卷一五：「此等體重名『事重』。常須隨身，故從用入輕。如布絹所作，即事輕不合畜，故名用。」（九二五頁下）

〔一四一〕**如大小帳蓋** 簡正卷一五：「古人謂此是律第八章。伲（【案】『伲』疑『伊』。次同。）梨延陀、毷羅、毷毷羅等。故輕重儀敘古云：初則伲梨延陀，可非障相，次則毷毷諸（原注：『諸』字疑剩。【案】輕重儀有『諸』字。）羅。豈非大小帳？帳似於帽故。今師破云：『用此可司一何笑（【案】輕重儀文作『用此當司，一何可笑』。），聞聲即判』，曾未討其字源，隨語便番，即音定其物體。此則勇於取類，拙出（原注：『出』疑『於』。）事實。且伊梨延陀，名為鹿也。經明佛膞相，如伊梨延陀鹿王之膞，斯則鹿之皮色。毷羅、毷毷羅者，並是獸名，狀虎，豹之屬，皮厚無（【案】『無』疑『毛』。）㼝，而可

坐之。于闐已西諸國並有，此方既無，故存梵名也。餘不具錄。今言大小帳，雖綾絹所成，妨故入重。」（九二五頁下）【案】輕重儀卷一，八四四頁。

〔一四二〕枕扇　簡正卷一五：「西土多以羊毛為之。」（九二五頁下）

〔一四三〕氈褥、牀席　簡正卷一五：「即床上之席。西土多以氈為席，此皆體性從用入重也。」（九二五頁下）

〔一四四〕但以教網具周，必須文顯　鈔科卷下一：「初，敘意總舉。」（一〇八頁上～中）簡正卷一五：「諸部律中，雖具周足，明其輕重，今亦引文顯示通收。己物聚作七門，若斷輕重，可依此判。」（九二五頁下）資持卷下一：「上二句示引用。」（三七三頁下）

〔一四五〕準用十誦律中，瓦木等色，隨事分物　簡正卷一五：「以十誦瓦木等皆約牀敷大小判之，亦可類用也。」（九二五頁下）資持卷下一：「十誦，器物不從體判，但隨事用，以分重輕。今此諸門，準彼為例，亦隨事判，故云附事廣明也。」（三七三頁下）

〔一四六〕十誦　鈔科卷下一：「『十』下，引示儀式。」（一〇八頁上）資持卷下一：「十誦明持物入眾。」（三七三頁下）【案】十誦卷二八，二〇五頁下。「揲」，底本為「擗」，據大正藏本、貞享本及弘一校注改。

〔一四七〕毗尼母云　資持卷下一：「母論明遣差五德。彼廣示分法。」（三七三頁下）鈔批卷二四：「案母論云：『何故名重衣？』『重有二種：一者價重；二者能遮寒，故名為重。又云：畢陵伽為國人所重，或施羅網、或象馬車乘，及作小寺等施者，佛聽受之。如是等物，屬四方僧。』『何故復名重物者？』前明重物，就衣得名，今明重物，就物得稱。』既有七門，今即是初。」（九九二頁下）【案】毗尼母卷三，八一五頁。

〔一四八〕以物重故　資持卷下一：「下釋重名，義含體用。輕物名義，可以準知。」（三七三頁下）

〔一四九〕絲麻毛綿所作　資持卷下一：「絲、麻、毛、綿，從體標名，四種攝盡一切衣物，即十三章中十三、第八二章也。古來科節，連環合雜，物類不分，重輕混亂。今並細科，有如指掌。至於記中，略點而已。又復，古記多引俗書釋物名相，古今朝代裁製不同，過成繁碎，今並削之。至有難曉時為略釋。」（三七三頁下）【案】本節分二，初，「四分」下；二、「僧祇覆」下。

〔一五〇〕坐褥、臥褥入重　簡正卷一五：「坐臥褥者，皆內約以治氈為骨，綿儭於外，通以布帛縵之。若但一邊縵者，入輕。」（九二六頁上）鈔批卷二四：「立明：

此不問大小，但使兩邊是布絹，中盛氎毛等，入於重攝。」（九九二頁下）

【案】「四分」下一節分六：一、「坐褥」下；二、「氈氎」下；三、「被及被」下；四、「薄頓氈」下；五、「氈氎」下；六、「綾羅」。

〔一五一〕**表裏有綿帛裝治** 資持卷下一：「儀云：二褥隨其大小，皆謂內以氈為骨，綿儭於外，通以布帛縵之。若但一邊氈布者，入輕。」（三七三頁下）

〔一五二〕**氈氎長五肘、廣三肘，毛長三指，入輕** 鈔批卷二四：「立明：此要是純色，得為三衣者故輕。（九九二頁下）若有班色，無問大小，入重。若非班色，堪為袈裟者，雖未成袈裟，卌（原注：『卌』疑『此』。）入輕。」（九九三頁上）

〔一五三〕**相同袈裟，條葉具足，毛內葉外** 資持卷下一：「初，示衣相，即取量同袈裟，過此入重故。儀文云：予昔以量同三衣，故入輕收。氈被之屬，列此分量。後因天人告云：『氀毹體量，乃通三衣，中國不開，被寒土耳。』又云：諸寒嚴國，多用布氈複貯著之，無者以軟草織衣服之。又，無者以樹皮，槌令軟而服之；又，無者可以毛屩，如氀毹法，割截成三衣，毛在內披之；又，無者可用諸皮，作三衣服之。如此，次第漸漸而開。若至中方，自有法衣，則樹皮等，並入重也。」（三七三頁下）簡正卷一五：「又猶未了，准輕重伐（【案】『伐』疑『儀』。），正是袈裟。以西土多寒，將此為衣也。」（九二六頁上）【案】輕重儀卷一，八四五頁。

〔一五四〕**乃至皮作亦然，故開皮為臥具** 鈔批卷二四：「立明：此皆約邊方無布絹處，故著之，死後入輕分。若如此土，皮三衣還合入重。故輕重儀中云：若至布鄉，還不許服等。（云云。）」（九九三頁上）資持卷下一：「『故』下判云：氀毹如前三衣相者在輕。異者，不問大小，厚薄皆重。」（三七三頁下）簡正卷一五：「同上氈氎許畜，故入輕攝。」（九二六頁上）

〔一五五〕**被是重物，不可例之** 資持卷下一：「『被』下，簡濫。從用重故。」（三七四頁上）簡正卷一五：「破古斷『被同氈氎入輕』也。今師云：被不開畜，全是俗懷，不可為例故。」（九二六頁上）

〔一五六〕**自餘準此為量** 資持卷下一：「餘準此者，謂餘毛也。」（三七四頁上）簡正卷一五：「例上氈氎寒處聽著。」（九二六頁上）

〔一五七〕**被及被單入重** 簡正卷一五：「且依四分斷也。若依五分，獨被單類，同單敷入輕收。」（九九三頁上）資持卷下一：「被單。儀云：單敷，被單之屬，既不同被相等，縵布三衣，可從輕限。（如下自決。）」（三七四頁上）

〔一五八〕**薄頓氈，堪可疊披入輕** 簡正卷一五：「堪為衣服故，氈氎、綿、繡等五，綵

色分明，不論肘量，皆入重也。」（九二六頁上）資持卷下一：「儀云：厚氈入重而薄，堪可裁縫。不同氍毹，全是俗懷。此氈通於道務也。」（三七四頁上）

〔一五九〕氍毹錦繡等，綺色分明，入重　資持卷下一：「儀云：氍毹純色入輕，雜者入重。（又云：叢毛編織，而出毛頭。兼有文像、人獸等狀，名曰氍毹，此即雜者。）」（三七四頁上）【案】「綿」，底本作「綿」，據大正藏本、敦煌甲本、敦煌乙本、敦煌丙本及弘一校注改

〔一六〇〕律令壞色著之，猶同三衣相　資持卷下一：「『律』下，釋疑。恐謂律聽壞色而著，不當入重。準知，染壞理在輕收。」（三七四頁上）

〔一六一〕綾羅入輕　鈔科卷下一：「『綾』下，貴衣。」（一〇九頁中）鈔批卷二四：「私云：如礪師將羅入重，今不然。下文令著大價疎衣，及得鵝文衣令著，故知羅衣入輕。」（九九三頁上）資持卷下一：「儀云：雖衣體交錯而色相純同，故律開著細鵝文相衣也。」（三七四頁上）

〔一六二〕律開受王大價衣，及施主種種好衣　資持卷下一：「『律』下，準例。初引律。」（三七四頁上）簡正卷一五：「王大價衣者，律衣法中，瓶沙王持所著貴價欽婆羅衣，又送所著大價氍毹。佛言：應淨施畜。種種好衣者，律但云諸優婆塞遣人大送種種好衣，並不分別衣名及羅、穀等，是不明了。」（九二六頁上）

〔一六三〕文中乃不明了，不妨含於貴價交梭等入輕　資持卷下一：「『文』下，決通。交梭，即綾羅、紗穀等。儀云：即如紗葛之屬，例輕分也。梭，『蘇禾』反。」（三七四頁上）鈔批卷二四：「有人云：天人正明此義。言貴價衣，還是袈裟，但價貴耳，非俗人服也。」（九九三頁上）簡正卷一五：「『不妨含於』等者，今師義斷。既是大價、好衣，必是大貴，絞梭（【案】『絞梭』鈔作『交梭』）等也。又，下文聽著『大價疎衣』，何簡綾羅紗穀也？（上且依律斷也。）後至乾封二年（公元六六七年）暮，春月冥盛，天人與師言論，云：『王衣俗眼（【案】『眼』疑『俗』。），類在輕收。雖隨律斷，又非明了。蓋翻譯者過，非學者失。如氍毹體量，乃是三衣，中國不開，偏被寒土。』大價衣者：西土諸王，多重佛教。（九二六頁上）外治國政，則服俗衣，內道法行，便懷道服。感著大衣，同僧服者，其價極貴，或出萬金故，耆婆施佛一衣，價直十萬，而請清信士女，逮及菩薩在家，咸著三衣。乃至色有諸天，亦此服。大師開斯所說，方省前迷。故儀云：今以近事，用微遠教。如梁高祖親依佛教三衣、錫杖而受持之。登座講說，脫於帝服。又，廢

（原注：『廢』字未詳。【案】疑『唐』。）貞觀年（公元六二七年至六四九年），中宗皇帝以所著七條施勝光寺珍法師，價直三萬，及終後，還追入內。又，貞觀十二季（公元六三八年），吳中進二僧，一名道泰，二名慧宜，大宗（【案】『大』疑『太』。）以所著七條示之，令制詩先成者與此衣。及作詩一齊成，遂令學七（【案】『七』疑『子』）評於勝劣，云俱一等。因令將衣於市，俗價直六十萬，乃進衣卻出，絹入付百段等。餘廣如儀及述疏也。引此文證，即知王衣定是法服。文中且依律斷，蓋來（【案】『來』疑『未』。）了也。」（九二六頁下）【案】簡正引乾封年事，見量處輕重儀，八四五頁上。

〔一六四〕**下文聽著大價疎衣**　資持卷下一：「『下』下，引證。上『王大價衣』，謂是貴物，用證綾羅。若準儀文，天人所告乃是袈裟。西土諸王，外理國政，則服俗衣；內遵法行，便懷道服，咸著僧伽梨。其價極貴，或出萬金，故名大價。」（三七四頁上）

〔一六五〕**二種腰帶**　鈔批卷二四：「立謂：一是禪帶，如上云『善助』者是也；一是腰帶也。」（九九三頁上）資持卷下一：「彼律因乞食比丘旋風吹去內衣，佛言：『應著腰帶。』諸比丘散縷作、紐縷作、空中作。佛言：『散縷、紐縷，盡不聽。空中者，應當中縫。（一也。）若織編作。（二也。）』」（三七四頁上）【案】本段「僧祇覆瘡衣」下引諸部類分，為證：初「僧祇」下；二、「五分」下；三、五大色衣；四、「絲麻縷線」下，絲縷；五、「盛衣」下，囊袋；六、「一切」下，俗服；七、「雜綵」下，雜色等物。【案】僧祇卷三一，四八四頁下。

〔一六六〕**劫貝、單敷、儭身衣**　簡正卷一五：「西土，木綿堪作織衣，將此儭身上著三衣。」（九二七頁上）資持卷下一：「五分初判輕物。劫貝，即木綿衣。單敷，儀云：謂敷床上垂四角者。儭身衣，儀云：即身、瘡、儭三衣者。」（三七四頁上）

〔一六七〕**準此，被單雖是從被，猶同儭身，單敷不異，可類在輕**　資持卷下一：「『準此』等者，即準單敷，類決被單。」（三七四頁上）簡正卷一五：「『准此』下，前依四分，斷被單入重。今准五分，單敷（原注：『敦』疑『敷』。）可類入輕。儀云：被單既不同被等，縵三衣可從輕限。」（九二七頁上）

〔一六八〕**錦綺、毛毯**　資持卷下一：「『錦』下，次判重物。初，判毛。毯，音『塝』，毛織布也。」（三七四頁上）簡正卷一五：「『儀云：以毛織作布，上為疊方丈旆。（九二六頁下）若過量大者，准儀云：氎為重輕，薄須條理，鞭厚

過三衣量，如上斷重；軟薄堪所裁，從無論大小多少，入輕。」（九二七頁上）鈔批卷二四：「毛㲪者，字合『並』邊著『毛』，（『布莽』反。）謂毛布也。字林云：闟之方文者，曰㲪㲪。二形同，字苑作㲪㲪（『強朱』反。）下，（『雙朱』反。）聲類云：毛，廗也。釋名作『裘被』。通俗文：織毛蓐，曰㲮㲮。細者，謂㲪㲪。廣疋云：㲪㲪毛，有文章也。釋名云：施之大床前小榻上，所以登上床，因以為名。」（九九三頁上）【案】此有三判，另二是判㲪㲪、判小㲪。見下注。

〔一六九〕**準此，四分減量者入輕**　資持卷下一：「即準毛㲪，校上薄軟。」（三七四頁上）

〔一七〇〕**必依量，硬厚入重，不堪披著**　資持卷下一：「謂縱不過量，而硬厚者，亦入重收。」（三七四頁上）

〔一七一〕**㲪㲪類同錦繡**　簡正卷一五：「儀云：此土本無其物，皆從西北、塞外而來。若聚毛編織而出毛頭，通有文像、人獸等狀者，名曰『㲪㲪』。若以經紬班毛，似此方錦者，名㲮㲮，用為地敦（【案】『敦』疑『敷』。）、壁障等。以有綺色，分明如錦繡，入重也。雖是小㲮，下更斷㲪相隨入重。」（九九三頁上）資持卷下一：「儀云：謂以經緯班毛，如此錦者，用為地敷、壁障等。」（三七四頁上）

〔一七二〕**五大色衣入輕**　簡正卷一五：「『五大色』下，古判真緋等色入重，黃白入輕。」（九九三頁上）資持卷下一：「三段。初，正判。儀云：由體是應法，即堪改轉，還類法衣，如律受淨。『若爾，錦衣亦聽壞色，而畜理應入輕？』（三七四頁上）答：『儀云：不同錦繡、㲪㲮，染則可得如法，未染體是班文綺錯，外相五彩分炳。又，佛正斷在重，無宜抑例，通分是也。』」（三七四頁中）【案】「五大色」下分三：初，「五大」下正判；二者，「若真緋等」下斥非；「若爾」下例難。四分卷四〇，八五七頁上。

〔一七三〕**若真緋等判入重者，黃、白不應入輕**　資持卷下一：「『若』下，二、斥非。儀云：有人云真緋、正紫大色上染，佛斷不服，著得墮罪，故須入重。今不具引，直牒彼計，引類難破。絹布不出黃白二色，同是五大，亦不許著，而判在輕，故知不可。但據佛制不著，便謂入重。」（三七四頁中）鈔批卷二四：「立謂：此是難破古人義也。古人獨判緋紫入重，今引黃白等來難。」（九九三頁上）

〔一七四〕**若爾，㲪㲮佛制量入輕，不云色者，何判入重**　資持卷下一：「『若爾』下，

例難。氍毹前有兩斷。彼謂入輕乃是約量入重，正是約色故有此難。」（三七四頁中）簡正卷一五：「今師難云：『若爾，氍律文何判絹布入輕？』『以絹布顏色白故，從白色下及質也。』『若爾氍毹』下，雖（【案】『雖』疑『難』。）也，意道：若五大色入輕者，何以氍毹但約量判不言色耶？」（九二七頁上）鈔批卷二四：「立明：此是為古師作難意也。汝既不許真緋等入重者，然氍毹律中唯明量，不明其色，汝何故將班綺者入重、純色者輕？故知班者入重。我今緋紫，如何非重？故知但是得著入輕，不得著用者入重。故將非紫類，其班氍一種，俱不得著，何判一輕一重？此是古師有此計也。」（九九三頁下）

〔一七五〕答　簡正卷一五：「答中。意謂氍毹已離綺錯之色，故約量判入輕。若綵錯分明，合掃重捧。准五分又（【案】『又』疑『文』。）下，證成純色，入輕可知。」（九二七頁上）資持卷下一：「初明入輕，但離綺錯，縱純上色，亦判入輕。故知，但分文之純雜，不論色之如非。故引五分為證，彼云：錦綺毛毯等不應分，若純色者應分。」（三七四頁中）

〔一七六〕絲麻、縷線，不問多少，義準入輕　簡正卷一五：「准著見（【案】『著』疑『善』。），線既入輕，隨身要故。絲磨准綿，亦合入輕。若然合曪，則有虫磨，舍鼃（音『皆』）內有骨，入重。」（九二七頁上）

〔一七七〕必含繭含秸，便入重色　鈔批卷二四：「含秸者，立云：秸，（『皆』音。）謂是麻苧帶至也。應師云：秸，（『公八』反。），或作『禾』邊著『吉』，或『草』邊著『木』。說文云：秸，禾稾去其皮，祭以為藉。」（九九三頁下）資持卷下一：「含，包也。儀云：有蟲之繭、著稈之麻，並謂未成縷者。秸，音皆，麻稈也。」（三七四頁中）

〔一七八〕前至臍，後至腰　簡正卷一五：「謂從肩至腰臍，謂串肩上行。故准五分，入輕。」（九二七頁上）資持卷下一：「初判輕。注約串於肩上，取兩頭以為齊限，即非大者。」（三七四頁中）

〔一七九〕準五分，入輕　資持卷下一：「上明數量，即出五分。」（三七四頁中）

〔一八〇〕連袋、長袋、被袋　鈔批卷二四：「私云：如北地驢馱上袋是也。兩頭縫塞，中央開孔者是也。長袋者，盛秄塵用也。」（九九三頁下）資持卷下一：「下三入重，並謂大者。被袋，隨被判也。連袋，古云兩頭縫合，中間開口也。儀云：以綺錯所成，同俗被袋，不入分限。」（三七四頁中）

〔一八一〕一切俗服、襦襖之類，已壞色、折破，入輕　資持卷下一：「壞色異俗，折破非衣，故並入輕。」（三七四頁中）簡正卷一五：「儀云：若色未改相狀，

俗衣入重，為絕懷俗意也。必壞色相者，聽分，此但相乖，而堪附道，故
開。」（九二七頁上）鈔批卷二四：「謂雖是俗衣，既先坼（【案】『坼』疑
『折』。次二同。）破，又如法染竟，故入輕。此謂先坼竟，非今始坼。」
（九九三頁下）

〔一八二〕猶是白色俗衣用服者，入重　資持卷下一：「『猶是』下，反上二種，故重。
儀云：為絕懷俗之心，故襦短衣也。」（三七四頁中）

〔一八三〕雜綵色線靴鞋，及餘男女衣服、補方巾、袋等，竝入重　鈔科卷下一：「『雜』
下，雜色等物。」（一〇九頁下）簡正卷一五：「補方巾、袋者，叟方五色合
成也。」（九二七頁上）資持卷下一：「綵線靴鞋者，儀云：時有作三臺龍鳳，
（得頭有三層者。）及錯綵線綺繡刺成者，入重。男女衣服，即童男、稚女
花綵之衣。補方，舊云即裁五彩叟方補合成者。儀云：繡繢結絡、綺錯綵
袋，俱從重收。純色氈袋等，並入分也。」（三七四頁中）【案】量處輕重儀
末，八四七頁下。

〔一八四〕繡綺鉢袋，隨鉢者，入輕　簡正卷一五：「鉢袋繡綺，若不隨鉢者，入重。」
（九二七頁上）鈔批卷二四：「繡綺鉢袋者，近見大德內中多得出，純以繡
作，直五、六貫也，皆合入重。」（九九三頁下）資持卷下一：「隨鉢判故。
若準儀文云：繡綵裝飾者，可單抽重收，事同繡錦之服故。」（三七四頁中）

〔一八五〕瓦、石、鐵、木、竹等所作　資持卷下一：「五體總收五物。石、鐵二種，
總諸金寶。」（三七四頁中）【案】第二節，分二：初，「四分」下；二、「士
誦」下，引諸部。

〔一八六〕四分　資持卷下一：「初科，前總列諸物，即十三章門六章之物，瓶、盆及
下斧、鑿、燈、臺在（三七四頁中）第五，二床在第七，水瓶等在十一，車
輿等在十，鐵皮等作器在十二。下明染色針線，即第六成衣眾具，（共前為
八。）律並判重。下引諸部，則有科酌。」（三七四頁下）【案】四分引文為
三：一者，「銅瓶」下；二者，「剃刀入輕」；三者，「錢寶等」下。

〔一八七〕此五種作器，竝謂能造物具，故律云：木作器狼藉，無安置處，佛令作皮囊
盛之　資持卷下一：「『此』下，別簡作具。儀云：古德謂不問能所皆重，故
此決之。初，正示。『故』下，引證。」（三七四頁下）簡正卷一五：「瓶、
盆，繩、床、木床，水瓶、灌，杖、扇，斧、鑿、燈、臺、車轝，五作器皆
入重。故律云證上五種，是『能造物』作具。若『所造物』，則含輕重不同。
古人俱入重收。」（九二七頁下）鈔批卷二四：「立明：此言破昔人執義云：

一切作器，及所作者，皆入重。今不同之。言入重者，謂是能作之器具。若
所造者，通輕重也。」（九九三頁下）

〔一八八〕則通輕重，佛則不判　簡正卷一五：「注云不判俱入重，但云彼分鐵等作器。
佛言：不應分屬四方僧，自今已去，聽分剃刀。（無判俱入重文。）剃刀常
用，故入輕。錢寶長貪，故入重。」（九二七頁下）資持卷下一：「注簡所造
差別，不可一判，則明上云入重，定是能造。儀云：鐵作器者，鑪、治（【案】
『治』疑『冶』。）鉗、碪、錯等器；陶作器，謂輪、繩、袋、簿、鍬、钁
等具；皮作器，謂盆、瓮、床、桄、刀、剗、熨、鐵等；竹作器，謂刀、鋸
等；木作器，謂斧、鋸、斤、剗等。此皆妨道，不合畜故。」（三七四頁下）

〔一八九〕剃刀入輕　資持卷下一：「剃刀入輕，從用輕故。」（三七四頁下）【案】四
分卷四一，八五九頁中。

〔一九〇〕錢寶等入重　資持卷下一：「錢通入種。（金、銀、銅、鉐、鐵、木、皮、胡
膠），寶總真似。（金、銀、真珠、摩尼、珊瑚、車磲、碼瑙及諸璧玉為真寶，
鉐、銅、鐵、錫、偽珠等為似寶）。錢及真寶皆重，不淨物故。似寶，若本
塊段入重，入百一數者皆輕。」（三七四頁下）扶桑記引行宗釋「胡膠」：「此
方臘類。」（三一一頁上）

〔一九一〕塚間得錢，壞相作銅用　簡正卷一五：「十三章門，無判錢處。今准下『糞
掃衣』中，准合入重。」（九二七頁下）資持卷下一：「下文，即律衣法中。
拾糞掃者，取之因開。此證錢寶，是不得畜。」（三七四頁下）

〔一九二〕十誦　資持卷下一：「初科，前通列諸物，皆是小者。」（三七四頁下）【案】
本節分八個層次：初，「十誦」下；二、「僧祇錢」下；三、「善見針」下；
四、「入楞伽」下；五、「若生時」下；六、「櫃簏屏」下；七、「四下諸」下；
八、「供養香」下，又分三：判香爐、判佛法供具、判數珠。如鈔科所列。

〔一九三〕壁上鉤　簡正卷一五：「即鴉爪也。」（九二七頁上）

〔一九四〕禪鎮　簡正卷一五：「如擯柳坐禪，又安頂上上者。」（九二七頁下）

〔一九五〕鉢支　簡正卷一五：「坐鉢籇也。」（九二七頁下）

〔一九六〕半鉢　資持卷下一：「半鉢即淺鉢。」（三七四頁下）

〔一九七〕戶牌　簡正卷一五：「門鉤上牓子也。」（九二七頁下）資持卷下一：「戶牌，
標戶鉤者。」（三七四頁下）扶桑記引大鈔記釋「戶牌」：「謂閉門物，或木
鐵皮等。戶鉤，謂閉門曲金也。」（三一一頁上）

〔一九八〕若水精貝齒角作器，謂如前小者，入輕　資持卷下一：「『若』下，別簡諸

器。『貝』即海虫殼。『齒』即獸牙。『作器』謂上四物所作者。『如前』即指上諸鉢。」（三七四頁下）簡正卷一五：「如前小者，指此水精等作器小者，如上入輕。媔周（【案】『媔』疑『姬』）半計，可唐斗一㪷六合六夕強也。」（九二七頁下）

〔一九九〕半斗　資持卷下一：「即今一升半許。」（三七四頁下）

〔二〇〇〕一切染色　資持卷下一：「上明器物。『一切』下，判染色。儀云：紫草、黃蘗、梔子、乾陀等，此皆木類。」（三七四頁下）【案】十誦卷二八，二〇三頁上。

〔二〇一〕僧祇　資持卷下一：「僧祇三節。初判二寶」（三七四頁下）【案】僧祇引文，分三。初，「錢金銀」下；次，「臥牀」下；三、「過量白鉢」下。「瑠」，底本作「璃」，據大正藏本改。

〔二〇二〕珂貝　標釋卷一九：「珂，音軻。一云瑪瑙，潔白如雪者。一云螺屬，生海中。或云：貝大者曰珂。」（六九〇頁上）

〔二〇三〕過量白鉢、瓷瓦、鐵等　簡正卷一五：「此非鉢盂之鉢也。」（九二七頁下）資持卷下一：「判非法鉢。瓦鐵，色量非瓷者，更加體非。文標色量俱非。」（三七四頁下）【案】僧祇卷三，二四五頁上。

〔二〇四〕準此，過量好鉢亦重，佛制不用　簡正卷一五：「從『准此』下，明鉢盂之鉢。若過三斗量，亦入重。以不許用，故引見論。」（九二七頁下）資持卷下一：「縱令色如，亦乖佛制，故云準此等。（如量白鉢，理應在輕，可熏治故。）」（三七四頁下）

〔二〇五〕針線應分　簡正卷一五：「因便明也。（本為明針。）」（九二七頁下）資持卷下一：「善見但判針耳，線見前科。」（三七四頁下）

〔二〇六〕為割截袈裟故，聽畜四寸刀，頭如月刃　鈔批卷二四：「立謂：西國南海有楞伽山，此經從山作名也。佛入此楞伽山中說此經。文中開用刀子，頭如月刃也。」（九九四頁上）資持卷下一：「經開畜刀。四寸為限，大則歸重。」（三七四頁下）【案】「刃」，底本為刀，據大正藏本、貞享本、敦煌甲本、敦煌乙本、敦煌丙本及弘一校注改。大乘入楞伽經云卷六，大正藏第一六冊，六三〇頁下。

〔二〇七〕若生時造送終調度，竝入重　鈔科卷下一：「『若』下，送終物。」（一〇九頁下）資持卷下一：「送終調度，謂車輿、棺槨，預作墳塋等。」（三七四頁下）簡正卷一五：「為自己故。」（九二七頁下）

〔二〇八〕**戶鉤準輕，亦有相隨入重**　簡正卷一五：「傍出輕重也。前斷入輕，今隨內戶入重。」（九二七頁下）資持卷下一：「戶鉤相隨入重，謂屬戶門者。」（三七四頁下）

〔二〇九〕**俱夜羅器，即應量，減量鉢椀等，十誦入輕**　鈔科卷下一：「『四』下，諸器物。」（一〇九頁下）簡正卷一五：「四分但云小鉢鍵鎡，今凡是銚鉢，總名俱夜羅。（此云助鉢器。）銚，准十誦應量入輕。」（九二八頁上）資持卷下一：「即如上引不過半斗也。」（三七四頁下）

〔二一〇〕**若是夾紵、銅鉢等，亦判入重**　簡正卷一五：「若梁灰、綊紵、布，作成皆重。」（九二八頁上）資持卷下一：「夾紵及銅，皆體非也。（三七四頁下）儀文義加漆器，謂俗中盤、碗、盞合乃至匙、箸、食單，無問大小多少，並入重收。以全是俗有，非道用故。」（三七五頁上）

〔二一一〕**供養香爐，輕可隨身，入輕**　鈔科卷下一：「『供』下，諸供具。」（一〇九頁下）資持卷下一：「有三。初判香爐，前約量判輕。」（三七五頁上）簡正卷一五：「類分也。香爐且約輕小隨身者，入輕。若准下文，猶為三斷。（九二七頁下）」（九二八頁上）【案】「三判」：一判香爐，次判佛法供具，三判數珠。

〔二一二〕**準上十誦**　資持卷下一：「準十誦者，亦半斗也。」（三七五頁上）

〔二一三〕**有寶裝校，入重，以「捉寶戒」制故**　資持卷下一：「『有』下，簡寶飾。捉寶制者，戒本云及寶裝飾具故。」（三七五頁上）

〔二一四〕**若隨緣改賣不定者，如上處分**　資持卷下一：「即約量輕重也。」（三七五頁上）

〔二一五〕**經架、香案、經函之屬，輕可隨身，同上入輕**　資持卷下一：「次，判佛法供具，並同兩判。不同香爐，可約斗量，故但云輕可隨身者。」（三七五頁上）

〔二一六〕**數珠入輕**　鈔批卷二四：「此物隨身助道有益，念誦錄心不散，所以開許入輕。」（九九四頁上）

〔二一七〕**別屬**　資持卷下一：「由是輕小，得自受用，而無改賣不定之義，故偏判輕。（必有市販亦重。）儀云：木患珠貫，雜色偽寶，所成之珠，在機正要。勿過數法，投接下根，牽課修業，可準多論。似寶雜色開為『百一』物者，得如法用，宜斷輕收，餘木、竹等例此分也。」（三七五頁上）簡正卷一五：「對上諸物無定，故云別屬以輕，所隨身別人，定故入輕。若有寶裝，則入重。（高座准儀中，為講法等置破，隨本處安之。）已外通有損生之具，即令毀除。似寶男子，莊嚴具有施者，入重伎樂等，亦等入重。如是諸義，廣在儀中，此不具述也。」（九二八頁上）

〔二一八〕田土、園林、房舍等　資持卷下一：「即攝十三章中前四也。（共前十二。）畜生、人民，即是第九一章，離為二科。（對律十三章足。）皮革，出十三輕物。四藥，出第二屬伽藍物。」（三七五頁上）【案】「田園、房舍」文分為二：初四分，次，十誦他部。

〔二一九〕伽藍及屬伽藍果樹，別房、屬別房物　鈔科卷下一：「初，田園房舍。」（一〇九頁中）資持卷下一：「初通列四物。」（三七五頁上）【案】「四分」下又分為二：初，「伽藍及」下；二，「若定莊」下。初又分二：初，列四物，二、「若捨」下別示。

〔二二〇〕若捨布絹為己造房，若已易得重物者入重　資持卷下一：「『若』下，別示屬房物。初明輕物易重已未。」（三七五頁上）【案】示屬房物，文分二：初為本句，次「若捨輕重物句」下。

〔二二一〕死時猶是輕物者聽分　簡正卷一五：「是第一、第二章內，皆是重物。猶有輕物者，謂已後非主，仍是本輕物應分。以是為己故，不同為別屬也。」（九二八頁上）

〔二二二〕若捨輕重物入佛、法者，不合追取　資持卷下一：「『若』下，次明已施，追取可否。」（三七五頁上）

〔二二三〕若定莊嚴房舍，如障幔承塵等，即入屬房物攝　鈔科卷下一：「『若』下，莊嚴諸物。」（一〇九頁中）資持卷下一：「初，示物所屬。」（三七五頁上）扶桑記：「會正曰：『承塵，施於上承塵土也。』」（三一一頁下）

〔二二四〕若當處三時分房　資持卷下一：「『若』下，約分房兩判。」（三七五頁上）

〔二二五〕若無法者，僧家摘取入常住用　簡正卷一五：「謂無三時分房法也。在生時畜別房，則成別屬已，後不為主，即許時常住。」（九二八頁上）鈔批卷二四：「立謂：亡人在生時，若依眾房三時各分此房，不合處斷。既生時畜別房，不通三時，名無法也。死後僧家摘取。」（九九四頁上）

〔二二六〕赭土染色入重　資持卷下一：「初引彼律。染色在前正判。赭土是屬房物。」（三七五頁上）簡正卷一五：「赭土，即赤土也。」（九二八頁上）鈔批卷二四：「赭土者，字合『赤』邊著『赤』。（『即也』反。）三蒼：赭，赤土也。『土』邊作『者』，覩非此義也。」（九九四頁上）【案】十誦卷二八，二〇三頁中。

〔二二七〕皮革　簡正卷一五：「生皮曰革，熟皮曰韋。」（九二八頁上）【案】本節分兩個層次：一、「四分」下；二、「十誦」下，又分四：初，「十誦皮」下；

二、「平靴斜」下；三、「毘尼母」下；四、「盛澡豆」下。

〔二二八〕皮衣、樹皮衣等，一切不得著　資持卷下一：「四分：諸衣以同外道服故。寒國雖開，而非常教。」（三七五頁上）【案】四分卷四〇，八五八頁中。

〔二二九〕十誦　資持卷下一：「初科，為二。初明囊器，次判諸帶。」（三七五頁上）

〔二三〇〕篋韋　鈔批卷二四：「生皮曰革，熟皮曰韋，謂熟鹿皮也。」（九九四頁上）資持卷下一：「韋即軟薄皮。」（三七五頁上）【案】十誦分二，初明囊器，次判諸帶。十誦卷二八，二〇三頁中。

〔二三一〕熟韋　鈔批卷二四：「雜熟皮也。」（九九四頁上）資持卷下一：「熟韋未從用者。」（三七五頁上）

〔二三二〕以外入重　資持卷下一：「儀云：必有生皮，理從重攝。」（三七五頁下）

〔二三三〕平靴、斜靴入重　簡正卷一五：「儀云：若平頭鞾短入輕，異俗故，即知鞾長入重。諸部類明也。」（九二八頁上）鈔批卷二四：「立謂：是俗人靴，一向入重。平靴雖頭平而鞾大深者，亦入重也。」（九九四頁上）資持卷下一：「平謂頭平，斜即頭尖。且望乖道，故判入重。準儀文云：平、尖二靴，律無正判。若準天竺，覆羅形如皮靴，面前決開，行則左右，掩繫必平尖。二靴似此相，從並準入輕。（以覆羅革屣，並教聽著故）。」（三七五頁上）

〔二三四〕餘者入輕　資持卷下一：「儀云：餘有短鞾高頭，類例亦宜從履（三七五頁上）履同斷。（履履並從輕故。）又云：依僧祇、五分，斷革屣及囊入分。（前靴采帛為者，與此不同。）」（三七五頁中）

〔二三五〕經律先有付囑處，即付彼　資持卷下一：「初明經法。」（三七五頁中）

〔二三六〕若無付囑，隨能受持者與之　資持卷下一：「隨能與者，必擇有德堪能，不可罔濫。」（三七五頁中）簡正卷一五：「經律在此明者，以是樹皮作故。」（九二八頁上）【案】毗尼母卷三，八一六頁上。

〔二三七〕俗書、素畫入重，紙、筆、墨等，準入輕　鈔批卷二四：「立謂：若本擬附道，記錄經論則輕。若本為俗務，或積之博販，一向入重。」（九九四頁上）資持卷下一：「俗書，如此方儒道典籍、古今字書等。儀云：終非久翫，故捨入僧。（即當住也。）素畫，儀云：異畫之屬，浮情所忻，終非筌要，宜入常住。（必是聖像，準上經法判之，餘像非例。）三、判紙筆等。儀中兩判：謂兼道務者入輕，本意附俗並從重例。以莊嚴章句，樂世法故。（須量亡者，生乎所業。）」（三七五頁中）簡正卷一五：「准儀，今且約少許入輕。若販賣，及寫俗書等，入重。若為別寫藏教者，如本與之。」（九二八頁上）

〔二三八〕盛澡豆者，唯是器用　鈔批卷二四：「私云：若輕，可隨身入分；若重，大與常住。若隨房用者，更無改轉。」（九九四頁上）

〔二三九〕十誦準斷　資持卷下一：「即準量也。」（三七五頁中）簡正卷一五：「儀云：其澡豆器，或以銅鐵、綊紵、木皮等。既常所洗濯鉢，（九二八頁上）具要資，准量入輕。若重大難持，入重。」（九二八頁下）

〔二四〇〕畜生　資持卷下一：「畜生、人民，即是第九一章離為二科。（對律十三章足。）」（三七五頁上）

〔二四一〕若私有小寺　資持卷下一：「『若』下，明隨畜之物。園果等物，因而引之，正判養生之具，故下偏釋其名。然釋名中，猶通人畜，此中正取養畜具耳。」（三七五頁中）

〔二四二〕人畜所須　簡正卷一五：「畜誦（【案】『誦』疑『謂』。）六畜，牛、馬、猪、羊、鷄、犬也。既養其生，即須養具，皆入重。」（九二八頁下）

〔二四三〕非養生具者，非人畜所須　鈔批卷二四：「器皿資具，本擬供身。人既不須，何勞貯積也。」（九九四頁上）

〔二四四〕僧伽藍人入重　簡正卷一五：「『四分』下，主己（【案】『己』疑『已』。），奴在，斷即第九章門也。可解（云云）。謂別人私有住處，亦號伽藍。此中為奴，即各僧伽藍人，畢陵伽別有小寺等。其主若死，淨人皆入重，奴所有物，皆屬本奴任目收管。」（九二八頁下）鈔批卷二四：「立明：如畢陵伽別有小寺子也。比丘若死，此淨人等入重。」（九九四頁下）【案】此明主亡奴在。「人民奴婢」文分為二：初「四分」，次「毗尼母」下。初又分三：初，「僧伽藍人」下；二、「若僧家」下；三、「私奴死」下，又分二。四分卷四一，八五九頁中。

〔二四五〕所有私物，不問輕重，竝入私己　鈔批卷二四：「立明：即是入其奴私己也。」（九九四頁下）資持卷下一：「四分初明僧死判奴。物入私己者，謂還彼也。儀云：若能給盡形，隨僧處分。（去住由僧。）若所給盡形前，僧既死，後情自改，任意去留。若他遣供給，還送本主，若本是自有，倩俗蔭覆，依本入僧。若暫來非永，隨時將送。律據一向須依此五簡之。」（三七五頁中）

〔二四六〕若僧家奴婢死者，衣物與其親屬　資持卷下一：「『若』下，次明奴死判物。初明僧奴，次明私奴。」（三七五頁中）簡正卷一五：「『若僧家奴』下，因便辨僧淨人死，所有衣物，付其親屬。若無親屬，即入常住。」（九二八頁下）鈔批卷二四：「此下汎明僧家奴婢亡，其物所屬等也。衣物與其親屬者，

謂入其亡奴親屬也。若無者，謂其亡奴。若無親屬者，物入常住。」（九九
四頁下）【案】此明主在奴亡。

〔二四七〕**私奴死者，義準有二** 簡正卷一五：「私奴死者，約主在奴亡也。義准有
二者：謂同活、不同活，二也。」（九二八頁下）鈔批卷二四：「私奴死者，
上是明僧家常住奴，今下明此常住之奴。有私即是奴奴。」（九九四頁下）
【案】此明私奴。

〔二四八〕**若同衣食，所須資財，自取入己，隨任分處** 資持卷下一：「謂任主僧也。」
（三七五頁中）簡正卷一五：「『若同』下，鈔文據同活奴如親子息，今奴既
死，其物一住，即主自收，隨意而用，或設供造像等，皆得奴。羯磨含注疏
云：同活即任生者，籌量也。」（九二八頁下）鈔批卷二四：「謂其主奴先與
其奴活命。如既死，所有衣物，任其主奴自取也。」（九九四頁下）

〔二四九〕**若不同活，直爾主攝與衣食者，死時資財入親** 簡正卷一五：「『若不同』下
直至注文已來，明不同活也。謂即主但供衣食，不共同活。己與同活者，屬
彼奴定。彼若死後，任他親屬來收。必親族全無，即物入常住也。注文引滅
殯例，可解。」（九二八頁下）資持卷下一：「不同活，二判，不可攝入已
故。」（三七五頁中）鈔批卷二四：「謂是上課奴婢也。其奴若死，物屬其妻
子。言直爾主攝者，謂常住奴雖別養，然但令上功，即是輪課奴婢也。」（九
九四頁下）【案】不同活，又分二：一有親屬，二無親屬。

〔二五〇〕**無者，同僧院內無主物，入常住** 鈔批卷二四：「謂此奴奴，若無妻子，同無
主物。此物追入常住，事同客僧遺物，名無主物，合入常住。」（九九四頁下）

〔二五一〕**若僧供給，則不同之** 簡正卷一五：「謂常住僧供給之者，死後物，還歸
常住。（上文所解，並作法寶也。）若搜玄記中科鈔文，與上不同。彼云：
若不同活，直爾主攝兩句為一段。即解云：此是但供衣食者，（九二八頁下）
已後衣物，並得直捧無別處分。大德破云：（若爾，便與前自取入己隨住處
分之文不別，恐違抄意也。）」（九二九頁上）鈔批卷二四：「謂常住僧先來
供給此奴奴也，名為僧供給，則不得將物入親，須入僧也。」（九九四頁下）
資持卷下一：「必同僧利，一向入僧。」（三七五頁中）

〔二五二〕**毗尼母云** 資持卷下一：「母論中，二判。儀云：若本擬盡形供給，（謂盡主
形；）手疏分明者，準母論放去。」（三七五頁中）

〔二五三〕**若有奴婢，應放令去** 鈔批卷二四：「此謂比丘生前養奴，比丘身在，可須
放也。」（九九四頁下）

〔二五四〕若不放者，作僧祇淨人　鈔批卷二四：「謂先若不放，死得入常住，名為作僧祇淨人也。」（九九四頁下）資持卷下一：「不放者，即前五中二種入僧也。」（三七五頁中）

〔二五五〕準此「放去」，謂賜姓入良　鈔批卷二四：「謂解上應放令去文也。」（九九五頁上）資持卷下一：「既取要約分明，反例賜姓。未離主者，通無分限，須入常住，故云依律，即上四分也。」（三七五頁中）

〔二五六〕後終依律　簡正卷一五：「生時既放，死後依律，不合更收入常住，以生前放他已成故。若生前不放，終後須依律入常住。今迴文應云：終後依律也。」（九二九頁上）鈔批卷二四：「私云：謂若賜姓入良，則放去也。若不然者，比丘終後，依上祇律後文，斷入常住，作僧祇淨人，故曰後也。指前祇文後語也。」（九九五頁上）資持卷下一：「後終，謂比丘亡時。即儀文云：本是賤品，賜姓從良，而未離本主。若主身死，可入常住。衣資畜產，隨身所屬，不合追奪。」（三七五頁中）

〔二五七〕無問生熟，穀米、飯醬、湯丸、膏煎，竝入重　資持卷下一：「初正判。穀、米等是時藥，湯、九（【案】『九』疑『丸』。）等通餘三藥。據文並重。（三七五頁中）準儀文，盡形藥未擣治者，入重；若已擣和成丸、散，及服殘餘者，入輕分。」（三七五頁下）【案】「四藥」文分為二：初「無問」下；二、「十誦」下。

〔二五八〕無宿、觸、販賣、不淨　資持卷下一：「故知食境本非穢故。」（三七五頁下）

〔二五九〕若僧中請食已，命過，同「分衣法」　鈔科卷下一：「『十』下，請食前後。」（一一〇頁下）資持卷下一：「請已命過屬亡者，故此入常住。分衣語通，故注決之。」（三七五頁下）鈔批卷二四：「此食還入重，但是同其亡人衣物來僧中分別重輕耳。」（九九五頁上）簡正卷一五：「若據儀中，已成九（【案】『九』疑『丸』。）等入輕。今此皆重引十誦意者，彼云：一比丘病，眾僧分依（【案】『依』疑『飯』。）時，看病人為取，取向己，即死。佛言：『若先死後得食，還本處。若請食，後應同死物分之。』」（九二九頁上）【案】十誦卷五七，四二七頁，此言分食，不是分藥。

〔二六〇〕令現前分處，入重　簡正卷一五：「同分己物，依輕重兩斷。衣准可知，故云『亦爾』。」（九二九頁上）

〔二六一〕本處　資持卷下一：「即食所來處也。」（三七五頁下）

〔二六二〕具如別判輕重物中　鈔科卷下一：「『餘』下，指略結成。」（一〇九頁上）

資持卷下一：「『具』下指廣，即輕重儀文有一卷，判決精詳，不覽彼文，何由曉此？故云亦須等也。」（三七五頁下）簡正卷一五：「指同儀中所說。謂此鈔七例，與彼儀中十門所判，大意不殊，使後學者，彼此具知，故云通解。」（九二九頁上）【案】本句為「『但以教網』下分七」之結語。

〔二六三〕**通用律藏廢立正文及事要者，不必承用四分為定**　鈔批卷二四：「正是第三師所行也。」（九九五頁上）簡正卷一五：「第三階，通用諸教也。廢立正文者，四分別澡瓶入重。今廢四分，卻依十誦約舛量，正文在輕，以隨身用故。又廢四分扇木入重，准祇律卻判入輕。五部相類而用。」（九二九頁上）資持卷下一：「初敘彼所見。四部隨引，故云通用。諸部互有廢立，但契已見，隨引用之。如下引示。」（三七五頁下）【案】此句及下，為第六「定物輕重」文之結語。

〔二六四〕**如澡罐、錫杖、扇**　資持卷下一：「澡、罐等物，本律判重。然律，錫杖據本為警蟲獸故，判重收。準約今用，正表道儀。若論扇者，亦有講譚、搖風之別，不可一判。義須在輕，更何所惑？」（三七五頁下）【案】輕重儀末，八四七頁中。

〔二六五〕**文義廣括，如別卷述**　簡正卷一五：「指輕重儀也。〔已外更有竺（【案】『竺』疑『笠』。）子，鈔不明之。准儀中，定在重收。以類俗傘蓋而判，不可檀判輕入。知之。〕」（九二九頁上）

〔二六六〕**且依第二，足為龜鏡**　鈔批卷二四：「立明：依上三師斷中第二師也。正取四分，兼用他部。依此一師，足得行事也。上來長科七門，是第二師義也。」（九九五頁上）資持卷下一：「『且』下，結誥。令依次師。龜辨吉凶，鏡分好醜。」（三七五頁下）簡正卷一五：「龜鏡者，謂取明鑒之義也。」（九二九頁上）

〔二六七〕**不如實語**　簡正卷一五：「看病者本是好心，今病人道：他愛我衣鉢也。」（九二九頁下）資持卷下一：「謂多虛詐仰賴也。自猶堪能，而故不為，並賴他作。五行，不出『三業』、『二利』。」（三七五頁下）【案】初，「四分有」下簡德，文分為二：初，「四分」下；二、「有此五」下。初又分二：初，「四分有」下總標；二、「初五明」下別釋。

〔二六八〕**少能堪能而不作，仰他作，又不能靜坐止息內心**　簡正卷一五：「小小自作，由得。今不作抑他，看病者為之。」（九二九頁下）資持卷下一：「五中，二事共合為一。」（三七五頁下）

〔二六九〕乃至差、死　資持卷下一：「差死，謂或差，或死，至究竟故。」（三七五頁下）【案】「差」，即病癒。

〔二七〇〕能為病人說法，令病者歡喜，己身於善法增益　簡正卷一五：「明行滿也。己身於善法增益者，且依搜玄科句也。謂雖看他病，不癈自己之業，即誦經、生禪等業。若癈己業，雖辨他事，德亦不具。大德將『已』字屬上句，通作『以』字呼。下句云身於善法增益，謂全約病者之身，於善法中增長利益，全不關看病者事也。（此解勝也。）」（九二九頁下）

〔二七一〕多人看病，與究竟者　資持卷下一：「由存始終，即行滿故。」（三七五頁下）簡正卷一五：「准五分文，時有看病者，或為病人求藥物外行、或私行出外後，病人命過，有衣鉢賞勞，不知與何人？佛言：『應與究竟者。』」（九二九頁下）【案】五分卷二〇，一四〇頁上。

〔二七二〕邪命而作　資持卷下一：「邪命，為衣食故。」（三七五頁下）簡正卷一五：「謂本不為懃他，意存衣鉢也。」（九二九頁下）

〔二七三〕若看犯王法死者，亦不合賞　資持卷下一：「『若』下，次明合賞。」（三七五頁下）簡正卷一五：「犯王法者，知他必死，亦不合賞。」（九二九頁下）

〔二七四〕不論德有上下，但與受持衣物　鈔科卷下一：「初，引文示物。」（一一〇頁中）資持卷下一：「前簡上下。律不論者，指文漫也。」（三七五頁下）【案】明與物，文分為二：初，「律中不」下；二、「義準德」下。

〔二七五〕若不知何者受持　資持卷下一：「若不知等者，以義定也，且約衣多者為言。若但三事，具缺與之。」（三七五頁下）

〔二七六〕先問受持何衣鉢，一一別問　資持卷下一：「『十誦』下，次明審悉。先問，謂瞻病問病人也。」（三七五頁下）

〔二七七〕不信　資持卷下一：「不信，謂瞻病不可憑也。」（三七五頁下）

〔二七八〕重縫三衣，不以針刺著者，不入看病人　資持卷下一：「『薩』下，三、明重衣。不刺不入，非一體故。」（三七五頁下）【案】「刺」，底本作「剌」，據大正藏本及薩婆多文義改。多論卷四，五二七頁下。

〔二七九〕六物　鈔批卷二四：「三衣、盛衣器、襆等者，立云：此六物，諸師解不同。……十誦律二十八云：六物者，三衣、鉢、漉水囊、尼師壇也。礪云：此上約僧明六，尼應有八物。（九九五頁上）亦有解云：合五衣為一，離盛衣并貯器為二，及鉢、坐具、針筒是六。此即同僧數也。若離五衣為五。盛衣貯器、隨衣鉢合論者，并坐具、針筒，此則僧六尼八。任意兩取，德物具缺。」（九九五頁下）

資持卷下一：「『四分』下，示物數。漉囊、針筒，出沒有異。隨有皆通器襆袋等，並隨六物，通入賞勞。」（三七五頁下）【案】四分卷四一，八六二頁上。

〔二八〇〕德具、六物不具等　鈔科卷下一：「『義』下，準義量德。」（一一〇頁中）簡正卷一五：「其六物名體，諸律不同。願律師將三衣合為一，盛衣褋為二，鉢為三，鉢袋為四，坐具為五，針筒為六。（此依四分律，除濟袋，加針筒也。）飾宗云：三衣成一，鉢成二，坐具成三，針筒成四，盛衣成五，貯器成六。今南山云：三衣是三，鉢是四，坐具是五，（九二九頁下）計（【案】『計』疑『針』。）筒是六也。盛衣貯器，但是隨衣鉢物，非六正數。思之。尼六物，於五衣外，更添針筒，是六也。」（九三〇頁上）

〔二八一〕四句　鈔批卷二四：「四句者：一、德物俱具賞，二、德具物缺，三、德物俱缺。此二（【案】『二』疑『三』。）句，隨意商度。四、德缺。初具不合賞，隨德有無，取物量行。（去聲。）謂量其看病人德行如何，為具不具，和僧量准與也。」（九九五頁下）

〔二八二〕德物俱具，依法與之　資持卷下一：「初，別簡具缺。初句全與，下三句分與，並須量（三七五頁下）可，故令商度。然德具物缺，或六物不足，則隨有與之。或是全無，則與餘物。」（三七六頁上）

〔二八三〕若德具、物不具，乃至俱缺，竝隨事商度　簡正卷一五：「通明下三句中，一句須羯磨，餘二句，但商量口和。」（九三〇頁上）資持卷下一：「二俱缺者，或不須與，或與少餘衣。」（三七六頁上）

〔二八四〕若德缺、物具，理非賞法，而事勞有功，亦須優及　資持卷下一：「德缺物具，事涉進否，故下別標，以人性既殊，行難求備。或減略物件，不可輕微，縱德少缺，而加全賞。理亦無損，故云亦須優及，謂多與也。」（三七六頁上）

〔二八五〕並束入現前羯磨　資持卷下一：「『並』下，總示和與。若德物俱具，須先賞勞。餘不具者，或與少物，義應直付。須至分衣法，後方可與之。」（三七六頁上）

〔二八六〕和僧乞與，事情通敏　鈔批卷二四：「敏，由達也。欲明看病有勞，雖不具德，若都不優及，量賞少許，後則無人看病，情事擁塞，無人行也。今既優恤而賞之，事情兩通，故曰通敏也。又解：亦可德雖不具，和與者，事情得通。無德不和而與者，情事則不通也。」（九九五頁下）資持卷下一：「乞字，去呼。敏字，訓疾，謂無滯礙。或可字誤，合作『允』。」（三七六頁上）

〔二八七〕簡人進不　簡正卷一五：「五分，有比丘病，看病人多不知誰合得衣，佛答

如文。」（九三〇頁上）

〔二八八〕七眾看比丘病，唯二眾得　鈔科卷下一：「初，明七眾得不。」（一一〇頁上）資持卷下一：「謂看病通七眾，非謂共看也。前明僧病，次明尼病。皆本眾合賞，俗眾非分。」（三七六頁上）

〔二八九〕尼中三人得，餘四不合　鈔批卷二四：「謂尼病有七眾看，但尼及式叉、沙彌尼三人得。僧及沙彌俗中二眾，此四不合，此謂勞不滿故。僧及沙彌，無按摩等勞，俗無有說法勞也。」（九九五頁下）

〔二九〇〕謂勞畢竟不滿　簡正卷一五：「餘眾無按摩功，俗人闕說法功，即不滿也。」（九三〇頁上）資持卷下一：「『勞』者，即前二『五德』也。」（三七六頁上）

〔二九一〕白衣看比丘病，應與少許，尼三眾同之　資持卷下一：「伽論開與餘眾。沙彌六物，於後有用，故須具與。」（三七六頁上）【案】伽論卷七，六〇五頁下。

〔二九二〕應與究竟　資持卷下一：「『準』下，義決。共看與究竟者，謂前後替看齊竟。」（三七六頁上）

〔二九三〕若齊究竟，應與一人已，屏處分之　鈔批卷二四：「謂有眾多人看病，齊有功夫，不知賞誰。今科與一人，令自於屏處分之。按，祇文亦將衣鉢賞勞，并與所受殘藥。」（九九五頁下）資持卷下一：「屏分，謂賞一首者，令後自分。」（三七六頁上）

〔二九四〕若看病者出行為病人乞衣藥者，留還付之　鈔科卷下一：「『十』下，明外界合賞。」（一一〇頁上）資持卷下一：「初明留付。」（三七六頁上）扶桑記：「留還，注羯磨『還』字上有『待』字，則義方通。」（三一三頁上）【案】「十誦云若」下分二：初，「十誦云」下；二、「若餘處」下。十誦卷五五，四〇六頁上。

〔二九五〕亦可攝入現前，唱和付與　資持卷下一：「以身不現，不可羯磨，故令白眾，直和待還。」（三七六頁上）

〔二九六〕若餘處安居來看病者，合賞　資持卷下一：「『若』下，次簡合賞。以捨己修道，遠相濟故。」（三七六頁上）

〔二九七〕外界看者，亦合賞之　鈔批卷二四：「雖是外界安居，來此看病，勞不賞，事絕優矜，（九九五頁下）其人德具，理合與也。」（九九六頁上）資持卷下一：「伽論：雖非夏制，頗見懷慈。」（三七六頁上）【案】伽論卷七，六〇五頁下。

〔二九八〕五眾若死　鈔科卷下一：「初，死已即分。」（一一〇頁上）

〔二九九〕彼有共行弟子　資持卷下一：「共行弟子，或稟戒，或依止，師資相濟，七種共行，如上卷中。」（三七六頁上）【案】僧祇卷三一，四七九頁。

〔三〇〇〕舍利　資持卷下一：「舍利即死屍。」（三七六頁上）

〔三〇一〕死屍去後，若僧在異處，應分　鈔批卷二四：「按十誦云：憍薩羅國有一住處，一比丘死，僧在死比丘屍前分衣鉢。是比丘動起，語諸比丘言：『諸大德上座，莫分我衣物。』諸比丘不知云何，因白佛。佛言：『莫即於死屍前分。若死屍已去，若僧在異處，應分。』」（九九六頁上）資持卷下一：「十誦屍去後，謂葬訖也。在異處者，離屍邊也。」（三七六頁上）【案】十誦卷二八，二〇二頁下。

〔三〇二〕毘尼母云　資持卷下一：「母論同之。然準上文，即後皆得。而母論有序，是可行之。」（三七六頁上）【案】毗尼母卷三，八一五頁中。

〔三〇三〕然後如上，依法集僧分之　鈔批卷二四：「如上卷『集僧法』中也。濟云：此分亡人物，羯磨文中稍繁。謂第四句中還牒緣、復牒本、望餘羯磨。第四句，准單牒本，不重牒緣，唯亡人物。羯磨中則云『誰諸老（原注：『老』上疑脫『長』字。）忍比丘某甲命過』等。計理應言『誰諸長老忍，僧今持是衣物，與比丘某甲』等。思之可解。此蓋應是譯家闕前削也。」（九九六頁上）資持卷下一：「母論同之。然準上文，即後皆得。而母論有序，是可行之。」（三七六頁上）

〔三〇四〕若不勝舉　資持卷下一：「不勝舉，謂重大者，不必現前。」（三七六頁上）簡正卷一五：「集財物也。」（九三〇頁上）

〔三〇五〕歷帳　資持卷下一：「無論大小、現不現物，皆須錄示。至僧集時，先令維那打槌披讀。」（三七六頁上）

〔三〇六〕若五人者，得作賞勞、分衣二法　簡正卷一五：「謂賞勞人及五德，雖不足僧數，猶有四人住。若四人，但得直分。」（九三〇頁上）鈔批卷二四：「礪云：若五人已上，具用三法，謂：賞勞白二，差分衣人白二，付衣攝物白二。律文但有兩个『白二』，無有『差分衣人白二』，今准義合有。如分粥等，亦有差人羯磨。若四人者，直行一法。三人已下，對首、心念，可知。又，若四已下，隨作對首、心念三法竟，然以衣賞勞，無別有法，直將衣付也。（九九六頁上）又此分亡人物，約人多少者，謂僧眾多人、一人也。僧中復有二別，謂四人、五人法即隨也。」（九九六頁下）資持卷下一：「五人已上，行法整足，故別明之。」（三七六頁上）

〔三〇七〕若四人者，正得用直分一法　鈔批卷二四：「若作僧法，雖作法已，衣未離處，更有人來，仍須更改作法。若一人心念已後，人來則不得也。」（九九六頁下）

〔三〇八〕今明五人以上僧法　簡正卷一五：「辨前緣法式等，一切准此。」（九三〇頁上）【案】下明處判。分二：初，「前集財」下，明法式；二、「大德僧」下，羯磨詞。

〔三〇九〕一同此例　簡正卷一五：「同此鳴鐘、捨衣、問負債、囑授等例。」（九三〇頁上）

〔三一〇〕前集財已，後鳴鍾徧召，一同僧式　鈔批卷二四：「此分亡物，及非時僧得施羯磨，與餘法有異。若結界說恣，不作相者，止得失法之愆，但使界無別眾法得成就。若食僧食，要必作相，縱界不集，亦無過。今此一法，義須兩其，（原注：『其』疑『具』。）要須鳴鐘，又須盡集，不同常住。」（九九六頁下）

〔三一一〕非上緣　簡正卷一五：「非上來閈戶，限究專緣，即其心自淨、捨衣詞句。律中具牒六緣，今鈔准非時。僧施云『所有，若衣，若非衣，若依羯磨』文，改云『所有衣物，亦得』。或有外界死，（九三〇頁上）即稱『彼住處』；或自家及座磑等處死，應云『無住處』，一切臨時酌量。」（九三〇頁下）

〔三一二〕律明六物，準論不必須集　簡正卷一五：「論云：六物在餘處，若看病得具，須索此賞之。若德不具，及無看病人，即隨彼分，故云不必須集。」（九三〇頁下）鈔批卷二四：「立謂：此多論文也。下文自出。勝云：准律中捨文，列三衣六物名捨。若准多論，三衣六物餘處者，索來此賞。若此德不具，即隨彼分處，故曰准論不必須集。有集不集，故言不必。」（九九六頁下）資持卷下一：「次科。注中據律合牒六物，上文但云『若衣、非衣』。蓋準多論，容不集故。彼云：三衣在餘處者，索來此賞。若此德不具，則隨彼分等。母論亦爾。判物中有三。先問有三：一問負債，二問囑授，（三七六頁上）三問同活。應令一人，答其有無。」（三七六頁中）【案】「大德僧聽」下明處判，分三：「大德僧」下，初明處判；次，「眾中持律上座」下判輕重；三，「竝問看」下索送喪物。

〔三一三〕眾中持律上座，即處判之　鈔科卷下一：「『眾』下，處判諸物。」（一一〇頁下）

〔三一四〕同活、共財二別，竝準上斷已　簡正卷一五：「既不須集，捨衣時但通云『所

有衣物』。皆得准上斷已者，如上同活、囑授、負債三段中具說。」（九三
〇頁下）

〔三一五〕如上分之　資持卷下一：「即應對僧逐物，提示重輕之意，然後各著一處。」
（三七六頁中）簡正卷一五：「次定輕重。如上第六內次問。」（九三〇頁
下）鈔批卷二四：「有則相當還，無則交落（原注：『落』疑『格』。）還也。」
（九九六頁下）

〔三一六〕有者，索替入法已，三唱和還　簡正卷一五：「謂律不許理過五錢時，有
死者、露形者，招人譏嫌。以此白佛，因許將衣覆根。不得露形者，諸比丘
又不知將何等。佛言：『聽以喜僧遮之。』諸比丘不取，自檀此是十方僧
物。佛言：『聽和僧已用遮身，不白不得。』（此五分正文也。）古德行事准
文，似有不穩。今南山准五百問論之文，如抄所引是也。（云云。）東陽幽
云：准論雖爾，要須主作捨心，不作捨心，理亦不可。如捨墮時，捨心之例
也。」（九三〇頁下）

〔三一七〕若答「具」者，此乃自伐其功，俗人所恥　簡正卷一五：「今若對眾，自若
德具，即成自伐也。若不若具，又不得賞物也。進退既俱成妨，即一切在僧
首秉法之人。」（九三〇頁下）鈔批卷二四：「案尚書注云：自功曰伐，自賢
曰矜。有云：自尊自高，名為伐德。」（九九七頁上）資持卷下一：「俗所恥
者，論語顏子云：願無伐善。（謂自稱己德。）」（三七六頁中）

〔三一八〕與奪得所，出自僧中　資持卷下一：「『與』下，顯今不須。」（三七六頁中）

〔三一九〕律云　簡正卷一五：「四分說戒法中。初結說戒堂小，後僧多不容，欲再結。
佛言：『僧得自在，（九三〇頁下）結與不結。』今文勢雖殊，但取文下『自
在』之義，與不與由僧。亦不必對眾問他具不具等。」（九三一頁上）鈔批
卷二四：「謂僧得自在故也。（九九六頁下）與衣則是語（原注：『語』疑『結』。），
不與衣是不結也。此言出於四分說戒犍度中。初制結說戒堂。說戒時，有住
處，布薩日大僧集，而說戒堂小不相容。諸比丘念言：『世尊制戒，不結說
戒堂不得說戒，今當云何？』佛言：『僧得自在。若結不結，隨得說戒。』
今取彼文證，若與不與，在僧中也。」（九九七頁上）資持卷下一：「律云即
引『結說戒堂』文，故云結不結也。此明賞給由僧，不必須問。」（三七六
頁中）【案】四分卷三五，八一八頁下。

〔三二〇〕若知辛苦有功者，上座告云　鈔科卷下一：「『若』下，告勅問和。」（一一
〇頁下）資持卷下一：「上座告者，即獎飾之意。」（三七六頁中）

〔三二一〕**看病者謙退，陳訴** 資持卷下一：「不自伐也。」（三七六頁中）

〔三二二〕**僧當抑伏令受** 資持卷下一：「上座應云：『此佛嚴制，不在辭遜，當受羯磨。』便即互跪。」（三七六頁中）

〔三二三〕**大德僧聽，比丘某甲命過** 資持卷下一：「四處牒緣皆不同者，由物不定，意令隨故，如前注中。後注從物名相多少，尋文可知。」（三七六頁中）簡正卷一五：「雖四處不同，意表有物不定。然至臨時，亦須楷定，不可參差。」（九三一頁上）

〔三二四〕**應取常所服用一事賞** 鈔批卷二四：「立謂：是亡人平常服，三衣及鉢袋者，與賞也。」（九九七頁上）

〔三二五〕**若三衣各盛者，三襆得與之** 鈔批卷二四：「立謂：一衣有一襆子，今盡將三襆與也。」（九九七頁上）

〔三二六〕**律令白二差人** 簡正卷一五：「古今三師不同。初師具立三法：一、差人，二、付衣，三、分衣。彼執律文云：持衣與一比丘，令白二分之。今破云：此思文不可也。第二師但存前二，謂於第二付衣法中，具合付分二義故。第三師但存付分一法，不預差人。今抄主意取第二師。何以知之？文中云：律令白二差人，即是依第二也。」（九三一頁上）【案】「分輕物」分二：初，「律令白」下；二、「今時行」下。「律令白」下分二：初，「律令」下；二、「持律者」下。「差」，音「釵」。

〔三二七〕**或臨時口差，不用羯磨，違法，通得** 鈔科卷下一：「初，準用口差。」（一一〇頁中～下）資持卷下一：「『今』下，準用時事。注羯磨云：有人存三番作法，此思文未了。（一、差人，二、付衣，三、分次。律云：持衣與一比丘，令白二分。然律即指付分一法，彼謂有二，故是未了。）亦有存二番法者，（一、差人，二、付分。古記謂是口差，今家即者，非也。）今鈔所用即一番法者，以口差人，但作付分故，不作差法。反上律文，故云違法。知事則本由公選，口差則亦顯眾和，故云通得。間（【案】『疑』為『問』。）：『既云違法，何不白二差之？』答：『律雖明制不出法，故諸家所立並是意裁，今家不行，恐成專擅。（作行事策者，亦妄出法。古記相沿，雷同引用，都迷聖旨。）即注羯磨云：今準律文，具合付分二法。餘無，故不出是也。』『若爾，違法即應有過？』答：『律既不出，非故不行。況知事口差，通和義顯，理應無過。』」（三七六頁中）鈔批卷二四：「私云：諸師不許此義，要須差分衣人等。故律房舍法中，差分房舍人後，云差分衣等亦爾。故知須差。礪疏：亦令作法。

（云云。）今言違法通得者，求律文意，須作羯磨，差分衣人。今若臨時口
差者，不作羯磨，但是違法，理通得成，故曰也。賓云：南山言不須差分衣
人羯磨，計理亦成。今章雖不許，自是一意，計理並通，差亦無失，不差亦
成。古來羯磨中，唯出一個分衣白二也。大疏中不許，云要先白二差分衣人
也。」（九九七頁上）簡正卷一五：「違法通得者，破第三師也。謂律云當差
一人令分。今既不差，豈非違法？若論付衣法中，既具合付分二，語口差，
亦合得成，故云通得。搜玄問云：『既依第二師，鈔文何不見出差人之法？』
答：『謂律但令差人，不出詞句，故鈔闕之。今行事時，但先白二差之，即得
其羯磨。如常秉之。』」（九三一頁上）【案】四分卷四一，八六二頁上。

〔三二八〕持律者，先知不具德者、沙彌法等　鈔科卷下一：「『持』下，制知合賞。」
（一一〇頁下）資持卷下一：「持律者，即指五德。以瞻病德缺，及沙彌分
法不行賞勞。作分衣羯磨已，（三七六頁中）直爾處分，故令先知，方可作
法。」（三七六頁下）鈔批卷二四：「立明：謂此人無德，不合用羯磨差之。
但得依沙彌口法差之，令分衣也。謂如差沙彌時，不得秉羯磨也。」（九九
七頁下）簡正卷一五：「謂上雖明德具賞法等，然其作法之時，先須明委知
德之有無、沙彌合分法等。又須知沙彌合與幾許等。」（九三一頁上）

〔三二九〕三衣餘處者，索來此賞；若此德不具，即隨彼分　簡正卷一五：「證具德合
捧（【案】『捧』疑『攝』。），得異界僧物。（九三一頁上）若此德不具者，
但和現前物與之。」（九三一頁下）

〔三三〇〕故知通博，用和現物　簡正卷一五：「注文意云，須博通諸部，量德為無，
方和現物也。」（九三一頁下）鈔批卷二四：「立謂：博，換也。亡人三衣六
物，既在餘處，今看病者不具德，不須追彼物來。但和取現在物賞之，謂將
此現在物賞之。謂將此現在之物，以博換彼六物處也。濟又解云：通博者，
謂看時機進否，量功勞合賞不合賞等。須追情地、須善閑通塞，博達時務
也。（前解非。）」（九九七頁下）資持卷下一：「上句明彼得分普該十方故，
下句顯此分賞隨與少物故。」（三七六頁下）

〔三三一〕若三肘五肘外長，隨多少，應白僧，令知和合與者好　簡正卷一五：「謂約
己者，將絹帛指作三衣肘量，外有長物，隨多少和乞好沙彌。」（九三一頁
下）資持卷下一：「三、五肘外，應白僧者，由是長物，不合持賞。復連法
衣，不可截去。白僧和與，彼此通成。」（三七六頁下）

〔三三二〕沙彌死，所著內外衣與看病人，餘輕物僧分　鈔批卷二四：「立謂：上、下

二衣：一當鬱多羅僧，一當安陀會，故云上、下二衣也。」（九九七頁下）資持卷下一：「『十』下，次釋沙彌。前引僧祇望入和尚，故是直分。沙彌自物羯磨同僧，乃據十誦，意令準用，故此引之。本部羯磨，唯有大僧。」（三七六頁下）簡正卷一五：「內外衣者，即裙及五條也。」（九三一頁下）扶桑記：「輕物，儀云：『擬造房直物（絹布錢穀）。並隨現物輕物分處。』若準此文易得者，已易之非指擬也。」（三一一頁下）

〔三三三〕今時行法者，命知事人在僧前胡跪，白二與衣　簡正卷一五：「據當時但依第三師，全不差人差行事。」（九三一頁下）【案】本節明付分法。分二：初，「今時」下；次，二、「作法已」下。初又分二：初，明儀式；二、「文云大」下作羯磨。

〔三三四〕律中文少不具　簡正卷一五：「文少不具者，謂律賞勞法下注云：若僧中羯磨，差一人令分已者，衣物羯磨與此無別，唯加『僧與某甲比丘衣，某甲當還與僧』字。又，前『賞勞法』中，但列六物，後注但云『衣則攝不盡』，今取非時施文，則捧（【案】『捧』疑『攝』。）物皆盡也。」（九三一頁下）鈔批卷二四：「私云：律中不出此分亡物羯磨，但於分房舍羯磨下注云『分亡人輕物』，加云『僧今持是衣物，與比丘某甲，某甲當還與僧』等。今故准用非時僧得施文也。依此鈔文，但令知事人互跪僧前，作分衣人等。」（九九七頁下）資持卷下一：「注中示法所出。律中『賞勞法』下注云：若僧中羯磨差一人分亡者衣物，羯磨與此無異，唯益一句『僧與某甲比丘衣，某甲當還與僧。白如是。』（已上律注。）彼但例指，故云不具。或可賞法緣中，自牒六物。又不云若衣非衣等，用有不便，故準後法。」（三七六頁下）【案】四分卷四一，八六二頁。

〔三三五〕誰諸長老忍　資持卷下一：「『誰諸長老忍』下，多牒緣十五字。『僧』下又多『今』字。準諸羯磨比之，定是傳訛，義須刪去。或當秉御，不須諷誦。」（三七六頁下）

〔三三六〕作法已，即數僧數，量其衣物相參，擲籌取分　簡正卷一五：「對大僧分法也。擲籌者，令不見者，書作人名，一一擲向衣上，隨名收物，頭不偏頗也。」（九三一頁下）資持卷下一：「初科，作上法已，限人已定五德，潛數人數，打搥白眾已，於籌物上，各據字號，先行籌已。然後以籌，對物付之。」（三七六頁下）【案】「作法已」下，文分為三：初，「作法已」下；二、「如是總」下；三、「律無賣」下。

〔三三七〕**準律，分破行之** 　資持卷下一：「注令折破，最為精要，宜準行之。」（三七六頁下）

〔三三八〕**從上座行之，須者直付** 　簡正卷一五：「『善見』下，若分破行，無其好惡，即不要拋籌。」（九三一頁下）資持卷下一：「『善』下，令隨付實難。」（三七六頁下）【案】善見卷一七，七九四頁下。

〔三三九〕**若衣物極多，徒眾有法，準聖教分之** 　簡正卷一五：「謂己者衣多，僧具只和，名為有法，必須依分之。不合別迴作功德。凡夫凡解，必不能過他。聖人之心，但依佛制，即是順教矣。」（九三一頁下）

〔三四〇〕**不須造像設齋，更生漏過** 　資持卷下一：「『不』下，遮餘用。」（三七六頁下）

〔三四一〕**縱設** 　資持卷下一：「縱設謂設齋等。」（三七六頁下）

〔三四二〕**凡智不過聖心** 　鈔批卷二四：「謂凡夫智慮，豈勝聖人之心也？」（九九七頁下）

〔三四三〕**若外界不集** 　鈔科卷下一：「『若』下，明留分。」（一一一頁下）簡正卷一五：「『外界』下，明與不及羯磨人分也。」（九三一頁下）

〔三四四〕**若私營佛法，不合** 　鈔批卷二四：「出外乞藥，多為病人。供僧使役，此緣眾事，雖身在內，理合與他，私自經營，灼然不合。」（九九七頁下）資持卷下一：「留物公私兩判。私緣囑授亦不開與。」（三七六頁下）

〔三四五〕**與沙彌淨人分** 　鈔科卷下一：「『次』下，次分餘眾。」（一一一頁下）資持卷下一：「次沙彌中。等興同僧分也。」（三七六頁下）

〔三四六〕**若僧和合，等與，乃至四中與一，淨人五中與一** 　資持卷下一：「四中與一，謂僧一分，四破分之。準應白揵，一同僧式。五中與一，準上亦然。淨人不可預眾，應白僧已，屏處付之。」（三七六頁下）簡正卷一五：「『四律』謂四分、十、祇皆爾，非謂局四分一律也。乃至者，越其半、與三中與一等。」（九三一頁下）鈔批卷二四：「礪云：若僧和合，應等與可知。或應與半者，謂比丘得全，沙彌得全中一半也。言三分與一者，比丘得三，沙彌得三中之一也。賓云：沙彌得全中一半者，大僧得二十，沙彌得十也。乃至四中與一者，約四十文，沙彌得十，大僧得三十也。有人迷此語，乃言但約三十文作之，大僧得二十，沙彌得十，與前得半何殊也？故五分云：一比丘與三沙彌，亦同此也。又前與非時施中云：分作四分，三分與比丘，第四分與下三眾，即是一比丘，與三沙彌也。淨人五中與一者，礪云：僧伽藍民，雖可非

僧，於僧勞故亦須與，道俗差故。復異沙彌故。四分與一，或都不與，即不應分。此四分文明斷云若不與淨人不應分。其女淨人，若與不與，解亦不同。或言僧寺不合畜女淨人，故不應與。或言既一種供僧有勞，何為不與，任時和僧。古師皆言：僧得施物，淨人合得分者，約分時在界內者，得，出界不合與分。賓云不然，處其本意，為供僧有勞故。佛令與。今為僧使，出界有勞，判言不得。在界安座，倒令與分，故理不當，故今正斷。無問界之內外，（九九八頁上）有勞皆得也。」（九九八頁下）

〔三四七〕**如疏鈔中**　簡正卷一五：「玄云：指義鈔及大疏也。彼云：淨人雖於僧有勞，且非出家之士，（九三一頁下）故比沙彌更少。問：『僧寺中或有女淨人，合得分否？』答：『若據道理，僧寺畜女人，即非法律。如別所論。今此且據賞勞義過（原注：『過』疑『邊』。），亦合得分。』問：『或在界外為僧勾，當得此物否？』答：『內外雖殊，勞役無別。亦合和僧，乞與少許。』」（九三二頁上）資持卷下一：「疏即業疏。鈔即義鈔，文逸。」（三七六頁下）

〔三四八〕**如是總計大數，抄名記數，然後品物付之**　簡正卷一五：「結勸也。」（九三二頁上）資持卷下一：「記數，謂知僧多少。品即量也。」（三七六頁下）

〔三四九〕**顏厚**　資持卷下一：「『今』下，斥世非法。初正斥。顏厚謂無羞色也。」（三七六頁下）簡正卷一五：「顏厚，謂無著客。」（九三二頁上）鈔批卷二四：「是耐羞之貌也。」（九九八頁下）

〔三五〇〕**今反樂笑，不惟終始**　資持卷下一：「『今』下重責。『惟』即思惟。『始終』謂生死。」（三七六頁下）簡正卷一五：「生時為始，不持一物來，死後為終，亦不合持一物去。不作此思惟也，或可思受時，四衣之行，今多貪貯，見彼死後分衣，欲令各省己身減於貪意也。」（九三二頁上）鈔批卷二四：「立云：不思惟佛元制意，名不惟始。不悟自身，卻後當無常，名不惟終也。」（九九八頁下）

〔三五一〕**若五人共住，一人死**　簡正卷一五：「四人直分法也。口和賞云：『諸大德憶念，今持此已，比丘衣鉢與某甲看病比丘。』三說。分法可知。」（九三二頁上）

〔三五二〕**衣鉢直三人口和賞勞已**　資持卷下一：「『衣』下，明賞勞。口和者，準羯磨云：諸大德憶念，今持此亡比丘某甲衣鉢，（坐具等物。）與某甲看病比丘。（三說。）」（三七七頁上）

〔三五三〕**餘諸輕物**　資持卷下一：「『餘』下，正分衣。準注羯磨，四句成白。云：『大

德僧聽，若僧時到僧忍聽，某甲比丘命過所有衣物現前僧應分，白如是。』（準或合須牒本云『僧今分是衣物』。）羯磨云：『大德僧聽，比丘某甲命過所有衣物現前僧應分。（準前牒本。）誰諸長老忍，僧分是衣物者，默然』等。結詞云『僧已忍分是衣物竟』等。（此依母論出法，改正不妨。）（三七七頁上）

〔三五四〕**作此法已，未得分入手來，有客僧入界，竝須更共作法分之**　簡正卷一五：「『作此法已』下，文並今師義准。」（九三二頁上）資持卷下一：「『作此』下，示改法。未入手者，明入手已，則不須改。更共作法者，改從五人法也。」（三七七頁上）

〔三五五〕**故律「非時僧施」中亦爾**　簡正卷一五：「引律非時證上義。謂律中，佛令與一人分之，今為無人，准論開，作直分法，捧（【案】『捧』疑『攝』。）入現前。今雖作法分，猶未得入己。若有人來理，須作展轉。又前為無人，故准論開聽。今既有人，須依律再分為定。舉例如二人作自恣法事已，通為三人到界，即改前法也。」（九三二頁上）資持卷下一：「注中引類，顯上須改。準非時施中，本亦直分。因客比丘數數來分衣疲極，佛言『應差一人令分』。今無人故，依論直分。後有人來，類彼須改。」（三七七頁上）

〔三五六〕**有人無想，不成**　資持卷下一：「『有』下，證成。」（三七七頁上）簡正卷一五：「謂後有人來，不得用前聞法故。」（九三二頁上）鈔批卷二四：「有人在界，合召齊來眾集。眾集在房，豈成法事！」（九九八頁下）

〔三五七〕**三人應展轉分**　資持卷下一：「初三人法，彼此相語，故云展轉。」（三七七頁上）

〔三五八〕**應二人口和，以衣賞看病**　簡正卷一五：「注羯磨云：『大德僧聽，我等持是只比丘衣鉢等與某者，看病比丘。』三說。」（九三二頁下）資持卷下一：「二人口和，但除『諸』字。」（三七七頁上）

〔三五九〕**先取衣鉢直付**　簡正卷一五：「直付者，示應說云『大德已，比丘某衣鉢等與大德者，病賞勞』。如是語之，便直付物，非謂全不陳詞，名直付也。」（九三二頁下）

〔三六〇〕**二人展轉如上法**　資持卷下一：「二人法，不出詞句。應云：『大德，此亡比丘衣鉢，（坐具等物。）與大德看病賞勞。』指分法如上，但除上二字。」（三七七頁上）

〔三六一〕**四分文中，直明彼此三語受共分，文詞如論說**　簡正卷一五：「以律不出詞句，詔此言為直付。今鈔指說詞如論也。」（九三二頁下）資持卷下一：「『四

分』下，會同本律。但出對首之法，不論賞勞，故云直明等。文如論者，即同上引。」（三七七頁上）

〔三六二〕一相應法者，二人共住，一人死　鈔批卷二四：「私云：只是心念法也。」（九九八頁下）【案】毗尼母卷八，八四五頁下。

〔三六三〕此亡比丘物，應屬我　資持卷下一：「『此』下，出法。即須口陳，非謂默然。」（三七七頁上）

〔三六四〕作此說已，後來人不得分　資持卷下一：「『作』下，明重分須不。若三說已，決作已想。或手執捉，即為入已。如注所顯。若不爾者，有來須分。」（三七七頁上）簡正卷一五：「南山云：作此三說已，以手執物故，後來人不得。若不執後有人，即須分之。律中但云：此是我分。（去聲）。今加『得』字，是鈔結也。」（九三二頁下）

〔三六五〕一人受僧施中　資持卷下一：「『四分』下，引類。律文續云：更有餘比丘來，不應分與。同上通之。」（三七七頁上）

〔三六六〕此何衣耶　簡正卷一五：「辨非衣相。又衣法中，諸比丘畏慎，不敢與比丘尼非衣、鉢囊、革屣（【案】『屣』四分作『屐』。）囊等。佛言：『聽與文和，先將衣施僧。』佛令作非時施法，令與比丘尼非衣等，並不出相通。」（九三二頁下）資持卷下一：「戒疏云昔云如幡蓋等。有云如革屣、鉢、囊等，此亦非也。又，相傳云帽、袜之類。古多局解，故問通之。」（三七七頁上）【案】四分卷四一，九六〇頁。

〔三六七〕今但通而述之，無妨彼此俱攝　資持卷下一：「『今』下正答。通而述者，即上所牒，或未成衣財，或僧尼互望，皆可收之，故云彼比俱攝也。」（三七七頁上）簡正卷一五：「但非著者，皆名非衣，無妨彼尼。此僧非所著者，俱非衣始也。」（九三二頁下）鈔批卷二四：「立明：律中不顯非衣之名。今古諸師各執，有言是幡蓋，或云革屣囊、鉢囊等，或云是衣財段。今則通會，亦應無在。既非衣俱攝，得上物也，謂非衣之名，俱攝二邊之物，故言『彼此』也。故律中，比丘取尼衣犯提，開取尼非衣，謂袈裟之外曰非衣也。又律下文云：比丘多得衣，不知與尼何等衣。佛言：聽與尼非衣者鉢囊也。」（九九八頁下）

〔三六八〕若在私莊寺致死，或作僧使，在莊檢校而死　簡正卷一五：「鈔文從初至『正制』已來，約己者，有別屬物，須歸本寺。私莊易知。私寺者，即造私邑道場等處。即如律中，為多相識比丘，多為造僧伽藍，即是『私寺』。多有屬

僧伽藍、田園，即是『私莊』。如在此二處身死，為人守掌者，重物歸己者；
本等輕物，據此現前僧分。雖是自然處，非俗人家，以有人掌錄，（九三二
頁下）不比白衣含（原注：『含』疑『舍』。），非是福田，恐損施獲罪，即
許五眾先來者得。今此不同，故云亦不得尼眾分也。重物入己者，本寺者，
如此方係名僧。玄曰：據理亦合云『若有比丘掌錄』一句己下文曰：若無比
丘守護國，白衣家法，故知此段，合有比丘守護，文中略也。既無本寺，此
中重物，任守護比丘送近寺常住。以僧理平等，許通攝之寺。」（九三三頁
上）【案】本節明「有守掌」和「無守掌」。有守掌又分二：初明有住處，後
明無住處。「私莊寺」即「私莊」和「私寺」。「明雜分物」，釋文分為二：初，
「若在」下；次，問答。初又分三，鈔列為三段。

〔三六九〕若有家人及比丘守者，重物入亡者本寺，輕物隨現分之，亦不得尼眾分　資
持卷下一：「前明有守掌，又二：初，明有住處。……家人，即俗侍者。不
得尼者，顯是僧物故。不與近寺者，明有本處故。」（三三七頁中）鈔批卷
二四：「謂既是寺莊物，屬本寺僧分。不同在無住處，五眾中先來者得，以
是俗處，恐俗損僧物，隨五眾先具者得。」（九九八頁下）

〔三七〇〕寺無僧法，亦不得取　鈔批卷二四：「謂無眾食布薩、（九九八頁下）三時分
房等。」（九九九頁上）資持卷下一：「『僧法』即眾行羯磨。」（三七七頁中）
簡正卷一五：「無布薩、羯磨、行持、知法人等，亦不合捧（【案】『捧』疑
『攝』。次同。）。故律云：若一寺一林有五律師，持律聽受一切供養。今雖
雖（原注：『雖』字疑『剩』。）作法，僧界無知法律人，行持律故，出家以
法為本，依法受利。今既無法，故不合捧（【案】『捧』疑『攝』。）。」（九
三三頁上）扶桑記：「三時分房，謂夏中分房也，分房作法，正在夏中，餘
二指未必作之，是約言總也。」（三一一頁下）

〔三七一〕若無比丘守掌，同白衣家法　簡正卷一五：「明己者，本無定住處。既是
自然，又無人收掌，即同四分五眾先來者得。故母論云：若比丘獨在聚落
中，白衣舍命終，彼有五眾，隨何者先來檀越，應用此物與之。若無者，隨
何等近，應施近寺眾僧也。准此文，即與白衣家法相似也。諸記中相承，總
收上文事意，不越四種處判。今略。搜玄大旨：一、己人有本住寺，今別自
有私寺及莊，及物在餘莊居處，名有比丘。或家人掌護重物歸己者，本寺以
守掌人，知他有本寺故。（九三三頁上）二、若己者，無本住寺，自置私寺，
莊居及物，在諸常住居莊等處，亦有人掌錄重物，入居莊物處，常住隨近通

攝。若寺無僧法，亦不合取。三、已者，雖有本寺及無定住處，在私莊寺及諸常住莊居處死，又無比丘，及家人主持，即將輕物。判與先來五眾重名，即隨先來者送寺。若知已者有本寺，須送歸他本寺也。四、若重物在白衣家，多人各執道理共爭者，即准十誦五句及五人處二寄。」（九三三頁下）

〔三七二〕若比丘在無住處，白衣家死，彼有信心檀越，應掌錄此物　鈔科卷下一：「『四』下，在白衣家法（三）。」（一一一頁中~下）簡正卷一五：「無住處，即非作法僧界。白衣家，即俗人舍是。」（九三三頁下）【案】「四分」下分三：初，「若比丘」下；次，「準此」下；三，「若至」下。四分卷四一，八五九頁下。

〔三七三〕若有五眾先來者，應與　鈔批卷二四：「恐俗人外道，浪用損費僧物，失本施主之福。以五眾俱是福田，佛開先見者取，以不損本主福故。」（九九九頁上）

〔三七四〕準此文者　鈔科卷下一：「『準』下，互至。」（一一一頁下）鈔批卷二四：「上雖五眾先來者得。今若僧尼同至，不得依前。若亡者是僧，物屬僧。亡者是尼，屬尼。」（九九九頁上）資持卷下一：「前明本眾各取，不同得施，二部共分。」（三七七頁中）簡正卷一五：「『准此』下，南山約義如文。當部亦不須加法者，當眾來見，便執作屬已意，不同二人共住一人死，作心念也。」（九三三頁下）

〔三七五〕重物如上量之，隨情遠近　簡正卷一五：「隨先見者情，或送本寺常住，或近處掌住等。」（九三三頁下）鈔批卷二四：「謂隨情送遠近常住處也。」（九九九頁上）資持卷下一：「近有伽藍則攝入常住，無則隨彼五眾攝歸本寺。」（三七七頁中）

〔三七六〕若至白衣家，知有亡物，必須捉執作屬已意，方成；雖見，不得　鈔科卷下一：「『若』下，取法。」（一一一頁下）資持卷下一：「初明五眾取法。必約執捉作意，以為得限。」（三七七頁中）

〔三七七〕縱捉入手，而俗人自攝入己，此則屬俗已定，盜僧成就，亦不得反奪　資持卷下一：「『縱』下，次，明俗人不還。盜僧成就，即彼俗人已成盜業故。若彼俗士，從勸還僧，即同得施，故注示之。」（三七七頁中）

〔三七八〕比丘持他衣行，衣主命過，便將衣別受，不與同界比丘，越　鈔科卷下一：「『僧』下，同界盡集。」（一一一頁中）資持卷下一：「同界集中。初明持出別受，準似界外受之。但犯越者，即成分衣，但乖法故。」（三七七頁中）簡正卷一五：「『僧祇』下，辨同界別受也。祇『盜戒』中，知識比丘

互相餉致，受寄比丘隨道行見異。比丘從前來借問，知所寄處比丘已死，受寄他比丘嘿然。待異比丘，離見聞處獨受，得越。」（九三三頁下）鈔批卷二四：「立明：有比丘為他持衣在道行，衣主命過。彼蘭若界內有僧，不共分，而將入己犯越。祇文如此，准四分合犯盜。」（九九九頁上）【案】僧祇卷三，二四九頁上。

〔三七九〕準四分不成，有比丘無想　資持卷下一：「注引四分例決不成，即盜僧物。」（三七七頁中）簡正卷一五：「注文當都直斷不成，以有人作無人想，故義同無法。」（九三三頁下）鈔批卷二四：「謂同界有比丘，須作法分。今自入己，不成法也。言不與同界者，隨作法自然界內有僧，不共分也。又解：有比丘無法者，謂界內既有比丘，不喚來共作法，但自攝入也。不與他共作法，故曰無法也。若作羯磨已量影，乃至客來，知在羯磨前後者。礪疏於此分亡物，或俱死、或值羯磨，有四句料簡，是中值羯磨，或俱值應得。餘二句，不得物分。」（九九九頁上）

〔三八〇〕若作羯磨已，量影，恐客比丘來，應知在羯磨前後　資持卷下一：「『若』下，次明羯磨。限約在前入界作法重分。已後入者，不須與分。下引律證可知。」（三七七頁下）簡正卷一五：「證上同界，別受不成。又辨入界之時節。注文約捧（【案】『捧』疑『攝』。）僧界廣，遠客到不知，須借問『是何時入山』（九三三頁下）驗知羯磨前到等。（云云。）今觀文勢，似有相違，據鈔可引，是僧祇文。要知客比丘入界時節，及法前後，不定奪作法，成不與成。」（九三四頁上）

〔三八一〕律中，有比丘無想，別眾分衣不成　簡正卷一五：「有人無想，別眾分衣不成，量四分衣也。設有疑妨，未審如何釋通耶？表舉說戒。更例如正說戒，外界比丘為說戒故來，一心專志，法事即成。若勾當別緣，正作法時入界，法事不就，今此分衣之法，准此可知，眾法理齊足可。依准思之。」（九三四頁上）

〔三八二〕將亡人物出界分，成不　簡正卷一五：「衣本在界中，今將出外分得否。」（九三四頁上）資持卷下一：「初問以物屬當界，不合出外，教文互見，故問通之。」（三七七頁中）

〔三八三〕答　簡正卷一五：「初准四分。衣法中。比丘人間遊行，大得僧應分。難分，不取，將出界。佛言：應唱令來某處分之，應作相量影等集人。若自來、遣人來，應分。准此文，是許出界也。今引此例，亡物體通十方，令作法揀入

現前，亦如彼現前僧，得體通十方不別。若准局現前，現前物，不合作相集也。既令普召十方僧，即表情不礙也。」（九三四頁上）【案】四分卷四一，八六三頁下。

〔三八四〕若衣物難分，當唱令來某處，某時分　資持卷下一：「難分者，或在本處，多人往還，叢雜難辨。別擇靜處故，須唱令白僧令知，此即許出界外。」（三七七頁中）

〔三八五〕若遣人來，若自來，應與分者，得　簡正卷一五：「請本是界中分物，今將出界分，此人有事不來。故聽與分，非謂一切皆與也。」（九三四頁上）鈔批卷二四：「深云：此四分許得，諸部不得，故知須自往取方成。故下注引祇云：為往取者，應是同活耳。」（九九九頁上）

〔三八六〕諸部結犯，不云得成　簡正卷一五：「十誦將僧得施，出界得結，應與異比丘分。」（九三四頁下）鈔批卷二四：「首所引十云：若持僧得施物，出界犯吉。應與異比丘共。五分云：僧得可分衣，一比丘持至戒壇上羯磨受。佛言：不應，犯吉羅；現前僧應分。若准僧祇第三卷『盜戒』云：比丘持亡人衣出界，心念，或三語取，佛言越毗尼。」（九九九頁下）資持卷下一：「十誦將僧得施物出界，犯吉。亡物準同，故云結犯。」（三七七頁中）【案】十誦卷二八，二〇一頁下。

〔三八七〕受衣如法者，或是同活同意　簡正卷一五：「准僧祇二十八中，分安居僧得物，為囑來取者，文云：應誰取某甲分，若有取者，應問彼囑者，云『若二人先是同意，常相為取』者，應與謂坐夏，為功來取不虛，應和與分證上遣使，亦得分也。」（九三四頁下）鈔批卷二四：「立謂：引祇文決上四分文。若遣人來應與者，謂是同活等人，不忍自來，令人來取自己衣分也。非謂將輕物依次分也。或可先在界內，合得衣分。今為移向餘處，遣取應得也。上言諸部結犯，不云得成者，謂但遣使取不得成，不廢僧法自成也。」（九九九頁下）資持卷下一：「和會上科『出界別受犯越』之文。」（三七七頁中）

〔三八八〕比丘寄衣鉢與尼者，應索取，比丘分之　資持卷下一：「『十誦』下，明僧尼互索，亦顯攝歸本界。」（三七七頁中）【案】十誦卷六一，四六九頁下。

〔三八九〕不同白衣家法　簡正卷一五：「恐白衣用，非福田故，先來與分。今是僧尼，互寄互不相揀，故令索取，本羅自分。」（九三四頁下）

〔三九〇〕得先見者分不　鈔科卷下一：「二問將出先見得成。」（一一一頁下）鈔批卷二四：「謂如有俗人，持無住處亡比丘物來，送與僧界內。有一比丘見問言

『是何物』，答『亡比丘物』。比丘知已，名為先見者，即引之出界，不使界內人知。至內蘭若處，或道中，如法集僧，分之得成也。」（九九九頁下）資持卷下一：「以物入界，即屬此處。意疑外人，不可受故。」（三七七頁中）

〔三九一〕由當界不知，分時同法故　資持卷下一：「答中二意：一、以不知，知則不許；二、以同法，歸界同分，非私屬故。」（三七七頁中）鈔批卷二四：「由當界內不知，又往蘭若處，如法同集，故成也。分時同法者，立謂：向彼處當界，依法集僧分之，故得成也。」（九九九頁下）